Lynda Gratton / Andrew Scott

Morgen werden wir 100

Lynda Gratton / Andrew Scott

Morgen werden wir 100

Wie unser langes Leben gelingt

Aus dem Englischen von
Christa Prummer-Lehmair und Rita Seuß

Edition Körber

Die englische Originalausgabe erschien 2016 unter dem Titel »The 100-Year Life. Living and Working in an Age of Longevity« bei Bloomsbury Business. An imprint of Bloomsbury Publishing Plc, London/UK et al., 2017

Bibliografische Information der Deutschen Nationalbibliothek

Die Deutsche Nationalbibliothek verzeichnet diese Publikation in der Deutschen Nationalbibliografie; detaillierte bibliografische Daten sind im Internet unter http://dnb.d-nb.de abrufbar.

Umschlag: Groothuis. www.groothuis.de
Covergestaltung und Illustration: Ralf Nietmann | www.ralfnietmann.de
Herstellung: Das Herstellungsbüro, Hamburg |
buch-herstellungsbuero.de
Druck und Bindung: CPI – Clausen & Bosse, Leck
Printed in Germany

ISBN 978-3-89684-264-0

www.edition-koerber-stiftung.de

Für Nigel und Diane

Inhalt

Einleitung

Wir befinden uns mitten in einem außergewöhnlichen Übergang, auf den kaum jemand von uns vorbereitet ist. Wenn wir es richtig anpacken, wird er zu einem echten Geschenk, wenn wir ihn ignorieren und uns nicht darauf einstellen, wird er zum Fluch. So wie die Globalisierung und der technologische Wandel unser Leben und unsere Arbeit bereits heute verändern, werden auch die Folgen der zunehmenden Langlebigkeit in den kommenden Jahren deutlich zu spüren sein.

Ganz gleich, wer wir sind, wie alt wir sind und wo wir leben, wir müssen uns schon heute über die Entscheidungen Gedanken machen, die wir zu treffen haben, um aus diesem längeren Leben das Beste zu machen. Dasselbe gilt für die Unternehmen, in denen wir arbeiten, und für die Gesellschaft, in der wir leben.

Wir werden sehr viel länger leben als die Menschen in der Vergangenheit, länger als diejenigen, nach deren Vorbild wir heute unsere Lebensentscheidungen treffen, und länger, als die gängige Praxis und die derzeitigen institutionellen Regelungen es vorsehen. Vieles wird sich ändern, und dieser Transformationsprozess hat bereits begonnen. Darauf sollten wir vorbereitet sein, und das vorliegende Buch soll uns dabei helfen.

Ein langes Leben könnte für uns, die wir heute leben, ein großes Geschenk sein. Wir leben im Durchschnitt länger als unsere Eltern und sehr viel länger als unsere Großeltern. Unsere Kinder und deren Kinder werden noch länger leben. Dieser Zuwachs an Lebenserwartung ist schon heute spürbar. Er betrifft uns alle, und er wird keineswegs geringfügig, sondern beträchtlich sein. Ein heute in der westlichen Welt geborenes Kind hat eine Chance von mehr als 50 Prozent, 105 Jahre oder älter zu werden. Vor 100 Jahren dagegen betrug für ein Neugeborenes die Chance, dieses Alter zu erreichen, weniger als 1 Prozent. Das Geschenk eines längeren Lebens ist langsam, aber stetig immer größer geworden. In den letzten 200 Jahren stieg die statistische Lebenserwartung um mehr als zwei Jahre pro Jahrzehnt.[1] Wenn Sie heute 20 sind, haben Sie also eine Chance von 50 Prozent, 100 Jahre und älter zu werden; wenn Sie 40 sind, haben Sie eine ebenso hohe Chance, das 95. Lebensjahr zu erreichen; und wenn Sie 60 sind, werden sie mit 50-prozentiger Wahrscheinlichkeit 90 Jahre und älter.

Das ist keine Science-Fiction. Wahrscheinlich werden Sie keine 180 Jahre alt. Klar aber ist, dass sich Millionen Menschen auf ein langes Leben freuen können und damit vor der Frage stehen, wie sie leben möchten und wie Gesellschaft, Politik und Wirtschaft mit dieser Situation umgehen sollen. Es werden neue Verhaltensnormen und neue Rollenvorbilder entstehen, und wir sehen schon heute, dass sich Individuum und Gesellschaft diesem Wandel anpassen. In Zukunft wird es noch tiefgreifendere Veränderungen geben, von denen das öffentliche Bewusstsein und die Debatte immer stärker geprägt sein werden.

Wie kann man aus dem Geschenk eines langen Lebens das Beste machen? Diese Frage haben wir in Vorträgen und Diskussionen mit Menschen aller Altersstufen immer wieder gestellt. Für viele Menschen war dieses Geschenk zusätzlicher Zeit eine

Überraschung, doch im Verlauf unserer Diskussionen erkannten sie, wie wichtig es ist, die eigene Lebensplanung zu überdenken und sofort etwas zu unternehmen. Andere hatten sich bereits ganz automatisch auf die Realität der steigenden Lebenserwartung eingestellt, ohne zu erkennen, dass viele andere ähnlich dachten wie sie.

Das längere Leben ist ein so wichtiges Thema, dass man sich fragen muss, warum es in den populären Medien bisher so selten zur Sprache kommt. Schließlich betrifft es nicht nur einige wenige, sondern uns alle, und es ist keineswegs das Problem einer fernen Zukunft. Auf eine höhere Lebenserwartung gut vorbereitet zu sein, hat eine Menge Vorteile. Warum also wird so wenig darüber gesprochen?

Die Erklärung dafür liefert vielleicht Benjamin Franklins bekannte Bemerkung »Nichts auf dieser Welt ist sicher außer dem Tod und den Steuern«[2] – beides wird zu Recht als ein Fluch betrachtet. Auch die Debatte über ein langes Leben ist weitgehend von der Vorstellung beherrscht, es sei ein Fluch. Die Rede ist von Gebrechlichkeit und Hinfälligkeit, von der »Epidemie« Alzheimer, von steigenden Kosten im Gesundheitswesen und einer drohenden Krise.

Doch wie wir sehen werden, ist bei guter Planung und Voraussicht ein langes Leben ein Segen, kein Fluch. Es ist reich an Möglichkeiten, und das, was uns geschenkt wird, ist in erster Linie Zeit. Wie man diese Zeit nutzt und strukturiert, ist in einem längeren Leben die zentrale Frage.

Die Strukturierung der Lebenszeit ist zentrales Thema dieses Buches. Im 20. Jahrhundert entstand das dreistufige Lebensmodell: mit einer ersten Phase der Schule und Ausbildung, gefolgt vom Erwerbsleben und schließlich vom Ruhestand. Stellen Sie sich nun vor, die Lebenserwartung steigt, aber die Regelaltersgrenze bleibt unverändert. Daraus ergäbe sich ein gravierendes Problem: Die meisten Menschen verfügen, wenn sie länger leben, schlichtweg nicht über ein ausreichendes finanzielles Polster. Und deshalb müssen sie entweder länger arbeiten oder sich mit niedrigeren Altersbezügen begnügen. Kein Wunder, dass ein längeres Leben als Fluch wahrgenommen wird – keine der beiden Optionen erscheint sonderlich attraktiv.

Undines Fluch

In diesem Zusammenhang kommt einem das Undine-Märchen von Friedrich de la Motte-Fouqué in den Sinn, das an die Legende von der Wassernymphe Undine anknüpft. Undine verflucht ihren Gemahl Palemon, der sie betrogen hat, auf immer und ewig: Solange er wach ist, soll er atmen, sobald er aber schläft, wird er aufhören zu atmen und sterben. Von diesem Augenblick an führt Palemon ein Leben in hektischer Betriebsamkeit und kommt nie zur Ruhe, aus Furcht, dass ihm die Augen zufallen und der Tod ihn überwältigt.

Ein in die Länge gezogenes dreistufiges Leben könnte einem vorkommen wie Undines Fluch. Wie Palemon sind auch wir dazu verurteilt, immerfort zu arbeiten, denn wir wissen: Wir können es uns nicht leisten aufzuhören, egal, wie müde wir sind. Thomas Hobbes beschrieb im 17. Jahrhundert das Leben als »scheußlich, brutal und kurz«. Nur eines ist schlimmer: ein Leben, das scheußlich, brutal und lang ist. Das ist der Fluch: ein pausenloses Erwerbsleben, Eintönigkeit, vergeudete Energie und verpasste Chancen, gipfelnd in einem Greisenalter in Armut und Bedauern.

Wir sehen es anders. Zweifellos werden in Zukunft viele Menschen länger arbeiten, aber das Erwerbsleben muss nicht die hektische und ermüdende Rastlosigkeit Palemons sein. Es gibt echte Chancen, sich aus den Zwängen des Drei-Stufen-Modells zu befreien, um sein Leben flexibler und offener zu gestalten: mit vielen Phasen und mehreren Berufskarrieren, mit Unterbrechungen und Übergängen. Tatsächlich ist dies in unseren Augen der einzige Weg, damit ein langes Leben zum Segen und nicht zum Fluch wird. Diese Neustrukturierung des Lebens ist allerdings keine Kleinigkeit. Sie bringt tiefgreifende Veränderungen mit sich, für uns als Einzelne, ebenso wie für die Betriebe und Organisationen, in denen wir beschäftigt sind, aber auch für Politik und Gesellschaft.

Die Notwendigkeit einer solchen Neustrukturierung ergibt sich aus der längeren Zeitspanne, die uns zur Verfügung steht. 100 Jahre und mehr, das bedeutet einen Zuwachs von vielen Stunden Lebenszeit. Betrachten Sie es einmal so: Die Woche hat 168 Stunden. Bei einer Lebenserwartung von 70 Jahren sind dies 611 000 Stunden, bei einer Lebenserwartung von 100 Jahren 873 000 Stunden. Wofür verwenden Sie diese zusätzliche Zeit? Was fangen Sie mit ihr an? Welche Aktivitäten planen Sie für welchen Lebensabschnitt? Sei es die Arbeitswoche oder das Wochenende, der Jahresurlaub oder die Feiertage oder sogar das dreistufige Lebensmodell: Die Strukturierung und Planung von Zeit ist ein soziales Konstrukt. In einem längeren Leben wird es ein neues soziales Konstrukt mit anderen Organisationsformen und anderen Abfolgen geben.

Diesmal ist es anders

Es wird eine fundamentale Umgestaltung des Lebens stattfinden. Das ist ein langsamer Prozess, der schon seit vielen Jahren im Gange ist, aber er wird zu einer gesellschaftlichen und wirtschaftlichen Revolution führen. Im selben Maße, wie die Globalisierung und der technologische Wandel unser Leben Jahr um Jahr verändern, werden auch Veränderungen erforderlich sein, um das Beste aus einem 100-jährigen Leben zu machen. Nachfolgend ein paar Beispiele:

Die Menschen werden noch mit 70 oder sogar 80 arbeiten

Wenn wir mit unseren Betriebswirtschaftsstudenten an der London Business School über das 100-jährige Leben sprechen, fordern wir sie auf, Szenarien für ihr eigenes Leben zu entwerfen. Ihr Blick richtet sich schnell auf die finanziellen Aspekte, und dann stellen wir ihnen eine Frage: »Wenn Sie 100 Jahre leben, etwa 10 Prozent Ihres Einkommens sparen und in Rente gehen möchten, wenn Ihre Altersbezüge 50 Prozent ihres letzten Gehalts erreicht haben: Mit wie viel Jahren werden Sie dann in Rente gehen können?« (Die Berechnung finden Sie in Kapitel 2, und die Antwort lautet: mit 80.) An diesem Punkt wird es still im Saal. Wenn wir aus dem Geschenk eines langen Lebens das Beste machen wollen, müssen wir alle uns der Tatsache stellen, dass wir noch mit 70 oder sogar 80 Jahren arbeiten müssen. So einfach ist das.

Es werden neue Berufe und neue Fertigkeiten entstehen

In den kommenden Jahrzehnten wird der Arbeitsmarkt umgekrempelt werden, da einige traditionelle Berufe verschwinden und neue entstehen werden. Vor 100 Jahren waren die meisten Menschen in der Landwirtschaft und im Haushalt beschäftigt, heute ist der Prozentsatz dieser Arbeitsplätze sehr gering, der Anteil der Bürojobs dagegen enorm gestiegen. Und dieser Wandel wird sich fortsetzen, da Roboter und künstliche Intelligenz zahlreiche Tätigkeiten übernehmen oder ergänzen werden, bei den innerbetrieblichen technischen Abläufen ebenso wie in Marketing und Verkauf, Büromanagement und Verwaltung. In einem kürzeren Leben mit einem relativ stabilen Arbeitsmarkt reichten das Wissen und die Kompetenzen, die jemand mit Mitte 20 erworben hatte, oft für das gesamte Erwerbsleben, ohne dass größere Investitionen in Fortbildung und Weiterqualifizierung notwendig wurden. Wenn man in dem heutigen, sich rasch wandelnden Arbeitsmarkt noch mit 70 oder sogar 80 Jahren berufstätig sein will, genügt es nicht mehr, sein Wissen ein wenig aufzufrischen, um produktiv zu bleiben. Man muss Zeit aufwenden, um sich weiter zu qualifizieren und neue Fertigkeiten zu erlernen. Das ist eine entscheidende Investition.

Finanzielle Absicherung wird nicht alles sein

Als Wirtschaftswissenschaftler und als Psychologin haben wir, die Autoren dieses Buches, sehr unterschiedliche Perspektiven, die einander jedoch nicht ausschließen, ganz im Gegenteil. Sie ergänzen einander, und sie miteinander zu verknüpfen ist wichtig, um den Implikationen eines 100-jährigen Lebens auf den

Grund zu gehen. Um ein zufriedenes und produktives langes Leben zu führen, muss man rationale Entscheidungen treffen und dynamische Pläne entwickeln, man muss aber auch die Bedeutung der personalen Identität und der sozialen Faktoren erkennen, die unser Leben in Zukunft bestimmen werden.

Ein gutes Leben erfordert sorgfältige Planung, um das Finanzielle und das Nichtfinanzielle, Ökonomie und Psychologie, das Rationale und das Emotionale in Einklang zu bringen. Für ein 100-jähriges Leben muss man sich finanziell absichern, aber Geld ist keineswegs die wichtigste Ressource. Familie, Freundschaften, geistiges Wohlbefinden und Zufriedenheit sind ebenfalls bedeutende Komponenten.

Die Debatte zur Langlebigkeit, wie sie bisher geführt wird, ist allzu sehr auf Finanzen und Renten fokussiert. Doch bei der Vorbereitung auf ein 100-jähriges Leben geht es um mehr als nur um die finanzielle Vorsorge. Ein langes und finanziell erfolgreiches Erwerbsleben ist nicht möglich, wenn die Qualifikationen, die Gesundheit und die persönlichen Beziehungen verschlissen werden. Andererseits wird man es sich ohne ausreichenden finanziellen Rückhalt nicht leisten können, Zeit in diese entscheidenden nicht finanziellen Vermögenswerte zu investieren. Hier die richtige Balance zu finden, ist schon in einem kurzen Leben schwierig – und obwohl es in einem langen Leben noch viel komplizierter ist, bieten sich auch sehr viel mehr Chancen und Möglichkeiten, dies zu schaffen.

Das Leben wird vielstufig werden

Auch wenn es schon heute Menschen gibt, die abweichende Wege einschlagen und versuchen, das herkömmliche Drei-Stufen-Modell zu modifizieren, orientieren sich die meisten von uns bei ihrer Lebensplanung immer noch an ihm. In dem vorliegenden Buch stellen wir Zukunftsszenarien vor, in denen wir das dreistufige Lebensmodell von 70 auf 80 Jahre und dann auf 100 Jahre erweitern. Ein Drei-Stufen-Modell kann bei einer Lebenserwartung von 100 Jahren nur dann funktionieren, wenn man von einer zweiten Phase eines sehr langen und kontinuierlichen Erwerbslebens ausgeht. Auf diese Weise lässt sich vielleicht die finanzielle Seite regeln, aber die anderen Dinge, auf die es mindestens ebenso sehr ankommt, geraten ins Hintertreffen. Eine zu lange Erwerbsphase ist belastend und aufreibend und ehrlich gesagt auch sehr eintönig.

Deshalb wird in Zukunft das Leben vielstufig sein. Stellen Sie sich vor, Sie hätten zwei oder sogar drei verschiedene Berufskarrieren: eine, in der Sie Ihr Einkommen maximieren und viele Stunden am Tag und in der Woche erwerbstätig sind; in einer weiteren Phase bringen Sie Arbeit und Familie in ein ausgewogeneres Verhältnis oder üben Tätigkeiten aus, mit denen Sie einen sozialen Beitrag leisten. Das Geschenk eines längeren Lebens bedeutet, dass man nicht mehr gezwungen ist, sich entweder für das eine oder für das andere zu entscheiden.

Übergänge werden zur Normalität

Wenn das Leben nicht mehr drei, sondern viele Stufen hat, gibt es auch mehr Übergänge. Ein dreistufiges Leben beinhaltet zwei elementare Übergänge: von der Ausbildung zur Erwerbstätigkeit und von der Erwerbstätigkeit zum Ruhestand. Gegenwärtig sind nur wenige Menschen in der Lage oder dafür qualifiziert, mehr als zwei Übergänge zu schaffen. Will man jedoch aus einem langen und vielstufigen Leben das Beste machen, muss man flexibel sein, sich neues Wissen und neue Qualifikationen aneignen, neue Denkweisen erkunden und neue Perspektiven entwickeln, aber auch die Fähigkeit, sich mit veränderten Machtpositionen zu arrangieren, sich von alten Mitstreitern zu lösen und neue Netzwerke aufzubauen. All dies beschreibt ein Transformationspotenzial, das es aufzubauen gilt.

Neue Stufen werden hinzukommen

Das haben wir bereits im 20. Jahrhundert erlebt, als zwei neue Stufen entstanden, die des Teenagers und die des Rentners. Doch unserer Ansicht nach werden in den nächsten Jahrzehnten noch weitere hinzukommen. Derzeit können wir die Entstehung einer solchen Stufe bei den 18- bis 30-Jährigen beobachten. Durch die höhere Lebenserwartung und eine längere Schulzeit entstand die neue Altersgruppe der Teenager, und etwas Ähnliches vollzieht sich derzeit bei den jungen Erwachsenen. Diese Gruppe reagiert bereits heute auf das Versprechen eines längeren Lebens, indem sie sich Optionen offenhält und neue Möglichkeiten erkundet. Sie legt sich nicht mehr fest wie frühere Generationen in diesem Alter und nimmt stattdessen andere Lebensstile und Optionen in den Blick. Diese neuen Lebensstufen sind ein echtes Geschenk, denn sie schaffen Freiräume zum Experimentieren und eröffnen die Chance, sich ein Leben nach seinen eigenen Vorstellungen zu gestalten. Schauen Sie sich um – wahrscheinlich haben Sie Angehörige oder Freunde, die bereits mit diesen neuen Lebensstufen experimentieren.

Sich selbst neu zu erfinden, wird wichtiger sein als Freizeit

Wenn es mehr Übergänge gibt und mehr Stufen, wird es notwendig, zu investieren: in eine sich verlagernde Identität, um eine neue Rolle übernehmen zu können; in die Schaffung eines anderen Lebensstils; oder in den Erwerb neuer Qualifikationen. Das Geschenk eines längeren Lebens mit zusätzlicher Zeit schafft Freiraum für Investitionen. In der Vergangenheit vollzogen sich diese Investitionen in der ersten Lebensstufe, die ganz der Ausbildung gewidmet war. In einem vielstufigen Leben verteilen sich diese Phasen der Selbstfindung und Weiterqualifizierung über das gesamte Leben und auf Zeiträume, die traditionell als Freizeit betrachtet werden.

Die Freizeit zu nutzen, um in Qualifikation und Bildung, Gesundheit und soziale Beziehungen zu investieren, mag nicht besonders verlockend klingen. Herkömmlicherweise gilt die Freizeit als eine Phase, in der man nichts weiter tut, als auf der Couch zu liegen und sich einen Film anzuschauen, segeln zu gehen, Computerspiele zu spielen oder auf andere Weise Spaß zu haben. Bei mehr Lebenszeit bleibt mehr Zeit für Muße. Doch es kommt darauf an, einen Teil dieser freien Stunden zu nutzen, um Investitionen zu tätigen. In einem kürzeren Leben war es sinnvoll, die Mußestunden vorrangig der Entspannung zu widmen.

In einem längeren Leben schafft die Freizeit auch Freiräume für Investitionen. Vielleicht zählt zum Geschenk eines 100-jährigen Lebens auch die Umgestaltung der Freizeit, die in Zukunft weniger auf Konsum und Entspannung, sondern mehr auf Investition in Weiterqualifikation und die Neuerfindung seiner selbst ausgerichtet sein wird.

Es wird keinen Gleichschritt mehr geben

In einem dreistufigen Modell mit Ausbildung, Erwerbstätigkeit und Ruhestand gibt es eine ganz bestimmte Reihenfolge, die viele Menschen zur Grundlage ihrer Lebensplanung gemacht haben. Der daraus resultierende Gleichschritt stand für Sicherheit und Vorhersehbarkeit. Der Einzelne hatte keine unendliche Vielfalt an Optionen, und Betriebe und Politik sahen sich nicht einer Fülle unterschiedlicher Wünsche und Bedürfnisse gegenüber. Daher überrascht es nicht, dass sich auch heute noch viele Betriebe bei der Auswahl, Fortbildung und Beförderung ihrer Mitarbeiter an diesem dreigliedrigen Lebensmodell orientieren.

Ein vielstufiges Leben mit neuen Marksteinen, Zäsuren und Wendepunkten schafft zahlreiche Möglichkeiten der Abfolge von Lebensstufen, die das dreigliedrige Schema auflösen und eine Lebensgestaltung entsprechend den individuellen Präferenzen und Umständen zulassen.

Wenn der Gleichschritt verschwindet, verschwindet auch viel von der Vorhersehbarkeit des Alters. Wenn heute jemand zu uns sagt, er sei Student, weiß man ziemlich genau, wie alt er ist – die Lebensphase, in der er sich befindet, verrät es. Auch bei einem leitenden Manager lässt sich relativ genau sagen, wie alt er ist und welchen Karriereweg er durchlaufen hat. In einem vielstufigen Leben ist dies nicht mehr der Fall. Die Information, dass jemand Student ist, erlaubt keine zuverlässige Aussage über sein Alter mehr. »Alter« ist nicht mehr gleich »Lebensstufe«, und die neuen Stufen werden zunehmend altersunabhängig sein.

Mit weitreichenden Folgen, denn die Gesellschaft setzt in vielen Bereichen stillschweigend ein bestimmtes Alter mit einer bestimmten Lebensstufe gleich. Das gilt für die betriebliche Personalpolitik und das Marketing, aber auch für die staatliche Gesetzgebung. Von all dem müssen wir uns heute verabschieden.

Optionen werden immer wertvoller

In einem langen Leben mit mehr Wandel und mehr Entscheidungsmöglichkeiten werden Optionen immer wichtiger. Wenn sich jemand für das eine entscheidet, entscheidet er sich zugleich gegen etwas anderes. Entscheidungen zu treffen bedeutet, Optionen zu streichen. In der Finanzwelt besitzen Optionen einen bestimmten Wert und einen bestimmten Preis. Der Wert einer Option ist abhängig von ihrer Laufzeit und von dem Risiko, das man mit ihrem Kauf eingeht.

Dasselbe gilt für die großen Entscheidungen, die man in seinem Leben trifft. Je länger man lebt, desto breiter wird das Spektrum an Möglichkeiten zur Veränderung und desto wichtiger werden Optionen. Die Suche nach Optionen mit einer möglichst langen Laufzeit ist die unmittelbare Konsequenz eines 100-jährigen Lebens. Hier liegt einer der Gründe, warum bei den heute 18- bis 30-Jährigen eine neue Lebensstufe entstanden ist: eine Phase, in der die Weichenstellungen früherer Generationen – Heirat, Gründung einer Familie, Haus- und Autokauf – immer weiter hinausgezögert werden. Sie halten sich Optionen offen.

Optionen sind lebenslang wichtig, in einem vielstufigen Leben werden sie noch viel wichtiger. In Optionen zu investieren und sie zu schützen, wird zu einem wesentlichen Aspekt der Lebensplanung werden.

Länger jünger

Nach landläufiger Ansicht bedeutet länger zu leben länger älter zu sein. Doch alles deutet darauf hin, dass sich diese Gleichung umkehrt und die Menschen länger jünger bleiben werden.

Das manifestiert sich auf dreierlei Weise. Erstens verhalten sich, wie oben dargelegt, 18- bis 30-Jährige heute oft anders als frühere Generationen und führen ein flexibleres und weniger festgelegtes Leben, indem sie sich Optionen offenhalten. Zweitens werden sich die Menschen bei einer größeren Zahl von Übergängen auch mehr Flexibilität bewahren. Evolutionsbiologen sprechen von Neotenie, der Beibehaltung jugendlicher Merkmale im Erwachsenenalter, die Flexibilität und Anpassungsfähigkeit stärken und verhindern, dass sich feste Gewohnheiten einschleifen. Drittens schließlich wird es mehr Freundschaften über die Altersgrenzen hinweg geben, weil ein bestimmtes Alter nicht mehr einer bestimmten Lebensstufe entspricht und Menschen unterschiedlicher Altersgruppen ähnliche Phasen durchlaufen. Wenn es kein starres Schema mehr gibt, wird diese Altersmischung das Verständnis der Generationen füreinander fördern und dazu beitragen, dass sich ältere Menschen länger jugendliche Eigenschaften bewahren.

Die Beziehungen in Familie und Beruf werden sich verändern

Ein längeres Leben mit mehr Jahren nach der Kindererziehung besitzt das Potenzial, die Geschlechterungleichheit zu verringern und die persönlichen Beziehungen, die Ehe und Kindererziehung neu zu gestalten.

Die Familie war traditionell ein Ort der Spezialisierung und Arbeitsteilung. Der Mann war berufstätig, die Frau kümmerte sich um Haushalt und Kinder. Das änderte sich in den letzten Jahrzehnten, als immer mehr Frauen berufstätig wurden und das doppelte Einkommen zur Regel wurde. Doch während sich die Rollenverteilung innerhalb der Familie verändert hat, ist das klassische Drei-Stufen-Modell für den Lebensweg von Männern nach wie vor maßgeblich. Frauen tendieren eher zu einem vielstufigen Modell, auch wenn dies immer noch als ungewöhnlich und normwidrig betrachtet wird.

Im Verlauf eines langen Lebens werden sich die persönlichen Beziehungen verändern, nicht zuletzt deshalb, weil die finanzielle Absicherung und das Sparen einfacher sind, wenn in einem Haushalt beide arbeiten. Weil außerdem beide Partner ein vielstufiges Leben führen, werden sie sich abstimmen müssen, wann wer in eine neue Lebensphase eintritt und wie sie einander dabei unterstützen können. Die neu entstehenden Haushaltsmodelle werden weitaus vielgestaltiger sein als in der Vergangenheit. Und damit wird auch der Druck auf Unternehmen und Politik wachsen, ihre Strategien auf diese neuen Gegebenheiten auszurichten.

Dies wird auch der geschlechtlichen Gleichstellung neue Impulse geben. Das Modell der drei Lebensstufen untermauert eine unflexible Sicht von Beruf und Karriere. Forderungen nach flexibleren Lösungen am Arbeitsplatz und weniger starren Arbeits- und Beförderungsbedingungen werden bisher hauptsächlich von Frauen erhoben, denn sie sind nach wie vor diejenigen, die sich vorrangig um die Kinder kümmern. Mit dem Ende des Drei-Stufen-Modells werden auch Männer auf mehr Flexibilität drängen, damit sie neue Lebensphasen verwirklichen können.

Die Komplexität der Generationenordnung

Das dreistufige Leben hat zu einer institutionellen Trennung der verschiedenen Altersgruppen geführt. Mit einem vielstufigen Leben, der Neustrukturierung von Familienbeziehungen und der Entkoppelung von Alter und Lebensstufe wird diese Generationentrennung überwunden werden.

Noch tiefgreifender wird sein, dass eine Familie in Zukunft aus vier Generationen besteht. Da die Lebenserwartung schneller steigt als das Alter, in dem Frauen Mütter werden, wird es sehr viel kompliziertere Familienstrukturen geben, und auch die Einstellungen der Generationen werden sich wandeln.

Die Experimentierfreude wird zunehmen

Eines ist klar: Es wird viele Pioniere geben. Weder Individuen noch Gemeinschaften, weder die Unternehmen noch die Politik haben Konzepte erarbeitet, wie ein 100-jähriges Leben am besten unterstützt werden kann. Es gibt nur wenige Rollenvorbilder, denn selbst Menschen, die 100 Jahre alt geworden sind, haben nicht damit gerechnet, so lange zu leben. Heute aber müssen wir mit der Perspektive eines langen Lebens planen. Je jünger Sie sind, desto höher ist die Wahrscheinlichkeit, dass Sie mit neuen Lebensmodellen experimentieren, und desto größer sind Ihre Möglichkeiten, noch einmal ganz neu anzufangen und einen neuen Lebensentwurf zu verwirklichen. Wenn Sie sich in der Lebensmitte befinden, sind Sie womöglich bereits in die Fußstapfen Ihrer Eltern getreten und stillschweigend deren klassischem Drei-Stufen-Modell gefolgt. Heute wird immer deutlicher, dass dieses Modell einer steigenden Lebenserwartung immer weniger gerecht wird.

Wir alle versuchen daher herauszufinden, wie ein 100-jähriges Leben gelingen kann. Dieses Buch möchte Tipps geben und Einblicke in das vermitteln, was uns womöglich erwartet. Aber natürlich vermag niemand genau zu sagen, was die Zukunft bringt, und während noch darüber nachgedacht wird, gibt es bereits viele Einzelne, die neue Möglichkeiten erkunden und unbekannte Pfade beschreiten.

Der Kampf um das Humankapital

Wir glauben, dass ein 100-jähriges Leben für die Menschheit ein Geschenk ist. Ein völlig neu konzipiertes vielstufiges Leben bietet allen Menschen beträchtliche Chancen und gibt ihnen die Möglichkeit, Arbeit und Freizeit, Beruf und Familie, Finanzen und Gesundheit besser miteinander in Einklang zu bringen. Für die Betriebe jedoch und besonders für deren Personalabteilungen klingt all dies wie ein Albtraum. Unternehmen schätzen Konformität, und einfache, vorhersehbare Systeme sind leicht zu führen und zu implementieren. Wir dürfen uns daher nicht wundern, wenn sich viele Institutionen diesem Wandel entgegenstellen. Doch es wird überall experimentiert, und am Ende wird der Wunsch der Individuen nach Flexibilisierung und Wahlmöglichkeiten stärker sein als das Bedürfnis der Betriebe nach Systematik und Berechenbarkeit. Es wird allerdings ein harter Kampf werden, der Jahrzehnte dauern könnte.

Zweifellos wird sich das starre Schema einer Gleichsetzung von Alter und Lebensstufe nicht aufrechterhalten lassen. Firmen, die auf tüchtige und gut ausgebildete Fachkräfte angewiesen sind, werden die wirtschaftlichen Vorteile einer veränderten Unternehmenspolitik erkennen. Doch das gilt längst nicht für alle. Die meisten Firmen werden nicht so flexibel sein, wie die Mitarbeiter es sich wünschen. Es wird Kämpfe geben, wie sie schon einmal im Zuge der industriellen Revolution stattfanden, als es um eine Verringerung der Wochenarbeitszeit und um bessere Arbeitsbedingungen ging.

Die Herausforderungen für die Politik

Ein 100-jähriges Leben berührt das Leben der Menschen in allen Bereichen und liefert damit eine umfassende Agenda für politisches Handeln. Bisher beschränkt sich der Fokus der Politik auf die Regelaltersgrenze, aber Fragen der Bildung, der Ehe und der Arbeitszeiten sowie viele weitere notwendige soziale Neuregelungen werden zum Gegenstand der politischen Debatte werden. Die finanzielle Absicherung eines 100-jährigen Lebens ist wichtig, noch wichtiger aber ist die Frage, wie wir Leben und Arbeit bis ins höhere Lebensalter hinein sinnvoll gestalten können. Um diese Themen muss sich die Politik kümmern.

Die politischen Strategien sind heute viel zu sehr auf die letzte Lebensstufe, den Ruhestand, gerichtet und am klassischen Drei-Stufen-Modell orientiert. Aber ein 100-jähriges Leben betrifft nicht nur alte Menschen und verlangt mehr als nur eine Anpassung des Rentenniveaus oder ein flexibles Renteneintrittsalter. Vorrangige Aufgabe der Politik ist die Schaffung eines gesetzlichen Regelwerks und von Rahmenbedingungen für die Gestaltung eines vielstufigen Lebens.

Die vielleicht größte Herausforderung aber ist die gesundheitliche Ungleichheit und die Frage, wie den Armen die Teilhabe an einem langen und produktiven Leben ermöglicht werden kann. Denn der Zuwachs an Lebenserwartung ist in der Bevölkerung nicht gleichmäßig verteilt, und in den einzelnen Ländern wächst die diesbezügliche Kluft zwischen Arm und Reich. Viele Optionen, die wir hier erkunden werden, stehen am ehesten Leuten in akademischen und Fachberufen mit einem hohen Einkommen zur Verfügung. Für ein langes Leben braucht man finanzielle Ressourcen, Kompetenzen, Flexibilität, eine gute Selbsteinschätzung, effiziente Planung sowie einen Arbeitgeber, der seine Mitarbeiter wertschätzt und respektiert. Die Gefahr ist groß, dass das Geschenk eines langen Lebens nur Menschen mit einer guten Bildung und einem hohen Einkommen zugänglich sein wird, weil sie den Wandel und die notwendigen Übergänge leichter bewältigen können. Deshalb muss die Politik schon heute Instrumente erarbeiten, um die Schwächeren dabei zu unterstützen, Übergänge zu meistern und die notwendige Flexibilität zu entwickeln. Es ist inakzeptabel, dass nur eine privilegierte Minderheit in den Genuss eines guten, langen Lebens kommen soll.

Wer bin ich?

Ein langes Leben wird von wirtschaftlichen, finanziellen, psychologischen und soziologischen, medizinischen und demografischen Kräften beeinflusst. Doch in diesem Buch geht es in erster Linie um *Sie* und darum, wie Sie Ihr Leben planen können. Es wird mehr Wahlmöglichkeiten geben, und Sie werden viele Veränderungen erleben. Und dabei kristallisiert sich immer mehr die Frage heraus, wofür Sie stehen, was Ihnen wichtig ist und worauf Sie Ihre Lebensgestaltung gründen möchten.

In der Samstagsbeilage der *Financial Times* gibt es eine Rubrik, in der bekannte Persönlichkeiten gefragt werden: »Was würde Ihr 20-jähriges Ich heute über Sie sagen?« In diesem Buch möchten wir diese Perspektive umkehren und Sie auffordern, darüber nachzudenken, was Ihr 70-, 80- oder 100-jähriges Ich heute über Sie sagen würde. Sind Sie sicher, dass die Entscheidungen, die Sie heute treffen, dem kritischen Blick Ihres zukünftigen Ichs standhalten werden?

Die Frage berührt den Kern dessen, worum es bei der Langlebigkeit geht. Wenn das Leben kurz ist, entwickelt sich eine Vorstellung davon, wer man ist, ohne dass man groß darüber nachdenken oder Transformationen vollziehen müsste. Doch was ist in einem langen Leben der rote Faden, der die vielen Übergänge miteinander verbindet? Was ist es, das den Wesenskern dessen ausmacht, was Sie sind?

Die Fragen von personaler Identität, der Wahlmöglichkeiten und Risiken sind zentral für die Bewältigung eines langen Lebens. Ein langes Leben bedeutet mehr Veränderungen; mehr Lebensstufen bedeuten mehr Entscheidungen, die zu treffen sind; und je mehr Veränderungen und Entscheidungen das Leben eines Menschen beinhaltet, desto weniger bestimmt die Ausgangssituation die weitere Entwicklung. Wir werden also in ganz anderer Weise über Identität nachdenken müssen als die Menschen, die vor uns gelebt haben. Je länger wir leben, desto mehr spiegelt unsere Identität das wider, was wir selbst gestaltet haben. Die Menschen früherer Generationen mussten sich nicht den Kopf darüber zerbrechen, wie sie ihr Leben durch die vielfältigen Veränderungen steuern sollten und welche Fähigkeiten sie benötigten, um all die Übergänge zu bewältigen. Ein langes Leben ist ein Leben mit Übergängen. Einige dieser Übergänge werden wir zusammen mit anderen vollziehen, bei anderen wird es keine Gruppe geben, die uns unterstützt. Einfach nur der Herde zu folgen, wird nicht funktionieren. Sehr viel intensiver als frühere Generationen werden wir darüber nachdenken müssen, wer wir sind, wie wir unser Leben gestalten möchten und was das für unsere personale Identität und unsere ureigenen Werte bedeutet.

Wir haben dieses Buch für Menschen geschrieben, die wissen, dass die Vergangenheit keine prognostische Kraft für die Zukunft besitzt; für Menschen, die etwas über Chancen und Optionen statt über Zwänge und Risiken erfahren möchten; für Menschen, die das Erwerbsleben, das sie jetzt und in Zukunft führen, positiv beeinflussen möchten; für Menschen, die alles dafür tun wollen, damit ihr langes Leben zum Geschenk statt zum Fluch wird. Dieses Buch ist eine Einladung, die ersten Schritte dafür zu unternehmen.

1. Kapitel

Leben: Das Geschenk eines langen Lebens

Denken Sie für einen Augenblick an ein Kind, das Sie kennen. Vielleicht Ihre achtjährige Schwester oder zehnjährige Tochter, einen Neffen oder einen Nachbarsjungen. Sie sehen die kindliche Begeisterung und Lebensfreude: ein Leben, losgelöst von Verantwortung und Verpflichtungen. Es ist ein tröstlicher Gedanke, dass trotz des globalen Wandels Kinder überall auf der Welt noch diese lebensbejahende Kraft besitzen – und natürlich denken Sie dabei an Ihre eigene Kindheit.

Aber Sie sehen auch, wie sehr sich eine heutige Kindheit von Ihrer eigenen unterscheidet, denn viele technische Innovationen, die Sie erstaunen und verwundern, scheinen Kindern selbstverständlich und intuitiv und mühelos zugänglich zu sein. Doch nicht nur die Kindheit, auch das Leben, das diese Kinder führen werden, wenn sie erwachsen sind, wird anders sein als früher. Ein Parameter dieses Erwachsenenlebens ist in *Abbildung 1.1* dargestellt. Die Grafik zeigt die demografische Berechnung der wahrscheinlichen Lebenserwartung. Wenn das Kind, an das Sie gerade gedacht haben, in den Vereinigten Staaten, in Kanada, Italien oder Frankreich geboren ist, hat es eine 50-prozentige

Chance, mindestens 104 Jahre alt zu werden. Wenn es in Japan geboren ist, kann man sogar von atemberaubenden 107 Jahren ausgehen.

Abbildung 1.1: Prognostiziertes Höchstalter, das 50 Prozent der 2007 Geborenen erreichen

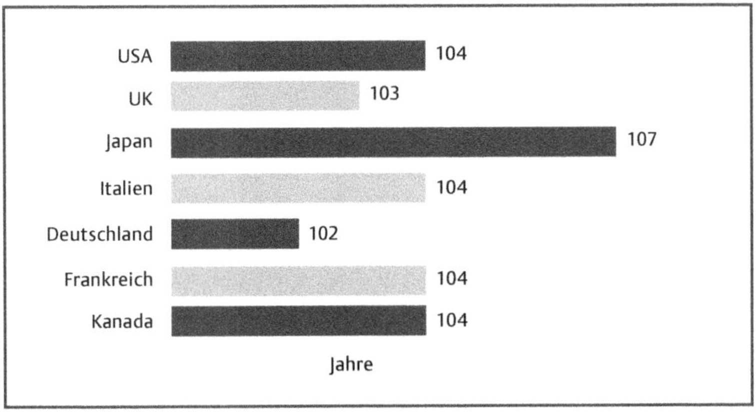

Quelle: Human Mortality Database, Universität Kalifornien, Berkeley, und Max-Planck-Institut für demografische Forschung; abrufbar unter www.mortality.org

Es ist Ihnen sicher nicht schwergefallen, an ein achtjähriges Kind zu denken. Aber richten wir nun den Blick auf eine andere Altersgruppe. Wie viele 100-Jährige kennen Sie? Vielleicht gar keinen. Oder vielleicht haben Sie eine Großmutter, die 100 Jahre erreicht hat. Doch schon die Tatsache, dass Sie so wenige 100-Jährige kennen und verständlicherweise stolz sind auf die, die Sie kennen, zeigt, wie ungewöhnlich ein so hohes Alter ist. Um diesen Unterschied zwischen Achtjährigen und 100-Jährigen zu verstehen, wollen wir die Prognosen in *Abbildung 1.1* mit Daten aus der Vergangenheit vergleichen. Für ein 1914 geborenes Kind betrug die Wahrscheinlichkeit, 100 Jahre alt zu werden, 1 Prozent – und genau hier liegt der Grund, warum 100-Jährige heute noch relativ selten sind. Ihre Chancen standen einfach schlecht. *Abbildung 1.1* zeigt auch, dass im Jahr 2107 ein 100-Jähriger keine Seltenheit mehr sein wird, sondern Normalität. Weit über die Hälfte der Achtjährigen, die Sie heute kennen, werden dann noch am Leben sein.

Für diesen außergewöhnlichen Anstieg der Lebenserwartung ist jedoch nicht ein einzelner Kausalfaktor verantwortlich, und es trat auch nicht ein plötzlicher Umbruch ein. Vielmehr gab es in den vergangenen 200 Jahren einen kontinuierlichen Zuwachs an Lebenserwartung. Laut den besten derzeit verfügbaren Daten stieg seit 1840 die Lebenserwartung um drei Monate pro Jahr. Das bedeutet eine Steigerung von zwei bis drei Jahren alle zehn Jahre. *Abbildung 1.2* dokumentiert diese atemberaubende Entwicklung seit den 1850er Jahren. Das Erstaunlichste ist die Konstanz dieses Zuwachses über diesen Zeitraum hinweg. Wenn wir die jährlich weltweit höchste durchschnittliche Lebenserwartung betrachten (Demografen sprechen von *Best-Practice-Lebenserwartung*), zeigt sich tatsächlich ein geradliniger Anstieg. Und was vielleicht noch wichtiger ist: Nichts deutet darauf hin, dass sich dieser Trend abschwächen wird. Man kann also davon ausgehen, dass er sich in Zukunft fortsetzen wird. Ein 2007 in Japan geborenes Kind hat also eine Chance von 50 Prozent, 107 Jahre alt zu werden. Inzwischen hat sich diese Chance weiter erhöht, sodass ein 2014 in Japan geborenes Kind eine 50-prozentige Chance hat, nicht 107, sondern 109 Jahre alt zu werden.

Abbildung 1.2: Best-Practice-Lebenserwartung

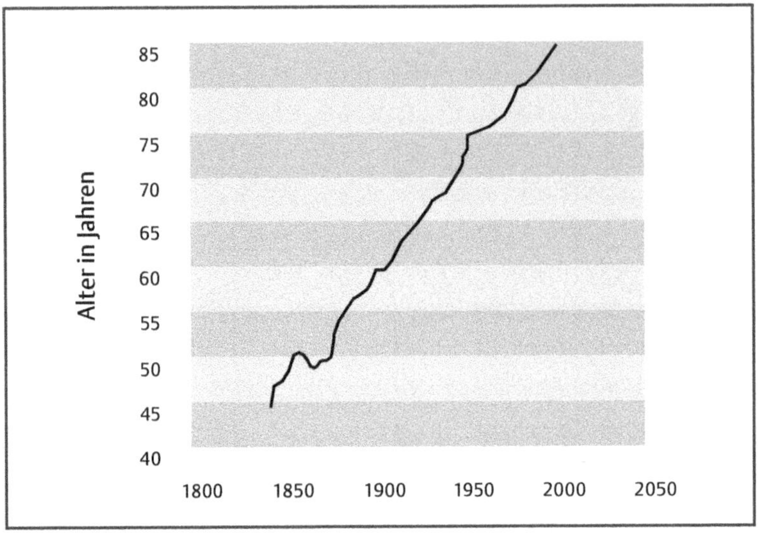

Quelle: Human Mortality Database, Universität Kalifornien, Berkeley, und Max-Planck-Institut für demografische Forschung; abrufbar unter www.mortality.org. Zur Erklärung siehe »Broken Limits to Life Expectancy« von Jim Oeppen und James Vaupel, *Science* 296, Nr. 5570 (Mai 2002), S. 1029–1031

Wenn die heute Achtjährigen gute Aussichten haben, 100 Jahre alt zu werden, was ist mit den Jahrgängen dazwischen? Was bedeutet diese Prognose für Sie? Die einfache Antwort lautet: Je jünger Sie heute sind, desto größer ist die Wahrscheinlichkeit, dass Sie länger leben werden. Werfen wir erneut einen Blick auf *Abbildung 1.2* und betrachten den Verlauf dieses Wandels. Seit 1840 stieg die Lebenserwartung um zwei bis drei Jahre pro Jahrzehnt. Wenn also ein 2007 geborenes Kind eine 50-prozentige Wahrscheinlichkeit hat, 104 Jahre alt zu werden, hat ein Kind, das zehn Jahre früher geboren ist (1997), eine 50-prozentige Chance, 101 oder 102 Jahre alt zu werden; noch ein Jahrzehnt früher (1987) sind es 98 bis 100 Jahre; für 1977 sind es 95 bis 98, für 1967 92 bis 96, und selbst für die 1957 Geborenen sind es 89 bis 94 Jahre und so weiter.

Der stetige Anstieg der Lebenserwartung, den *Abbildung 1.2* zeigt, verdankt sich einer Vielzahl von Entwicklungen. Der erste substanzielle Zuwachs geht auf die rückläufige Kindersterblichkeit zurück. Für die Menschen in den Industrieländern ist heute kaum mehr vorstellbar, was für eine furchtbare Geißel die Kindersterblichkeit war. Die Schriftsteller des viktorianischen England haben eindringlich davon erzählt. Im Roman *Der Raritätenladen* stirbt die kleine Nell im Alter von 14 Jahren. In *Jane Eyre* bricht im Internat Lowood eine Typhusepidemie aus, und Helen stirbt in den Armen ihrer besten Freundin Jane. Das war keineswegs außergewöhnlich.

Charles Dickens und Charlotte Brontë erzählten vielmehr von alltäglichen Ereignissen, die sie in ihrem Lebensumfeld beobachteten. Ab den 1920er Jahren war hauptsächlich der Rückgang der Säuglings- und Kindersterblichkeit für den in *Abbildung 1.2* dargestellten Anstieg der Lebenserwartung verantwortlich. Ansteckende Krankheiten wie Tuberkulose, Pocken, Diphtherie und Typhus, denen Nell und Helen zum Opfer fielen, wurden allmählich besiegt. Der Staat ergriff innovative Maßnahmen zur Gesundheitsfürsorge, die Ernährung verbesserte sich, und die Menschen lernten, gesünder zu leben.

Der zweite große Zuwachs an Lebenserwartung verdankt sich der erfolgreichen Bekämpfung chronisch-degenerativer Krankheiten im mittleren und höheren Lebensalter, vor allem Herz-Kreislauf-Erkrankungen und Krebs. Autoren des 20. Jahrhunderts schrieben nun zwar nicht mehr über die Tragödie der Kindersterblichkeit, aber sie selbst wurden von den chronischen Krankheiten ihrer Zeit heimgesucht. Sir Arthur Conan Doyle, der

Schöpfer von Sherlock Holmes, starb 1930 im Alter von 71 Jahren an Lungenentzündung. Ian Fleming, der Schöpfer von James Bond, starb 1964 mit 56 Jahren an einem Herzinfarkt. Eine frühzeitige Diagnose, effiziente Therapien und Aufklärung besonders zu den Risiken des Rauchens trugen maßgeblich zur Verbesserung der Gesundheit bei. Dem Nobelpreisträger und Ökonom Angus Deaton zufolge begann dieser epidemiologische Übergang, als tödliche Krankheiten »aus Darm und Brust von Kindern in die Arterien älterer Menschen« wanderten.[1]

Der nächste größere Zuwachs an Lebenserwartung wird der Bekämpfung altersbedingter Krankheiten zu verdanken sein. Tatsächlich ist die Lebenserwartung älterer Menschen bereits heute deutlich gestiegen. 1950 lag in England die Wahrscheinlichkeit, dass ein 80-jähriger Mann stirbt, bei 14 Prozent, heute sind es nur noch 8 Prozent. Für einen 90-Jährigen sank diese Wahrscheinlichkeit von 30 auf 20 Prozent. 100 Jahre zu erreichen, war so selten, dass dieses hohe Alter in vielen Ländern auf besondere Weise gewürdigt wurde. In Japan zum Beispiel wurden 100-Jährige mit einem *sakazuki* beschenkt, einem silbernen Sake-Service. Als diese Tradition 1963 eingeführt wurde, gab es lediglich 153 Japaner, die 100 Jahre alt waren; im Jahr 2014 waren es mehr als 29350. Im Vereinigten Königreich erhielt jeder 100-Jährige eine persönliche Glückwunschbotschaft von der Queen. Vor zehn Jahren organisierte eine einzige Person den Versand dieser Glückwunschkarten, heute sind es sieben, weil die Zahl der Karten um 70 Prozent gestiegen ist. Ein Blick auf *Abbildung 1.2* erlaubt die Prognose, dass der Bedarf an *sakazuki* und Glückwunschkarten in Zukunft noch erheblich steigen wird. Tatsächlich wurde in Japan diese Tradition im Jahr 2015 wieder abgeschafft.

Für diesen Zuwachs an Lebenserwartung lässt sich eine Vielzahl von Kausalfaktoren nennen: eine bessere Gesundheit und eine bessere Ernährung, eine bessere medizinische Versorgung und eine bessere Bildung, technologischer Fortschritt, eine bessere Sanitärversorgung und ein höheres Einkommen. Demografen streiten darüber, welcher dieser Faktoren entscheidend ist. Falls überhaupt ein Konsens existiert, spiegelt er sich vielleicht am besten in dem einflussreichen Aufsatz von Samuel Preston. Nach seiner Einschätzung sind steigende Einkommen und eine bessere Ernährung für rund 25 Prozent des Zuwachses an Lebenserwartung verantwortlich. Noch wichtiger jedoch erscheinen ihm Innovationen im öffentlichen Gesundheitswesen wie die Bekämpfung von Krankheitserregern, Medikamente und Schutzimpfungen.[2] Die staatliche Gesundheitsförderung und Gesundheitserziehung spielen eine Schlüsselrolle. Man denke nur an Kampagnen, die das Risiko des Rauchens für die Lebenserwartung ins öffentliche Bewusstsein hoben.

Egal, wo wir geboren sind, wir werden länger leben

Es ist bemerkenswert, dass alle Daten in *Abbildung 1.1* und *1.2* aus den reicheren Industrieländern stammen. Von den heute in Entwicklungsländern geborenen Kindern können sehr viel weniger damit rechnen, 100 Jahre alt zu werden. Langfristig jedoch werden dieselben Kräfte, die in den Industrieländern für eine höhere Lebenserwartung gesorgt haben, in den Entwicklungsländern denselben Effekt erzielen. Mit steigenden Einkommen, einer besseren Ernährung und Gesundheitsversorgung ging in der westlichen Welt die Kindersterblichkeit zurück. Dieses Phänomen lässt sich heute weltweit beobachten. Ärmere Länder starten zwar mit einer geringeren Lebenserwartung als reiche Länder, aber die Zuwachsraten sind dieselben.

Nehmen wir als Beispiel Indien, wo die Lebenserwartung im Jahr 1900 24 Jahre betrug – gegenüber 49 Jahren in den Vereinigten Staaten. 1960 war die Lebenserwartung in den Vereinigten Staaten auf 70 Jahre gestiegen, in Indien dagegen nur auf 41 Jahre. Die Kluft zwischen diesen beiden Ländern hatte sich also vergrößert. Als jedoch Indien wirtschaftlich erfolgreicher wurde, verringerte sich diese Kluft. 2014 betrug in Indien die durchschnittliche Lebenserwartung 67 Jahre, und den demografischen Prognosen der Vereinten Nationen zufolge wird sie mit einer Quote von etwa zwei Jahren pro Jahrzehnt weiter steigen. Indien startet also zwar mit einer geringeren Lebenserwartung als die Vereinigten Staaten, aber die Steigerungsrate verläuft parallel. Dasselbe gilt für viele andere Länder der Erde: Das 100-jährige Leben wird zu einem globalen Phänomen, auch wenn die reichen Länder diese Schwelle zuerst überschreiten.

Werden wir ewig leben?

Wenden wir uns nun erneut *Abbildung 1.2* zu und stellen uns vor, die Kurve gehe immer weiter nach oben. Vielleicht fragen Sie sich, ob bei einer Steigerungsrate von zwei bis drei Jahren pro Jahrzehnt irgendwann eine Obergrenze erreicht sein wird. Die Mehrheit der heute in der westlichen Welt geborenen Kinder kann damit rechnen, über 100 Jahre alt zu werden. Aber warum sollte es an diesem Punkt aufhören? Warum nicht 150, 200 oder noch älter?

Wie in den meisten wissenschaftlichen Debatten gibt es auch hier viele gegensätzliche Ansichten, doch im Mittelpunkt steht meistens die Frage, ob es für das menschliche Leben eine natürliche Obergrenze gibt, und wenn ja, wo sie liegen könnte.[3]

Die Pessimisten argumentieren, die Ernährung sei heute bereits optimal und die Säuglings- und Kindersterblichkeit erfolgreich bekämpft; heute seien es Zivilisationskrankheiten, eine sitzende Lebensweise und die zunehmende Fettleibigkeit, die einen weiteren Zuwachs der Lebenserwartung verhindern.

Andere sind optimistischer und meinen, die Bildung werde – neben technologischer Innovation – auch in Zukunft ein Motor für eine weitere Steigerung der Lebenserwartung sein. Historisch betrachtet haben Bildung, technologischer Fortschritt, eine frühzeitige Krankheitsdiagnose und effizientere Therapien die alten Grenzen der Lebenserwartung durchbrochen. Warum sollte das nicht so weitergehen?

Tatsächlich gibt es unter diesen Optimisten einige, die, fast schon verstiegen, behaupten, es gebe für das menschliche Leben keine natürliche Grenze und der wissenschaftliche und technologische Fortschritt werde zu einer Lebenserwartung von vielen Hundert Jahren führen.

Das ist die Ansicht von Ray Kurzweil, der bei Google ein Team zur künstlichen Intelligenz leitet. In seinem Buch, das er zusammen mit seinem Arzt Terry Grossman geschrieben hat[4], entwickelt er eine Drei-Brücken-Strategie für eine Lebensspanne von mehreren Hundert Jahren. Die erste Brücke ist die Befolgung evidenzbasierter medizinischer Ratschläge, um das eigene Leben so weit zu verlängern, bis die zweite Brücke erreicht ist und man von der bevorstehenden medizinisch-biotechnologischen Revolution profitieren kann. Die dritte Brücke sind Nanotechnologie und künstliche Intelligenz, die auf molekularer Ebene sämtliche Teile eines alternden Körpers nachbauen und damit ersetzen können. Diesen Optimisten der Altersforschung zufolge lassen sich die natürlichen Grenzen des Lebens sehr viel weiter ausdehnen, als es bisher vorstellbar ist.

Die Antwort auf die Frage, welcher dieser Denkansätze richtig ist, hat weitreichende Konsequenzen. *Abbildung 1.2* legt nahe, dass wir eine Obergrenze, wenn es sie überhaupt gibt, nicht so schnell erreichen werden. Die Best-Practice-Lebenserwartung würde sich stabilisieren, wenn ein Höchststand erreicht wäre. Die Grafik jedoch zeigt, dass die Kurve wie in den vergangenen 200 Jahren weiter nach oben geht. Die Autoren dieses Buches neigen zur Ansicht der gemäßigten Optimisten. Wir gehen davon aus, dass sich der Anstieg der Lebenserwartung bei 110 oder 120 Jahren abzuschwächen beginnt. So genau kann das freilich niemand wissen. Wichtig für uns ist aber, dass die Idee eines 100-jährigen Lebens keine Science-Fiction ist und keine wilde Spekulation und dass 100 Jahre auch keine Höchstgrenze sind, die nur ein paar wenige Glückliche erreichen. Die Frage ist gerade deshalb so spannend, weil es stichhaltige Belege dafür gibt, dass heute geborene Kinder bedeutend älter werden als 100 Jahre.

Und noch einen – eher technischen Aspekt – gilt es bei der Diskussion über die höhere Lebenserwartung zu berücksichtigen. Die Prognosen darüber, wie alt ein Mensch tatsächlich werden kann, sind sehr widersprüchlich, nicht zuletzt aufgrund unterschiedlicher Modelle zur Berechnung der künftigen Lebenserwartung.

Für die Prognose der Lebenserwartung eines achtjährigen Kindes müssen die Demografen dessen Sterberisiko mit zunehmendem Alter berücksichtigen. Von welcher Lebenserwartung sollte man bei einem heute Achtjährigen ausgehen, wenn er 55 Jahre alt sein wird (und damit das derzeitige Durchschnittsalter der Autoren dieses Buches erreicht hat)? Hat das Kind, wenn es in 47 Jahren 55 ist, dieselbe Lebenserwartung wie wir heute? Oder sollte man davon ausgehen, dass die Lebenserwartung eines heute 55-Jährigen in den kommenden 47 Jahren infolge einer besseren Bildung und der weiterentwickelten Gesundheitstechnologie zusätzlich steigen wird?

Die Antwort darauf führt natürlich zu sehr unterschiedlichen Schätzungen. Wenn Demografen davon ausgehen, dass der Achtjährige mit 55 dieselbe Lebenserwartung hat wie wir heute, benutzen sie das Rechenverfahren der Perioden- oder Querschnittsanalyse (das die durchschnittliche Lebenserwartung der Gesamtbevölkerung in verschiedenen Kalenderjahren abbildet). Gehen sie jedoch davon aus, dass der Achtjährige, wenn er 55 Jahre alt ist, von einer weiteren Verbesserung der Lebenserwartung profitieren wird, benutzen sie die Kohorten- oder Längsschnittanalyse, die deutlich höher liegt (sie wird nicht auf der Grundlage des Kalenderjahres, der Periode, sondern des Geburtsjahrgangs, der Kohorte, berechnet). Wir haben uns in *Abbildung 1.1* und *1.2* für den Kohortenansatz entschieden, der von einer kontinuierlichen Verbesserung der Bildung und der Gesundheitsfürsorge ausgeht. Interessanterweise (und das ist ein wichtiger Punkt) verwenden viele wirtschaftliche Schätzungen der Lebenserwartung (etwa bei der Rentenberechnung) die Periodenanalyse und klammern damit mögliche künftige Innovationen bei der Langlebigkeit aus ihrer Gleichung aus. Angesichts der historischen Trends scheint uns damit die künftige Lebenserwartung beträchtlich unterschätzt zu werden.

Wir werden gesünder altern

Eine höhere Lebenserwartung ist nur dann gut, wenn das Leben selbst gut ist. Was ist, wenn die Lebenserwartung schneller steigt als die Lebensjahre bei guter Gesundheit? Das Ergebnis wäre Hobbes' Albtraum einer »Epidemie der Gebrechlichkeit«.

Im Blick auf die steigende Lebenserwartung wird oft auf die steigenden Kosten für die medizinische Versorgung alter Menschen hingewiesen. Mit Alzheimer oder einer anderen altersbedingten Krankheit lange zu leben, ist natürlich nicht wünschenswert.

Doch diese Argumentation verfehlt den entscheidenden Punkt. Denn die Menschen werden nicht nur immer älter, immer mehr Forscher prognostizieren ihnen auch mehr gesunde Lebensjahre. Mit anderen Worten: Wir erleben eine *Kompression der Morbidität.*[5] Wenn sich Mortalität (Sterblichkeit) auf die Lebenserwartung und den Zeitpunkt des Todes bezieht, so bezieht sich Morbidität (Erkrankungshäufigkeit) auf die gesundheitliche Qualität des Lebens vor dem Tod.

1980 stellte James Fries, Professor für Medizin in Stanford, die These auf, der Zeitpunkt des Beginns chronischer Erkrankungen werde schneller ins höhere Lebensalter verlegt, als der Zuwachs an Lebenserwartung zunimmt. Damit, so Fries, würden sich Probleme der Morbidität auf die späteren Lebensjahre verschieben und auf einen kürzeren Zeitraum vor dem Lebensende komprimieren, sodass chronische altersbedingte Krankheiten (Diabetes, Zirrhose, Arthritis) immer später auftreten werden. Fries ist ein Optimist, der an die Macht der Präventivmedizin, der Gesundheitsförderung und der Bildung glaubt. Dabei stützt er sich nicht zuletzt auf Untersuchungen, die er selbst durchgeführt hat. Er beobachtete 1700 ehemalige Studenten der Universität Pennsylvania über einen Zeitraum von 20 Jahren hinweg und erfasste ihren Gesundheitszustand. In einer anderen Studie beobachtete er eine Gruppe von Langstreckenläufern. Seine Schlussfolgerung war eindeutig: Die Morbidität von Menschen, die sich regelmäßig körperlich bewegen, nicht rauchen und auf ihr Gewicht achten, werde sich erheblich komprimieren. Fries' bahnbrechende Studie wurde inzwischen durch weitere Untersuchungen bestätigt. So steigt beispielsweise in vielen Ländern das Alter, in dem Menschen einen ersten Herzinfarkt bekommen, und die Mobilität der älteren Bevölkerung verbessert sich.

Bei der Morbidität geht es aber nicht nur um Krankheit, sondern auch um die Funktionalität von Menschen, wenn sie älter werden. Zahlreiche Studien haben die sogenannten *Aktivitäten des täglichen Lebens* (ATL; englisch ADL, Activities of Daily Living) älterer Menschen analysiert. Hierzu zählen alltägliche Verrichtungen wie Aufstehen, Waschen, Ankleiden, Toilettengang, Essen und Trinken, die die Qualität des Alltagslebens maßgeblich bestimmen. Daten aus den Vereinigten Staaten, basierend auf der Untersuchung von Aktivitäten des täglichen Lebens bei 20 000 Personen, deuten auf einen verblüffenden Wandel von Mobilität und Funktionalität hin. In den 20 Jahren zwischen 1984 und 2004 sank die Zahl der Personen im Alter zwischen 85 und 89 Jahren, die als behindert eingestuft wurden, von 22 auf 12 Prozent und die Zahl der Behinderten über 95 Jahre von 52 auf 31 Prozent. Mit dem technologischen Fortschritt und den Verbesserungen im Gesundheitswesen scheinen ältere Menschen fitter zu sein und mehr Dinge aus eigener Kraft bewältigen zu können. Andere Studien fanden Belege für einen kontinuierlichen, langfristigen Rückgang der Behinderung bei Personen über 65 und für eine Beschleunigung dieses Trends in den letzten Jahrzehnten.[6]

Doch obwohl zahlreiche Studien die These der Kompression von Morbidität stützen, sind diese Befunde nicht unumstritten.[7] Ob man gesund altert oder nicht, hängt von vielen Faktoren ab, unter anderem davon, wo und wie man lebt. In den Vereinigten Staaten zum Beispiel gibt es deutliche Hinweise auf ein gesünderes Altern. Doch wie eine OECD-Studie zeigt[8], ist die Morbidität zwar in fünf von zwölf Ländern (einschließlich der Vereinigten Staaten) zurückgegangen, in drei Ländern aber gestiegen, in zwei

Ländern gleich geblieben, und in den beiden anderen Ländern ist der Trend uneindeutig. Diese nationalen Unterschiede sind an sich schon bemerkenswert, stützen sie doch Fries' Argumentation, dass öffentliche Gesundheit, Bildung und eine Änderung der Lebensweise der Schlüssel für ein gesundes hohes Alter sind, Gesundheit im Alter ist kein Automatismus.

Unsere vielleicht größte Angst bei der Vorstellung eines langen Lebens ist es, in unseren letzten Jahren mit einer Demenzerkrankung leben zu müssen. Eine verständliche Sorge. Vermutlich kennen nur wenige von uns einen 100-Jährigen, aber viele haben einen nahen Verwandten, der an Demenz erkrankt ist. Tatsächlich ist in den reichen Ländern die Demenz die größte Gefahr im Alter: 1 Prozent der 60-Jährigen, 7 Prozent der 75-Jährigen und 30 Prozent der 85-Jährigen leiden an Demenz. Was bedeutet dies für jeden Einzelnen von uns? Diese Frage ist heute Hauptgegenstand der wissenschaftlichen Forschung. Bildgebende Verfahren zur Untersuchung des Gehirns (Magnetresonanztomografie, MRT) haben hier große Fortschritte erzielt. Einer der aufregendsten Forschungsbereiche sind Substanzen zur Steigerung der kognitiven Leistungsfähigkeit. Hier wird in den nächsten 20 Jahren ein Durchbruch erwartet.

Die Gerontologie oder Altersforschung hat sich heute als Wissenschaft etabliert. Führende Kliniken sind an der Erforschung des Alterns und Älterwerdens beteiligt, die zunehmend auch mit Geld aus der Wirtschaft gefördert wird. Prominentestes Beispiel ist das von Google gegründete Biotechunternehmen Calico (California Life Company) mit den Zielen »Gesundheit, Wohlbefinden und ein langes Leben«, wie Larry Page es formuliert – und mit einem Startkapital von 700 Millionen Dollar.

Für viele Krankheiten, die zu Mortalität und Morbidität beitragen, ist die Zellalterung verantwortlich, weshalb der Alterungsprozess selbst zunehmend im Fokus der wissenschaftlichen Aufmerksamkeit steht und nicht mehr die Erforschung bestimmter Krankheiten und Altersgebrechen. Die Zellen sollen angeregt werden, länger zu leben und sich weiter selbst zu reparieren. Schon heute ist es möglich, die Lebensdauer von Hefe und die Lebenszeit von Mäusen zu verlängern. Dieser aufstrebende Forschungssektor besitzt ein großes Potenzial für den menschlichen Fortschritt. Doch dieser Bereich ist komplex, und Versuche am Menschen liegen noch in weiter Ferne. Auch wird es noch sehr lange dauern, bis die Wirkung solcher Eingriffe richtig verstanden werden kann. Hier sind nur langsame Fortschritte und kaum echte Durchbrüche zu erwarten. Vergessen wir jedoch nicht, dass Forschung, Wissen und viel Geld gemeinsam eine Menge erreichen können. Zu Lebzeiten von Charles Dickens war das Hauptanliegen der Forschung die Verringerung der Kindersterblichkeit. Zu Lebzeiten von Ian Fleming ging es um Krankheiten in den mittleren Lebensjahren. Heute liegt der Schwerpunkt auf altersbedingten Erkrankungen.

Bevor wir diese Diskussion zur Langlebigkeit auf sich beruhen lassen, wäre es also klug, wenn man sich nicht nur Gedanken darüber macht, wie man bei guter Gesundheit 100 Jahre alt wird, sondern sich auch vor Augen führt, dass 100 Jahre die minimale Lebensspanne ist, die wir erwarten können.

2. Kapitel

Finanzierung: Länger arbeiten

Geld ist für ein langes Leben zwar wichtig, aber es ist keineswegs alles. Doch beim Geld setzen die meisten Menschen mit ihren Überlegungen an, und deshalb wollen auch wir damit beginnen. Ausgehend von bestimmten Vorannahmen zur Lebenserwartung und zur Dauer des Erwerbslebens, berechnen wir zunächst, wie viel ihres Einkommens eine Person für ihre Altersbezüge beiseitelegen muss. Wir betrachten ausschließlich Pensionspläne. Doch für ein langes Leben mit vielen Stufen spielen natürlich auch die Ersparnisse eine wichtige Rolle. Bei der finanziellen Lebensplanung allein die Einnahmen aus Pensionsplänen zu betrachten, ist zugegebenermaßen eine eingeschränkte Sichtweise, aber schon sie führt zu ernüchternden Erkenntnissen.

Wenn wir diese Berechnungen anderen vorlegen, ist die Reaktion oft bedrücktes Schweigen. Die schlichte Wahrheit lautet, dass man, wenn man länger lebt, auch mehr Geld benötigt. Folglich muss man entweder mehr sparen oder länger arbeiten. Das ist eine zwingende, aber auch entmutigende Logik. Aus dem Segen der zusätzlich geschenkten Jahre wird so schnell ein Fluch. Den meisten von uns missfällt die Vorstellung, dass wir für ein Geschenk eine Rechnung serviert bekommen.

Diese finanzielle Wahrheit ist jedoch nur der Ausgangspunkt, nicht der Endpunkt unserer Analyse. Gerade weil die Zahlen so ernüchternd sind, müssen wir alle uns von dem bis heute maßgeblichen dreistufigen Lebensmodell verabschieden. Wer aus diesem Schema heraustritt, wie wir es in diesem Buch tun, muss zwar immer noch mehr sparen oder länger arbeiten, aber er kann dies auf eine Weise tun, die seine immateriellen Vermögenswerte weniger belastet. Dann wird das längere Leben zu einem Geschenk.

Unsere Protagonisten

Die Berechnung von Sparquoten und Erwerbsjahren ist kompliziert, und während die Rechenoperation selbst einfach ist, können die Vorannahmen, auf denen sie basiert, komplex sein. Wie viel Geld werden Sie verdienen, wie schnell wird Ihr Einkommen steigen, wie hoch wird die Rendite Ihrer Ersparnisse sein, wie wird Ihr Einkommensprofil im Verlauf Ihres Erwerbslebens aussehen, wie viele Kinder werden Sie haben, welches Einkommensniveau brauchen Sie, um glücklich zu sein, und wie viel möchten Sie als Erbe hinterlassen? All dies sind Vorannahmen, die zu möglicherweise sehr unterschiedlichen Ergebnissen führen.

Weil so viel von den persönlichen Umständen und Zielvorstellungen abhängt, verwenden die meisten großen Finanzinstitute bei der finanziellen Lebensplanung eine spezielle und detaillierte Software. Aus demselben Grund betrachten auch Ökonomen eine Vielzahl von Einflussfaktoren, wenn sie hochkomplizierte Bedarfsprofile erstellen.[1] Es kommt auf die Details an.

Und deshalb haben wir uns entschlossen, diese personenspezifischen Variablen auszuklammern, um ein paar grundlegende Einsichten über den Finanzbedarf eines 100-jährigen Lebens zu gewinnen. Wir schildern das Leben dreier fiktiver Personen: Jack, Jimmy und Jane. Geboren 1945, 1971 und 1998, repräsentieren sie drei verschiedene Generationen, bei denen sich die steigende Lebenserwartung in jeweils unterschiedlicher Weise auswirkt. Diese stilisierten Biografien erlauben es Ihnen, sich mit einer dieser Figuren zumindest in groben Zügen zu identifizieren, sodass Sie auf dieser Basis die Konsequenzen für sich selbst erwägen können.

Jacks Lebensweg zeigt, dass das Drei-Stufen-Modell (Schule und Ausbildung, Erwerbsleben, Ruhestand) bei einer bescheidenen Lebenserwartung von etwa 70 Jahren optimal auf seine Generation zugeschnitten war. Jack ist wichtig – nicht zur Beschreibung heutiger Umbrüche, sondern um zu illustrieren, warum das für seine Generation so erfolgreiche dreistufige Lebensmodell für die Generationen nach ihm zu einem so maßgeblichen Rollenvorbild wurde.

Auch Jimmy, der heute Mitte 40 ist und eine Lebenserwartung von 85 Jahren hat, folgte den sozialen Normen des dreistufigen Modells, doch allmählich beginnt ihm zu dämmern, dass es für ihn nicht funktionieren wird. In der Lebensmitte angelangt, sieht er sich um und fragt sich, wie er seine Zukunft besser gestalten kann. Für Jimmy zeichnet sich ab, dass die zusätzlich geschenkten Jahre eher einen Fluch als einen Segen bedeuten. Ein längeres Leben kann ein Geschenk sein, aber Jimmy wird offen sein müssen für Wandel, Transformation und Experiment, um das Ruder noch herumzureißen.

Jane ist eine junge Frau, die sich auf ein 100-jähriges Leben freuen kann. Die Angehörigen ihrer Generation wissen, dass ein Drei-Stufen-Modell für sie nicht praktikabel ist, und planen ihren Lebensentwurf von vornherein anders. Jane gehört zur Alterskohorte mit der längsten Lebenserwartung und der größten Flexibilität bei der Lebensgestaltung. Viele aus ihrer Generation werden Pioniere des sozialen Wandels sein.

Ihr persönliches Leben, auch wenn Sie sich mit einer dieser drei Charaktere identifizieren können, wird, um es klar zu sagen, sehr viel komplizierter und einzigartiger sein, und daher werden Sie die hier vorgestellten finanziellen Bedarfsrechnungen verfeinern und Ihrer individuellen Planung anpassen müssen. Unsere stilisierten Rechenmodelle können fachkundigen Rat bei der Finanzplanung nicht ersetzen. Doch auch wenn unsere vereinfachten Charaktere mit Vorsicht zu betrachten sind, bleibt der Befund unterm Strich stichhaltig. Die Lebensumstände realer Menschen werden von den hier vorgestellten Szenarien stark abweichen, die Schlussfolgerungen aber, die sich daraus ergeben, treffen auf viele Menschen zu.

Vorannahmen treffen

Die meisten von uns interessieren sich – manche sogar brennend – für die Frage, wie lange sie arbeiten und wie viel Geld sie zurücklegen müssen, um im Alter gut über die Runden zu kommen. Dies sind wichtige Weichenstellungen mit Konsequenzen für viele alltägliche Entscheidungen, die wir schon heute zu treffen haben. Dieses Buch wird darlegen, in welchem Verhältnis Erwerbs- und Ruhestandsjahre bei Jack, Jimmy und Jane stehen. Vielleicht sind Sie von den Ergebnissen überrascht und möchten ganz sicher sein, dass sie stimmen, bevor Sie konkrete Maßnahmen ergreifen. Um Ihnen dieses Vertrauen zu geben, werden wir detailliert darlegen, wie wir gerechnet haben und auf welchen Vorannahmen unsere Berechnungen basieren.

Bei unseren Berechnungen spielen lediglich vier grundlegende Vorannahmen eine Rolle: die Höhe der angestrebten Altersbezüge; die Kapitalrendite; die Geschwindigkeit, mit der das Einkommen wächst; und das gewünschte Renteneintrittsalter.[2] Mit diesen Vorgaben können Sie ausrechnen, wie viel Sie im Laufe Ihres Erwerbslebens sparen müssen, um auf die gewünschten Altersbezüge zu kommen.

Um die Situation von Jack, Jimmy und Jane so vergleichbar wie möglich zu machen, verwenden wir für jede dieser vier Vorannahmen dieselben Werte. Natürlich ist die Wahrscheinlichkeit groß, dass unsere Protagonisten, die ja zu verschiedenen Zeitpunkten geboren sind, unterschiedlich hohe Kapitalrenditen und Einkommenszuwächse erhalten werden. Doch die Schlüsselbotschaft dieses Buches lautet, dass eine höhere Lebenserwartung Veränderungen mit sich bringt. Es wird womöglich viele weitere generationsbedingte Veränderungen geben, doch deren Prognose ist schwierig, und uns geht es ja um die Effekte der Langlebigkeit.

Die erste Vorannahme betrifft die gewünschten Altersbezüge. Wir unterstellen, dass alle unsere drei Protagonisten jährliche Altersbezüge in Höhe von 50 Prozent ihres letzten Gehalts anstreben. In Kapitel 7 werden wir untersuchen, wie vernünftig das ist; hier sei nur angemerkt, dass es eine bescheidene und konservative Vorannahme ist. Die meisten Menschen wünschen sich sehr viel höhere Altersbezüge. Die zweite Vorannahme betrifft die langfristige Rendite auf Investitionen. In der Finanzwelt ist dies ein wichtiges und kontrovers diskutiertes Thema – eine Frage, auf die es keine einfache und kurze Antwort gibt. Eine Variable ist die Risikobereitschaft des Anlegers. Risikoreiche Anlageformen bringen eine höhere Rendite als sichere Geldanlagen, schließlich sollen die Anleger ermuntert werden, das

Risiko auf sich zu nehmen. Die Kapitalrendite besitzt also drei Komponenten: die risikofreie Rendite (in der Regel der Zinssatz auf Staatsanleihen unter der Prämisse, dass der Staat nicht bankrottgeht); die Risikoprämie (der zusätzliche Investitionsgewinn bei risikoreichen Wertpapieren); und die Ausgewogenheit zwischen risikofreien und risikoreichen Wertpapieren im Portfolio. Der risikofreie Anteil und die Risikoprämie schwanken zumeist von einem Jahrzehnt zum anderen, und unterschiedliche Wertpapiermischungen bringen sehr unterschiedliche Renditen. Aus diesem Grund gibt es auch nicht einen einzigen »goldenen« Wert, auf den sich alle einigen können; auch unter Fachleuten wird heftig darüber debattiert.

Eine wichtige Datenquelle ist die Arbeit von Elroy Dimson, Paul Marsh und Mike Staunton.[3] Sie erstellen jedes Jahr Schätzungen für eine Vielzahl von Ländern und betrachten dabei einen Zeitraum von mehr als 100 Jahren. Für die Vereinigten Staaten zwischen 1900 und 2014 konstatieren sie bei risikofreien Wertpapieren eine inflationsbereinigte Rendite in Höhe von 2 Prozent und eine Risikoprämie von 4,4 Prozent. Anders gesagt: Aktienkapital erbringt 4,4 Prozent mehr Rendite pro Jahr als eine risikofreie Geldanlage wie zum Beispiel Staatsanleihen. Wenn also ein Anleger sein Portfolio zwischen sicheren und riskanten Papieren im Verhältnis 50:50 aufteilt, erzielt er inflationsbereinigt einen Gewinn von 4,2 Prozent (0,5 x 2 + 0,5 x 6,4). Dieselbe Kalkulation ergibt für das Vereinigte Königreich über diesen langen Zeitraum hinweg eine Rendite von 3,5 Prozent. Berechnet man für diesen Zeitraum den Durchschnitt von USA, Vereinigtem Königreich, Japan, Deutschland, Frankreich und Australien, so ergibt sich inflationsbereinigt eine Rendite von 2,8 Prozent.

Wird sich dieser Trend fortsetzen? Derzeit prognostizieren viele seriöse Ökonomen eine längere Phase mit sehr geringen

Kapitalrenditen, sodass die obigen Langzeitberechnungen eher optimistisch erscheinen. Doch da wir ein 100-jähriges Leben im Blick haben, können wir getrost die Durchschnittswerte der letzten 100 Jahre zugrunde legen und brauchen uns nicht auf Prognosen aus dem Jahr 2015 zu verlassen, die bestenfalls für die nächsten zehn Jahre Gültigkeit haben. Zu beachten ist auch, dass unsere Berechnungen Steuern und Verwaltungsgebühren unberücksichtigt lassen, die die Rendite deutlich verringern. Auf der Basis der oben erwähnten Datenerhebung im Ländervergleich gehen wir bei den Investitionen von Jack, Jimmy und Jane von einer Nettorendite in Höhe von inflationsbereinigt 3 Prozent aus. In manchen Jahrzehnten werden sie sehr viel mehr als 3 Prozent Rendite erhalten, in anderen sehr viel weniger. 3 Prozent reale Rendite über eine lange Lebensspanne hinweg erscheint uns ein realistischer Wert.

Die dritte Vorannahme liegt in dem jährlichen Einkommenszuwachs, den Jack, Jimmy und Jane erwarten können. In der Regel steigt das Einkommen mit dem Alter der Beschäftigten, da die Löhne und Gehälter der Teuerungsrate angeglichen werden. Die Produktivität steigt, die Mitarbeiter werden befördert und übernehmen verantwortungsvollere Positionen in ihrem Unternehmen. Natürlich wächst das Einkommen nicht kontinuierlich. In Rezessionsphasen können Löhne und Gehälter sogar fallen; in den Jahren des beruflichen Aufstiegs werden sie erheblich steigen. Wenn wir all dies berücksichtigen, können wir von einem stetigen Einkommenszuwachs von inflationsbereinigt 4 Prozent pro Jahr ausgehen.[4] Bei einer erfolgreichen Berufskarriere ist dies eine optimistische, aber keineswegs unrealistische Annahme.

Die vierte und letzte Vorannahme ist das geplante Renteneintrittsalter. Wir gehen zunächst davon aus, dass unsere drei Protagonisten mit 65 Jahren in den Ruhestand gehen möchten; das entspricht der heute üblichen Regelaltersgrenze. Später untersuchen wir, inwieweit eine längere Erwerbsphase die finanzielle Last eines längeren Lebens erleichtern kann.

Jacks Lebensentwurf

Jack wurde 1945 geboren. Mit 17 beendete er die Schule und begann eine Collegeausbildung, die er 1965 abschloss. In den für die entwickelten Volkswirtschaften »goldenen« Jahren trat er ins Berufsleben ein. Er machte eine Karriere als Ingenieur und stieg ins höhere Management auf. Doch seine Karriere verlief nicht ohne Brüche. Als die Volkswirtschaften der reicheren Länder mit den Auswirkungen der Globalisierung, mit der neuen Technologie und mit Rezessionen zu kämpfen hatten, verlor er ein paarmal seinen Job, fand aber immer wieder eine gute Stelle. Seine Familienstruktur war traditionell. Seine Frau Jill kümmerte sich um die Kinder und übernahm hin und wieder einen Halbtagsjob, doch Jack war der Hauptverdiener. Er ging mit 62 in Rente und starb 2015 im Alter von 70 Jahren.[5]

Wie kam Jack finanziell über die Runden? Die Antwort lautet: sehr gut. Jack gehörte einer Generation an, die für ihre Alterssicherung von drei verschiedenen Finanzierungsquellen profitieren konnte: der gesetzlichen Rente, einer Betriebsrente und seiner privaten Altersvorsorge. Da er relativ gut verdiente und die ihm aus der Sozialversicherung zustehende maximale Rente erhielt, bekam er eine gesetzliche Rente in Höhe von 10 Prozent seines letzten Gehalts.

Jack hatte Glück, denn er war in einer Zeit erwerbstätig, als die meisten großen Unternehmen ihren Mitarbeitern eine Betriebsrente zahlten. In Anbetracht seiner vielen Berufsjahre gehen wir davon aus, dass er eine Betriebsrente in Höhe von 20 Prozent seines letzten Gehalts erhielt. Den Rest seiner Alterssicherung musste er selbst aufbringen: Er musste so viel sparen, dass er auf 20 Prozent seines letzten Gehalts kam und damit auf Altersbezüge in Höhe von 50 Prozent seines letzten Gehalts.

Jacks zweiter großer Vorteil war, dass er 42 Jahre arbeitete und acht Jahre Rente bezog, sodass er mit gut fünf Jahren Erwerbstätigkeit jeweils ein Jahr Ruhestand finanzieren konnte. Beim Aufbau seiner Altersbezüge hatte er also viel Unterstützung und viele Jahre Zeit, um vorzusorgen.

Abbildung 2.1: Jacks finanzielle Vermögenswerte

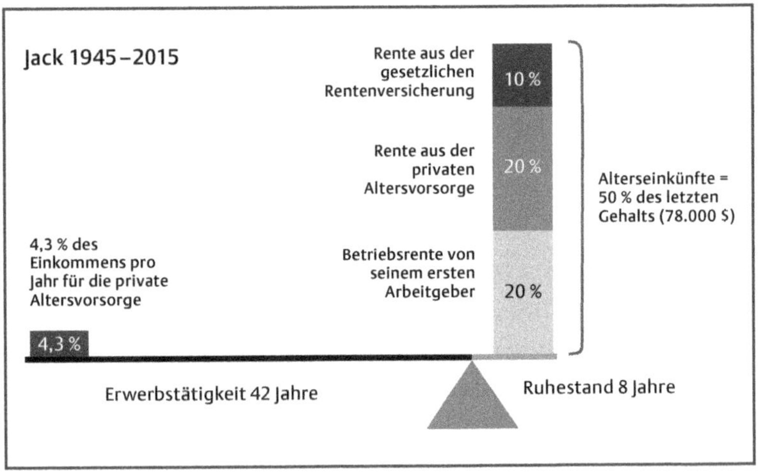

Das Ergebnis ist in *Abbildung 2.1* dargestellt und zeigt, wie hoch die Ersparnisse während seines Erwerbslebens waren, die Jack benötigte, um die gesetzliche und betriebliche Altersversorgung aufzustocken. Das war relativ einfach. Wenn er pro Arbeitsjahr

4,3 Prozent seines Einkommens für die Rente zurücklegte, konnte er seinen Ruhestand auf dem gewünschten Niveau finanzieren. Allerdings gab es noch andere Dinge, für die er sparen musste. Er musste seinen Eigenheimkredit zurückzahlen, die Ausbildung seiner Kinder finanzieren, Rücklagen für schlechte Zeiten bilden und weiteres Geld zurücklegen, falls er länger leben würde als erwartet. Für die Altersabsicherung waren 4 Prozent jährlich eine relativ bescheidene und erreichbare Quote.[6]

In Anbetracht seiner Lebenserwartung sowie seiner gesetzlichen und betrieblichen Rente war das Drei-Stufen-Modell für Jack finanziell eine gute Lösung. Wie wir jedoch sehen werden, brachen für Jimmy diese Säulen der Alterssicherung weg.

Die gesetzliche Rente schrumpft

Beim Thema steigende Lebenserwartung geht es häufig um das Problem der mangelnden finanziellen Nachhaltigkeit der gesetzlichen Renten, besonders in den entwickelten Volkswirtschaften. In den meisten reichen Ländern werden die Renten im Umlageverfahren finanziert. Dabei bringt die jeweils erwerbstätige Generation mit ihren Beiträgen die Renten der Generation im Ruhestand auf. Es wird kein Geld investiert, anders als bei Rentenfinanzierungsmodellen, wo Ersparnisse in einen Fonds fließen und ein Kapitalbestand aufgebaut wird, der im Laufe der Zeit wächst; später wird eine von den Fondseinlagen und deren Zinserträgen abhängige Rente ausbezahlt.

Wenn die Menschen immer länger leben und gleichzeitig die Geburtenrate sinkt, wird das derzeitige umlagefinanzierte Rentenversicherungssystem in Zukunft nicht mehr tragfähig sein, da die Zahl der Erwerbstätigen geringer ist als die Zahl derer, die in Rente gehen. Das Ergebnis dieser Trends sind geringere Steuereinnahmen bei mehr Ausgaben für Renten. Wenn die staatliche Rentenfinanzierung in ihrer jetzigen Form beibehalten wird, werden die Staatsschulden, die schon jetzt hoch sind, dramatisch steigen. In Ländern mit einer hohen Lebenserwartung und einer drastisch gesunkenen Geburtenrate wie in Japan ist dieses Problem schon heute akut.

Abbildung 2.2: Altersabhängigkeitsquote

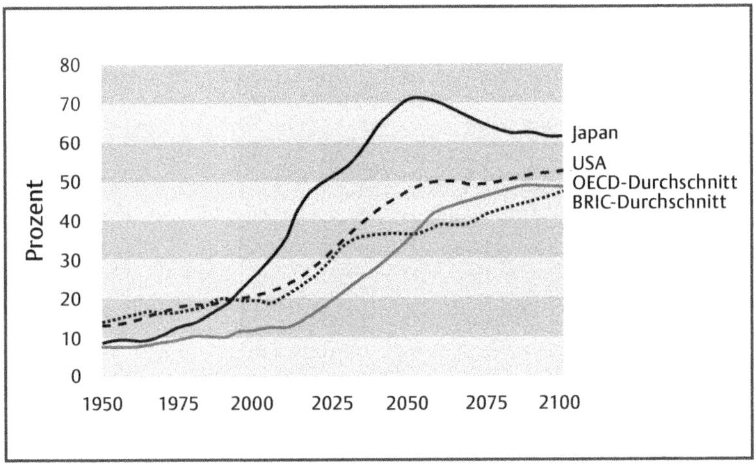

Quelle: http://www.oecd.org/edu/ceri/SpotlightAgeing.pdf

Abbildung 2.2 zeigt das Ausmaß dieses Problems in den reicheren Ländern. Die Altersabhängigkeitsquote (die Zahl der Personen im Rentenalter als Prozentanteil der Personen im erwerbsfähigen Alter) wird sich in vielen Ländern mindestens verdoppeln. Japan ist besonders stark betroffen. 1960 kamen auf jeden Rentner zehn Erwerbstätige, die Altersabhängigkeitsquote betrug daher 10 Prozent. Bei der Finanzierung der Renten im Umlageverfahren teilten sich also zehn Erwerbstätige die Kosten einer Rente. Laut Hochrechnungen wird im Jahr 2050 die Altersabhängigkeitsquote auf 70 Prozent steigen; dann werden auf sieben Rentner zehn Erwerbstätige kommen.

Infolgedessen ist die Umlagefinanzierung der gesetzlichen Renten in ihrer jetzigen Form nicht zukunftsfähig. Sie wurde mit Blick auf Jack konzipiert. Wenn der Staat eine Rente in Höhe von 30 bis 40 Prozent des Einkommens zahlt und für jede Rente zehn Erwerbstätige aufkommen müssen, werden die Renten mit 3 bis 4 Prozent des Steueraufkommens der aktuell Erwerbstätigen finanziert.

In einigen Ländern jedoch sind die Renten noch großzügiger bemessen, die Menschen gehen früher in Rente und leben länger, und alle diese Kosten werden von immer weniger Erwerbstätigen getragen. Mit der Folge, dass die Umlagefinanzierung wie ein ausgeklügeltes Schneeballsystem funktioniert: Wir entnehmen mehr, als wir hineinstecken. Und wie bei jedem Schneeballsystem kann das nur so lange gut gehen, wie eine stetig wachsende Zahl von neuen Teilnehmern in das System einsteigt. Bei sinkenden Geburtenraten in den entwickelten Volkswirtschaften ist dies jedoch nicht mehr der Fall, und damit ist das System nicht mehr tragfähig.

Die Politik kennt das Problem natürlich schon lange und hat Maßnahmen ergriffen, um gegenzusteuern. Die Reformen werden jedoch nicht von heute auf morgen umgesetzt werden, und mit dem Alter der Wahlbevölkerung wächst auch der Widerstand gegen eine Rentenreform. Deren genaue Details sind von Land zu Land unterschiedlich, doch die Grundprinzipien sind überall dieselben: Anhebung der Regelaltersgrenze, damit die Zahl der steuerpflichtigen Jahre steigt und die Anzahl der Jahre sinkt, in denen eine Rente bezogen wird; Ausrichtung der gesetzlichen

Renten auf Menschen mit niedrigem Einkommen und geringen Vermögenswerten.

18 OECD-Staaten haben die Regelaltersgrenze für Frauen und 14 OECD-Staaten die für Männer erhöht. Bisher jedoch sind diese Zeitspannen moderat: Zwischen 2010 und 2050 sind es zweieinhalb Jahre für Männer und vier Jahre für Frauen. Das ist weniger als der voraussichtliche Zuwachs an Lebenserwartung, und deshalb erwarten wir, dass sich dieser Trend der Rentenreform fortsetzen oder sogar beschleunigen wird.

Wenn Sie ein hohes Einkommen haben, sollten Sie sich klarmachen, dass der Staat für Ihre Alterssicherung in Zukunft eine geringere Rolle spielen wird. Im Jahr 2000 konnte ein reicher Pensionär beispielsweise im Vereinigten Königreich mit einer gesetzlichen Rente in Höhe von mehr als 35 Prozent seines letzten Gehalts rechnen; im Jahr 2060 werden es nur noch 20 Prozent sein.

So langsam die staatliche Rentenreform voranschreitet, so schnell haben sich die betrieblichen Versorgungssysteme verändert. Eine Betriebsrente kostet die Firmen Geld, und die meisten Firmen agieren nicht sehr geschickt. Mit der steigenden Lebenserwartung ist für viele Unternehmen die Betriebsrente zu einer großen finanziellen Belastung geworden. Viele Pensionskassen nehmen bereits heute keine Neuzugänge mehr auf. Während beispielsweise im Vereinigten Königreich im Jahr 1987 8,1 Millionen Beschäftigte in einen betrieblichen Pensionsfonds eingebunden waren, war deren Zahl im Jahr 2011 auf 2,9 Millionen gesunken.[7] In den Vereinigten Staaten ging die Zahl derjenigen, die in einer Betriebsrentenkasse waren, von 62 Prozent im Jahr 1983 auf 17 Prozent im Jahr 2013 zurück.[8] Mehr noch: Auch viele bestehende Pensionsfonds reduzieren ihre Leistungen, um auch in Zukunft ihre Zusagen einhalten zu können.

Wenn die betrieblichen Pensionskassen schließen und die gesetzlichen Renten schrumpfen, bedeutet das schlicht und einfach, dass die Bürde, Rücklagen zu bilden, immer mehr auf den Einzelnen verlagert wird. Jack musste 40 Prozent seiner Altersbezüge selbst aufbringen, der Staat und seine Arbeitgeber finanzierten den Rest. Jimmy und Jane werden einen erheblich größeren Teil selbst finanzieren müssen.

Den Schwerpunkt unserer Überlegungen bildeten die Industrieländer und deren Probleme mit dem umlagefinanzierten gesetzlichen Rentenversicherungssystem. Der Trend, die Alterssicherung dem Einzelnen aufzubürden, ist jedoch weltweit zu beobachten.

Wie in Kapitel 1 beschrieben, steigt die Lebenserwartung in den Schwellenländern im selben Maße wie zuvor in den entwickelten Volkswirtschaften, auch wenn die Steigerung in den Schwellenländern von einem niedrigeren Niveau ausgeht. Auch die Geburtenrate sinkt in den Schwellenländern, allerdings gleichfalls verzögert gegenüber dem Westen. In dem Maße, in dem in den Schwellenländern das Einkommen steigt und sich die Bildung für Frauen verbessert, sinkt die Geburtenrate. Anders gesagt: In Schwellenländern vollzieht sich mit der Koppelung von steigender Lebenserwartung und sinkender Geburtenrate dieselbe Entwicklung, die das Umlageverfahren der gesetzlichen Rentenversicherung so wenig tragfähig macht.

Es kann nicht überraschen, dass die staatlichen Rentenversicherungssysteme in Schwellenländern nicht das Modell der Umlagefinanzierung anwenden. Das ist eine gute Nachricht für diese Länder, da auf diese Weise die öffentlichen Finanzen nicht in dem Maße überbelastet werden wie in den Industriestaaten. Es wird in diesen Ländern zwar keine durch die staatlichen Renten verursachte Haushaltskrise geben, aber die Bürger werden auch dort in Zukunft mehr auf sich selbst gestellt sein und sich bei ihrer Altersvorsorge weniger auf den Staat verlassen können. Der Verzicht auf ein umlagefinanziertes gesetzliches Rentenversicherungssystem verhindert zwar eine staatliche Finanzkrise; für viele Menschen bedeutet es jedoch, dass sie vom Staat überhaupt keine Rente bekommen werden.

Jimmy: Das dreistufige Lebensmodell wird erweitert

Wenden wir unsere Aufmerksamkeit jetzt Jimmy zu, der 1971 geboren wurde und eine Lebenserwartung von 85 Jahren hat.[9] Wir untersuchen die finanzielle Situation in einem dreistufigen Leben, gehen also davon aus, dass Jimmy 1992 mit 21 Jahren seinen Collegeabschluss gemacht hat und bis 2036 arbeiten möchte, wenn er 65 Jahre alt ist. Wie Jack strebt auch er Altersbezüge in Höhe von 50 Prozent seines letzten Gehalts an. Bei Jimmy nehmen wir jedoch eine entscheidende Änderung vor: Unsere Berechnungen basieren auf der Annahme, dass er keine Betriebsrente erhalten wird. Trotz der schon erwähnten staatlichen Rentenreform gehen wir jedoch davon aus, dass er eine gesetzliche Rente in Höhe von 10 Prozent seines letzten Gehalts erhält.[10]

Abbildung 2.3 zeigt, was für Jimmys Alterssicherung erforderlich ist. Jack musste jährlich 4,3 Prozent seines Einkommens sparen, um mit 65 in Rente gehen zu können, bei Jimmy sind es 17,2 Prozent. Das ist sehr viel schwerer zu schaffen. Da Jimmy nicht von einer Betriebsrente profitieren kann, muss er für seine Alterssicherung doppelt so viel wie Jack aus eigener Kraft aufbringen. Anders als Jack wird er 44 Jahre arbeiten und 20 Jah-

Abbildung 2.3: Jimmys finanzielle Vermögenswerte

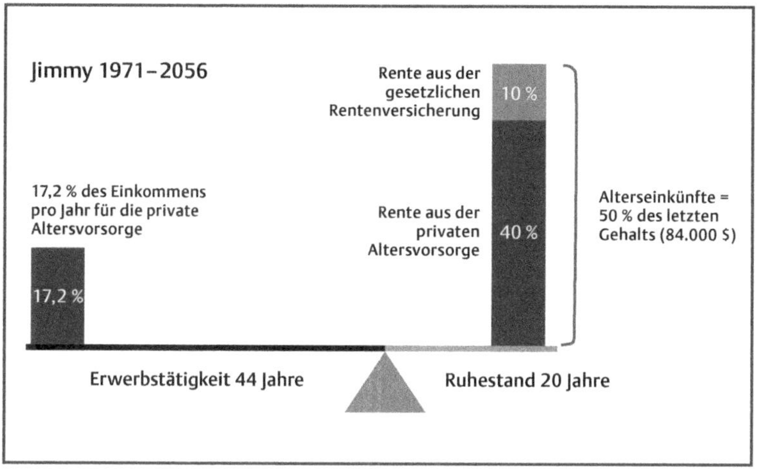

re im Ruhestand verbringen. Während bei Jack das Verhältnis Erwerbsjahre/Ruhestandsjahre 5:1 beträgt, ist es bei Jimmy 2:1. Eine jährliche Sparquote von 17,2 Prozent ist hoch. Einen so hohen Sparanteil kann schon in einem einzelnen Jahr kaum jemand erreichen, geschweige denn in allen Jahren seines Erwerbslebens. Der Befund wird durch Daten aus dem Vereinigten Königreich gestützt. Für den Zeitraum zwischen 2000 und 2005 war die Altersgruppe mit der höchsten Sparquote zwischen 50 und 55 Jahre alt, und sie legte im Durchschnitt lediglich 5,5 Prozent ihres Einkommens zurück.[11] In unserer Modellrechnung ist Jimmys Sparquote hoch, und das gilt für jedes Land. Vergessen wir auch nicht, dass dies nur die Ersparnisquote für die Alterssicherung ist. Jimmy wird noch viel mehr Geld beiseitelegen müssen, um seinen Immobilienkredit und andere größere Ausgaben zu finanzieren. Die Quote basiert zudem auf der ziemlich konservativen Annahme von Altersbezügen in Höhe von nur 50 Prozent

Abbildung 2.4: Sparquote und Renteneintrittsalter bei einem 85-jährigen Leben

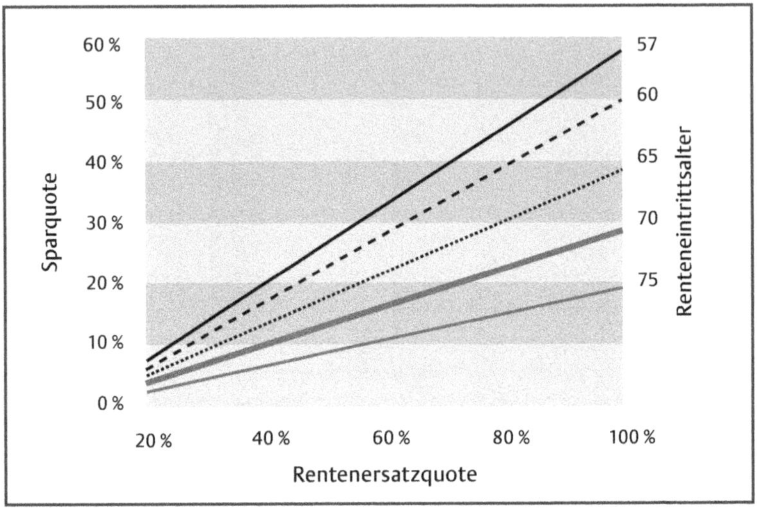

des letzten Gehalts. Für Jimmy ist dies ein äußerst belastendes Finanzierungsmodell.

Es gibt andere Möglichkeiten, diese Finanzierung des Ruhestands zu schaffen, und sie lassen sich am Beispiel Jimmy darlegen. Statt mit 65 in Rente zu gehen, könnte er länger arbeiten, um sich finanziell zu entlasten. Aber natürlich könnte er auch mit 65 oder sogar noch früher in Rente gehen und sich mit weitaus geringeren Altersbezügen begnügen. *Abbildung 2.4* berechnet die verschiedenen Optionen, die Jimmy zur Verfügung stehen – stets auf der Basis unserer Vorannahmen. Die Grafik zeigt die erforderlichen Ersparnisse je nach Renteneintrittsalter (57, 60, 65, 70 und 75), um ein bestimmtes Rentenniveau zu erreichen (20, 40, 60, 80 oder 100 Prozent des letzten Gehalts), ausgehend von einer Lebenserwartung von 85 Jahren.

Abbildung 2.5: Erwerbsquote von 64-Jährigen und Älteren für die Vereinigten Staaten und das Vereinigte Königreich

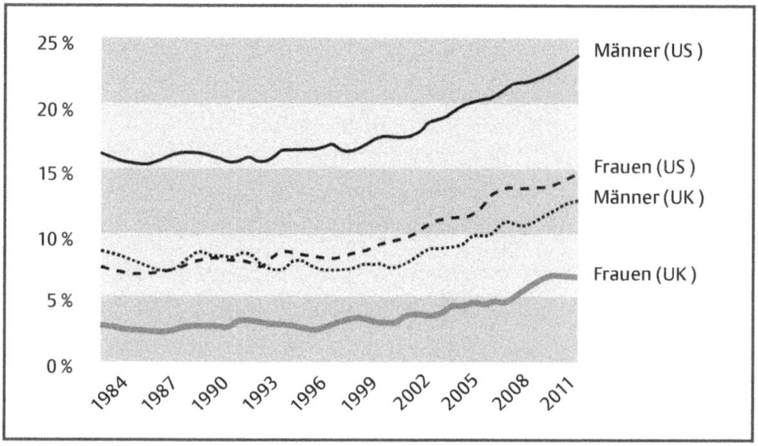

Quelle: Office for National Statistics (http://www.ons.gov.uk/ons/rel/lmac/participation-rates-in-the-uk-labour-market/2014/art-3-older.html) und Bureau of Labor Statistics (http://www.bls.gov/emp/ep_table_303.htm)

Was ist beispielsweise, wenn Jimmy Altersbezüge in Höhe von 50 Prozent seines letzten Gehalts möchte, aber beschließt, bis 70 zu arbeiten, und somit nicht 20, sondern nur 15 Jahre im Ruhestand lebt? In diesem Fall beträgt seine Sparquote »nur« rund 13 Prozent seines Einkommens. Jedes zusätzliche Jahr Erwerbstätigkeit bedeutet ein weiteres Jahr Ersparnisse und ein weiteres Jahr weniger Rente. Hält er dagegen an der Rente mit 65 fest, müsste er bei einer Rentenersatzquote (der Höhe der Altersbezüge im Verhältnis zu dem früheren Einkommen) in Höhe von 30 Prozent seines Gehalts nur 8 Prozent sparen.

Weil jedoch eine 50-prozentige Rentenersatzquote, die wir hier zugrunde legen, ohnehin sehr niedrig ist, besteht der einfachere Weg, die Finanzierung zu schaffen, in einer längeren Erwerbstätigkeit (siehe *Abbildung 2.4*). Betrachtet man eine Sparquote von 10 Prozent als realistisch (die Daten deuten darauf hin, dass dies für die meisten Menschen immer noch ein sehr ehrgeiziges Ziel ist) und strebt eine Ersatzquote von 50 Prozent an, müsste Jimmy bis Anfang 70 arbeiten.

Es gibt starke Indizien dafür, dass viele Menschen schon heute länger arbeiten. *Abbildung 2.5* zeigt die Erwerbsquoten von 64-Jährigen und Älteren im Vereinigten Königreich und den Vereinigten Staaten in den letzten 30 Jahren. Die Erwerbsquote misst den Anteil der Erwerbspersonen an der Gesamtbevölkerung, Erwerbstätige plus Erwerbslose. Demnach stieg in diesen beiden Ländern bei Männern und Frauen die Zahl der Erwerbspersonen im Alter von 64 Jahren und älter signifikant. Fast einer von vier US-amerikanischen Männern über 64 hat einen Job oder sucht einen, im Jahr 1984 war es nur einer von sechs. Dieser Zuwachs der Erwerbsquote wird sich fortsetzen und noch ältere Bevölkerungsgruppen erfassen.

Es ist interessant, dass das frühe Renteneintrittsalter ein relativ neues Phänomen darstellt. Im Vereinigten Königreich waren im Jahr 1881 73 Prozent der 65-jährigen und älteren Männer erwerbstätig; 1984 war dieser Anteil auf 8 Prozent gesunken. In den Vereinigten Staaten war 1880 fast die Hälfte aller 80-Jährigen in irgendeiner Form erwerbstätig, und 80 Prozent der Personen im Alter zwischen 65 und 74 standen gleichfalls in einem Beschäftigungsverhältnis. Im Verlauf des 20. Jahrhunderts sank dieser Anteil rapide, die Daten in *Abbildung 2.5* jedoch zeigen, dass sich dieser Prozess heute umkehrt.

Jane: Das dreistufige Lebensmodell zerbricht

Jane wurde 1998 geboren. Im Jahr 2016 feierte sie ihren 18. Geburtstag und kann sich auf eine Lebenserwartung von 100 Jahren freuen.[12] Es leuchtet unmittelbar ein, dass für Jane – bei einer 15 Jahre höheren Lebenserwartung als bei Jimmy – ein dreistufiges Leben mit einem Ruhestand im Alter von 65 Jahren außerhalb ihrer finanziellen Möglichkeiten liegt. Wie *Abbildung 2.6* zeigt, würde Jane pro Jahr 25 Prozent ihres Einkommens sparen müssen, um Altersbezüge in Höhe von 50 Prozent ihres letzten Gehalts zu erreichen.

Abbildung 2.6: Janes finanzielle Vermögenswerte

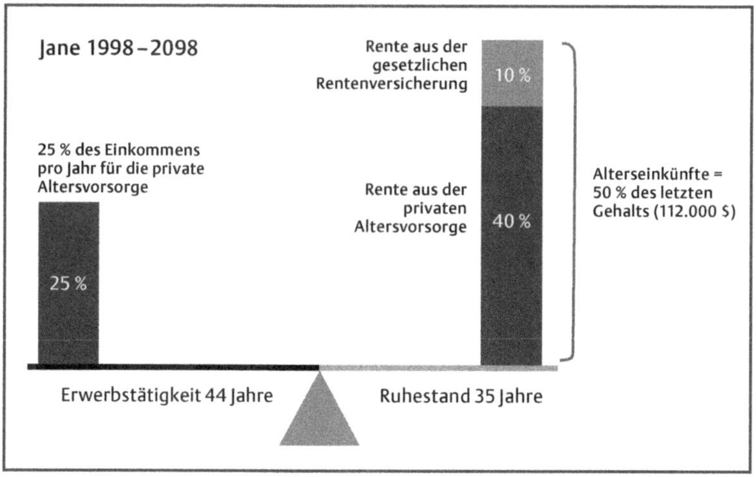

Eine so hohe Sparquote über ein ganzes Leben hinweg erscheint viel zu hoch. Sie ist nicht nur bedeutend höher als die Sparquote der meisten Menschen heute, sie entspricht auch lediglich den Rücklagen, die zur Finanzierung des Ruhestands nötig sind. Jane wird noch viel mehr sparen müssen, um einen Wohnungskredit, Studiengebühren und weitere größere Ausgaben finanzieren zu können. Hinzu kommt, dass wir bei unseren Berechnungen zu Jane von einer gesetzlichen Rente ausgehen, die genauso hoch ist wie bei Jimmy.

Aber wie oben dargelegt, ist dies eher unwahrscheinlich. Wenn Jane überhaupt keine gesetzliche Rente bekommt, steigt ihre erforderliche Sparquote auf 31 Prozent. Vergessen wir auch nicht, dass das Drei-Stufen-Modell für Jack finanziell so optimal war, dass er mit hoher Wahrscheinlichkeit seinen Kindern sogar ein Erbe hinterlassen kann. Wenn Janes Eltern wie Jimmy dem dreistufigen, finanziell belastenden Lebensentwurf folgen, kann sie kaum auf ein Erbe hoffen. Es ist offenkundig, dass ein dreistufiges Leben bei einer Rente mit 65 und einer Lebenserwartung von 100 Jahren für die meisten Menschen finanziell nicht machbar ist.

Es gibt natürlich weitere Gründe, warum das Drei-Stufen-Modell mit einem 35 Jahre langen Ruhestand nicht funktionieren wird. 35 Jahre auf dem Golfplatz sind eine lange Zeit, und wie Studien an Rentnern gezeigt haben, bedeutet eine lange Zeit der Inaktivität auch eine Verschlechterung der kognitiven Fähigkeiten und eine sinkende Lebenszufriedenheit.

Wie Jimmy könnte sich natürlich auch Jane dafür entscheiden, länger zu arbeiten und damit auch länger zu sparen. *Abbildung 2.7* zeigt die verschiedenen Optionen, die Jane zur Verfügung stehen. Wenn sie sich mit Altersbezügen in Höhe von nur 30 Prozent ihres letzten Gehalts begnügt, kann sie mit 70 in Rente gehen, falls sie über ihr gesamtes Erwerbsleben hinweg eine Sparquote von 10 Prozent erreicht. Es ist jedoch zu bedenken, dass 30 Prozent Rente sehr wenig ist – und diese geringen Bezüge würde Jane in den nächsten 30 Jahren erhalten. Ihre Al-

Abbildung 2.7: Sparquote und Renteneintrittsalter bei einem 100-jährigen Leben

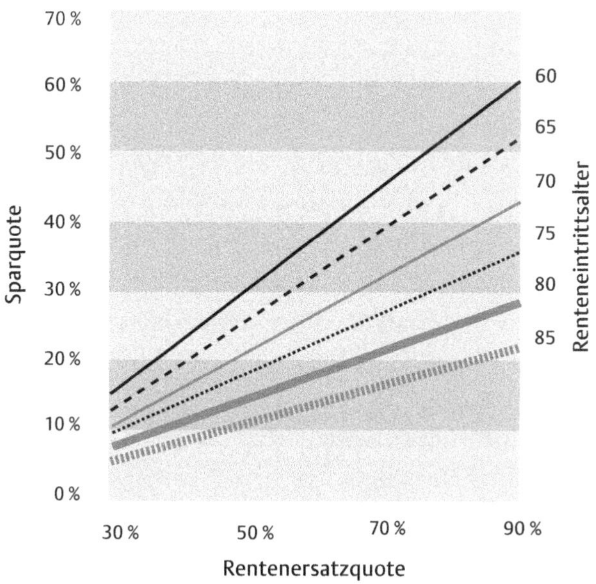

tersbezüge wären auf 30 Prozent ihres Gehalts zum Zeitpunkt des Eintritts in den Ruhestand fixiert, während zehn oder 20 Jahre später das Arbeitnehmergehalt natürlich erheblich gestiegen sein wird, sodass Jane auf einem vergleichsweise sehr niedrigen Einkommensniveau stünde. 30 Prozent eines Gehalts von vor 20 Jahren entsprechen einem sehr geringen Prozentsatz des heutigen Gehalts. Wenn wir also auch bei Jane Altersbezüge in Höhe von mindestens 50 Prozent ihres letzten Gehalts und eine Sparquote von 10 Prozent anstreben, wird Jane bis Anfang 80 arbeiten müssen.[13] Verglichen mit Jack hat sie 30 Lebensjahre mehr vor sich. *Abbildung 2.7* jedoch legt nahe, dass sie im Vergleich zu Jack 20 Jahre länger wird arbeiten müssen. Segen oder Fluch?

Partnerschaften

Bisher haben wir Jack, Jimmy und Jane isoliert betrachtet, ohne ihre Familie. Wenn sie jedoch zu einem Haushalt gehören, in dem beide Partner berufstätig sind, werden sie es leichter haben, ein langes Leben zu finanzieren, und zwar in zweifacher Hinsicht: In einer gemeinsamen Haushaltsführung gibt es Skaleneffekte, und die Nettoeinkünfte des Haushalts steigen.

Die Skaleneffekte entstehen dadurch, dass ein Zwei-Personen-Haushalt nicht doppelt so teuer ist wie ein Ein-Personen-Haushalt: Ein Essen für zwei Personen zu kochen, ist nicht doppelt so teuer, wie für sich allein zu kochen. Ökonomen messen diese Effekte anhand einer »Äquivalenzskala«, und die OECD hat errechnet, dass ein Haushalt mit zwei Erwachsenen nur 50 Prozent mehr Einkommen benötigt als ein Haushalt mit nur einem Erwachsenen, um denselben Lebensstandard zu erreichen. Wenn daher beide Partner arbeiten, muss jeder von ihnen weniger sparen (jeweils 25 Prozent weniger), um denselben Lebensstandard zu erreichen, als wenn sie in einem Ein-Personen-Haushalt leben würden. Damit reduziert sich natürlich auch die Belastung durch ihre Sparquote, da der Haushalt jetzt über ein höheres Einkommen verfügt.

Später werden wir die wachsende Bedeutung der Partnerschaft in einem 100-jährigen Leben erörtern, wobei die Herausforderung darin besteht, die Partnerschaft über einen so langen Zeitraum hinweg aufrechtzuerhalten. Hinzu kommt, dass die Erwerbstätigkeit beider Partner zwar finanziell von Vorteil, aber dennoch nicht ohne Tücken ist. Verfügen beide über ein hohes Einkommen, ist die Versuchung groß, auf dieser finanziellen Basis einen bestimmten Lebensstil zu entwickeln. Hat man dann im Ruhestand nur 50 Prozent des letzten Gehalts zur Verfügung, kann dies einen beträchtlich geringeren Lebensstandard bedeuten. Die Erwerbstätigkeit beider Partner hilft nur dann beim Sparen, wenn sie ihre Konsumgewohnheiten nicht ihrem hohen Einkommen angleichen.

Das dreistufige Schema ist ein Auslaufmodell

Unsere Analyse zeigt, dass die meisten Menschen bei einer höheren Lebenserwartung gar keine andere Wahl haben, als sehr viel länger zu arbeiten. Mit »länger« meinen wir nicht nur ein paar Jahre – für Jane bedeutet ein längeres Erwerbsleben, dass sie mehr als zehn Jahre länger arbeiten muss. Ohne diese längere Erwerbsspanne wird es ihr sehr schwerfallen, genügend Geld zurückzulegen, um einen Ruhestand zu finanzieren, der mindestens halb so lang ist wie ihr gesamtes Erwerbsleben. Diese Situation verschärft sich in den Ländern, in denen die gesetzliche Rente immer weiter schrumpft, da das umlagefinanzierte Rentenversicherungssystem immer weniger zukunftsfähig ist. Die meisten von uns werden mehr sparen und länger arbeiten müssen, als wir vielleicht dachten – und womöglich sehr viel länger, als wir wollen oder können.

Die Aussicht auf ein langes und anstrengendes Arbeitsleben ist nicht nur unerfreulich, sie erscheint auch extrem unattraktiv. Das liegt jedoch daran, dass wir von der Vergangenheit auf die Zukunft schließen und davon ausgehen, dass dieses lange Arbeitsleben genauso strukturiert ist wie das herkömmliche Drei-Stufen-Modell. Wenn wir jedoch versuchen, kreativ zu denken und uns von dem alten Modell zu lösen, sind die Optionen sehr viel ansprechender.

Aber das wird nicht einfach sein, denn es ist erstaunlich tief in uns verwurzelt und bestimmt die Karriereplanung und die langfristige Finanzplanung vieler Menschen. Franco Modigliani vom Massachusetts Institute of Technology bekam den Wirtschaftsnobelpreis für seine sogenannte Lebenszyklus-Hypothese des Konsums (der zufolge die Menschen versuchen, ihren Lebensstandard stets auf einem bestimmten Niveau zu halten, und sich dabei an einem längerfristigen Einkommenskonzept orientieren: Sie sparen während ihres Erwerbslebens fürs Alter und bauen dann im Ruhestand bis zu ihrem Tod dieses angesparte Vermögen wieder ab); und seine Hypothese wird in allen Wirtschaftslehrbüchern anhand des dreistufigen Lebensmodells erläutert. Selbst das Wort »Rente« hat seine ursprüngliche Bedeutung einer regelmäßigen Zahlung verloren und reflektiert nur noch das Drei-Stufen-Modell. Es ist klar, dass bei einer längeren Lebenserwartung mit all den hier dargelegten finanziellen Konsequenzen das Drei-Stufen-Modell nicht mehr praktikabel ist. Es wäre finanziell nur dann machbar, wenn wir von einer sehr langen zweiten Phase des Erwerbslebens ausgehen. Doch wie wir zeigen werden, sind die wahrscheinlichen Auswirkungen auf immaterielle Vermögenswerte wie Produktivität oder Vitalität letztlich nicht wünschenswert. Wir werden die negativen Folgen einer zweiten Lebensphase der pausenlosen Erwerbstätigkeit für die immateriellen Vermögenswerte noch genauer erörtern, doch schon diese kurze Skizze zeigt, wie groß die Herausforderungen sind.

Eine dieser Herausforderungen besteht darin, dass ein langer Ruhestand, so verlockend er auch erscheinen mag, kaum die geistigen Anregungen und die Geselligkeit bieten wird, die wir Menschen wertschätzen und brauchen. Aber nicht nur eine lange dritte Lebensstufe ist problematisch, sondern eben auch eine verlängerte zweite Phase der kontinuierlichen Erwerbstätigkeit.

Auch mit dem Wandel der Arbeitswelt wird das dreistufige Lebensmodell immer mehr unter Druck geraten. Wie das folgende Kapitel zeigt, werden wir in den nächsten Jahrzehnten einen schnellen technologischen Wandel erleben. Einige Unternehmensbereiche werden wachsen, andere verschwinden, und es werden ganz neue Berufe entstehen und bisherige Jobs ersetzen. Für die 42 Jahre seines Erwerbslebens reichte die berufliche Qualifikation, die Jack mit Anfang 20 erworben hatte, gerade eben aus, bis er in Rente ging. Es ist schwer vorstellbar, dass es bei Jane genauso sein wird, wenn sie nicht wie Jack mit 62 aufhört zu arbeiten, sondern erst mit 80. Im Verlauf ihres langen Lebens wird Jane auf die Dynamiken des Arbeitsmarktes reagieren und sich berufliche Auszeiten nehmen müssen, um in neue Fertigkeiten und Kenntnisse zu investieren und sich mit innovativen Technologien vertraut zu machen. Mit dieser Rückkehr zur Weiterbildung über ihr gesamtes Leben hinweg wird sich das alte Modell von drei auf sehr viel mehr Stufen erweitern.

Eine weitere Herausforderung sind die nicht finanziellen Vermögenswerte. Wenn Jane eine zweite Phase der langen und anstrengenden Erwerbstätigkeit einplant: Wie wirkt sich das auf ihre Gesundheit und ihre Fitness aus? Wie wird sie sich gute Beziehungen zu ihrem Partner, ihren Kindern und ihrer Familie bewahren können? Nicht nur Janes Kenntnisse und Fertigkeiten werden sich während dieser langen zweiten Phase ununterbrochener Arbeit immer wieder verschlechtern, auch ihre persönlichen Beziehungen werden darunter leiden. Können wir wirklich davon ausgehen, dass jemand nonstop bis 80 erwerbstätig ist –

ohne Pause und Auszeit, ohne ein Sabbatical und ohne Flexibilität? Können Sie sich vorstellen, so zu leben?

Was für Jack funktioniert hat, wird für Jimmy schwierig werden, für Jane jedoch ist es völlig impraktikabel.

Wir finden das großartig, denn wir möchten das Drei-Stufen-Modell beerdigen und es durch neue Formen der Lebensgestaltung ersetzen, damit ein langes Leben zu einem Geschenk wird, das vitalisierend und kreativ ist und Spaß macht. Für die meisten Menschen wird der rote Faden eines langen Lebens die Arbeit sein. Betrachten wir nun also, wie sich die Arbeitswelt verändern wird. Wir werden Szenarien entwerfen, die zeigen, wie Jimmy und Jane ein langes Leben führen könnten, das mehr Chancen der Produktivität, der Dynamik und der Kreativität beinhaltet, als Jack sie jemals hatte.

3. Kapitel

Beruf und Karriere: Die Arbeitswelt

Wir haben dargelegt, dass viele Menschen lange leben werden und länger werden arbeiten müssen, um dieses lange Leben zu finanzieren. Im Zuge dieses längeren Erwerbslebens wird sich auch die Arbeitswelt dramatisch verändern, und um die richtigen Karriereentscheidungen zur Finanzierung dieses Lebens treffen zu können, benötigt man Kenntnisse dieser Umbrüche.

Dies führt uns direkt zu einem Hauptproblem der längeren Lebenserwartung. Von Winston Churchill stammen die weisen Worte: »Es ist immer klug, nach vorn zu blicken, aber schwierig, weiter zu blicken, als man sehen kann.« Prognosen sind schwierig, und je weiter sie in die Zukunft reichen, desto größer wird die Unsicherheit. Bei einem 100-jährigen Leben nimmt diese Unsicherheit erheblich zu.

Ein heute 100-Jähriger hat einiges erlebt: zwei Weltkriege und die Entwicklung und den Einsatz von Atomwaffen; die russische Revolution und Aufstieg und Fall des Kommunismus; das Ende der ersten Globalisierungswelle und den Beginn einer zweiten; den Zusammenbruch und Wiederaufstieg Chinas; die Erfindung von Elektrizität, Radio und Fernsehen; die Frühzeit des Automobils mit dem Modell T von Ford; die Anfänge der Passagierluftfahrt; und natürlich den ersten bemannten Flug zum Mond und die Entstehung des Internets. Im häuslichen Bereich wären die Entwicklung der Waschmaschine und des Staubsaugers und die flächendeckende Einführung von WCs zu nennen, ganz zu schweigen von der Erfindung des Reißverschlusses und des Büstenhalters!

Wenn man sich diese Veränderungen vor Augen führt, ist klar, dass es unsinnig wäre, für heute geborene Menschen, die 100 Jahre alt werden, Entwicklungen vorhersagen zu wollen. In einem langen Leben kommt es darauf an, mit dieser Unsicherheit zurechtzukommen. Vorausgesetzt, dass der Wandel in diesem Tempo weitergeht, werden die Langlebigen sehr viel größeren Veränderungen unterworfen sein als frühere Generationen. Und wenn sich dieser Wandel noch beschleunigt, wie viele Technikexperten glauben, werden diese Veränderungen noch sehr viel tiefgreifender sein. Im Verlauf eines 60-jährigen Arbeitslebens wird sich vieles verändern: der Arbeitgeber, die Tätigkeit und die Art und Weise, wie diese Tätigkeit verrichtet wird.

Detaillierte Prognosen über die Arbeitswelt von morgen sind zwar nicht möglich, dennoch lassen sich einige Vorhersagen treffen, wenn man Lehren aus der Vergangenheit zieht und gegenwärtige Entwicklungen betrachtet. Für diejenigen, die ein langes Leben vor sich haben, ist ein Blick in die Zukunft der Arbeit von entscheidender Bedeutung. Wir fragen zunächst danach, welche Branchen voraussichtlich entstehen werden; dann betrachten wir das Phänomen der Smart City; und schließlich werfen wir einen Blick auf Jobs und die technologische Entwicklung sowie auf die wahrscheinlichen Gewinner und Verlierer in einem sich rasant verändernden Arbeitsmarkt.

Neue Industrien und Ökosysteme

Branchen im Wandel

Beginnen wir mit der Frage, wie sich der Industriesektor verändern wird. *Abbildung 3.1* zeigt den Wandel der Beschäftigungsstruktur in den Vereinigten Staaten im Lauf der vergangenen 100 Jahre. 1910 war einer von drei Erwerbstätigen in der Landwirtschaft beschäftigt, heute ist es nur noch 1 Prozent. Nimmt man Arbeiter und Hausangestellte hinzu, machten diese Jobs im Jahr 1910 die Hälfte der Arbeitsplätze in den Vereinigten Staaten aus. Bis 2000 hatte sich die Arbeitswelt dramatisch verändert. Die Hälfte der US-amerikanischen Jobs waren nun bürobasiert: akademische und technische Fachkräfte, Geistliche sowie unternehmerische Führungskräfte, Beamte und Geschäftsinhaber. In Zukunft wird es weitere Verlagerungen geben, weil die Wirtschaft auf die Ausbreitung der Informationstechnologie, schnelle Entwicklungen in der Robotik und der künstlichen Intelligenz, wachsende Umweltprobleme und eine zunehmend älter werdende Bevölkerung reagiert.[1]

Die primitiven Kräfte von Angebot und Nachfrage verändern im Laufe der Zeit die Strukturen einer Volkswirtschaft tiefgreifend. Manche Branchen schrumpfen dramatisch. Nehmen wir zum Beispiel den Agrarsektor, der 1869 fast 40 Prozent und 2013 nur noch 1 Prozent des US-amerikanischen Bruttoinlandsprodukts ausmachte. Die Ursache war der technologische Fortschritt, besonders bei Maschinen und Düngemitteln, der zu einer erheblichen Steigerung der landwirtschaftlichen Produktivität und damit des Angebotspotenzials führte. Der Wohlstand stieg, doch die Nachfrage nach Lebensmitteln wuchs nicht proportional zu den Einkommen; das Angebot überstieg also die Nachfrage, und

Abbildung 3.1: Beschäftigungsstruktur 1910–2000

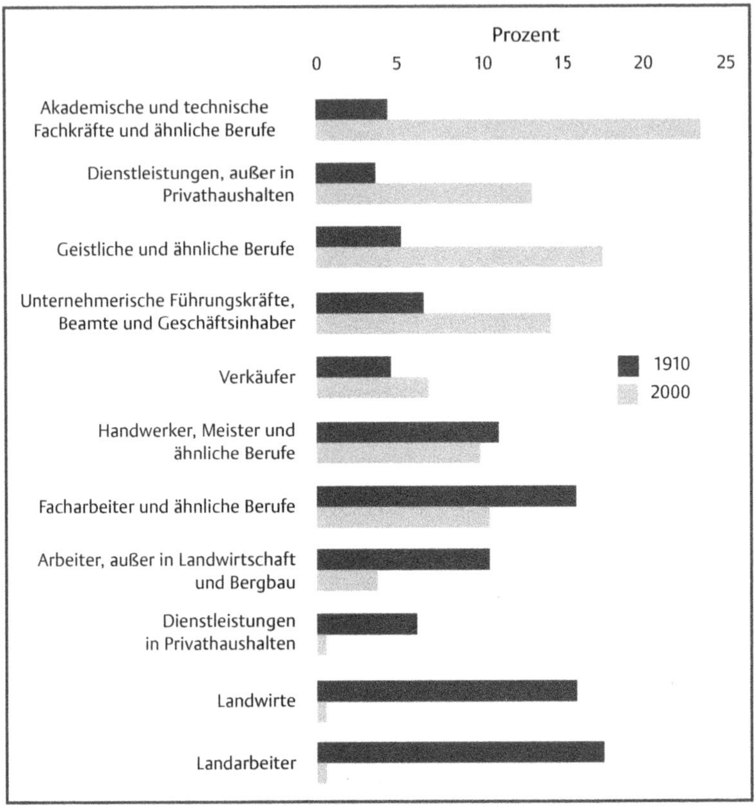

Quelle: »Occupational Changes during the 20th Century«, I. D. Wyatt und D. E. Hecker, *Bureau of Labor Statistics Monthly Labor Review*, März 2006

die Lebensmittelpreise sanken. Infolge der niedrigeren Lebensmittelpreise ging der Gesamtwert der landwirtschaftlichen Produktion rapide zurück, und viele im Agrarsektor Beschäftigte wurden entlassen.

Andere Branchen dagegen verzeichneten enorme Zuwächse. So stieg der Anteil des Dienstleistungssektors an der Gesamtwirtschaft von 40 Prozent im Jahr 1929 auf etwa 65 Prozent im Jahr 2013. Das lässt sich dadurch erklären, dass die Menschen mit wachsendem Wohlstand immer mehr Dienstleistungen in Anspruch nehmen wollten. Die Freizeitindustrie ist dafür ein gutes Beispiel. Durch die Zunahme der arbeitsfreien Zeit im Lauf des 20. Jahrhunderts entwickelte sich eine Freizeitindustrie mit immer mehr Kinos, Sportvereinen, Fitnesscentern und so weiter. Doch anders als in der Landwirtschaft gab es in der Freizeitindustrie keine große Produktivitätssteigerung – wie soll man auch die Produktivität einer Yogalehrerin oder eines Friseurs nennenswert steigern?

Die wachsende Nachfrage ging also nicht mit einer erhöhten Produktivität einher, dadurch stiegen die Preise der Dienstleistungen und die Zahl der Beschäftigten in diesem Sektor. Höhere Preise, eine größere Zahl von Beschäftigten und ein höherer Output führten dazu, dass der Anteil der Dienstleistungen am Bruttoinlandsprodukt beträchtlich wuchs.

Einen solchen Wandel gab es in der Geschichte immer wieder, und deshalb werden die kommenden 100-Jährigen mehr Übergänge und Fluktuationen erleben. Wohin geht der Wandel, und wo werden die Jobs sein?

Ein Faktor, den es zu berücksichtigen gilt, sind die Folgen der demografischen Entwicklung für die Arbeitswelt. Die Alterung der Gesellschaft hat tiefgreifende Auswirkungen auf die Wirtschaft. Eine steigende Zahl älterer Menschen wird einen Nachfrageeffekt auslösen, auf den die Branchen und die Marktpreise reagieren werden. So ist zu erwarten, dass die medizinische Forschung zu Langlebigkeit und Bioengineering ein Wachstumssektor sein und der Dienstleistungssektor sich in Richtung Gesundheitsfürsorge und Bereitstellung von Dienstleistungen verlagern wird.

Auch Umwelterwägungen und Nachhaltigkeit werden sich auf Preise und Ressourcen und die relative Größe der verschiedenen Branchen auswirken. Wir stehen derzeit vor einem tiefgreifenden Wandel der Energieversorgung, und wenn die Energie immer knapper wird und die Energiepreise steigen, werden Energieerzeugung und Ressourcenschutz neue Wege gehen. Dasselbe gilt für die Lebensmittelversorgung, wo radikale Innovationen besonders in Verbindung mit Gentechnik und Gesundheitsfragen zu erwarten sind. Die zunehmende Wasserknappheit wird zu sehr viel höheren Preisen und zur wachsenden wirtschaftlichen Bedeutung von Wassereffizienz, -versorgung und -aufbereitung führen.

Im Hinblick auf ökologische Nachhaltigkeit und CO_2-Emissionen wird vermutlich eine CO_2-Steuer eingeführt werden. Dies wiederum wird zu einem tiefgreifenden Wertewandel führen, und neue Wirtschaftsbereiche, neue Firmen und neue Technologien werden entstehen, da die Reduzierung, Sequestrierung und Substitution von CO_2 ein Milliardengeschäft ist.

Neue Ökosysteme werden entstehen

Die tiefgreifende Umgestaltung vieler Industriesektoren wird den Menschen mehr Flexibilität beim Erwerb von Qualifikationen und bei der Wahl ihres Arbeitsortes abverlangen. Auch den Arbeitgeber werden die Beschäftigten häufiger wechseln müssen. Richard Foster von der Universität Yale hat berechnet, dass die durchschnittliche Lebensdauer eines im Aktienindex Standard & Poor's 500 gelisteten Unternehmens in den 1920er Jahren 67 Jahre betrug, bis 2013 jedoch auf 15 Jahre sank. Verglichen mit 1984 sind nur noch 30 der 100 britischen Unternehmen, die damals den Aktienindex FTSE 100 bildeten, heute noch darin vertreten. Neue Branchen entstehen und gehen unter, und neue Firmen werden zur beherrschenden Kraft. Während also der 1945 geborene Jack noch von einer relativ großen Stabilität seiner Firma ausgehen konnte, wird die 1998 geborene Jane mit einer größeren Dynamik im Unternehmensbereich rechnen und für eine Reihe von Firmen in unterschiedlichen Branchen tätig sein müssen.

Es gibt überdies Prognosen, dass sich die Art der Unternehmen, für die die Menschen arbeiten, erheblich verändern wird. Die enorme Zunahme bürobasierter Beschäftigung (siehe *Abbildung 3.1*) ist auf die Entstehung moderner Großunternehmen zurückzuführen. Diese Konzerne erzeugen aufgrund ihrer Organisationsstruktur Skaleneffekte, und es wird sie auch in Zukunft geben. Manche betrachten sie als Dinosaurier der Wirtschaftswelt und prognostizieren, dass sie den beweglicheren, kleineren Unternehmen, die überall aus dem Boden schießen, unterliegen werden. Tatsächlich gibt es Signale, die auf diese Entwicklung hindeuten. Die Technologie erleichtert den Beschäftigten die Koordination untereinander, und kleine Firmen besitzen eine Flexibilität, die große Konzerne nur schwer erreichen. Weitere technische Entwicklungen wie der 3-D-Druck, so das Argument, werden die Größenvorteile der Konzerne zunehmend eliminieren. Derzeit sehen wir allerdings keine Belege dafür. Konzerne wie Unilever oder PepsiCo sind durch ihre Skalierungs- und Mobilisierungsfähigkeiten in der Lage, ihre Produkte in nahezu jeden Winkel der Erde zu liefern, und dies wird wohl so bleiben. Andere wie Google oder Roche Pharma können sich mit ihren milliardenschweren Forschungsetats die klügsten Köpfe der Welt holen, um die nächste Generation von Technologien oder Medikamenten zu entwickeln.

Großunternehmen wird es also weiterhin geben, aber ihre Struktur wird sich mit Sicherheit verändern. In der künftigen Unternehmenslandschaft werden Konzerne zunehmend in ein Ökosystem kleinerer Firmen und Start-ups eingebettet sein. Diese Ökosysteme aus Unternehmen mit weniger und oft stärker spezialisierten Mitarbeitern sind Wachstumsbereiche der Zukunft. Es wäre sogar möglich, dass die interessantesten Tätigkeiten in diesen Ökosystemen stattfinden werden. Das zeigt sich bereits heute bei Firmen wie Samsung oder dem Chiphersteller ARM, die unglaublich komplexe Ökosysteme aufgebaut haben. Dadurch können sie in Kooperation mit vielen Hundert Firmen Spitzentechnologie und anspruchsvolle Dienstleistungen bereitstellen.[2] Im Pharmabereich wird die wichtige Grundlagenforschung oft von kleinen, spezialisierten Firmen durchgeführt, die sich manchmal nur auf ein einziges Molekül konzentrieren. Diese Unternehmen sind zahlreicher geworden und können im Wettbewerb mithalten, weil die Zugangsbarrieren zu dieser Art Forschung dank moderner Technologie kleiner geworden sind. Wir erwarten, dass solche Ökosysteme kleiner Firmen florieren und immer wertvoller werden. Vielleicht wurden einige dieser kleinen Firmen mit dem Ziel gegründet, die Großunternehmen der Zukunft zu werden, bei anderen steht die Leidenschaft für die Lösung eines Problems im Vordergrund.

Diese neuen Ökosysteme werden eine Vielzahl von Beschäftigungsmöglichkeiten bieten. Große Konzerne mit umfangreichen Management- und Verwaltungsaufgaben wird es zwar weiterhin geben, doch zusätzlich werden spezialisiertere und flexiblere Jobs in kleineren Firmen entstehen.

Wenn man über mögliche Lebensentwürfe für Janes 100-jähriges Leben nachdenkt, lässt die Flexibilität des Ökosystem-Modells eine selbstständige Tätigkeit in bestimmten Lebensphasen als eine durchaus realistische Option erscheinen. Die technischen Möglichkeiten der Verknüpfung von Individuen und Firmen, die deren Fertigkeiten kaufen wollen, werden immer globaler, billiger und ausgefeilter. Solche Vermittlungsplattformen sind inzwischen so gängig, dass man bereits von der Gig Economy und der Sharing Economy spricht. Der technologische Wandel senkt die Informationskosten und ermöglicht es Käufern und Verkäufern, einander leichter zu finden und zugleich anhand unabhängiger Quellen die Zuverlässigkeit und Qualität des jeweils anderen zu überprüfen.

Die Gig Economy geht davon aus, dass es eine wachsende Zahl von Menschen gibt, die ihr Einkommen nicht mit Voll- oder Teilzeitjobs bestreiten, sondern für verschiedene Kunden Aufgaben und Aufträge erfüllen. Bereits jetzt ist es möglich, auf Plattformen wie Upwork Kompetenzen feilzubieten oder bei InnoCentive oder Kaggle kreative Ideen einzureichen, wo man an Wettbewerben zur Lösung von komplexen Problemen teilnehmen und ein Preisgeld gewinnen kann. Die Bedeutung dieser Plattformen wird wachsen, weil sich Großunternehmen zunehmend die innovativen Ideen von Gruppen oder Einzelpersonen zunutze machen und kleine Gruppen sich miteinander verbinden werden, um ihr Potenzial und ihre Wirkung zu steigern. Unternehmen werden interessierte Einzelpersonen und Teams durch die Veranstaltung von Wettbewerben motivieren, sich für bestimmte Projekte mit ihnen zusammenzutun, oder sie sogar kaufen – wie im Fall des Fahrdienstvermittlers Uber, der das gesamte Robotik-Labor der Universität Carnegie Mellon übernommen hat. Wie die Gig Economy verspricht auch die Sharing Economy eine flexible Einkommensquelle. Wenn eine Privatperson über Airbnb ungenutzten Wohnraum vermietet – das bekannteste Beispiel –, kann sie nutzbringende Einnahmen erwirtschaften.

Diese Ökosysteme werden unserer Erwartung nach nicht nur Verdienstmöglichkeiten bieten, sondern auch dazu beitragen, Arbeit, Freizeit und Privatleben besser miteinander zu verbinden. Wenn die Menschen flexibler in kleinen, spezialisierten Teams arbeiten, wo sie mit Leidenschaft bei der Sache sind, verwischen die Grenzen zwischen Arbeit und Freizeit. Vor der Industrialisierung fand die Produktion überwiegend zu Hause statt, wo Arbeit und Freizeit fließend ineinander übergingen. Fabriken und später Büros führten unweigerlich zu einer strikten Trennung von Arbeit und Freizeit. Für die Zukunft rechnen wir damit, dass berufliche Ökosysteme diese Trennung mehr und mehr aufheben und Arbeit und Privatleben wieder in Einklang bringen werden.

Es wird flexible, smarte Städte geben

Nicht nur, für wen man arbeitet, wird sich ändern, sondern auch, wo man arbeitet. Derzeit findet die außergewöhnlichste Migration statt, die die Menschheit je erlebt hat: die Migration vom Land in die Stadt. Im Jahr 2010 lebten 3,6 Milliarden Menschen der Weltbevölkerung in Städten. Bis 2050 sollen es laut Prognosen 6,3 Milliarden sein – das entspricht der Abwanderung von 1,4 Millionen pro Woche. In der Stadt zu wohnen – und insbesondere in einer smarten Stadt –, gewinnt an Bedeutung, und dieser Trend scheint sich fortzusetzen.

Warum ziehen so viele Menschen in die Städte? Das Internet hat uns doch versprochen, dass Entfernungen unwichtig werden und man leben kann, wo immer man möchte. Mag sein, dass *Entfernung* unerheblich geworden ist, dafür hat *Nähe* an Bedeutung gewonnen. Landflucht wird vor allem mit Schwellenländern assoziiert, wo die Menschen aus dem Agrarsektor abwandern und in die Städte mit ihren Industriebetrieben ziehen. Aber das ist nur ein Teil der Geschichte. Auch in hochentwickelten Ländern ziehen die Menschen in die Städte, und das spiegelt die wachsende Bedeutung der Nähe zu Ideen und zu hoher fachlicher Kompetenz wider.

Während also Industriestädte wie Detroit einen Niedergang erlebt haben, sind andere, »smarte Städte« wie San Francisco, Seattle und Boston aufgeblüht, und ihre Bevölkerung ist gewachsen. Diese smarten Städte werden zum Sammelpunkt hochqualifizierter, kreativer Leute, die die Nähe anderer hochqualifizierter Leute suchen. Sie wissen, dass sich das Innovationstempo beschleunigt, und möchten daher in der Nähe anderer kluger Menschen sein, um sich gegenseitig zu befeuern und herauszufordern. Solche Cluster wurden zunächst von Universitäts- und Fachhochschulabsolventen gebildet. Eine derartige Konzentration Hochqualifizierter zieht automatisch Firmen an, und in der Folge wandern noch mehr solche Arbeitskräfte in diese Gegend, weil die Arbeitsmöglichkeiten und die Gehälter besser sind als anderswo. Damit werden diese Cluster zu Talentmagneten.[3] Anders gesagt, es gibt zunehmende Skalenerträge oder, im Ökonomen-Jargon, *Thick market*-Effekte.

London ist ein weiteres Beispiel für dieses Cluster-Phänomen. Im Jahr 2014 betrug die Zahl der hochqualifizierten Einwohner 1,4 Millionen; für 2019 geht man von 1,8 Millionen aus.[4] Als Hauptstadt war London seit jeher für Unternehmen und staatliche Behörden und damit auch für Anwälte und Finanzprofis attraktiv. Das waren bereits in der Vergangenheit starke Cluster-Effekte. Doch London ist nicht nur der Standort wichtiger Unternehmen, sondern auch eine Design-Metropole, die Kreative aus der ganzen Welt anzieht. Somit ist nicht nur die IT-Branche in der Lage, die Agglomerationseffekte kluger Menschen und Ideen zu nutzen. In dem Maße, in dem der wirtschaftliche Wert von Ideen zunimmt, können wir eine Zunahme von Clustern erwarten. Sie werden überall dort entstehen, wo Menschen von den Ideen anderer profitieren, sich gegenseitig unterstützen und ein Ökosystem von Start-ups aufbauen wollen.

Im Zentrum dieser kreativen Cluster stehen oft Weltklasse-Universitäten. Im Silicon Valley sind das die Stanford University, die University of California, Berkeley, und das California Institute of Technology. In Boston das Massachusetts Institute of Technology und Harvard; das kreative Cluster in London ist mit dem Royal College of Art und dem Central Saint Martins verbunden, zwei der weltbesten Design-Hochschulen. Wenn diese Cluster wachsen, ziehen sie mit ihrem Pool an vielversprechenden Talenten Firmen an. Der gut 90 000 Quadratmeter große Google Campus in King's Cross in London zum Beispiel liegt nur wenige Gehminuten vom Central Saint Martins entfernt und ist auf mindestens 4500 Menschen ausgelegt.

Der Jobeffekt smarter Städte mit ihren hochqualifizierten Arbeitskräften kann erheblich sein. Laut Enrico Moretti[5] von der Universität Berkeley generiert jeder smarte Job fünf weitere Jobs. Zum Teil sind das gleichfalls hochqualifizierte Berufe wie Rechtsanwalt, Rechnungsprüfer oder Consultant. Andere sind schlechter bezahlt wie Gärtner, Kunsthandwerker, Barista oder Yogalehrer. Damit werden sich smarte Städte zu Orten entwickeln, wo mehr Arbeitsplätze entstehen als in den alten Industriezentren.

Die Bedeutung smarter Städte wird auch durch gesellschaftliche Phänomene gefördert. In den vergangenen Jahrzehnten hat die »assortative Paarung« zugenommen, wie Soziologen die Neigung nennen, sich einen Partner zu wählen, der einem ähnlich ist. Heute ähneln sich Paare also in Bezug auf Bildung und

Einkommen stärker als früher. Auch dieses Phänomen fördert das Wachstum der Städte. Bei diesen Partnerschaften von Hochqualifizierten ist es sehr viel schwieriger, für beide einen interessanten Job zu finden.[6] Früher waren Kleinstädte attraktiv für die traditionelle Familie, in der der Mann arbeitete und die Frau den Haushalt führte. Aber das Leben in einer Kleinstadt wird schwieriger, wenn beide den perfekten Job finden möchten. Und so erscheinen Großstädte immer verlockender – dort gibt es ganz einfach mehr Arbeitsmöglichkeiten. Tatsächlich üben Großstädte bereits eine Anziehungskraft aus, bevor man eine Beziehung eingeht. Stellen Sie sich vor, Sie sind auf der Suche nach dem perfekten Partner, der Ihre lange Liste von Kriterien erfüllt. Werden Sie in einer Kleinstadt Erfolg haben? Möglich, aber nicht wahrscheinlich. Wenn Sie jemanden mit einem ähnlichen Beruf und ähnlichen Verdiensterwartungen suchen, probieren Sie es vermutlich in der Stadt. *Thick market*-Effekte gibt es auch bei der Partnerwahl – was für ein romantischer Gedanke.

Wir können davon ausgehen, dass diese smarten Städte in Sachen flexibler Arbeitsplatz richtungsweisend sein werden. Dank technologischer Innovationen werden die Menschen Zeit und Ort ihrer Arbeit offener gestalten können (und entscheiden, ob sie von zu Hause, also von einem virtuellen Arbeitsplatz, aus arbeiten möchten)[7]; sie werden leichter zusammenfinden – Menschen und Jobs oder Menschen mit ähnlichen Interessen (was ihnen den Eintritt in den Arbeitsmarkt erleichtert); sie werden einfacher und kostengünstiger kommunizieren können (und daher mehr in virtuellen oder globalen Teams arbeiten); und sie werden individuelle Probleme in Zusammenarbeit mit anderen lösen können (und auf diese Weise lernen, wie man große Gemeinschaften mit ähnlichen Kompetenzen und Ansichten bildet).

Möglicherweise wird uns das klassische Büro irgendwann einmal lächerlich altmodisch und teuer vorkommen. Untersuchungen von Unilever, wo und wann im Unternehmen Kohlendioxid erzeugt wurde, ergaben, dass die Fahrt der Angestellten ins Büro und wieder nach Hause für einen besonders hohen CO_2-Ausstoß verantwortlich war. Diese und andere Impulse werden die Menschen veranlassen, nicht mehr in zentralen Großbüros, sondern von zu Hause aus, in Coworking Spaces oder Bürogemeinschaften zu arbeiten. Dies wird zum Teil durch kostengünstige Technologien wie Hologramme und virtuelle Meetings unterstützt und immer mehr zur Norm werden, weil sich Manager an den Umgang mit virtuellen Arbeitskräften gewöhnen und das Homeoffice stärker fördern werden. Allerdings wird man die Entscheidung, von zu Hause aus zu arbeiten, immer gegen den Vorteil der Nähe abwägen.

Eine Zukunft ohne Jobs?

Die Geschichte der Menschheit ist durch kontinuierlichen technischen Fortschritt gekennzeichnet. Auch wenn Charles Duell, der Kommissar des US-Patentamts, 1899 sagte: »Alles, was erfunden werden kann, wurde bereits erfunden«, nimmt das Wissen ganz offensichtlich immer weiter zu. Da jede Generation so klug wie die vorhergehende geboren wird und deren Wissensschatz erbt, gibt es durch Forschung, Kombination verschiedener Aspekte dieses Wissens und neue Erkenntnisse technischen Fortschritt. Wir stehen auf den Schultern von Riesen, wie Isaac Newton so brillant resümierte.

Neue Technologien bedeuten jedoch das Aus für frühere Jobs

und in der Regel die Schaffung neuer Aufgaben und Rollen. Heutzutage spüren die Menschen ganz akut, dass bestimmte Jobs aussterben werden, aber natürlich können sie noch nicht wissen, welche neu entstehen werden. Von den Ludditen, die während der industriellen Revolution in Großbritannien Maschinen zerstörten, bis hin zu Lyndon B. Johnsons Nationaler Kommission für Technologie, Automatisierung und wirtschaftlichen Fortschritt gab es immer wieder die Sorge, dass die Automatisierung zu einer Zukunft ohne Jobs führen werde. Solche Ängste sind derzeit überall auf der Welt spürbar.[8] Wir stehen heute an der Schwelle außergewöhnlicher technologischer Innovationen auf dem Gebiet der Robotik und der künstlichen Intelligenz.[9] Wird Jane in der Lage sein, über ihr ganzes 60-jähriges Berufsleben hinweg Arbeit zu finden?

Dies ist eine heiß diskutierte Frage, und es lohnt sich zu sehen, was einige der Diskutanten zu diesem Thema zu sagen haben. Der Unternehmer Martin Ford aus dem Silicon Valley stellt in seiner kritischen Analyse fest: »Der Gesamtarbeitsmarkt läuft Gefahr, dass in der Phase der kreativen Zerstörung die Zerstörung vor allem arbeitsintensive Bereiche in traditionellen Industriezweigen wie Einzelhandel und Lebensmittelzubereitung betreffen wird, während die Kreativität neue Firmen und Branchen entstehen lässt, in denen schlichtweg nicht viele Menschen benötigt werden.«[10] Und Erik Brynjolfsson und Andrew McAfee, Professoren am Massachusetts Institute of Technology, behaupten: »Computer und andere digitale Errungenschaften haben auf unsere geistigen Kräfte [...] die gleiche Wirkung wie die Dampfmaschine und ihre Ableger auf die Muskelkraft.«[11]

Die zweite Hälfte des Schachbretts

Im Jahr 1965 sagte Geoffrey E. Moore von Intel voraus, die Prozessorleistung von Halbleitern werde sich alle zwei Jahre verdoppeln, und das ist bis heute eine sehr präzise Vorhersage. Angesichts dieses exponentiellen Wachstums haben wir, wie die Propagandisten des »zweiten Maschinenzeitalters« behaupten, nun die »zweite Hälfte des Schachbretts« erreicht. Das bezieht sich auf eine Legende über einen indischen Herrscher, der sich mit seinen Zerstreuungen langweilte und deshalb in seinem Königreich einen Wettbewerb für die Erfindung eines besseren Spiels veranstaltete. Als man ihm eine frühe Form des Schachspiels präsentierte, war der König so entzückt, dass sich der Erfinder als Belohnung wünschen durfte, was er wollte. Der Mann bat um Reiskörner: eines für das erste Feld, zwei für das zweite, vier für das dritte, acht für das vierte und so weiter. Wie sich die Rechenleistung alle zwei Jahre verdoppelt, so verdoppelte sich die Zahl der Reiskörner von einem Feld zum nächsten. In der Legende wird dem König bald klar, dass sein Reisvorrat nicht reicht, die Körner gehen bereits vor dem 13. Feld zur Neige (vor der zweiten Hälfte des Schachbretts).

Um den Wunsch des Mannes zu erfüllen, hätte der König einen Berg Reis höher als der Mount Everest besitzen müssen – an die 18,5 Trillionen Körner. Auf dem ersten Feld des Schachbretts liegt ein Reiskorn, und bis zum 33. sind es 4,3 Milliarden Körner. Die Parallelen zum Moore'schen Gesetz liegen auf der Hand. Im Jahr 1981 sagte Bill Gates, 640 KB Arbeitsspeicher müssten für jeden genug sein; 30 Jahre später ist nicht nur die Prozessorleistung von Computern gigantisch, sondern auch ihre Steigerung in den nächsten zwei Jahren, verglichen mit der Summe aller bisherigen Steigerungen. Der Zuwachs der Prozessorleistung vom

32. zum 35. Feld ist viermal so groß wie die kumulierte Summe der Prozessorleistung auf den ersten 32 Feldern. Wenn also das Moore'sche Gesetz weiterhin gültig sein wird (dazu später mehr), wird die Rechenleistung in den nächsten acht Jahren um ein Vierfaches höher sein als der technologische Standard, der beispielsweise in fahrerlosen Autos eingebaut ist.

Die Erosion des Arbeitsmarkts

Was werden die Folgen dieser dramatischen Entwicklung sein? Diskussionen über Roboter und künstliche Intelligenz haben einen Touch von Science-Fiction, meist steuern sie unweigerlich auf *Terminator*-Szenarien oder metaphysische Betrachtungen über das menschliche Bewusstsein zu wie in *Blade Runner*. Wenn man die Debatte verfolgt, sollte man auf dem Boden bleiben und sich zunächst einmal ansehen, was die Technologie *bisher* für den Arbeitsmarkt bedeutet hat. Dann lässt sich besser verstehen, warum so viele Kommentatoren Angst vor einer Zukunft ohne Jobs haben.

Abbildung 3.2 zeigt ein Phänomen, das wir als *Erosion des Arbeitsmarkts* kennen. Zwar handelt es sich um Daten aus den Vereinigten Staaten, aber in anderen Industrieländern sieht es ähnlich aus. Die Daten zeigen die prozentuale Veränderung der Beschäftigungszahlen von geringqualifizierten zu hochqualifizierten Jobs. Von 1979 an nahm die Beschäftigung sowohl von hochqualifizierten als auch von geringqualifizierten Arbeitskräften zu, im Bereich der mittleren Qualifikation hingegen gab es einen Rückgang. Der Arbeitsmarkt erodierte und bot nur mehr Jobs an den beiden äußeren Enden des Spektrums, nicht aber in der Mitte.

Abbildung 3.2: Prozentuale jährliche Veränderung der Beschäftigungszahlen nach Berufen

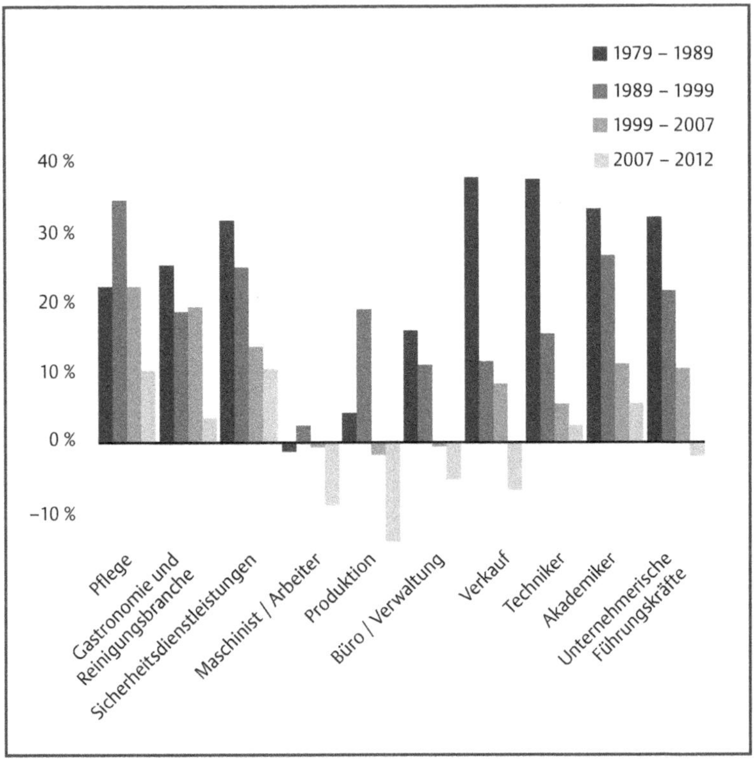

Quelle: David Autor, »Why are there still so many jobs? The history and future of workplace automation«, *Journal of Economic Perspectives* 29, 3 (Sommer 2015), S. 3–30

Um diese Entwicklung zu verstehen, ist es hilfreich, sich Jobs als eine Ansammlung von Aufgaben vorzustellen. Der Wirtschaftswissenschaftler David Autor vom Massachusetts Institute of Technology und seine Co-Autoren[12] klassifizieren jeden Job anhand einer Kreuztabelle erstens danach, inwieweit er kognitive oder manuelle Fertigkeiten erfordert, und zweitens danach, inwieweit die Aufgaben, die einen Job definieren, routinemäßig oder nicht routinemäßig sind. Mit routinemäßig meint Autor nicht leicht oder langweilig, sondern ob sich die Tätigkeit als eine präzise Abfolge von Befehlen beschreiben lässt, die festlegen, wie die Aufgabe ausgeführt werden soll. Eine routinemäßige kognitive Aufgabe wäre die eines Kassierers in einer Bank, während ein Beispiel für eine routinemäßige manuelle Aufgabe die eines Sortierers an einem Fließband wäre.

Jobs, die Routinetätigkeiten beinhalten, wurden bereits in großem Umfang durch Automaten ersetzt. Weil sich Routinearbeiten durch eine Abfolge von Befehlen beschreiben lassen, kann man sie in Programme für Computer und Roboter umsetzen. Man muss sich nur die Logistikzentren von Amazon ansehen, wo Roboter die Artikel von den Regalen zu den Packern bringen, während sie gleichzeitig einen konstanten Datenstrom über die bestellten Güter an ein zentrales System schicken. Dieser Vorgang verläuft kontinuierlich, ohne menschliches Eingreifen und menschliche Entscheidungen. Dies wurde ermöglicht durch rasante technologische Fortschritte im maschinellen Lernen und bei der Präzision von Sensoren. Der Arbeitsmarkt ist erodiert, weil viele Jobs der mittleren Qualifikationsstufe routinemäßige Aufgaben beinhalten, kognitive ebenso wie manuelle. Die Technologie hat diese Jobs mehr oder weniger ersetzt, und die Automaten sind billigere Arbeitskräfte als der Mensch.

Aber das ist nur die halbe Geschichte. Um den Einfluss der Technologie auf die Arbeitswelt von morgen zu verstehen, muss man weitere Entwicklungen beachten. Die Technologie hat nicht nur Arbeitskräfte mit mittlerer Qualifikation *ersetzt*, sondern *ergänzt* auch höherqualifizierte Jobs. Software und Computer sind ein unverzichtbares Hilfsmittel für qualifizierte Fachkräfte. Während also die Technologie Arbeitskräfte mit mittlerer Qualifikation ersetzt hat, hat sie die Produktivität und somit auch das Einkommen hochqualifizierter Arbeitskräfte gesteigert. Mit dem Einkommen hat deren Bedarf an den Dienstleistungen Geringqualifizierter zugenommen. Der Nettoeffekt dieser Ersatz-, Ergänzungs- und Nachfrageeffekte ist die Erosion des Arbeitsmarkts.

Damit ist die erste Hälfte des Schachbretts beschrieben. Nun bewegen wir uns in die zweite Hälfte, in der sich die Rechenleistung dramatisch erhöht, was befürchten lässt, dass sich diese Erosion immer weiter fortsetzt. Bisher hat die Technologie einfache Routinearbeiten ersetzt, und die beschränkte Rechenleistung hat den Verlust von Arbeitsplätzen in Grenzen gehalten. Autofahren ist eine Routinetätigkeit – die Liste der Befehle ist nur sehr lang und kompliziert. Durch die Innovationen, die mit dem gigantischen Zuwachs an preiswerter Rechenleistung verbunden sind, ist es heute möglich, fahrerlose Autos zu entwickeln. Wenn das passiert, wird eine erhebliche Anzahl von Arbeitsplätzen in der Logistikbranche bedroht sein. Die Diagnose von Krankheiten ist ebenfalls eine Routineaufgabe. Sie setzt Kenntnisse und Mustererkennungsfähigkeiten voraus, die Computer bis jetzt überfordert haben. Aber auch dies ist in der zweiten Hälfte des Schachbretts nicht länger der Fall. Der berühmte Supercomputer Watson von IBM führt bereits heute Krebsdiagnosen durch. In dem Maße, in dem sich die Rechenleistung erhöht, beschleunigt sich auch die Erosion des Arbeitsmarkts. Technische Innovationen sind nicht mehr nur eine Ergänzung für qualifizierte Arbeit, sie können sie bereits heute ersetzen. Dies wird durch eine neuere Studie erhärtet, der zufolge der Bedarf an qualifizierten Arbeitskräften nach einer lang anhaltenden Zunahme seit dem Jahr 2000 rückläufig ist.[13] Die Oxford-Professoren Carl Frey und Michael Osborne rechnen in ihrer viel zitierten Studie damit[14], dass in den nächsten Jahrzehnten insgesamt 47 Prozent der Jobs in den Vereinigten Staaten davon betroffen sein werden – das wären 60 Millionen Arbeitsplätze.

Die Zukunft der Arbeit

Das sind komplexe Themen, doch wer ein langes Leben vor sich hat, ist schon früh gefordert, Entscheidungen zu seinem Berufsweg zu treffen. Was soll man so jemandem raten? Wie wird die Zukunft der Arbeit aussehen?

Fähigkeiten, die nur der Mensch besitzt

Aus technologischer Sicht geht es bei der Frage zur Zukunft der Arbeit tatsächlich darum, wo die Grenzen von künstlicher Intelligenz und Robotik liegen. Derzeit besteht ein breiter Konsens darüber, dass bestimmte Fähigkeiten und Fertigkeiten ausschließlich dem Menschen eigen sind und durch künstliche Intelligenz oder Roboter (noch) nicht reproduziert oder ersetzt werden können. David Autor und seine Co-Autoren haben zwei Kategorien von Fähigkeiten ausgemacht, die nur der Mensch besitzt. Eine Kategorie umfasst Fähigkeiten, die mit dem Lösen komplexer Probleme verbunden sind und Fachwissen, induktives Denken oder Kommunikationsfähigkeit erfordern. Das lässt sich am Beispiel des iPhones von Apple veranschaulichen. iPhones und iPads werden vorwiegend im chinesischen Shenzhen von der Firma Foxconn hergestellt, und die Herstellungskosten belaufen sich auf 5 bis 7 Prozent des Kaufpreises. Bei jedem Modell erzielt Apple einen

Gewinn von 30 bis 60 Prozent. Die Wertschöpfung pro Mitarbeiter liegt bei Foxconn in der Größenordnung von 2000 Dollar, bei Apple hingegen bei über 640 000 Dollar. Die Wertschöpfung liegt also in der Innovation, nicht in der Herstellung. Die zweite Kategorie von Fähigkeiten umfasst den zwischenmenschlichen Austausch und die situationsbezogene Anpassungsfähigkeit. Diese werden eher mit manuellen Tätigkeiten in Verbindung gebracht.

Bei der ersten Kategorie von Fähigkeiten geht es vor allem um den Satz des Chemikers und Philosophen Michael Polanyi, dass wir »mehr wissen, als wir zu sagen wissen«. Mit anderen Worten: Ein erheblicher Teil des menschlichen Wissens ist implizit, also unausgesprochen; es kann nicht in Form von Befehlen aufgeschrieben und daher auch nicht von künstlicher Intelligenz und Robotern reproduziert werden.[15] Die zweite Kategorie von Aufgaben bezieht sich auf das Moravec-Paradox, das besagt: »Es ist vergleichsweise einfach, Computer auf dem Leistungsniveau von Erwachsenen Intelligenztests absolvieren oder Schach spielen zu lassen, aber schwierig oder unmöglich, sie mit der Wahrnehmungsfähigkeit und Mobilität eines einjährigen Kindes auszustatten.«[16] Ein Roboter kann zwar mit Leichtigkeit komplexe analytische Aufgaben bewältigen, hat aber Schwierigkeiten, eine Tasse zu greifen oder eine Treppe hochzusteigen.

Aber auch hier erwarten manche Technikexperten, dass die Maschine den Menschen bald überholt haben wird. Rasante Fortschritte auf dem Gebiet von Cloud Robotics und maschinellem Lernen könnten die Lücke zwischen menschlichem und maschinellem Leistungsvermögen schließen. Die Entwicklung von Cloud Robotics, bei dem vernetzte Roboter über die Cloud Zugang zum Wissensschatz der anderen Roboter haben, könnte maschinelles Lernen mit exponentieller Geschwindigkeit ermöglichen – das ist bei Weitem schneller, als der Mensch dazu in der

Lage ist. Beim maschinellen Lernen versucht die Technologie, das dem Menschen eigene induktive Denken, das auf der assoziativen Verknüpfung von Erfahrungen basiert, nachzuahmen – und zwar wiederum dadurch, dass die Erfahrung jedes einzelnen Roboters über die Cloud allen anderen Robotern zur Verfügung gestellt wird.

Freie Stellen

Wirtschaftlich gesehen geht es nicht nur darum, dass die menschliche Arbeitskraft ersetzt wird, sondern auch um das Angebot an Arbeitsplätzen. Auf dem Arbeitsmarkt wird das Angebot hauptsächlich durch demografische Faktoren bestimmt werden, die diesen Markt, vor allem in den Industrieländern, in Zukunft prägen. Diese Faktoren sind der Bevölkerungsrückgang und der Eintritt der Generation der Babyboomer in den Ruhestand. In vielen Industrieländern haben Überalterung und sinkende Geburtenraten zu einem Bevölkerungsschwund und einer geringeren Anzahl von Menschen im Erwerbsalter geführt. Am augenfälligsten ist diese Entwicklung in Japan, wo die Bevölkerung Prognosen zufolge von heute 127 Millionen bis zum Jahr 2060 auf 87 Millionen sinken wird. Von diesen werden 40 Prozent über 65 Jahre alt sein. Der Bevölkerungsschwund vollzieht sich parallel zum Renteneintritt der großen Altersgruppe der Babyboomer. Selbst wenn sie, wie unsere Analyse nahelegt, ihren Ruhestand aufschieben, werden viele Stellen frei. In Großbritannien zum Beispiel sagt das Institute for Public Policy Research voraus, dass die größten Arbeitsplatzeffekte nicht durch die Schaffung neuer Stellen erzielt werden (also durch Expansion), sondern dadurch, dass Menschen aus dem Arbeitsleben ausscheiden (also durch

Neubesetzung). Das Institut prognostiziert, dass mit dem Eintritt der Babyboomer in den Ruhestand Millionen Stellen frei werden, besonders bei den Geringqualifizierten. Und im kommenden Jahrzehnt wird auch im Segment der Hochqualifizierten der Bedarf an Arbeitskräften durch frei werdende Stellen höher sein als durch die Schaffung neuer Stellen – besonders im Bereich der Zukunftstechnologien, für die man Arbeitskräfte mit großem technischem Know-how braucht.

Wir sollten uns also keine Sorgen darüber machen, dass Roboter uns die Arbeit wegnehmen werden, sondern uns darüber freuen, dass sie gerade rechtzeitig kommen, um den Rückgang der Erwerbsbevölkerung aufzufangen und den Output, die Produktivität und unseren Lebensstandard aufrechtzuerhalten.

Probleme bei der Umsetzung

Auch wenn sich die innovativen Technologien rasant entwickeln, rechnet man mit erheblichen Verzögerungen bei ihrer Umsetzung. Fahrerlose Autos zum Beispiel müssen eine Vielzahl von regulatorischen und rechtlichen Hürden überwinden, bevor sie Teil unseres Alltags werden. Vermutlich wird es eines Tages – ziemlich sicher noch zu Janes Lebzeiten – fahrerlose Autos geben, aber bis dahin wird es noch eine Weile dauern.

Nach 50 Jahren geben einige Technologen auch zu bedenken, dass das Moore'sche Gesetz allmählich an seine physikalischen Grenzen stößt und nicht mehr anwendbar ist. Das Moore'sche Gesetz funktioniert deshalb, weil die Größe von Transistoren beständig schrumpft, sodass eine immer größere Zahl auf einen Chip passt. Hier liegen nach Ansicht der Technologen die physikalischen und wirtschaftlichen Grenzen. Derzeit ist modernste

Nanotechnologie erforderlich, um Transistoren von der Größe von Atomen herzustellen, und diese Nanotechnologie-Fabriken sind teuer im Betrieb. Befürchtungen, dass das Moore'sche Gesetz an seinem Ende angekommen ist, haben sich zwar schon mehrmals als unbegründet erwiesen, und die Branche arbeitet daran, diese Grenzen zu überwinden, aber physikalisch ist ein Endpunkt abzusehen. Doch selbst wenn das Moore'sche Gesetz nicht mehr gilt, lässt sich exponentielles Wachstum vielleicht auch in anderen Bereichen dieser Technologie erzielen. So ist die Software bisher nicht in der Lage, die mit dem Moore'schen Gesetz verbundenen Verbesserungen der Hardware voll und ganz auszuschöpfen, daher könnten noch mehrere Jahrzehnte des Fortschritts vor uns liegen.

Neue Jobs

Es spricht einiges dafür, dass Arbeitskräfte durch Technologie ersetzt werden und es folglich zu Massenarbeitslosigkeit kommt. Ökonomen weisen jedoch darauf hin, dass der Fall komplizierter liegt. Die historische Erfahrung lehrt uns, dass technologischer Fortschritt die Produktivität steigert, den Lebensstandard erhöht und damit die Menschen animiert, mehr auszugeben und zu konsumieren; folglich erzeugen diese Technologien keine konjunkturelle Arbeitslosigkeit. Maschinen übernahmen zwar die Tätigkeit von Fabrikarbeitern, aber sie schufen auch eine Vielzahl neuer Jobs. Die Maschinen brauchen Menschen für ihre Herstellung, Instandhaltung und Bedienung, und diese ergänzenden Tätigkeiten schaffen Arbeitsplätze.

Andere widersprechen und sagen, dies gelte für die Vergangenheit, aber nicht für die Zukunft, und die Zahl dieser ergänzenden

Tätigkeiten werde relativ klein sein. Nehmen wir die aufsehenerregende Übernahme von WhatsApp durch Facebook im Februar 2014 für 19 Milliarden Dollar. WhatsApp hatte damals 55 Mitarbeiter, war beim Kauf aber fast genauso viel wert wie Sony mit seinen 140 000 Mitarbeitern.

An diesem Beispiel lassen sich die Folgen der neuen Technologien für die Beschäftigung deutlich ablesen – doch es gibt noch einen Aspekt: die Einkommensverteilung. Es stimmt, dass WhatsApp selbst nur sehr wenige Mitarbeiter hat. Aber das Ökosystem von Partnerschaften, die WhatsApp-Dienste unterstützen, ist sehr viel größer. Das Produkt ist ohne das Internet wertlos, und das Internet wiederum schafft Hunderttausende Jobs. Wirklich bedenklich ist die »Winner takes all«-Kultur dieser Branche, wonach einige wenige viel Geld verdienen, die meisten Beschäftigten jedoch nicht.

Aus wirtschaftlicher Sicht gibt es einen weiteren Faktor, der sich auf die Schaffung von Arbeitsplätzen auswirkt. Fabriken und Büros, die Roboter und künstliche Intelligenz einsetzen, werden produktiver, wodurch die Kosten des Produkts oder der Dienstleistung sinken. Bei fallenden Kosten senken die Firmen die Preise, um wettbewerbsfähig zu bleiben. Mit fallenden Preisen steigt die Nachfrage nach dem Produkt oder der Dienstleistung, folglich braucht man mehr Arbeitskräfte, um der wachsenden Nachfrage zu begegnen.

Auch wenn man pro Produktionseinheit weniger Arbeitskräfte benötigt, gehen aufgrund dieser Produktionssteigerung wohl keine Arbeitsplätze verloren. Diejenigen, die ihren Arbeitsplatz behalten, haben womöglich sogar ein höheres Einkommen, weil sie produktiver sind, und dieses Einkommen wird dann für Waren und Dienstleistungen in anderen Wirtschaftszweigen verwendet.

Auch technologische Innovationen bei der Entwicklung neuer Produkte und Dienstleistungen werden neue Jobs schaffen. In den kommenden Jahrzehnten wird es eine Fülle neuer Produkte geben, von denen man heute noch nichts ahnt, die sich jedoch als unverzichtbar und wirtschaftlich wertvoll erweisen werden. Peter Thiel, Mitgründer von PayPal, kritisierte, man habe uns fliegende Autos versprochen, und bekommen hätten wir 140 Zeichen. Genau das ist jedoch eines der entscheidenden Merkmale von Technologie. Niemand hätte vorhersehen können, was für ein wirtschaftliches Potenzial in Twitter steckt oder wie viel Zeit die Menschen damit verbringen.

Das ist ganz bestimmt eine wichtige Debatte mit gravierenden Konsequenzen für die kommenden Jahrzehnte. Technologen zufolge wird sich die Innovationsrate dramatisch beschleunigen, und die Maschinen werden so intelligent sein, dass der Mensch nicht mehr mithalten kann. Maschinen werden die Arbeit von Menschen übernehmen, und auch die Investition in eine Ausbildung wird kein Garant für eine sichere Berufslaufbahn und ein gutes Einkommen mehr sein. Die ökonomische Sicht klingt optimistischer: Die Technologie wird auch zusätzliche Jobs zur Herstellung und Bedienung der Maschinen schaffen und die Produktion und damit die Beschäftigung steigern. Es werden völlig neue Wirtschafszweige mit Produkten entstehen, die man sich heute noch nicht vorstellen kann und die die Wirtschaft ankurbeln werden.

Was soll man Jane raten?

Jane ist heute eine junge Erwachsene, die ein langes Leben vor sich hat. Später werden wir Szenarien entwerfen, wie dieses lange Leben aussehen könnte. Was können wir nun von diesem Überblick über die Arbeitswelt mitnehmen? Es herrscht zwar Uneinigkeit darüber, wie schnell sich der technologische Fortschritt vollziehen und wie er sich letztlich auf den Arbeitsmarkt auswirken wird, aber in einem herrscht Konsens: Die Technologie wird auch in Zukunft den Arbeitsmarkt umkrempeln. Nach Ansicht von Technologen wird es der Gesellschaft insgesamt schwerfallen, ihren Mitgliedern gut bezahlte Jobs zu sichern. Ökonomen sagen, dass es zwar viele Verlierer geben wird, aber auch viele Gewinner, wenngleich die Profite in der Bevölkerung vermutlich ungleich verteilt sein werden. Einigkeit herrscht darin, dass die Politik die Weichen neu stellen muss, um die soziale Sicherheit zu verbessern und die Geringqualifizierten und Geringverdiener zu schützen; und dass viele Jobs, auf die die Menschen in der Vergangenheit gesetzt haben, verschwinden werden.

Was also soll man Jane raten? Sieht man sich die Jobs an, die den Einzug der Technologie überleben werden, muss man zwei Kategorien unterscheiden: solche, in denen der Mensch einen *absoluten Vorteil* hat, und solche, in denen der Mensch einen *komparativen Vorteil* hat. Mit *absoluter Vorteil* ist gemeint, dass Menschen bei dieser Aufgabe schlicht besser sind als Roboter oder künstliche Intelligenz. Noch einmal auf das Polanyi- und das Moravec-Paradox Bezug nehmend, dürfen wir wohl davon ausgehen, dass der Mensch gegenüber Robotern und künstlicher Intelligenz im Moment klar im Vorteil ist, was Kreativität, Empathie und problemlösendes Denken, das Öffnen von Türen und viele andere manuelle Tätigkeiten betrifft.

In den nächsten Jahrzehnten, in denen sich die Erosion des Arbeitsmarkts fortsetzen wird, werden Jobs überleben, die diese Anforderungen erfüllen. Wie lange, weiß niemand. Einige Technologen glauben, dass Roboter und künstliche Intelligenz diese Aufgaben irgendwann besser erledigen werden als Menschen. Aber selbst wenn, wird es immer noch Bereiche geben, in denen der Mensch einen komparativen Vorteil hat, und dort wird man künftig die hochdotierten Jobs finden.

Dann wäre da noch der Punkt, dass Technologie menschliche Fähigkeiten *ergänzt*. Diese Entwicklung wird sich fortsetzen, immer häufiger werden Mensch und Maschine interagieren und gemeinsam produktiver sein. Das erleben wir bereits jetzt in der Schachwelt, wo ein Team von Hobbyspielern, unterstützt durch mittelmäßig leistungsfähige Computer, Großmeister und Supercomputer besiegen konnte, die jeweils allein antraten. Wir können davon ausgehen, dass sich diese Art von interaktiver Arbeit schnell weiterentwickeln wird. So wie die Menschen bereits heute ihre Smartphones zur Arbeit mitbringen, ist es vorstellbar, dass sie in Zukunft ihren Roboter zur Arbeit mitbringen werden – so ausgewählt und programmiert, dass er die individuellen Fähigkeiten des Menschen perfekt ergänzt.

Wir haben einige der Veränderungen skizziert, die den Arbeitsmarkt in den kommenden Jahrzehnten prägen werden. Aber wir sollten uns auch an Churchills Worte zu Beginn des Kapitels erinnern. Für die späteren Jahre von Janes Arbeitsleben werden diese Zukunftsprojektionen wenig bringen. Das Problem dabei: Man kann sich kaum auf etwas vorbereiten, wenn man nicht weiß, was passieren wird.

Im Vergleich zu Jack wird Jane in ihrem längeren Arbeitsleben mit mehr Veränderungen und mehr Unsicherheit konfrontiert sein. Sie wird also flexibler sein und damit rechnen müssen, sich irgendwann noch einmal umzuorientieren und in eine neue Ausbildung zu investieren. Wie der amerikanische Autor Paul Auster so schön gesagt hat: »Wer nicht auf alles vorbereitet ist, ist auf gar nichts vorbereitet.«[17]

4. Kapitel

Immaterielle Vermögenswerte: Was nicht für Geld zu haben ist

Je länger wir leben, desto länger werden die Phasen der Erwerbstätigkeit, desto wichtiger werden die Ersparnisse und desto größer ist der Wandel in den verschiedenen Branchen und Jobs. Dies ist der große Bogen eines 100-jährigen Lebens. Wer allerdings nur die Finanzen und die Arbeit im Blick hat, verfehlt den Wesenskern des Menschseins. Das Geschenk eines langen Lebens ist letztlich ein eher immaterielles Geschenk. In diesem Kapitel beschäftigen wir uns mit dem, was nicht für Geld zu haben ist: mit den immateriellen Vermögenswerten.

Immaterielle Vermögenswerte spielen in unser aller Leben eine große Rolle. Geld ist wichtig, aber es ist kein Selbstzweck. Wir verdienen Geld, weil es uns nützlich ist. Für die meisten Menschen bedeutet ein gutes Leben eine Familie, die ihnen Stütze und Rückhalt gibt, gute Freunde, eine solide Ausbildung, fundierte Kenntnisse sowie körperliche und geistige Gesundheit. All dies sind immaterielle Güter, die für ein produktives, langes Leben genauso wichtig sind wie finanzielle Vermögenswerte.

Dennoch sind sie von den materiellen Vermögenswerten keineswegs unabhängig. Ohne eine gute Ausbildung und ohne fundierte Kenntnisse sind die Aussichten auf beruflichen Aufstieg und ein gutes Einkommen begrenzt. Dasselbe gilt für ein Netzwerk enger und kluger Freunde, das für die Optimierung der Übergänge und die Erweiterung beruflicher Möglichkeiten eine große Rolle spielt. Und eine schlechte Gesundheit oder ein unglückliches Familienleben stellen eine Belastung dar, die sich auf Produktivität, Empathie und Kreativität am Arbeitsplatz nachteilig auswirkt.

Immaterielle Güter sind also der Schlüssel für ein langes und produktives Leben. Sie sind ein Wert an sich, tragen aber auch zum Aufbau materieller Güter bei. Für ein gutes Leben braucht man beides, und beides muss in einem Gleichgewicht stehen, damit Synergieeffekte wirksam werden können.

Vermögensverwaltung

Wahrscheinlich haben Sie bisher noch nie daran gedacht, Freundschaften und Wissen, Gesundheit und Fitness als *Vermögenswerte* zu betrachten. Die meisten von uns würden diesen Begriff in ihrem alltäglichen Leben nicht verwenden. Doch für ein 100-jähriges Leben sind diese Vermögenswerte von zentraler Bedeutung. Ein Vermögenswert ist etwas, das über einen längeren Zeitraum hinweg Nutzen bringen kann und somit nachhaltig ist. Je länger man lebt, desto mehr kommt es darauf an, diese Vermögenswerte gut zu verwalten. Sie bringen einen dauerhaften Nutzenzufluss, sind jedoch anfällig für Verschleiß. Durch Gebrauch oder Vernachlässigung bauen sie sich im Laufe der Zeit ab, müssen daher instand gehalten werden, und man muss in sie investieren. So gesehen ist klar, warum man einen Freund, Wissen oder Gesundheit als einen Vermögenswert betrachten kann. Freunde und Wissen kommen einem zwar nicht von heute auf morgen abhanden, aber wenn man nicht in sie investiert – wenn man eine Freundschaft nicht pflegt oder sein Wissen und seine Kenntnisse nicht auffrischt –, verkümmern sie oder können sogar verloren gehen.

Immaterielle Vermögenswerte unterscheiden sich grundlegend von materiellen Vermögenswerten wie Immobilien, Bargeld oder Bankersparnissen. Materielle Vermögenswerte sind physisch greifbar und daher relativ einfach zu bewerten und zu definieren. Infolgedessen lässt sich ihr Preis leicht beziffern, und sie können problemlos eingetauscht werden. Sie sind einfach zu verstehen und zu überprüfen: Bankauszüge kann man kontrollieren, den Preis eines Hauses oder einer Wohnung über das Internet verifizieren, die Rentenzahlung nachvollziehen. Immaterielle Vermögenswerte wie Freundschaften und Familienzusammenhalt, körperliche und geistige Gesundheit, Fertigkeiten, Wissen und Kenntnisse dagegen sind nicht physisch greifbar und lassen sich daher nur schwer messen oder eintauschen.

Einige sind relativ einfach zu messen: Gesundheit und Vitalität zum Beispiel. Die meisten von uns machen regelmäßig einen Check beim Arzt, um zu überprüfen, ob sich unsere Gesundheit in einem bestimmten Zeitraum verbessert oder verschlechtert hat. Dasselbe gilt für manche Formen der Qualifikation und des Wissens. Die Examen, die wir absolvieren, und die Zeugnisse, die wir erhalten, messen unser explizites Wissen, wenngleich implizites Wissen sehr viel schwerer zu quantifizieren ist. Und was ist mit unseren Freundschaften und persönlichen Bindungen? Die meisten Menschen haben ein Gefühl dafür, wie intakt ihre wichtigsten Beziehungen sind, auch wenn sie sich schwertun würden, das in Zahlen auszudrücken. Netzwerkforscher untersuchen heute vermehrt Größe, Diversität und Verknüpfungsgrad der Netzwerke von Individuen und können so deren Wachstum oder Verschleiß nachvollziehen.[1] Der rasante Fortschritt bei internetgestützten Technologien, mit denen viele Aspekte des alltäglichen Verhaltens überwacht werden können (die gelaufene Kilometerzahl ebenso wie die Zeit, die man mit Freunden telefoniert), wird die Messung immaterieller Güter immer mehr verfeinern.

Manche immateriellen Vermögenswerte können also – direkt oder indirekt – quantitativ beziffert werden, andere nur qualitativ (nimmt zu oder nimmt ab), wieder andere entziehen sich solchen Bewertungen. Einige können anhand von Richtwerten objektiv miteinander verglichen werden (z. B. der Bildungsgrad), andere wie Glück hingegen nicht. Das Flüchtige und Ungreifbare der immateriellen Güter und ihre oft subjektive Wahrnehmung macht ihre preisliche Bewertung und ihren Kauf oder Verkauf schwierig, wenn nicht sogar unmöglich. Wie der politische Philosoph Michael Sandel darlegt, haben einige immaterielle Vermögenswerte eine tiefere Dimension, die sie unbezahlbar und unverkäuflich macht.[2] Oft sind es ihr Wesen und ihre Geschichte, die sie unverkäuflich machen. Mit 80 Jahren lässt sich keine lebenslange Freundschaft kaufen (und auch nicht mehr aufbauen). Ja, vielleicht ist es geradezu die Definition von Freundschaft, dass sie nicht mit Geld zu kaufen ist, in keinem Alter.

Die Tatsache, dass immaterielle Güter nicht als Ware auf dem Markt gehandelt werden können, macht es sehr viel komplizierter, mit ihnen zu planen und in sie zu investieren. Entscheidungen über eine Investition in materielle Vermögenswerte dagegen sind vergleichsweise einfach, nicht zuletzt deshalb, weil solche Entscheidungen *reversibel* sind. Ein Haus kann jederzeit gekauft oder verkauft werden, und einem Aktiendepot kann man Geld entnehmen, um es in eine Rentenversicherung einzuzahlen.

Materielle Vermögenswerte, die preislich leicht zu bewerten und käuflich zu erwerben sind, sind auch leicht *ersetzbar*. Ein Haus kann verkauft und ein anderes gekauft werden, Vermögen kann von Aktienkapital in Bargeld umgewandelt werden.

Immaterielle Vermögenswerte dagegen sind weder ersetzbar noch reversibel. Wenn man in ein anderes Land übersiedelt, kann man nicht einen Freund verkaufen und sich dafür woanders einen neuen kaufen; und wenn das Wissen und die Kenntnisse, die man sich angeeignet hat, nicht mehr wertvoll sind, können sie nicht einfach verkauft und gegen neue eingetauscht werden. Aufgrund dieser *Irreversibilität* muss man genau überlegen, in welche immateriellen Werte man investiert, und aufpassen, dass sie nicht plötzlich an Wert verlieren. Wie ein Erdbeben ein Haus wertlos machen kann, so können auch immaterielle Güter durch äußere Umstände wertlos werden.

Aber auch wenn diese Güter nicht preislich bewertet und käuflich erworben werden können, heißt das noch lange nicht, dass sie nicht wertvoll sind.[3] Die Bedeutung immaterieller im Verhältnis zu materiellen Vermögenswerten ist ein immer wiederkehrendes Thema der Literatur und eine Grundfrage der Religionen.[4] Nehmen wir psychologische Untersuchungen zu der Frage nach einem glücklichen und sinnerfüllten Leben. Die Grant-Studie der Harvard-Universität ist besonders interessant. Auf der Grundlage einer breiten Palette von Indikatoren verfolgten die Forscher den Lebensweg von 268 männlichen Harvard-Absolventen der Jahrgänge 1938 bis 1940 über einen Zeitraum von 75 Jahren. Sie kamen zu der Erkenntnis, dass materielle Vermögenswerte in der Tat wichtig sind – wenig Geld zu haben oder weniger als Gleichaltrige, ist ein Grund für Unzufriedenheit. Ein Schlüsselfaktor für Lebenszufriedenheit jedoch waren tiefe und stabile persönliche Beziehungen, die die Probanden im Laufe ihres Lebens aufbauten.[5] Laut George Vaillant, dem Leiter der Studie, gibt es zwei Säulen der Zufriedenheit: Liebe und eine Lebensgestaltung, in der die Liebe einen Platz finden kann. Mehr Geld zu verdienen macht einen zwar glücklicher, aber ohne Liebe wird man nicht glücklich.

In der wirtschaftswissenschaftlichen Literatur besteht ein großes Interesse an dem sogenannten Easterlin-Paradox, das den Zusammenhang zwischen Einkommen und Glück betrifft. Reiche Menschen, so Easterlin, seien zwar tendenziell glücklicher, aber es gebe keinen direkten Zusammenhang zwischen dem durchschnittlichen Glücksgefühl und dem durchschnittlichen Einkommen. Mit anderen Worten: Wenn ein Land reicher wird, wächst damit nicht automatisch das Glück, und das deutet darauf hin, dass es andere Faktoren sind, die dem Menschen ein Gefühl des Wohlbefindens vermitteln.[6]

All dies bedeutet freilich nicht, dass Geld keine Rolle spielt. Für Geld kann man sich zwar keine immateriellen Güter kaufen, aber man benötigt Geld und finanzielle Sicherheit, um in immaterielle Güter zu investieren. Man braucht Geld für das Fitnessstudio und für einen Familienurlaub, und ohne Geld fehlt einem die innere Ruhe, um Zeit mit seinen Lieben verbringen zu können. Geld dient der Pflege immaterieller Werte, die ihrerseits wiederum zu finanziellem Erfolg beitragen. Beide bedingen einander, und für die Planung eines 100-jährigen Lebens müssen sie in die richtige Balance gebracht werden.

Reich an Vermögenswerten

Ausgehend von dieser Definition immaterieller Vermögenswerte ist die Liste dessen, was alles dazuzählen könnte, ziemlich lang. Beispielsweise deutet manches darauf hin, dass Schönheit ein wichtiger Vermögenswert ist. Der Wirtschaftswissenschaftler Daniel Hamermesh kommt in seiner Studie zu dem Ergebnis, dass gut aussehende Menschen leichter einen Arbeitsplatz finden, schneller befördert werden und 3 bis 4 Prozent mehr verdienen als ihre durchschnittlich attraktiven Kollegen.[7] Auch körperlich größere Menschen werden besser bezahlt.[8] Und es gibt zahlreiche Studien, die den Einfluss von Geschlecht und ethnischer Zugehörigkeit auf das Einkommen belegen.

Unserer Definition zufolge zählt all dies zu den immateriellen Vermögenswerten. Sie bringen einen langfristigen und dauerhaften Nutzenzufluss und können nicht physisch abgegrenzt, preislich bewertet oder käuflich erworben werden. Das gilt natürlich auch für viele andere individuelle Eigenschaften wie Intelligenz, genetische Veranlagung für bestimmte Krankheiten und soziale Herkunft oder für Persönlichkeitszüge wie eine positive oder negative Disposition, neurotisches Verhalten oder Kontaktfreudigkeit. Das Spektrum immaterieller Werte ist also groß, und es gibt viele angeborene oder genetische Faktoren, die unser Schicksal beeinflussen können.

Aus unserer Analyse klammern wir jene immateriellen Vermögenswerte aus, die wir schon bei der Geburt mitbekommen. Wir konzentrieren uns stattdessen auf jene, die wir beeinflussen und gestalten können, die also variabel sind. Man kann sich nicht aussuchen, ob man schön oder intelligent ist, gebildete Eltern oder eine positive oder negative Disposition hat. Allerdings lässt sich vieles zum Positiven verändern: das äußere Erscheinungsbild durch eine Schönheitsoperation, mangelnde Aufgeschlossenheit durch eine Verhaltenstherapie. Wir gehen bei diesen angeborenen immateriellen Vermögenswerten jedoch davon aus, dass der Anteil dessen, was sich verändern lässt, im Verhältnis so gering ist, dass man sie insgesamt als vorbestimmt bezeichnen kann.

Klammert man diese angeborenen immateriellen Vermögenswerte aus, bleiben immer noch viele andere übrig. Wir haben sie so ausgewählt und zusammengefasst, wie es uns für die Gestaltung eines langen Lebens sinnvoll erscheint. Und wir haben sie in drei Kategorien unterteilt.

1. *Produktive Vermögenswerte:* Sie helfen dem Einzelnen, am Arbeitsplatz produktiv und erfolgreich zu sein, und können damit zu einem höheren Einkommen beitragen. Fertigkeiten und Kenntnisse sind in dieser Kategorie eine wichtige Komponente, aber es gibt noch mehr.

2. *Vermögenswerte der Vitalität:* Sie bestimmen das psychische und physische Wohlbefinden. Zu ihnen zählen Freundschaften, positive Familienbeziehungen und Partnerschaften, aber auch Gesundheit und Fitness. Längsschnittuntersuchungen zeigen, dass hohe Vitalitätswerte für ein langes Leben eine Schlüsselrolle spielen.

3. *Transformationale Vermögenswerte:* Sie beschreiben die Fähigkeit zur Transformation. Im Verlauf eines 100-jährigen Lebens werden die Menschen große Veränderungen und zahlreiche Übergänge zu bewältigen haben. Zu transformationalen Vermögenswerten gehören eine gute Selbsteinschätzung, die Fähigkeit, Zugang zu unterschiedlichen Netzwerken zu finden, und Offenheit für neue Erfahrungen. Sie wurden in einem

traditionellen dreistufigen Leben kaum weiterentwickelt, in einem vielstufigen Leben gewinnen sie immer größere Relevanz.

1. Produktive Vermögenswerte

Produktive Vermögenswerte sind immaterielle Güter, die die Arbeitsproduktivität steigern und zu höherem Einkommen und beruflichem Aufstieg beitragen. Natürlich gibt es viele andere immaterielle Vermögenswerte, die die Arbeitsfähigkeit indirekt beeinflussen. Wenn man krank ist oder unglücklich in seinen Beziehungen, wird unweigerlich die Arbeit darunter leiden. In diesem Abschnitt jedoch liegt der Nachdruck auf jenen Vermögenswerten, die sich unmittelbar auf die Produktivität auswirken. Das heißt nicht, dass ihr Wert nur in ihrer Förderung der Produktivität liegt; sie sind auch für das allgemeine Wohlbefinden eminent wichtig.

Ein Grundstock an wertvollen Fertigkeiten und Kenntnissen

Das naheliegende Beispiel für produktive Vermögenswerte sind die Fertigkeiten und Kenntnisse, die wir uns im Laufe unseres Lebens aneignen. Wissensbestände baut man dadurch auf, dass man der schulischen Bildung, dem praktischen Lernen am Arbeitsplatz, aber auch der Aneignung von Wissen durch Coaching, Mentoring und den Austausch mit Kollegen Zeitressourcen widmet. Angesichts der rasend schnellen Entwicklungen auf dem Arbeitsmarkt und beim Wissenserwerb ist dies von entscheidender Bedeutung. Bleibt die Frage, wie man am besten in einen Grundstock an Qualifikationen investiert und worauf man sich dabei besonders konzentrieren sollte.

Die Rendite von Lernen und Bildung

Für ein langes, produktives Leben hat die Investition in Wissen und Qualifikation oberste Priorität. Der finanzielle Nutzen von Lernen und Bildung ist erheblich. Ein 22-jähriger Collegeabsolvent in den Vereinigten Staaten verdient heute durchschnittlich 30 000 Dollar pro Jahr, ein Gleichaltriger ohne Collegeabschluss dagegen nur 18 000 Dollar. Dieser Einkommensunterschied nimmt im Laufe der Zeit zu und ist am größten mit Mitte 40, wenn der Collegeabsolvent fast 80 000 Dollar verdient, ein Gleichaltriger ohne akademischen Abschluss dagegen nur 30 000 Dollar. Die Durchschnittsrendite der Bildung beträgt somit inflationsbereinigt 15 Prozent.[9] Wenn solche Renditen auch weiterhin zu erzielen sind, können wir davon ausgehen, dass einige der zusätzlich zu erwartenden Lebensjahre in Bildung investiert werden. Im Verlauf des 20. Jahrhunderts stieg in den Vereinigten Staaten die durchschnittliche Zahl der Schul- und Ausbildungsjahre von sieben auf 14, und dieser Trend könnte sich fortsetzen.

Der technologische Fortschritt wird sich auch auf den Stellenmarkt auswirken. Die Harvard-Ökonomen Claudia Goldin und Larry Katz sprechen von einem Wettlauf zwischen Bildung und Technologie.[10] Bisher hat die Technologie die Bildung ergänzt. Mit dem technologischen Fortschritt stiegen auch die Löhne für qualifizierte Jobs. Die Löhne geringqualifizierter Arbeitskräfte hingegen sanken, und die soziale Ungleichheit wuchs. Doch die Bildungsrendite führte dazu, dass die Zahl der Collegeabsolventen stieg. Heute haben 25 bis 30 Prozent der erwerbstätigen Bevölkerung in den Vereinigten Staaten einen Collegeabschluss. Tendenz steigend.

Mit dem zunehmend üblichen Collegeabschluss und dem weiteren Vormarsch der Technologie werden immer mehr Menschen die neu hinzugewonnene Lebenszeit für ein Postgraduiertenstudium nutzen. Postgraduale Qualifikationen dienen in der Regel dem beruflichen Erfolg und signalisieren Einsatzbereitschaft, wodurch sich die Chancen eines Bewerbers auf dem Arbeitsmarkt verbessern. Weil außerdem der Arbeitsmarkt im Zuge der Digitalisierung erodiert, also im Segment der mittleren Qualifikation immer mehr Arbeitsplätze wegbrechen, streben immer mehr Menschen nach zusätzlichen Qualifikationen, die sie als Arbeitskräfte begehrt machen.

Doch auch hier gilt die Warnung von Investmentberatern: Die Wertentwicklung in der Vergangenheit ist kein zuverlässiger Indikator für zukünftige Renditen. Im Hinblick auf die Bildungsrendite und die steigende Zahl von Besserqualifizierten könnte es zu einer Kehrtwende kommen. Mit Sicherheit wird sich das Wann, Wie und Wo des Wissenserwerbs erheblich verändern.

Im Verlauf eines 100-jährigen Lebens wird Wissenserwerb wohl nicht mehr nur auf einen frühen Lebensabschnitt beschränkt bleiben. Angesichts des technologischen Fortschritts ist kaum vorstellbar, dass ein einmal erworbenes Fachwissen für das gesamte Berufsleben ausreichen wird. Die Menschen werden lebenslang danach streben, sich neue Qualifikationen und neues Fachwissen anzueignen – entweder weil ihnen ihr Job zu öde wird oder weil die Technologie, mit der sie arbeiten, veraltet. In einem 100-jährigen Leben hat man 873 000 Stunden Zeit zur Verfügung, und wenn man, wie oft behauptet wird, 10 000 Stunden investieren muss, um sich in einem Bereich Fachkenntnisse anzueignen, ist es keineswegs ein zu hoch gestecktes Ziel, in mehr als einem Bereich zum Spezialisten zu werden.

Der Wert des Wissens

Lernen ist ein wichtiger Teil des Lebens und besitzt einen Wert weit über das Einkommen hinaus, das durch Bildung generiert werden kann. Nelson Mandela sagte zu Recht, Bildung sei die mächtigste Waffe, um die Welt zu verändern. Und er meinte nicht das Bruttoinlandsprodukt oder das Einkommen. Es ist sinnvoll, Dinge zu erlernen, die einen begeistern. Doch für die meisten Menschen zählt das Einkommen – und im Verlauf eines 100-jährigen Lebens zählt es umso mehr. Lassen sich Vorhersagen darüber treffen, welche Bereiche, die einen begeistern und interessieren, in Zukunft auch ein gutes Einkommen sichern werden?

Theoretisch ist diese Frage leicht zu beantworten. Man sollte sich einen Grundbestand an Fertigkeiten und Kenntnissen aneignen, die *wertvoll* – also aufgrund ihrer Nützlichkeit gefragt – und *selten* sind: Qualifikationen, über die nicht so viele Personen verfügen; deshalb auch unsere Prognose über die steigende Zahl von Menschen, die ein Postgraduiertenstudium anstreben. Die Fertigkeiten und Kenntnisse sollten außerdem so beschaffen sein, dass sie *schwer nachzuahmen* sind, denn nur so verschaffen sie einen Vorsprung.[11] Und sie sollten *schwer zu ersetzen* sein. Im Zuge des technologischen Wandels wird dieses Kriterium immer schwerer zu erfüllen sein, was bei Entscheidungen bezüglich Wissenserwerb und Ausbildung die schwierigste Herausforderung darstellt.

Die größte Sorge bereiten heute Fortschritte bei maschinellem Lernen und künstlicher Intelligenz. Welcher Grundstock an Fertigkeiten und Kenntnissen könnte angesichts dieser technologischen Entwicklungen auch in Zukunft wertvoll sein, und wie kann man ihn sich aneignen? Es gibt drei Kernbereiche, die der beruflichen Karriere förderlich sein können: Entwicklung von Ideen und Kreativität; Soft Skills; und allgemeine Kompetenzen wie geistige Flexibilität und Agilität, die sich auf viele Bereiche übertragen lassen.

Die Förderung von *Innovationsfähigkeit* und *Kreativität* wird in der Ausbildung immer wichtiger werden. Wenn das 19. Jahrhundert die Epoche der Industrialisierung und der Macht des Sachkapitals war und im 20. Jahrhundert der Wert von Bildung und Humankapital erkannt wurde, so wird es im 21. Jahrhundert darauf ankommen, Ideen und Innovationen zu entwickeln, die von anderen reproduziert oder gekauft werden können. In der London Business School, wo die Autoren des vorliegenden Buches unterrichten, stellen Studenten und Firmen Ideen und Innovationsfähigkeit, Kreativität und Unternehmergeist heute vermehrt in den Vordergrund.

Und es wächst die Bedeutung von *Soft Skills* und *Urteilsvermögen*. Es gibt Stimmen, die meinen, auch künstliche Intelligenz könne sich diese Fähigkeiten aneignen. Dabei wird auf den Supercomputer Watson von IBM verwiesen, der komplexe Krebsdiagnosen erstellen kann. Aufgrund der computergestützten Diagnostik müssen daher die medizinischen Berufe ihren Fokus von der Auswertung von Daten mehr auf den Bereich tieferer intuitiver Fähigkeiten, Kompetenzen im persönlichen Umgang, Teamarbeit und Urteilsvermögen verlagern. Der technologische Wandel wird auch den Bildungssektor erfassen. Digitales Lernen wird Lehrbücher und Frontalunterricht ersetzen, Soft Skills wie

Empathie, Motivation und Ermutigung werden immer wichtiger, und deren Erwerb wird immer erstrebenswerter werden.

Im Verlauf eines langen, produktiven Lebens werden allgemeine Kompetenzen wie *geistige Flexibilität* und *Agilität*, die auf alle möglichen Arbeitsbereiche übertragbar sind, immer wichtiger. Die Notwendigkeit solcher allgemeinen Fähigkeiten ist konträr zur Bedeutung von Spezialkenntnissen, was einen interessanten Konflikt schafft. Spezialisierung ist wichtig und notwendig und kann in einer aufstrebenden Branche auch wertvoll sein. Das Dilemma liegt jedoch darin, dass es vermutlich nicht ausreichen wird, sich in einem einzigen Bereich zu spezialisieren, um über ein langes Erwerbsleben hinweg die Produktivität aufrechtzuerhalten.

Und angesichts des schnellen technologischen Wandels können Fachkenntnisse rasch veralten. Es ist daher eher wahrscheinlich, dass man sich in einer bestimmten Phase seines Arbeitslebens spezialisiert, und später noch einmal, wenn man sich anderen Wissensfeldern und Tätigkeiten zuwendet. Im Bereich der schulischen Bildung wird es folglich immer mehr darauf ankommen, ein solides Fundament analytischer Kompetenzen und Prinzipien zu vermitteln, die zu Flexibilität, Innovation und Agilität befähigen. Auch wenn man tief in ein Wissensgebiet eintauchen muss, um sich in einem Fachbereich Spezialkenntnisse anzueignen, beruflich erfolgreich zu sein und die Fähigkeit zu nachhaltigem und präzisem Denken zu signalisieren, ist es unwahrscheinlich, dass eine solche Spezialisierung ein ganzes Berufsleben tragen kann. Und weil davon auszugehen ist, dass man im Laufe eines langen Erwerbslebens verschiedene Jobs und Branchen durchläuft, werden auf verschiedene Bereiche übertragbare, durch Zertifikate beglaubigte Kompetenzen in Zukunft wichtig sein.

Der Streit geht also weiter. Für die einen ist die wachsende Bedeutung von Soft Skills, Empathie und Urteilskraft, aber auch von Kreativität und Innovationsvermögen ein Indiz für das überraschende Comeback der Geisteswissenschaften, wenn auch in modernisierter Form. Für die anderen ist in einer technologisch und naturwissenschaftlich orientierten Welt naturwissenschaftliche, technische und mathematische Bildung der Schlüssel und der wertvollste produktive Vermögenswert. Doch in einem langen Leben muss es kein Entweder-oder geben: Vielleicht kann man zweigleisig fahren.

Nicht nur *was* wir lernen, sondern auch *wie* wir lernen, wird sich verändern, und insbesondere das *Erfahrungslernen* wird zunehmend wichtig werden. Diese Art des Lernens geht über das Wissen hinaus, das man sich aus Lehrbüchern oder im schulischen Unterricht aneignen kann; es wird durch praktisches Tun erworben. Der Wert von Erfahrungslernen wird wachsen, weil der Wissenserwerb an sich im Zeitalter des Internets und der Online-Kurse so leicht geworden ist. In Zukunft kommt es also nicht mehr auf das an, was man *weiß*, sondern auf das, was man durch die Anwendung dieses Wissens *gelernt* hat. Dies ist eine Konsequenz der beiden in Kapitel 3 erörterten Paradoxe (Polanyi und Moravec) und der wachsenden Bedeutung impliziten Wissens. Dieses implizite Wissen, so schwer es aufzubauen ist, bildet die Basis für Erfahrung, Erkenntnis und Intuition und wird durch die Praxis, durch Wiederholen und Beobachten, erworben.

Auch aus Sicht der Arbeitgeber wird in Zukunft nicht mehr nur das Buchwissen, sondern auch jenes Wissen wertvoll sein, das in der Praxis gewonnen wurde, in der realen Welt. Das Erfahrungslernen wird für Studenten und Postgraduierte zweifellos eine Rolle spielen, aber es vollzieht sich hauptsächlich außerhalb von Schule und Universität. In unseren Szenarien gibt es neue

Phasen, bei denen der Erwerb von Fertigkeiten und Kenntnissen durch Erfahrungslernen im Mittelpunkt steht. Trotz seiner vielen Vorzüge ist Erfahrungslernen jedoch schwer zu dokumentieren und zu zertifizieren.

Kollegen

Fertigkeiten und Wissen scheinen etwas sehr Individuelles zu sein. Schulzeugnisse spiegeln die Fähigkeiten und Leistungen eines Individuums, und Hochschulen und Universitäten belegen Plagiate oder Mogeleien mit schweren Sanktionen. Dabei hängen unser Wissenserwerb und unsere Produktivität sehr stark von anderen ab. Mit anderen Worten: Wissen produktiv zu machen, ist Teamwork. In schwierigen, komplexen Bereichen möchten hochproduktive Leute mit anderen hochproduktiven Leuten zusammenarbeiten. Der Harvard-Ökonom Michael Kremer brachte es so auf den Punkt: Charlie Parker stand mit Dizzy Gillespie auf der Bühne, Donny Osmond sang mit seiner Schwester Marie.[12]

Wie wichtig die anderen Menschen sind, konnte Boris Groysberg von der Harvard Business School in einer faszinierenden Studie zeigen.[13] Groysberg verglich die Wertschöpfung von Einzelpersonen mit deren Wertschöpfung in Kooperation mit anderen. Dazu untersuchte er den Karriereweg von mehr als 1000 Analysten an der Wall Street. Falls sich der individuelle Wissensgrundstock dieser Top-Analysten direkt in ihre individuelle Produktivität umsetzt, müssten sie bei ihrem Wechsel zu einer anderen Investmentbank gleichbleibende Leistungen erbringen. Sind aber ihre Analysen auch von anderen Personen abhängig, müssten sich ihre Leistungen nach ihrem Arbeitsplatzwechsel verschlechtern. Groysberg fand heraus, dass genau dies der Fall war. Die Analysten konnten nicht das gesamte Wissen und die gesamten Kenntnisse an ihren neuen Arbeitsplatz mitnehmen – mit dem Ergebnis, dass sich ihre Leistung spürbar und oft dauerhaft verschlechterte.

Warum waren das Wissen und die Fertigkeiten dieser Analysten nicht übertragbar, und was lässt sich daraus lernen? Es gibt unternehmensspezifische Aspekte – firmeneigene Ressourcen oder eine bestimmte Organisationskultur –, die wichtig sind, um den Wissensbestand des einzelnen Mitarbeiters in Produktivität und Leistung umzuwandeln. Entscheidend für uns ist Groysbergs Erkenntnis, dass nicht alle Unternehmen in gleichem Maße imstande sind, die individuellen Fähigkeiten der Mitarbeiter in Leistung umzuwandeln. Um den Wissensbestand zu maximieren, tut man also gut daran, sehr genau auszuwählen, denn die richtigen Leute zusammenzubringen ist von entscheidender Bedeutung. Die Studie zeigt auch, dass die Netzwerke, die die Analysten in der Bank mit Geschäftspartnern und Kollegen aufgebaut hatten, entscheidend zu deren Leistung beitrugen. Diese Leistung war besonders gut, wenn die Teammitglieder einander vertrauten und einander die verdiente Anerkennung zollten. Dieser Effekt war sehr deutlich: Wenn nach einem Arbeitsplatzwechsel die Leistung des Analysten gleich blieb oder sogar stieg, war fast immer sein ganzes Team mitgegangen. Ohne diesen Netzwerkeffekt dagegen büßten die meisten Top-Analysten nach einem Wechsel in eine andere Firma ihre Brillanz ein.

Solche Netzwerke und Kontakte sind ein wichtiger Aspekt produktiver Vermögenswerte, wir nennen sie das *berufliche Sozialkapital*.[14] Starke Beziehungen garantieren einen Wissensfluss zwischen den Individuen und tragen zur Steigerung der Arbeitsproduktivität und der Innovation bei. Der Grund dafür ist, dass solche engen, kollaborativen Beziehungen, in denen Vertrauen und Anerkennung herrschen, sehr viel größere Wissensfelder und Erkenntnisse erschließen, als der Einzelne sie jemals zur Verfügung haben kann. Sie bilden einen fruchtbaren Boden für die Zusammenarbeit und die Verknüpfung von Erkenntnissen. Dieser Verknüpfungseffekt ist besonders für die Innovationsfähigkeit relevant.[15]

Kleine arbeitsbezogene Kollegennetzwerke mit gefestigten und vertrauensvollen Beziehungen scheinen für den Aufbau produktiver Vermögenswerte besonders wichtig zu sein. Die Netzwerkteilnehmer können ihre Fähigkeiten und ihr Know-how spielerisch leicht austauschen und einander in ihrer beruflichen Entwicklung fördern. Es handelt sich um Gruppen kompetenter, sachkundiger Individuen, die beruflich eng miteinander verbunden sind, einander vertrauen und unterstützen, einander Zugang zu ihren Netzwerken verschaffen und wertvolle Tipps geben.[16]

Wie nun entsteht ein solches Netzwerk? Wie viele andere Bereiche des sozialen Kapitals benötigt auch dieses Zeit. Man muss bereit und in der Lage sein, viel Zeit zu investieren, um Beziehungen zu Menschen mit ähnlichen beruflichen Qualifikationen und Kenntnissen aufzubauen und sich mit ihnen auszutauschen. Auf diese Art entwickelt und teilt man profundes Know-how.[17]

Ein guter Ruf ist wichtig

Die Chefetagen von Großkonzernen wie Coca-Cola oder Apple wissen, dass der Wert ihres Unternehmens zu einem erheblichen Teil nicht in physischen Anlagegütern oder materiellen Vermögenswerten wie Produktionsstätten und Läden liegt, sondern in immateriellen Werten wie Markenrechten oder geistigen Eigentumsrechten. Die Marke »Apple« zum Beispiel wird auf einen Wert von mehr als 100 Milliarden Dollar geschätzt. Labore, Fabriken und Geschäftsräume sind wichtig, damit Apple Produkte entwickeln, herstellen und verkaufen kann; ein Teil seiner immateriellen Vermögenswerte gründet jedoch im Markenimage.

Dasselbe gilt für die persönliche, individuelle Marke. Schon mittelalterliche Handwerker in Europa und Asien berechneten den Wert ihrer Produkte nicht zuletzt danach. In seinem Buch über das Handwerk schreibt der Soziologe Richard Sennett: »In einer Zeit, da Verträge wenig Bindungswirkung besaßen und ökonomische Transaktionen in erster Linie auf persönlichem Vertrauen basierten, war es die oberste irdische Pflicht jedes mittelalterlichen Handwerkers, sich einen guten Ruf zu erwerben. Das galt in besonderem Maße für wandernde Goldschmiede, die in vielen Orten, in denen sie arbeiteten, Fremde waren.«[18] Dieses Ansehen wurde im Laufe der Jahre aufgebaut und stand für zuverlässige Qualität. Wenn ein Kunde bei einem Handwerker ein Produkt in Auftrag gab, wusste er, dass er die Qualität bekam, die er erwartete. Ein Markenimage und hohes Ansehen sind heute noch genauso wichtig wie vor Hunderten von Jahren und erleichtern den Umgang mit dem Unternehmen oder der Person. Wenn eine Firma ein positives Markenimage und einen guten Ruf hat, muss der Kunde keine Nachforschungen über die Firma anstellen, weil das Markenzeichen für eine bestimmte Qualität bürgt. Dasselbe gilt für eine Person. Wer einen guten Ruf hat, gilt als vertrauenswürdig, zuverlässig und kompetent, egal unter welchen Begleitumständen.

Beim Aufbau von produktiven Vermögenswerten kann also ein guter Ruf entscheidend sein, denn er ermöglicht es, das erworbene Potenzial an wertvollen Fertigkeiten und Kenntnissen produktiv zu nutzen. Auch für das berufliche Sozialkapital spielt er eine große Rolle. Ohne einen guten Ruf wird man es kaum schaffen, eine Gruppe von kompetenten Kollegen zusammenzubringen.

Wie bei allen anderen immateriellen Vermögenswerten muss auch in einen guten Ruf investiert werden. Man erwirbt ihn im Laufe der Zeit. Er kann einen langfristigen Nutzenzuwachs bringen, ist nicht käuflich oder verkäuflich und leicht zu beschädigen. Einen guten Ruf erlangt man, wenn man sich in der Vergangenheit als kooperativ und vertrauenswürdig erwiesen hat. Einen schlechten Ruf erlangt man durch egoistisches oder betrügerisches Verhalten. Der Ruf liegt aber natürlich im Auge des Betrachters: Es sind andere, die darüber entscheiden, ob man einen guten Ruf hat oder nicht. Wie geschieht das? Zum Teil durch Übertragung. Wer Schulen besucht oder für Firmen gearbeitet hat, die einen guten Namen haben, profitiert davon, weil das Renommee dieser Institution auf die Person übertragen wird, solange nicht das Gegenteil bewiesen ist. So war es auch bei den mittelalterlichen Handwerkern. Ihre Mitgliedschaft in einer angesehenen Zunft oder Bruderschaft schuf den Rahmen, in dem sie sich ein Ansehen als ehrbare Handwerker aufbauen konnten, selbst wenn sie von einem Ort zum anderen zogen. Zu allen Zeiten der Geschichte war die Zugehörigkeit zu einer Elite ein starkes Signal. So wichtig solche Übertragungen oder Zuschreibungen am Anfang sind, so sehr werden Ruf und Ansehen später durch das tatsächliche Verhalten bestimmt, das andere wahrnehmen. Absichts- und Grundsatzerklärungen wecken Erwartungen, aber entscheidend für einen guten Ruf ist das Handeln.

Was also sehen andere in einem? In einer Gemeinschaft ist es naturgemäß schwierig, die Verhaltensweisen aller Individuen zu verfolgen, weshalb wir dazu neigen, nur selektive Informationen aufzunehmen. Einige dieser Wahrnehmungen stammen aus direkter Erfahrung, vieles stammt jedoch aus zweiter Hand, aus den Beschreibungen anderer. Somit funktioniert das soziale Gefüge, in dem wir leben, wie ein Rundfunk- oder Fernsehsender, der unablässig Informationen an ein Publikum überträgt, wobei sich das Signal durch die Ausbreitung vervielfacht.[19] Die Bedeutung der sozialen Struktur bei der Entstehung und Verbreitung eines Rufes führt dazu, dass der gute Name kein Vermögenswert ist, den man besitzt. Er entsteht vielmehr in einem Gefüge von Überzeugungen, Wahrnehmungen und Bewertungen, die sich eine Gemeinschaft über den Einzelnen bildet. Mit der unvermeidlichen Folge, dass ein guter Ruf zwar ein wertvoller, zugleich aber auch komplizierter immaterieller Vermögenswert ist. Er ergibt sich aus dem Verhalten eines Individuums in der Vergangenheit und kann eine große Bedeutung für seine Produktivität haben, entzieht sich aber der vollständigen Kontrolle.

Während sich eine berufliche Karriere über verschiedene Firmen und Fachbereiche mit unterschiedlichen Qualifikationsanforderungen entwickelt, ist der gute Ruf ein bleibender immaterieller Vermögenswert, der sich durch alle Stationen des Lebens hindurchzieht. Das ist besonders wichtig in Zeiten, in denen man beschließt, den Arbeitsplatz oder die Branche zu wechseln. Wie Unternehmen ihr Markenimage nutzen, um Zugang zu neuen Märkten zu finden, so ist auch ein guter Ruf einer jener Vermögenswerte, die den Einzelnen befähigen, sich neue Horizonte zu eröffnen. Es ist die Kombination aus übertragbaren Kompetenzen und Kenntnissen und einem guten Ruf, die einem den Eintritt in neue Tätigkeitsfelder erleichtert. Der Ruf, fair und integer, flexibel, vertrauenswürdig und zuverlässig bei der Bewältigung von Aufgaben zu sein, ist ein Wert, der in vielen Funktionen und Jobs zum Tragen kommt.

In den kommenden Jahrzehnten wird sich der Ruf eines Menschen aus einem sehr viel breiteren Spektrum an Input speisen. Der Ruf derer, die dem Modell der drei Lebensstufen folgten, hing weitgehend von ihrer fachlichen Qualifikation und ihrer Erfolgsbilanz ab. Da mit einer Berufskarriere in Zukunft mehr Stufen und Übergänge verbunden sind, werden auch sehr viel mehr Informationen zur Verfügung stehen. Gleichzeitig werden die sozialen Medien das Image und die Werte einer Person nach außen tragen, sodass ihre Leistungen von anderen beobachtet und beurteilt werden können. Man wird also nicht darum herumkommen, eine Marke und ein Image zu pflegen, das sehr viel mehr beinhaltet als nur das Verhalten bei der Ausübung einer beruflichen Tätigkeit.

Mit dieser neuen Öffentlichkeit geht natürlich auch Kontrolle einher, und es wird nicht nur ein guter Ruf weiterverbreitet, sondern auch die Information über unsoziales Verhalten, das den guten Ruf beeinträchtigt. Da Online-Communitys immer stärker vernetzt sind, werden die Leute gut überlegen, wie sie sich im Internet präsentieren, um ihren guten Ruf zu stärken. Je länger man lebt, desto länger wirkt ein Ruf nach. Und wie ein guter Ruf im Laufe der Zeit aufgebaut wird, so kann er auch verloren gehen. Über soziale Medien kann er in Windeseile geschädigt oder sogar dauerhaft zerstört werden.[20]

2. Vermögenswerte der Vitalität

Körperliche und geistige Gesundheit und psychisches Wohlbefinden sind wichtige immaterielle Vermögenswerte. Wenn Leute gefragt werden, was für sie ein gutes Leben ausmacht, nennen sie meistens Gesundheit, Freundschaften und Liebe. Diese immateriellen Vermögenswerte bezeichnen wir als *Vitalitätswerte*. Sie sorgen dafür, dass wir uns glücklich und erfüllt, motiviert und positiv fühlen.

Fitness und Gesundheit

Viele von uns leben in Gesellschaften, in denen es immer mehr darum geht, fit und gesund zu bleiben. Fitness und Gesundheit sind wichtig für ein 100-jähriges Leben, denn ein längeres Leben ist kein Automatismus. Nicht nur aufgrund günstigerer Erbanlagen und einer gesünderen Ernährung, aufgrund des technologischen Fortschritts und einer besseren medizinischen Versorgung haben heute geborene Kinder eine höhere Lebenserwartung, auch ein neues öffentliches Bewusstsein und individuelle Verhaltensänderungen haben dazu beigetragen. Bewährte Empfehlungen für eine gesunde Lebensweise zu befolgen, ist daher das A und O, um aus dem Geschenk eines langen Lebens das Beste zu machen.

Fitness und Gesundheit werden immer wertvoller, je länger man lebt. Wer bei einer Lebenserwartung von 100 Jahren schon mit 50 arbeitsunfähig ist, zahlt einen sehr viel höheren Preis als bei einer Lebenserwartung von 70 Jahren. Bei schlechter Gesundheit ist ein 100-jähriges Leben mit seinen vielen verschiedenen Stufen schlichtweg nicht möglich, und die finanziellen und nicht finanziellen Konsequenzen können dramatisch sein. So wie es Strategien für eine gesunde Finanzplanung gibt, gibt es auch Strategien für eine gesunde Lebensführung. Was und wie viel man isst und ob man sich regelmäßig bewegt – all das sind wichtige Aspekte der Investition in immaterielle Vermögenswerte. Ärztlicher Rat und medizinisches Wissen werden sich auch in Zukunft weiterentwickeln, daher ist es wichtig, sich Zeit zu nehmen, um sich über neue Entwicklungen im Gesundheitsbereich zu informieren und seine Verhaltensweisen und Gewohnheiten dementsprechend zu ändern.

Heute wächst das Bewusstsein dafür, wie wichtig ein gesundes und leistungsfähiges Gehirn für das Wohlbefinden ist. Wie wir heute wissen, spielt dabei unser Verhalten eine große Rolle. Studien zufolge ist das genetische Erbe zu etwa einem Drittel für mentale Fitness oder mentalen Verfall verantwortlich, zwei Drittel hängen von unserer Lebensweise ab: von unseren Gewohnheiten und Handlungen, von unserer Einbindung in eine Gemeinschaft, von starken zwischenmenschlichen Beziehungen, körperlicher Bewegung und einer ausgewogenen Ernährung.[21]

Das ist eine wichtige neue Erkenntnis, herrschte doch bis vor Kurzem ein Konsens darüber, dass die Gehirnzellen mit dem Alter absterben. Das galt als Erklärung dafür, warum ältere Menschen manchmal so vergesslich und geistig nicht mehr so agil sind. Wie sich jetzt herausstellt, ist das falsch. Heute spricht man von *neuronaler Plastizität*: Das Gehirn kann fast wie ein Muskel trainiert werden und sich durch regelmäßige Übung regenerieren. Bei mangelndem Gebrauch verkümmert es und verliert an Leistungsfähigkeit. Die Gehirnzellen sterben zwar im Alter nicht ab, doch Gewicht und Größe des Gehirns schwinden. Offenbar beginnt ab dem 50. Lebensjahr das Gehirn zu schrumpfen, und dieser Prozess beschleunigt sich nach dem 80. Lebensjahr. Die Forschung über eine positive Einflussnahme auf das Gehirn steht zwar noch am Anfang, aber bereits heute gibt es ein paar einleuchtende Vorschläge, wie man die kognitive Leistungsfähigkeit verbessern kann. Körperliche Bewegung ist von entscheidender Bedeutung, um den geistigen Verfall zu verhindern. Warum, ist nicht ganz klar: Ist es eine verbesserte Sauerstoffversorgung des Gehirns oder die Stimulation von Wachstumshormonen? Studien schreiben jedenfalls der körperlichen Bewegung für die Schärfung des Denk- und Wahrnehmungsvermögens eine immense Bedeutung zu. Empfohlen wird außerdem eine fettarme Ernährung mit viel Gemüse, Obst und fettreichem Fisch, der die wertvollen Omega-3-Fettsäuren und Vitamin B12 enthält, und natürlich Gedächtnistraining. All dies scheint sich positiv auf die Gesundheit auszuwirken, aber wie groß dieser Einfluss tatsächlich ist, muss weiter untersucht werden.

Eine ausgeglichene Lebensweise

Der ärgste Feind der Vitalität ist Stress. Und arbeitsbedingter Stress sowie damit zusammenhängende gesundheitliche Probleme nehmen weltweit zu, vom Herzinfarkt bis zur Invalidität. Laut einer neueren Studie der Weltgesundheitsorganisation ist der Prozentsatz von Beschäftigten im Vereinigten Königreich, die sagen, sie arbeiten »sehr hart« oder »unter großem Druck«, seit den 1980er Jahren kontinuierlich gestiegen. Dieser Stress kann verheerende Folgen haben. Stress am Arbeitsplatz ist mit einem 20 Prozent höheren Risiko einer Herzerkrankung und mit einer Vielzahl weiterer physischer und psychischer Probleme verbunden. Das Phänomen beschränkt sich jedoch nicht auf das Vereinigte Königreich. Laut einer globalen Studie in 1000 Unternehmen aus 75 Ländern beklagen mehr als 60 Prozent der Erwerbstätigen wachsenden Stress am Arbeitsplatz.[22]

Sicher ist, dass für den Aufbau und die Pflege von Vitalitätswerten nicht zuletzt die Bewältigung von Stress eine wichtige Rolle spielt. Vor ein paar Jahren untersuchten Lynda Gratton und Hans-Joachim Wolfram mehr als 200 Personen in komplexen, wissensbasierten Arbeitszusammenhängen.[23] Sie fanden heraus, dass der Arbeitsplatz und der häuslich-familiäre Bereich keineswegs hermetisch getrennte Sphären sind. Die meisten Menschen erleben vielmehr einen *emotionalen Spillover* zwischen beiden Lebensbereichen, der den Stress und damit auch die Vitalität positiv oder negativ beeinflussen kann.

Ein positiver emotionaler Spillover entsteht, wenn man morgens gestärkt und entspannt das Haus verlässt und diese positiven Gefühle an seinen Arbeitsplatz mitnimmt. Oder wenn man am Ende eines Arbeitstages seinen Arbeitsplatz im Gefühl verlässt, produktiv gewesen zu sein, neue Fertigkeiten erlernt und interessante Netzwerke aufgebaut zu haben, und diese positiven Gefühle und Ressourcen mit nach Hause nimmt. Der emotionale Flow zwischen Arbeitsplatz und Zuhause kann aber auch negativ sein. Man geht müde und mit einem schlechten Gewissen aus dem Haus; die Kinder sind unglücklich, und man weiß, dass man seinem Partner oder seiner Partnerin nicht die Unterstützung und Ermutigung geben konnte, die er oder sie braucht. Diese negativen Gefühle der Schuld und Erschöpfung nimmt man an seinen Arbeitsplatz mit, und sie prägen die Art und Weise, wie man dem vor einem liegenden Tag und den Aufgaben begegnet, die man zu erledigen hat. Dieser Mangel an emotionalen Ressourcen und Vitalität verhindert Kreativität und Innovation und führt langfristig zu noch mehr Stress und zur Erosion von Vitalität.

In Kapitel 9 werden wir diese Balance zwischen Arbeit und Privatleben genauer betrachten und fragen, wie sich Familie und Partnerschaft verändern und welche Folgen dies für die emotionale Vitalität hat. Wir werden Möglichkeiten vorstellen, wie man die positiven Aspekte der Familie (Unterstützung und Entspannung), aber auch die positiven Aspekte der Arbeit (Produktivität, neue Fertigkeiten, interessante Netzwerke) verbessern und die negativen Aspekte (Erschöpfung und Schuldgefühle im Privatleben; Frustration und Monotonie am Arbeitsplatz) minimieren kann. Auch hier geht es um Entscheidungen, die man im Blick auf die Arbeit, den Lebenspartner und die Aufteilung der verfügbaren Zeit zu treffen hat.

Regenerative Freundschaften

Netzwerke von Kollegen, die ähnlich denken und ähnliche Erfahrungen haben wie wir selbst, stellen ein berufliches Sozialkapital dar, das uns hilft, produktiv zu bleiben. Doch es ist das Netzwerk enger und positiver Freunde, das dafür sorgt, dass wir gesund und zufrieden sind, und unsere Vitalitätswerte stärkt. In ihrem Buch *Job Future – Future Jobs* nennt Lynda Gratton diese Formen dauerhafter und bereichernder Freundschaften *regenerative Gemeinschaften.*[24]

Die oben erwähnte Längsschnittstudie aus Harvard, aber auch Untersuchungen von Gemeinschaften, in denen sich die Menschen bis ins hohe Alter ihre Vitalität bewahren, belegen dasselbe Phänomen: Menschen, die enge Bindungen zu anderen haben, sind vitaler, tatkräftiger und positiver als diejenigen, die isoliert sind.[25]

Solche Netzwerke unterscheiden sich in subtiler Weise von denen, die die Basis des beruflichen Sozialkapitals bilden. Regenerative Freundschaften werden in der Regel über viele Jahre hinweg aufgebaut, oft reichen sie bis in die frühe Schulzeit oder in die ersten Berufsjahre zurück, in einen Lebensabschnitt, in dem wir leichter Beziehungen knüpfen und »formbarer« sind. Diese regenerativen Freundschaften sind oft *mehrsträngig*. Man kennt seine Freunde in unterschiedlichen Kontexten und Rollen – zu Hause, in der Familie etc. – und ist durch gemeinsame Interessen miteinander verbunden. Diese vielen verschiedenen Stränge erweitern eine Freundschaft und verleihen ihr Tiefe. Es sind *emotionale* Bindungen in dem Sinne, dass man Gefühle und Emotionen investiert und ratlos und verwirrt ist, wenn die Freundschaft zerbricht oder sich verändert. Doch genau diese Emotionalität gibt uns die Unterstützung, die für unsere Vitalität so wichtig ist.

Solche mehrsträngigen, emotional geprägten Beziehungen spielen für unser Wohlbefinden und unsere Vitalität eine zentrale Rolle. Sie bilden den Hintergrund eines produktiven Arbeitslebens und tragen, wenn sie weit in die Vergangenheit zurückreichen, das Narrativ unseres Lebens und unserer Identität.

In einem 100-jährigen Leben werden diese Art tiefer, emotional geprägter Freundschaften schwerer aufrechtzuerhalten und zugleich immer wertvoller sein. Schwerer aufrechtzuerhalten deshalb, weil sich in einem langen Leben mit vielen Übergängen die Bindungen zwischen den Menschen lockern oder sogar auflösen werden, wenn sich das Identitätsgefühl verändert. Aber ihr Wert wird zugleich wachsen, weil einige dieser Freundschaften als roter Faden das Leben eines Menschen durchziehen und die Basis seiner Identität bilden.

Jacks immaterielle Vermögenswerte

Zu den Herausforderungen des Lebens zählt nicht nur das richtige Maß materieller und immaterieller Vermögenswerte, sondern auch die Wahrung eines Gleichgewichts zwischen ihnen. In einem langen Leben ist dieses Zusammenspiel noch komplizierter, und hier liegt ein Hauptgrund, warum ein Drei-Stufen-Modell nicht mehr optimal ist. In den vorangegangenen Kapiteln haben wir die materiellen Vermögenswerte von Jack, Jimmy und Jane betrachtet und untersucht, was die zunehmende Langlebigkeit für ihre Finanzen bedeutet. Jetzt befassen wir uns mit den immateriellen Vermögenswerten der Produktivität und der Vitalität.

Immaterielle Vermögenswerte sind schwieriger zu ermitteln als finanzielle, weil sie kaum zu messen und zu bewerten sind. Börsenanalysten können aus dem Preis der Aktien eines Unternehmens den Wert von firmeneigenen immateriellen Vermögenswerten wie Marke und Image ableiten. Bei individuellen immateriellen Vermögenswerten ist das nicht so einfach, auch wenn Ökonomen aus den Entscheidungen, die jemand trifft, ableiten können, wie diese Person bestimmte Aktivitäten bewertet. Aber es ist nicht einfach und vielleicht nicht einmal hilfreich, immateriellen Gütern einen Geldwert zuzuschreiben. Es lassen sich jedoch immerhin Tendenzen ermitteln. Wir können fragen: Hat ein bestimmter immaterieller Vermögenswert im Laufe der Zeit zu- oder abgenommen? Mit diesem qualitativen Ansatz möchten wir im Folgenden Jacks immaterielle Vermögenswerte genauer untersuchen.

Zunächst erstellen wir ein hypothetisches Modell des Wachstums und Schwindens von Jacks materiellen und immateriellen Ressourcen, indem wir deren Wertentwicklung in den drei Kernphasen seines Lebens betrachten. *Abbildung 4.1* zeigt, wie Jacks

Vermögenswerte im Verlauf seines Lebens zu- und wieder abnehmen. Steigende Werte sind stets das Ergebnis einer Investition in diese Ressourcen, sinkende Werte das Ergebnis ihrer Vernachlässigung und mangelnden Pflege. Finanzielle Vermögenswerte sinken naturgemäß, wenn sie verbraucht werden. Das folgende Szenario der Entwicklung von Jacks Vermögenswerten ist zugegebenermaßen stark stilisiert.

Jack investierte frühzeitig in produktive Vermögenswerte. Er machte eine Collegeausbildung und eignete sich während dieser Zeit Fertigkeiten und Kenntnisse an. In dieser ersten Phase stiegen seine *produktiven Vermögenswerte*. In seinen College-Jahren investiert Jack also intensiv in Wissen und Kenntnisse. Und er schließt Freundschaften mit Menschen aus seinem Fachbereich, die in seinem späteren Berufsleben seine Peergroup bilden könnten. Mit seinen akademischen Leistungen baut er sich außerdem einen guten Ruf auf. Jack genießt das Studentenleben und hat einen großen Kreis von Freunden, die ihn mit neuen Ideen bekannt machen (regenerative Freundschaften). Hier lernt er auch seine spätere Frau kennen. Er ist ein fleißiger Student, führt aber auch ein geselliges Leben und treibt Sport, der seiner Gesundheit zugutekommt. Sein Leben ist zwischen Studium und Privatleben ausbalanciert. Die Schulden für die Studiengebühren und die Lebenshaltungskosten führen allerdings dazu, dass seine materiellen Vermögenswerte schwinden.

Nach dem Collegeabschluss tritt Jack in ein produzierendes Unternehmen seiner Heimatstadt ein, nennen wir es Makewell. Damit steigert er seine produktiven Vermögenswerte, denn er arbeitet in einem Team und baut sich einen Kreis von Kollegen auf, die ihn unterstützen, anleiten und coachen. Diese Kollegen helfen ihm zwar, seine Arbeit besser zu machen, aber in dieser Zeit investiert er nicht in neues wertvolles Wissen und neue Fertig-

Abbildung 4.1: Die Entwicklung von Jacks Vermögenswerten im dreistufigen Lebensmodell

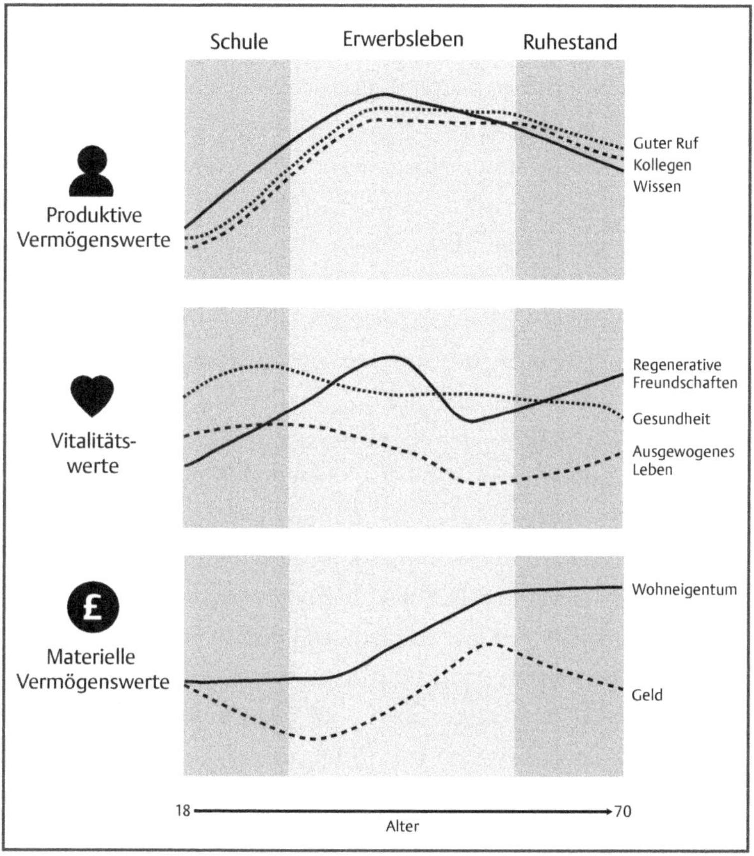

keiten; er erwirbt lediglich Berufspraxis. Jack heiratet, gründet eine Familie und kauft ein Eigenheim, für das er einen großen Kredit aufnimmt. Sein soziales Netzwerk verengt sich nun auf sein neues Wohnviertel und auf die Eltern von Freunden seiner Kinder. Es wird schwierig für ihn, eine Work-Life-Balance zu erreichen: ein Gleichgewicht zwischen Beruf und Familie, Arbeit und Privatleben. Jack arbeitet hart, um befördert zu werden und das Geld zu verdienen, das er für den Lebensunterhalt für sich und seine Familie braucht. Mit der Folge, dass er für Familie und Freunde nicht mehr so viel Zeit hat. Der emotionale Energiefluss zwischen Arbeit und Familie wird negativ. Nach einem schweren Arbeitstag kehrt er müde zu seiner Frau und seinen kleinen Kindern nach Hause zurück. Dies ist eine Phase des Werteverschleißes, wie sie viele Menschen erleben, die eine Familie gegründet haben und deren Zeit mit langen Arbeitstagen ausgefüllt ist.

Mit Mitte 40 wechselt Jack von Makewell zu einer anderen Firma derselben Branche, nennen wir sie Construct. Mit dem Wechsel ist ein beruflicher Aufstieg verbunden. In seiner neuen Position beschäftigt er sich nicht mehr mit konkreten Aufgaben seines Fachbereichs, sondern übernimmt eine Verwaltungsfunktion im oberen Management. In dieser neuen leitenden Funktion wird es für Jack schwerer, ein arbeitsbasiertes Kollegennetzwerk aufzubauen, und allmählich beginnen auch seine bis dahin wertvollen Kenntnisse und Fertigkeiten im Wert zu fallen, da er nach dem College nicht mehr in sie investiert hat. Weder hat er neue Qualifikationen erworben noch sein berufliches Sozialkapital aufgestockt, indem er Zeit mit Kollegen verbracht hat, die seine Ideen voranbringen konnten. Dieser Werteverfall zieht sich durch sein Berufsleben, aber Jack wird von jener kleinen Gruppe von Kollegen getragen, die er sich zu Beginn seines Arbeitslebens aufgebaut hat; und sein Fachwissen reicht gerade so weit, dass er bis zum Eintritt in den Ruhestand beruflich nicht völlig abgehängt wird. Was seine materiellen Vermögenswerte betrifft, so hat Jack zum Zeitpunkt seiner Pensionierung seinen Immobilienkredit zurückbezahlt und Altersbezüge in der angestrebten Höhe erreicht.

Im Ruhestand kann er anfangen, erneut in seine körperliche und geistige Gesundheit zu investieren. Er nimmt ein altes, lange brachliegendes Hobby wieder auf und verbringt mehr Zeit mit Familie und Freunden, während er die finanziellen Vermögenswerte aufbraucht, die er im Laufe seines Erwerbslebens angesammelt hat. Für Jack wie für viele andere ist dies eine glückliche und erfüllende Zeit seines Lebens.

Die Unausgewogenheiten eines dreistufigen Lebens

Dieser stilisierte Entwurf von Jacks Leben macht vieles deutlich. Klar ist, dass dieses Lebenskonzept für ihn insgesamt funktioniert. Die einzelnen Abschnitte seines Lebens haben unterschiedliche Schwerpunkte, weshalb seine Vermögenswerte nicht immer gut ausbalanciert sind. Aber insgesamt wird in diesem dreistufigen Leben ein ausgewogenes Verhältnis zwischen materiellen und immateriellen Gütern erreicht.

Doch wenn dieser Lebensentwurf aufs Ganze gesehen funktioniert, so ist das nicht allein Jacks Verdienst. Jacks Hauptaugenmerk gilt dem Aufbau materieller Vermögenswerte, besonders in der zweiten Phase, dem Erwerbsleben. In Jacks traditionellem Haushalt kümmert sich in dieser Phase seine Frau Jill um die immateriellen Vermögenswerte, indem sie die Kinder versorgt, die Familie in das größere soziale Umfeld einbettet und den Kontakt zu den Freunden pflegt. Das Gleichgewicht entsteht durch ein gutes Zusammenspiel zwischen beiden Partnern. Seinen sorglosen Ruhestand verdankt Jack also der Tatsache, dass sich in dieser zweiten Phase seine Frau auf die immateriellen Werte konzentriert. Andernfalls wäre Jacks Lebens insgesamt völlig unausgewogen.

Sofern eine solche traditionelle Partnerbeziehung überhaupt jemals die Norm war, erleben wir seit einigen Jahrzehnten eine Umgestaltung der Strukturen von Ehe und familiärer Partnerschaft. Nach Ansicht einiger Forscher wird die Ehe im konventionellen Sinne sogar bald der Vergangenheit angehören und an deren Stelle eine Vielzahl sehr unterschiedlicher Lebensentwürfe treten. Dies ist nicht zuletzt Ausdruck von mehr sozialer Gerechtigkeit und einer wachsenden Gleichstellung der Geschlechter, da es in dem Drei-Stufen-Modell die Frauen sind, die das politische Recht auf Zugang auch zu anderen, neuen Rollen und Aufgaben einfordern. Durch ihre Form der Partnerschaft haben Jack und Jill zwar eine Balance zwischen materiellen und immateriellen Vermögenswerten erreicht, individuell gesehen gab es jedoch Zeitabschnitte, in denen dies nicht der Fall war. Schon heute gibt es eine steigende Zahl von Haushalten, in denen beide Partner berufstätig sind, Karriere machen und Geld verdienen. Wie bereits erwähnt, ist es leichter, Ersparnisse anzusammeln und seine Altersbezüge zu finanzieren, wenn beide Partner eines Haushalts berufstätig sind. Es stellt sich jedoch die Frage, wie ein solcher Haushalt seine immateriellen Vermögenswerte bewahrt.

Ein weiteres Ungleichgewicht der immateriellen Ressourcen, das sich aus Jacks dreistufigem Leben ergibt, ist die geringe Investition in diese Ressourcen während seiner Erwerbsphase. Ein Blick auf *Abbildung 4.1* zeigt, wie sehr sich seine Investition in diese immateriellen Güter auf seine jungen Jahre begrenzte. Jack war beruflich erfolgreich, weil er während seiner schulischen Ausbildung und zu Beginn seines Erwerbslebens viel in seine produktiven Vermögenswerte investierte. In dieser Zeit lag sein

Schwerpunkt auf der Akkumulation finanzieller Mittel, seine Vitalitätswerte dagegen hat er stark vernachlässigt.

Diese Unausgewogenheit zeigt, dass das Drei-Stufen-Modell zwar für Jack funktioniert hat, für ein längeres Leben jedoch alles andere als optimal ist. Eine längere zweite Phase ununterbrochener Erwerbstätigkeit führt zum massiven Verfall wichtiger immaterieller Vermögenswerte und im Laufe der Zeit zum Abbau auch der produktiven Vermögenswerte. Der Verschleiß von Vitalitätswerten ruft uns Undines Fluch in Erinnerung, der den Menschen zu einer rastlosen und zombiehaften Existenz verurteilt, in der sich alles ums Geld dreht. Eine längere dritte Phase des Ruhestands mag attraktiv klingen, ist aber nur mit einem dicken finanziellen Polster möglich, das man sich in der zweiten Phase geschaffen hat, und könnte zu Überdruss und zum Gefühl der Eintönigkeit führen, wenn man den Ruhestand nicht gut plant und strukturiert.

3. Eine neue Kategorie von Vermögenswerten: Die transformationalen Vermögenswerte

Wenn es in einem 100-jährigen Leben schwierig ist, mit dem Drei-Stufen-Modell materielle und immaterielle Vermögenswerte in eine gute Balance zu bringen, ist ein vielstufiges Modell die logische Konsequenz. Wir können nicht wissen, wie es genau aussehen wird, doch ein paar Prognosen sind dennoch möglich. Der erste Lebensabschnitt der Schule und Ausbildung wird vermutlich länger dauern, sodass die Menschen mehr Zeit haben, jene immateriellen Vermögenswerte zu erwerben und zu akkumulieren, die das Polster für eine längere zweite Phase bilden. Dieses vielstufige Modell wird auch Möglichkeiten der beruflichen Spezialisierung bieten, was angesichts der rasanten technologischen Entwicklungen enorm wichtig sein wird. Wir prognostizieren, dass sich die bisher übliche zweite Phase des Erwerbslebens auffächern wird. Um zu verhindern, dass das einmal erworbene Wissen nutzlos wird, dass Fitness und Motivation verschwinden und Freundschaften und Familie zerfallen, werden die meisten Menschen ihr Erwerbsleben in mehrere Abschnitte mit jeweils unterschiedlicher Ausprägung und Zielsetzung aufteilen wollen. Technische Innovationen und neu entstehende Unternehmensbereiche und Branchen werden die Arbeitswelt verändern, und es wird enorm wichtig sein, immer wieder neu in Regeneration und Fortbildung zu investieren.

Wenn also ein vielstufiges Leben der Weg ist, um eine Balance zwischen materiellen und immateriellen Vermögenswerten zu erreichen, wird eine neue Kategorie von Vermögenswerten hinzukommen müssen. Wir nennen sie *transformationale Vermögenswerte*, und sie reflektieren die Fähigkeit und Bereitschaft, Wandel und Übergänge zu meistern.

Welche Art von Übergängen werden wir zu bewältigen haben? Einige werden uns von den äußeren Umständen aufgezwungen: Fertigkeiten könnten veralten und im Zuge des technologischen Fortschritts nutzlos werden, oder die Firma, in der man arbeitet, könnte schließen.

Es wird auch Übergänge geben, die man selbst herbeiführt: wenn man einen Job aufgeben und umschulen muss oder nach einer Phase des Erkundens und Ausprobierens eine anspruchsvolle Aufgabe in einer Firma übernimmt. Einige dieser Veränderungen werden schwierig und verunsichernd sein, und je schwieriger sie sind, desto weniger wird man darauf vorbereitet sein. Transformationale Vermögenswerte sind bei diesen Prozessen hilfreich.

Sie verbessern die Fähigkeit, mit der Unsicherheit von Übergängen zurechtzukommen.

In manchen traditionellen Stammesgesellschaften werden solche Übergänge – etwa von der Kindheit ins Erwachsenenalter – durch Rituale vollzogen. Ethnologen, die solche Stammesrituale untersuchen, beschreiben den Übergang von der Kindheit zum Erwachsenen als eine Schwellenphase und sprechen von *Liminalität*[26] als dem Zustand der Uneindeutigkeit und Desorientierung, wenn das Individuum seinen alten Status verlassen hat, aber noch nicht in den neuen Status eingetreten ist. Diese Liminalität lässt sich auch in den Übergangsprozessen moderner Gesellschaften feststellen. Herminia Ibarra hat in den vergangenen 20 Jahren Menschen beobachtet, die solche Übergänge vollzogen haben. Sie fand heraus, dass es, wie bei den Stammesgesellschaften, auch hier ein Zwischenstadium gibt, eine unbestimmte Zeit des Nicht-mehr-und-noch-nicht.[27] Die alte Identität löst sich auf, bevor sich eine neue konstituiert hat. Die Sicherheit der Vergangenheit ist dahin, die Zukunft ist ungewiss.

Transformationale Vermögenswerte erleichtern die erfolgreiche Bewältigung solcher Übergänge und verringern die Unsicherheit und den Preis, der mit diesen Veränderungen verbunden ist. Jack hatte kaum Bedarf an diesen Vermögenswerten, und er besaß auch nur wenige davon. Bei seinem Eintritt ins Berufsleben in den 1960er Jahren konnte er davon ausgehen, dass ein geradliniger Weg vor ihm lag. Er arbeitete fast zeitlebens in zwei Unternehmen, und für die Funktionen und Rollen, die er innehatte, musste er geistig nicht sehr beweglich sein. Für Jack und die meisten aus seiner Generation gab es einen klaren *psychologischen Vertrag* zwischen Arbeitgeber und Arbeitnehmern: Die Firma verschaffte ihnen einen Vollzeitjob und zahlte ihnen ein Gehalt, und sie waren ihrerseits bereit, loyal und gewissenhaft zu arbeiten, im Idealfall bis zum Ruhestand in ein und derselben Firma.[28] In diesem Szenario wurden Dienstalter und Berufserfahrung wertgeschätzt und geachtet.

In den späten 1980er Jahren, als Jack Mitte 40 war, begann sich all dies zu ändern.[29] Untersuchungen von Erwerbsmustern zeigten einen signifikanten Anstieg der Mobilität – die Unternehmen boten keinen Job fürs Leben mehr an, und die Beschäftigten verlangten mehr Flexibilität. Der psychologische Vertrag war jetzt nicht mehr relational, sondern transaktional, er war nun eher befristet und leistungsbezogen. Auch das äußere Umfeld wurde schwieriger, da die Globalisierung zu einem massiven Verlust von Arbeitsplätzen führte und viele von Jacks Altersgenossen gezwungen waren, einen Übergang zu vollziehen.

Dieser Wandel traf Jack völlig unvorbereitet. Er musste kämpfen, um einen neuen Arbeitsplatz zu finden, doch seine Vermögenswerte reichten aus, um diesen Übergang zu schaffen. Da Jack in seinem Leben Stabilität erwartet hatte und seine transformationalen Vermögenswerte begrenzt waren, machten ihm diese Veränderungen durchaus Angst. Aber er war nicht gezwungen, seine Qualifikation, seine Rolle und seine personale Identität grundlegend umzugestalten, und mit der Zeit schwand die Angst.

Jimmy dagegen wurde in eine Welt hineingeboren, in der berufliche Mobilität zur Norm geworden war. Über die Bedeutung von Flexibilität hörte er schon als Heranwachsender.[30] Bezog sich der alte Vertrag auf das Unternehmen, schloss man nun einen Vertrag mit sich selbst, bezogen auf die eigene berufliche Entwicklung. Unternehmen waren jetzt nur mehr der Kontext, das Medium, in dem ein Individuum seine persönlichen Ziele verwirklichen konnte. Als Jimmy Anfang 30 war, waren viele Bücher zum Thema Karriereplanung auf dem Markt.

Jimmy hatte im Laufe seines Berufslebens mehr Übergänge und Veränderungen zu bewältigen als Jack, bei Jane wird das noch stärker der Fall sein. Bei den Szenarien, die wir für Jimmy und Jane entwickeln, wird es mehr Stufen und mehr Veränderungen geben. Jane wird nicht einfach nur den Arbeitgeber wechseln, sondern auch die Branche. Die wichtigsten Übergänge in ihrem Leben werden ihr nicht vom Markt, also von außen, aufgezwungen, sie selbst wird sie in die Wege leiten, um sich ihre immateriellen Vermögenswerte zu bewahren.

Zu verstehen, wie Menschen erfolgreich Übergänge bewältigen, ist Gegenstand der psychologischen und soziologischen Forschung. In zahlreichen Studien, Modellen und Theorien kristallisierten sich insbesondere drei eng miteinander verknüpfte Elemente der Transformation heraus. Erstens: Eine Transformation kann nur dann erfolgreich sein, wenn der Betroffene ein Verständnis seiner selbst besitzt – ein Verständnis davon, wie er jetzt ist, und davon, wie er in der Zukunft sein könnte. Anthony Giddens spricht vom »reflexiven Projekt« des Selbst. Es beinhaltet eine quasi unablässige Befragung von Vergangenheit, Gegenwart und Zukunft und erfordert von dem Betroffenen eine gründliche *Selbstkenntnis*.[31] Zweitens: Studien zeigen, dass Menschen in einer Übergangsphase nach neuen Gruppen Ausschau halten und dass diejenigen, die sich bereits *dynamische und diversifizierte Netzwerke* aufgebaut haben, die Übergänge leichter bewältigen können. Durch ihre Netzwerke haben sie in einem breiteren gesellschaftlichen Umfeld Rollenvorbilder und Symbolfiguren dafür gefunden, was sie aus sich machen könnten. Drittens: Die Studien belegen klar und deutlich, dass solche Übergänge nicht einfach nur passiv »geschehen«. Wir vollziehen Veränderungen nicht *reflektierend*, sondern *handelnd*, darauf hat Herminia Ibarra eindringlich hingewiesen. Es ist diese *Offenheit für neue Erfahrun-*

gen, die den transformationalen Vermögenswerten ihre Dynamik verleiht.

Selbstkenntnis

In einem traditionellen Erwerbsleben, wie wir es für Jack entworfen haben, war das Selbstgefühl einer Person nicht zuletzt von ihrem Status und von ihren Rollen bestimmt. In einem längeren Leben wird die Identität mehr auf das gegründet sein, was man tut, als darauf, woher man kommt. Und je mehr Rollen man übernimmt, desto weniger hilft eine einzelne dieser Rollen bei der Bestimmung der eigenen Identität. Identität wird nun eher selbst gestaltet statt übernommen oder ererbt, und bei diesem Gestaltungsprozess ist eine gute Kenntnis seiner selbst von entscheidender Bedeutung.

Man lernt sich besser kennen und verstehen, wenn man offen ist für Feedback, wenn man bereit ist, anderen zuzuhören und über das Gehörte nachzudenken. Diese Reflexion ist wichtig. Wir alle besitzen die Fähigkeit, unserem Bild von uns selbst und von der Welt neue Informationen hinzuzufügen. Doch wer seine transformationalen Vermögenswerte zielstrebig ausbaut, fügt nicht einfach nur Information hinzu, sondern verändert seinen Blick auf sich selbst und auf die Welt. Das Verständnis des eigenen Selbst wird breiter und vielschichtiger, und das Ich wird befähigt, sich auf Anforderungen und Unsicherheiten besser einzustellen. Transformation, so der Psychologe Robert Kegan, vollzieht sich, wenn man imstande ist, einen Schritt zurück zu treten, nachzudenken und dann Entscheidungen zu treffen. Transformation vollzieht sich, wenn man nicht nur seine Verhaltensweisen ändert, nicht nur seine Gefühle, sondern auch die Art und Weise des Erkenntnisgewinns: nicht nur *was*, sondern auch *wie* man etwas versteht.[32]

Je wichtiger die Gestaltung unserer Identität wird, desto weiter greift unser Selbstgefühl in die Zukunft aus, wenn wir das entwickeln, was die Psychologen Hazel Markus und Paula Nurius *mögliche Ichs* nennen. Diese möglichen Ichs sind zukünftige Artikulationen dessen, wer wir sein und was wir tun könnten. Sie sind Ideale dessen, was wir werden könnten, werden möchten oder zu werden fürchten. Einige dieser Selbstbilder sind Symbole der Hoffnung, andere sind Vorboten einer düsteren, traurigen oder tragischen Zukunft, der wir natürlich entkommen möchten.[33] Kombiniert mit Selbstkenntnis, bilden diese möglichen Ichs einen machtvollen Ansporn für künftiges Verhalten: für das, was erstrebenswert ist, und das, was vermieden werden sollte. Damit geben sie uns Orientierung und einen Maßstab für unser Verhalten. Dieses Konzept möglicher Ichs greifen wir im nächsten Kapitel auf, wenn wir die Szenarien für Jimmy und Jane betrachten und fragen, wie sie aus einem langen Leben das Beste machen können.

Selbstkenntnis ist wichtig, um sich durch Wandel und Übergänge einen Weg zu bahnen, vor allem aber auch, um ein Identitäts- und Kohärenzgefühl zu entwickeln. Wenn wir mehr über uns selbst wissen, fällt es uns leichter, einen Weg zu wählen, der unserem Leben Sinn und Geschlossenheit verleiht, statt einen Weg der Diskontinuität einzuschlagen, sei es aufgrund äußerer Umstände, sei es aufgrund ständiger Arbeitsplatz- und Wohnortwechsel. Selbstkenntnis hilft uns, künftige Übergänge erfolgreich zu bewältigen und den Wandel als weniger bedrohlich für unsere Identität zu empfinden. Die Infragestellung der Identität ist beunruhigend, und wenn sich Dinge verändern, weiß man nicht, an was man sich noch halten kann. Die Anthropologin Charlotte Linde hat sich von vielen Menschen deren Lebensgeschichte erzählen lassen.[34] Was sie verblüffend fand, war die Energie, die Menschen in ein kohärentes Narrativ ihres eigenen Lebens stecken. Eine solche Lebenserzählung braucht *Kontinuität* (was an mir bleibt unveränderlich?) und *Kausalität* (was ist mir passiert, das den Umbruch erklären kann?). Eine profunde Kenntnis seiner selbst spielt Linde zufolge eine entscheidende Rolle, damit Kontinuität und Kausalität eines Lebens möglich werden.

Diversifizierte Netzwerke

Jacks Bezugsgruppe blieb die meiste Zeit seines Lebens dieselbe. Das Szenario, das wir für Jane erstellen werden, ist durch den häufigen Wechsel von Bezugsgruppen, Rollenvorbildern und Vergleichsgrößen gekennzeichnet. Diese Verlagerung der Perspektive ist eine notwendige Komponente der Transformation.

Wenn man in immer größeren und diversifizierteren Netzwerken agiert, beginnt man seine Perspektive zu verändern. Da die Identität eines Menschen stets in Beziehungen und Freundschaften eingebettet ist, verschieben sich in einer Übergangsphase zwangsläufig auch die sozialen Bindungen. Man sucht nach neuen Rollenvorbildern und nach Gleichgesinnten, die denselben Übergang vollziehen und behilflich sein können, die Spielregeln zu verstehen. Transformation vollzieht sich also nicht in Isolation und normalerweise auch nicht innerhalb des alten Freundeskreises. Wenn man neue Verbindungen knüpft, wird man unweigerlich einige alte Bindungen aufgeben. Das ist wichtig, weil die Menschen, die man am besten kennt, oft diejenigen sind, die

Transformation eher verhindern als fördern. Sie setzen sich oft besonders stark dafür ein, dass man derjenige bleibt, der man ist. In diesen neuen Peergroups, zu denen man sich hinorientiert, gibt es andere Werte, Normen, Einstellungen und Erwartungen. Aber ihre Mitglieder hegen oft dieselben Zweifel wie man selbst, und ihre ähnlichen Erfahrungen können den entscheidenden Anstoß für eine Transformation geben.

Diese neuen Netzwerke sind in dem alten Kollegenkreis und in den regenerativen Gemeinschaften, von denen oben die Rede war, eher nicht zu finden. Die Gruppen sind zu klein (ihre Diversität ist zu gering) und zu homogen, und die Mitglieder bestärken einander darin, am Status quo festzuhalten, statt sich zu verändern. Erst in größeren und diversifizierten Netzwerken von Freunden oder Kollegen gibt es Vielfalt. Darin finden sich Leute, die etwas tun, was man bewundert und das einem die Überzeugung vermittelt, es könnte der eigenen Transformation adäquat und dienlich sein.

Unserer Ansicht nach sind diese großen, diversifizierten Netzwerke ein wichtiger immaterieller Vermögenswert, denn sie sind langfristig wertvoll. Nehmen wir beispielsweise das Problem der Jobsuche. Der gesunde Menschenverstand sagt, dass man einen Job findet, indem man seinen immateriellen Bestand an Wissen und Kenntnissen ins Spiel bringt: Man bekommt einen Job aufgrund dessen, was man weiß und kann. Mark Granovetter jedoch fand in einer eindrucksvollen Studie heraus, dass es nicht nur darauf ankommt, was man weiß, sondern auch, *wen* man kennt.[35] Und genau das ist der Punkt: Bei der Stellensuche sind nicht die engen Freunde (Soziologen sprechen von *starken Bindungen*) hilfreich, sondern schwache Bindungen: die Freunde von Freunden. Der Grund liegt darin, dass innerhalb eines Freundeskreises sehr viele redundante Informationen ausgetauscht werden: Alle wissen mehr oder weniger dasselbe, die Informationen sind bereits bekannt. Wenn sich aber Netzwerke auf weiter entfernte Kontakte erweitern, auf Leute, die man nicht so gut kennt, erhält man Zugriff auf neue Informationen. In ihrem vielstufigen Leben wird Jane zahlreiche Übergänge erleben und immer wieder in neue Arbeitsbereiche wechseln. Große und diversifizierte Netzwerke werden wichtiger werden, wenn Jane ihr Tätigkeitsfeld und ihre Rolle häufiger wechseln möchte.

Offenheit für neue Erfahrungen

Das Zusammenspiel von Selbstkenntnis und diversifizierten Netzwerken schafft eine Basis für Transformation. Was aber dieser Ressource ihre Dynamik verleiht, ist die Offenheit für kreative Lösungen, die Infragestellung von alten Abläufen, Gewohnheiten und Stereotypen und das Experimentieren mit neuen Modellen, um die verschiedenen Lebensbereiche miteinander in Einklang zu bringen; weiterhin eine Neugier für das, was andere tun und wie sie leben, sowie die Bereitschaft, die Ungewissheiten des Neuen in Kauf zu nehmen.[36]

Unser Alltagsleben ist weitgehend von Routine geprägt. Die meisten von uns wiederholen tagtäglich ganz bestimmte Tätigkeiten. Solche Routinen sind wichtig, denn sie geben unserem Leben Form und Identität und verleihen dem, was wir tun, Kontinuität. Im Prozess einer Transformation ist diese Routine bedroht, und das ruft Angst hervor. Diese Angst ist vielleicht kein angenehmes Gefühl, aber sie hilft uns, die Ressourcen unserer Anpassungsfähigkeit zu mobilisieren und unsere Bereitschaft, das Neue zu bejahen. Das Leben in die eigene Hand zu nehmen, ist nicht ohne Risiko, da es gilt, sich mit einer Vielzahl von Möglichkeiten auseinanderzusetzen, die sich nun eröffnen. Es wird Momente geben, in denen wir mehr oder weniger vollständig mit der Vergangenheit brechen und neue Handlungsweisen erwägen müssen, bei denen uns eingefahrene Gewohnheiten eher hinderlich sein werden.[37]

Der Alltagstrott wird unterbrochen, sei es durch Selbstkenntnis oder durch das Umfeld, was oft eine bewusste Erkundung alternativer Lebensentwürfe anstößt. Für Douglas Hall und Philip Mirvis ist es dieses Durchbrechen von Routineabläufen, das neue Zyklen des Lernens in Gang setzt. Wenn dieses Zersprengen alltäglicher Routinen zu neuen Verhaltensstrategien führt, die wir für Erfolg versprechend halten, werden wir bereit sein, sie in unsere Identität zu integrieren und uns vielleicht sogar für weitere Erkundungen und Anpassungen zu öffnen.[38] Die sich daraus ergebenden neuen Lebensphasen werden wir im Folgenden erörtern. Ob man zum Entdecker wird oder zum freien Produzenten oder ob man eine Portfolio-Karriere ins Auge fasst: Das Faszinierende an allen diesen Phasen ist, dass sie einen Kontext schaffen, in dem alte Routineabläufe durchbrochen und die Fähigkeit zur Transformation gestärkt werden können.

5. Kapitel

Szenarien: Mögliche Ichs

Ein langes Leben bietet viele aufregende Möglichkeiten: Man hat mehr Stunden zur Verfügung, mehr Chancen, die man ergreifen, und mehr Identitäten, die man erkunden kann. In einem längeren Leben werden wir mit mehr Umbrüchen auf dem Arbeitsmarkt zurechtkommen müssen. Wir werden uns also nicht mehr darauf verlassen können, dass das Drei-Stufen-Modell mit einer langen Erwerbsphase der Weg zu einem guten Leben ist. Was tritt nun an die Stelle dieses Modells? Um vergleichen zu können und eine Diskussionsgrundlage zu schaffen, werden in diesem Kapitel für Jimmy und Jane Szenarien eines ausgewogenen Lebens entwickelt, das den oben dargelegten finanziellen Herausforderungen unserer Protagonisten genügt, aber auch ihre immateriellen Vermögenswerte fördert.

Die hier vorgestellten möglichen Ichs und Lebenswege sind nicht alternativlos, sie sind kein Muss, dem man bedingungslos folgen sollte. Tatsächlich lautet ja eine wichtige Erkenntnis des 100-jährigen Lebens, dass es eine große Diversität von Lebensstilen und -entwürfen geben wird. Die Entscheidung darüber, welchen Weg man wählt, spiegelt indes persönliche Präferenzen und individuelle Lebensumstände. Deshalb ist ein verbindlicher

Ansatz wenig hilfreich. Mit den möglichen Ichs, die wir hier vorstellen, möchten wir zeigen, dass es zum Drei-Stufen-Modell gangbare Alternativen gibt, die ein langes Leben zum Segen und nicht zum Fluch werden lassen.

Für den traditionellen dreistufigen Lebensweg war nur geringfügige Planung und Reflexion notwendig, denn Sicherheit und Berechenbarkeit waren vorprogrammiert. An die Stelle dieses vorgezeichneten Pfads treten jetzt Vielfalt und eine Fülle von Optionen, zwischen denen man wählen kann. In einem langen Leben wird es beträchtliche Unsicherheiten geben: Was für Jobs werden zur Verfügung stehen, welche Ausbildung ist erforderlich, wie wird man sich als Mensch entwickeln, und welche Ziele wird man verfolgen? Vieles ist einfach nicht vorhersehbar, und das macht die Festlegung auf einen einzigen geradlinigen Weg in die Zukunft unmöglich und trügerisch einfach zugleich. Und so neigen wir dazu, mögliche künftige Selbstbilder zu konstruieren, die für unsere Hoffnungen stehen, aber auch für unsere Angst, es nicht zu schaffen. Denn immer treibt uns die Sorge um, ob unsere Entscheidungen richtig sind. Die meisten Menschen neigen dazu, bezüglich ihres künftigen Ichs unzureichende Entscheidungen zu treffen. Wir möchten, dass alles so bleibt, wie es ist, wir ziehen das Vertraute dem Fremden vor und tun uns schwer, das Neue und Unbekannte in unseren Lebensweg einzuplanen.

Gerade deshalb können mögliche Ichs eine so starke Verhaltensmotivation sein, besonders wenn man zuversichtlich ist, es zu schaffen: wenn man Selbsteffizienz und Handlungsfähigkeit besitzt. Das Konzept der »möglichen Ichs« bildet den Ausgangspunkt der Szenarien, die wir für Jimmy und Jane entwickelt haben. Diese Szenarien bieten die Möglichkeit, alternative Abfolgen von Lebensstufen sowie andere Übergänge durchzuspielen, um ein langfristig ausgewogenes Verhältnis von materiellen und immateriellen Vermögenswerten zu erreichen. Sie machen einige der Kernprobleme sichtbar, mit denen jeder von uns konfrontiert ist, und bilden die Entscheidungsgrundlage bei der Wahl der geeigneten Wege, die uns dahin bringen, wo wir gern sein möchten, und nicht dahin, wo wir nicht sein möchten.

Die Szenarien, die unsere Betriebswirtschaftsstudenten an der London Business School entwickeln, weisen charakteristische Tendenzen und Konflikte auf, die es zu diskutieren und zu lösen gilt. Schnell tauchen Fragen auf wie zum Beispiel: Möchtest du dein Leben lang ein Spitzenverdiener sein? Wie kann man eine Partnerschaft über ein langes Leben aufrechterhalten? Wie groß ist das Risiko, das du bereit bist einzugehen? Welche Art von Tätigkeit könnte für dich sinnvoll sein? Welchen gesellschaftlichen Beitrag möchtest du leisten? Machst du das Beste aus deinen Möglichkeiten? Bist du zu traditionell?

Das Szenario, das jeder Einzelne für sich entwirft, wird auf seine ureigenen Bedürfnisse, Bestrebungen, Wünsche und Sehnsüchte zugeschnitten sein. Es ist die Aufgabe jedes Einzelnen, alle diese Dinge unter einen Hut zu bringen. Wir hoffen jedoch, dass das Beispiel von Jimmy und Jane nützliche Denkanstöße und Anregungen zum Nachdenken und Planen liefert und hilft, Freiräume für Muße und Erholung, Finanzierung und Partnerschaft zu schaffen – Themen, die wir später erörtern werden.

Jimmy: Die Bilanz

Geboren 1971, trat Jimmy mit der Vorstellung ins Berufsleben ein, Jacks dreistufigem Modell folgen zu können. Mit 20 nach seiner Lebensplanung gefragt, hätte er vermutlich drei Stufen genannt mit einem Ruhestand im Alter zwischen 60 und 65. Heute würde es ihm wohl schwerer fallen, es so klar zu formulieren. Denn jetzt, mit Mitte 40, geht es um die Optionen für seinen vor ihm liegenden nächsten Lebensabschnitt.

Wir werden zunächst Jimmys derzeitige materielle und immaterielle Vermögenswerte auf den Prüfstand stellen, um ein Bild von seinen Optionen und Schwierigkeiten zu gewinnen. Anschließend fragen wir, wie sein Leben aussehen könnte, und entwickeln drei Szenarien, bei denen jeweils eine Frage im Vordergrund steht.

Jimmys Erwerbsleben bis Mitte 40 kann in vier Phasen eingeteilt werden, die in *Abbildung 5.1* dargestellt sind. Sie zeigen, dass sich seine Vermögenswerte verbessern, wenn er in sie investiert, und verschlechtern, wenn er sie verbraucht oder vernachlässigt.

Jimmy, nunmehr 45, ist seit 24 Jahren berufstätig, nachdem er das College mit einem Diplom im Fach Datenverarbeitung abgeschlossen hat. Während des Studiums häuft er, wie viele andere, Schulden für Studiengebühren und Lebenshaltungskosten an. Nach dem College findet er relativ leicht einen Job und beginnt in dem mittelständischen IT-Unternehmen TransEx seiner Heimatstadt (erste Phase). Die nachfolgenden fünf Jahre ist Jimmy Teil eines Teams, das eine Vielzahl von Kunden bei ihrer betrieblichen IT-Infrastruktur unterstützt. Er fängt an, seine Schulden zurückzuzahlen, kauft jedoch kein Haus und ist finanziell immer noch im Minus.

Abbildung 5.1: Die Entwicklung von Jimmys Vermögenswerten

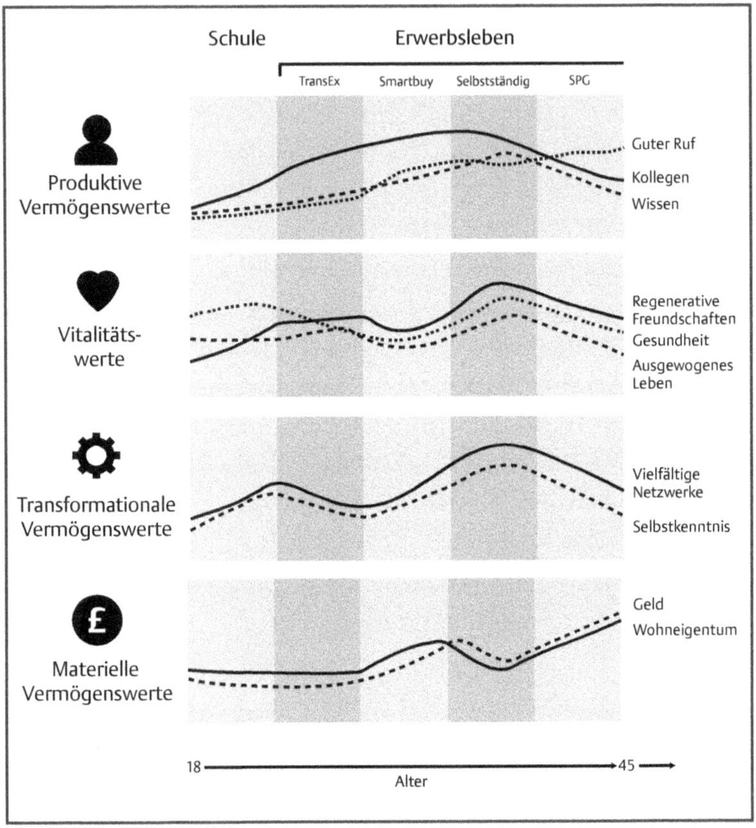

Mit 26 wechselt er in die IT-Abteilung eines seiner Kunden, eines großen Einzelhandelsunternehmens namens Smartbuy mit 850 Mitarbeitern (zweite Phase). Er wird Teil eines zwölfköpfigen Teams, von dem einige in einer anderen Niederlassung der Firma arbeiten. Er wird von seinem Teamleiter gecoacht, der ihm hilft, seine kollaborativen Fähigkeiten weiterzuentwickeln. Mit 30 wird er zum Teamleiter befördert und ist für ein IT-Team verantwortlich, das über vier verschiedene Standorte verteilt ist. Er besucht diese Standorte alle zwei Wochen, um mit den Teammitarbeitern und den Leitern der Außendienststellen zu sprechen. Für seine Familie bedeutet dies, dass er zwei bis drei Tage in der Woche nicht zu Hause ist. Als er bei Smartbuy befördert wird, kann er anfangen zu sparen und ein Darlehen für einen Hauskauf aufnehmen. Zu einem frühen Zeitpunkt seiner leitenden Tätigkeit beschließt die Firma, die Hälfte ihres betriebsinternen IT-Support ins indische Mumbai auszulagern. Jimmy führt die Verhandlungen mit dem indischen IT-Dienstleister und besucht zweimal die Outsourcing-Firma in Mumbai.

Alles geht glatt über die Bühne, doch mit 39 Jahren steht Jimmy ohne Job da, denn das Outsourcing ist so erfolgreich, dass die Firmenleitung beschließt, den gesamten IT-Support nach Indien auszulagern. Darauf ist Jimmy nicht vorbereitet, und er begibt sich auf die lange Suche nach einem neuen Job. Wir schreiben das Jahr 2010, und die Welt leidet immer noch unter den Folgen der Bankenkrise von 2008. Viele Unternehmen stellen keine neuen Mitarbeiter mehr ein, und Jimmy bemüht sich vergeblich, eine Stelle zu finden, die seiner bisherigen beruflichen Verantwortung entspricht.

Am Ende beschließt er, sich selbstständig zu machen. In den folgenden zwei Jahren arbeitet er als freier IT-Experte und erstellt eine Website, um für sich zu werben (dritte Phase). Finanziell ist es eine schwierige Zeit. Er und seine Frau Jenny haben aufgehört, Geld auf die Seite zu legen, und müssen mit der Bank eine Refinanzierung ihres Immobilienkredits aushandeln, um ihren Lebensunterhalt bestreiten zu können.

Im Jahr 2012 sieht alles besser aus. Die Firmen stellen wieder Mitarbeiter ein, und Jimmy schickt seine Bewerbung an mehr als 30 Unternehmen. Nach einem langwierigen Auswahlverfahren findet er schließlich eine Stelle bei der IT-Beratungsfirma SPG in einer Stadt 600 Kilometer entfernt (vierte Phase). Er freut sich auf den Job – er bekommt ein viel höheres Gehalt und kann anfangen, sein Darlehen zurückzuzahlen und wieder zu sparen. Doch dafür muss er seine Familie aus ihrem Lebensumfeld herausreißen und quasi in eine andere Stadt verpflanzen. Jimmy ist jetzt 41 Jahre alt. In der Firma steigt er schnell zum Leiter eines Teams mit 15 IT-Beratern auf. Ein anstrengender Job. Innerhalb des Führungsteams herrscht ein harter Konkurrenzkampf, der Gewinn wird wöchentlich berechnet und bekannt gegeben, und die Teams wetteifern miteinander um Kundenaufträge.

Das Resümee

Wenn wir Jimmys immaterielle und materielle Vermögenswerte zu diesem Zeitpunkt evaluieren würden, was wäre das Ergebnis? *Abbildung 5.1* zeigt Zunahme und Verfall seiner Vermögenswerte.

Produktive Vermögenswerte: Jimmy investierte während seines Collegestudiums in Wissen und Fertigkeiten, er vertiefte seine Kenntnisse von IT-Systemen und entwickelte seine Führungskompetenzen bei TransEx (erste Phase). Während seiner Zeit bei Smartbuy (zweite Phase) fügte er seinem Repertoire eine weitere wichtige Dimension hinzu, als er Einblick in den indischen IT-Outsourcing-Markt gewann und lernte, eine komplizierte Allianz zu führen. Als freier IT-Experte (dritte Phase) baute er diese Allianzen weiter aus, doch diese Zeit endete mit Beginn seiner Tätigkeit bei SPG (vierte Phase), als er in sehr kurzen Zeitspannen Aufgaben zu erledigen hatte mit wenig Spielraum, sich weiterzuentwickeln und zu lernen. Sein Wissensspeicher begann sich zu leeren, seine Fertigkeiten begannen zu verkümmern.

Jimmy verfügte über zwei wichtige Gruppen, die seine produktiven Vermögenswerte stützten: die Gruppe bei Smartbuy (zweite Phase) und eine Gruppe von IT-Spezialisten, die er sich in seiner Zeit als selbstständiger IT-Berater aufbaute (dritte Phase). Doch aufgrund der enormen Arbeitsbelastung bei SPG (vierte Phase) ließ Jimmy, ohne es zu merken, diese Netzwerke verkümmern und versäumte es, neue aufzubauen. Deshalb zeigt die Grafik eine Verschlechterung von Jimmys produktiven Vermögenswerten im Alter von 45 Jahren.

Vitalitätswerte: Das Studium war für Jimmy, wie für viele andere auch, eine Zeit, in der die Basis für regenerative Freundschaften geschaffen wurde. Er heiratet bald nach seinem College-Abschluss, zwei Jahre später kommt das erste seiner drei Kinder zur Welt. Es sind die TransEx-Jahre (erste Phase), und sehr schnell bauen er und seine Frau Jenny mit den Eltern der Freunde ihrer Kinder eine gute Nachbarschaftsgruppe auf. Jenny hat einen Teilzeitjob und kümmert sich um die Kinder. Ihre Eltern, die beide schon im Ruhestand sind, unterstützen sie vormittags und manchmal auch abends. Es sind gute Jahre für Jimmys Vitalitätswerte.

Die Jahre bei Smartbuy (zweite Phase) sind schwieriger: Die Kinder wachsen heran und beanspruchen mehr von Jimmys Aufmerksamkeit, und seine regelmäßige Abwesenheit von zu Hause belastet die Familie. Jennys Eltern sind jetzt öfter auf Reisen und können daher ihre Tochter bei der Kinderbetreuung nicht mehr so gut unterstützen, sodass Jennys Teilzeitjob anstrengender wird. Die Ehe ist nach wie vor stabil, aber es gibt viele Tage, an denen Jimmy morgens das Haus mit einem schlechten Gewissen verlässt, weil er für seine Kinder nicht mehr Zeit übrig hat. Seine Vitalitätswerte, so gut sie anfangs waren, beginnen sich zu verschlechtern.

Doch in den zwei Jahren als freier IT-Experte verschiebt sich seine Work-Life-Balance (dritte Phase). Er verbringt mehr Zeit mit seinen Kindern, reaktiviert den Kontakt mit alten Freunden und macht Urlaub mit Jenny. Es ist zwar keine gute Zeit für seine materiellen Vermögenswerte, aber ein Lebensabschnitt, in dem er viel in seine immateriellen Ressourcen investiert.

Nach dieser Aufschwungzeit beginnen in den Jahren bei SPG (vierte Phase) seine Vitalitätswerte zu erodieren. Sein Arbeitstag ist lang, und oft kommt er frustriert und genervt nach Hause. Jenny ärgert sich über seine schlechte Laune und hat das Gefühl, dass ihr Mann unter einem massiven Arbeitsdruck steht und bei der Familie Dampf ablässt. Sein Handy ist nie ausgeschaltet, und oft nimmt er auch abends und an den Wochenenden geschäftliche Anrufe entgegen. Jimmy hat neben der Arbeit wenig Zeit und muss auch seine Freundschaften vernachlässigen. Jenny möchte wieder ganztags arbeiten und nimmt es Jimmy übel, dass er sie nicht stärker unterstützt.

Transformationale Vermögenswerte: In Jimmys Leben gibt es zwei Phasen, in denen er seine Netzwerke erweitert: als er bei Smartbuy zu arbeiten beginnt und die IT-Dienstleistungen der Firma ins indische Mumbai verlagert werden (zweite Phase); und während seiner Zeit als freier IT-Experte (dritte Phase). In diesen Phasen eignet er sich die Fähigkeit an, Übergänge zu bewältigen, er erweitert die Kenntnis seiner selbst und ist offen für neue Erfahrungen. Während seiner Jahre bei SPG (vierte Phase) investiert er weder in den Aufbau diversifizierter Netzwerke, noch nimmt er sich die Zeit, ernsthaft über sich selbst und sein Leben nachzudenken.

Materielle Vermögenswerte: Wie bei so vielen ist auch Jimmys Start ins Berufsleben von den Schulden seines Studiums belastet. Erst mit seinem Eintritt bei Smartbuy (zweite Phase) kann er anfangen, einen Hauskredit aufzunehmen und rund 15 Prozent seines Einkommens auf die hohe Kante zu legen. Die beiden Jahre als freier IT-Experte kommen zwar seinen immateriellen Vermögenswerten zugute, da er mit alten Freunden wieder Verbindung aufnimmt und gesünder lebt, aber seine materiellen Vermögenswerte schrumpfen, sodass er seinen Hauskredit refinanzieren muss. Seine größte Investition in materielle Vermögenswerte macht er bei SPG, wo er mehr Geld verdient, sodass die Familie zu ihrer früheren Sparquote zurückkehren kann.

Jetzt, mit Mitte 40, befindet sich Jimmy in einer Phase, in der er endlich seine materiellen Vermögenswerte weiter aufbauen kann. Seine immateriellen Vermögenswerte dagegen fangen an zu verkümmern. Vor ihm liegt die zweite Lebenshälfte. Welche Optionen hat er?

Das Szenario 3.0

Jimmy könnte in Jacks Fußstapfen treten, auf seine frühe Bildungsinvestition setzen und anstreben, dem Drei-Stufen-Modell entsprechend mit 65 in Rente zu gehen.

Jimmy im Jahr 2021: Jimmy ist 50 Jahre alt und stellt fest, dass im Zuge des raschen technologischen Wandels sein fachliches Wissen zunehmend veraltet. Deshalb gerät er auch in seiner Firma immer mehr aufs Abstellgleis. Er checkt seine materiellen Vermögenswerte: Erst in den vergangenen fünf Jahren hat er wieder angefangen zu sparen. Eine Überschlagsrechnung macht ihm klar, dass er nicht über die Ersparnisse verfügt, die ihm einen Ruhestand mit 65 erlauben würden.

Jimmy im Jahr 2031: Jimmy ist jetzt 60 Jahre alt. Unzureichende finanzielle Investitionen und inadäquate immaterielle Ressourcen bereiten ihm zunehmend Kopfzerbrechen, wenn er an seine Zukunft denkt. Seine Sparquote in den vergangenen Jahren hat seine finanziellen Vermögenswerte zwar verbessert, aber seine Ersparnisse reichen noch lange nicht für Altersbezüge in Höhe von 50 Prozent seines Gehalts. Hinzu kommt, dass die gesetzliche Rente gekürzt wurde und bis 2034 die Regelaltersgrenze auf 70 Jahre angehoben werden wird. Die erste Firma, in der er beschäftigt war, gewährte ihm zwar eine betriebliche Altersversorgung, bei seinen anderen Arbeitgebern jedoch wurde die Betriebsrente reduziert. Seine immateriellen Vermögenswerte haben sich gleichfalls verschlechtert. Da er kaum in Lernen und Fortbildung investiert hat, sind seine Qualifikationen nicht mehr auf dem neuesten Stand, und er sieht sich gezwungen, eine schlechter bezahlte Tätigkeit auf einer niedrigeren Qualifikationsstufe zu übernehmen. Er hatte gehofft, sich nach seiner Pensionierung eine »Portfolio«-Karriere (dazu später mehr) aufbauen zu können, doch die Wirklichkeit sieht anders aus: Er verfügt nicht über das Fachwissen, die Qualifikation oder die Kollegen- und Kundennetzwerke, die er dafür braucht.

Jimmy im Jahr 2041: Jimmy ist 70 Jahre alt und hat immer größere Schwierigkeiten, eine gut bezahlte Tätigkeit zu finden. Er beschließt daher, seine Vollzeitstelle aufzugeben. Sein Gehalt ist niedrig, und das Leben, das er führt, ist sehr viel genügsamer, als er es sich vorgestellt hatte.

Das hier entfaltete Szenario beruht im Wesentlichen auf dem vorgezeichneten Karrierepfad der Vergangenheit. Jimmy verschließt die Augen vor den Veränderungen, die sich in der Welt um ihn herum vollziehen. Er hält nicht inne, um darüber nachzudenken, was geschehen könnte, und er plant auch nicht aktiv für seine Zukunft. Natürlich gibt es verschiedene Möglichkeiten, wie sich dieses Drei-Stufen-Modell für ihn auswirken könnte, und einige dieser Varianten sind von Undines Fluch weniger stark betroffen.

Szenario 3.0 beinhaltet zwei Faktoren, von denen unserer Ansicht nach Millionen von Menschen betroffen sein werden, die wie Jimmy derzeit diesem Weg folgen. Zum einen unzureichende Ersparnisse. Jimmy wird 50, 60 Jahre alt, ohne finanziell darauf vorbereitet zu sein. Und zum anderen die fehlende Investition in immaterielle Vermögenswerte. Da Jimmy allzu sehr auf seine Ausbildung in jungen Jahren und auf ein Netzwerk setzt, das er sich zu Beginn seines Berufslebens aufgebaut hat, gelingt es ihm nicht, seinen Karriereweg bis in seine späteren Lebensjahre weiterzuverfolgen und dabei gut zu verdienen.

Die 3.5-Szenarien

Unserer Ansicht nach ist es für Jimmy nicht zu spät, diesem Schicksal zu entrinnen. Aber wenn er ein produktiveres langes Leben führen möchte, muss er sich klarmachen, welche Optionen er zur Verfügung hat, er muss Entscheidungen treffen sowie seine *Selbsteffizienz* (»Ich bin kompetent, das zu tun«) und seine *Handlungsfähigkeit* (»Ich besitze die Selbstkontrolle und den Willen, das zu erreichen«) mobilisieren. Mit anderen Worten: Er darf nicht länger passiv bleiben. Die Bandbreite dieser möglichen Ichs reicht von extrem ehrgeizig bis wenig ehrgeizig. Wir beginnen mit einem weniger ehrgeizigen Zukunftsweg und fügen seinem dreistufigen Lebensmodell nur eine halbe Stufe hinzu. Diese halbe Stufe erfordert ein gewisses Maß an Erneuerung und Veränderung, jedoch keine größere Investition in immaterielle Vermögenswerte oder den massiven Einsatz von transformationalen Ressourcen. Stufe 3.5 dürfte am ehesten für Menschen geeignet sein, die das Risiko scheuen und mit Mitte 40 keine einschneidenden und möglicherweise riskanten Veränderungen mehr vollziehen möchten.

Dieses Szenario könnte aber auch für ältere Menschen praktikabel sein, die kurz vor der Rente stehen und nicht mehr genügend Zeit haben, sich auf tiefgreifende Übergangsprozesse einzulassen.

Stellen wir uns Jimmy im Jahr 2026 vor, im Alter von 55 Jahren. Die Meldung, dass die Regelaltersgrenze auf 70 Jahre angehoben wird, gibt ihm den Anstoß zum Handeln. Er erkennt, dass der Wert seines Fachwissens bei SPG immer geringer wird und nicht ausreicht, um ihm in einem Konkurrenzunternehmen einen gut bezahlten Job zu garantieren. Er rechnet sich jedoch aus, dass er noch mindestens 15 Jahre wird arbeiten müssen. Nur ein paar Straßen von seinem Haus entfernt liegt eine Hochschule für Weiterbildung, deren Direktor ein befreundeter Kollege aus Jimmys Zeit bei Smartbuy ist. Er bietet Jimmy die Chance, einen Abend pro Woche IT und Management zu unterrichten. Die Bezahlung ist nicht überragend, und Jimmy kann den Studenten nicht die heißen Themen bieten, die sie sich wünschen, um sich in den am schnellsten wachsenden neuen Firmen einen Job zu sichern. Und es gibt viele, die wie Jimmy ihre Dienste anbieten. Aber Jimmy ist gewissenhaft, die Studenten schätzen ihn, und so wird ihm 2030 eine Vollzeitstelle als Dozent an dem College angeboten, sodass er bei SPG kündigen kann. Sein Gehalt ist jetzt zwar geringer als vorher, aber er hat das Gefühl, sich besser einbringen zu können, und er erfährt definitiv auch mehr Anerkennung. Die besseren Arbeitszeiten helfen ihm, Job und Familie (Jenny und er haben inzwischen ein erstes Enkelkind, Julie) in ein ausgewogeneres Gleichgewicht zu bringen.

Finanziell liegt der eigentliche Vorzug dieses Jobs darin, dass jedes weitere Jahr, in dem Jimmy erwerbstätig ist, seiner Alterssicherung zugutekommt, auch wenn sein Gehalt nur seine Lebenshaltungskosten abdeckt. Ein weiterer Aspekt kommt hinzu: Diese Jahre mit einem geringeren Gehalt helfen Jimmy und Jenny, sich schon jetzt auf einen niedrigeren Lebensstandard einzustellen, sodass sich ihre Ressourcen im Alter nicht ganz so schnell erschöpfen werden. Ihr Haus wirkt zwar etwas heruntergekommen, und Jimmys Lehrverpflichtungen am College und seine Finanzen erlauben ihm und Jenny nicht so viele Reisen wie den meisten ihrer Freunde, aber viele andere sind bedeutend schlechter dran.

Zwischen Szenario 3.0 und 3.5 gibt es keinen großen Unterschied, aber Szenario 3.5 funktioniert für Jimmy sehr viel besser, weil er einen Job gefunden hat, den er noch mit 70 ausüben kann. Das war Glück, aber auch das Ergebnis einer bewussten Anstrengung, sein Leben selbst in die Hand zu nehmen und nach neuen Chancen Ausschau zu halten. Er unternimmt frühzeitig etwas, um aus dem impraktikablen 3.0-Modell auszubrechen und seine finanziellen Ressourcen nachhaltiger zu nutzen.

Dennoch bringt diese Phase 3.5 für Jimmy keine größeren Veränderungen mit sich. Er vollzieht keinen tiefgreifenden Umbruch, wechselt nur im Rahmen eines ruhigen Übergangs in das College ein Stück die Straße hinunter.

Er ist nach wie vor im selben Sektor tätig und redet über dieselben Themen wie zuvor. Das wird für Jimmy zum Problem. Man schätzt ihn als guten Kollegen, doch mit jedem Jahr, das vergeht, zeigt sich deutlicher, dass seine Erfahrung und sein Wissen allmählich veralten. Als er schließlich im Jahr 2042 mit 71 in Rente geht, gibt es nicht einmal eine Abschiedsfeier, weil viele in seiner Fakultät dachten, er wäre schon längst ausgeschieden. Um

Dylan Thomas zu zitieren: Jimmy geht sehr sanft in diese gute Nacht.

Natürlich gibt es auch andere 3.5-Szenarien. Jimmy könnte bis 65 Vollzeit arbeiten und dann eine Teilzeittätigkeit als Berater übernehmen, entweder bei SPG oder in einer anderen Firma, die ihm seine Kontakte in der IT-Branche vermitteln könnten. Doch das ist gar nicht so einfach. Jimmy benötigt dafür nützliche und gefragte Fertigkeiten und Kenntnisse, aber sein Alter und die lange Zeit, die seit seinem Ausscheiden bei SPG vergangen sind, machen es ihm immer schwerer, sein Wissen auf dem neuesten Stand zu halten. Es gibt arbeitsreiche Zeiten, in denen SPG vertrauensvolle und zuverlässige Kräfte gebrauchen kann, und Jimmy springt gern ein. Die gelegentliche Beratungstätigkeit hält ihn geistig fit, und jedes zusätzliche Jahr, in dem er Geld verdient, schont zugleich seine Altersbezüge. Jimmy weiß nur zu gut, dass seine Ausgaben langfristig nicht durch seine Alterseinkünfte gedeckt sind.

Eine andere Variante des 3.5-Szenarios könnte sein, dass Jimmy zwar den IT-Sektor verlässt, aber trotzdem keinen wirklichen Übergang vollzieht. Alte Freunde von Jimmy und Jenny haben im Nachbarort einen Laden und freuen sich, Jimmy einen regelmäßigen Job anbieten zu können, bei dem er hinter der Ladentheke hilft und ein Auge auf das Personal hat. Jimmy besitzt viel Managementerfahrung, und die Freunde vertrauen ihm. Sie können ihm zwar nicht viel zahlen, aber wie Jimmy sagen würde: »Besser als nichts.« Außerdem ist er ein geselliger Mensch und liebt den Austausch mit anderen.

Alle hier vorgestellten 3.5-Szenarien funktionieren auf einer bestimmten Ebene. Sie tragen zwar nicht zum Aufbau materieller Vermögenswerte bei, verkürzen aber die Zeitspanne, in der Jimmy seine finanziellen Ressourcen verbraucht, und nützen damit der Bilanz seiner materiellen Vermögenswerte. In allen diesen Szenarien hat Jimmy mehr Zeit für seine Vitalitätswerte: für Freunde und Familie, für körperliche Fitness und für innere Zufriedenheit. Der Nutzen für seine produktiven Vermögenswerte jedoch ist gering, und seine transformationalen Vermögenswerte sind kaum gefordert. Allen 3.5-Szenarien fehlt es an Investition entweder in materielle oder immaterielle Vermögenswerte, und es finden keine größeren Veränderungen statt. Doch so bescheiden sie auch sind, sie sind groß genug, um das dreistufige Leben erträglicher zu gestalten. Die mangelnde Investition in wertvolle Ressourcen und eine geringe Transformation machen diese zusätzliche halbe Stufe allerdings zum bloßen Anhängsel eines dreistufigen Lebens. Je länger es dauert, desto mehr wird die fehlende Investition zum Problem.

Die 4.0-Szenarien

Es gibt aktivere Szenarien, die Jimmy zur Verfügung stehen. Sie könnten Entwürfe sein für ein Ich, das bereit ist, mehr zu investieren, mehr zu riskieren und größere Veränderungen und Umbrüche zu vollziehen. Wir möchten zwei dieser Szenarien genauer betrachten. Beide basieren auf einem entschlossenen Willen zu Veränderung und Umgestaltung. Wir nennen diese Szenarien 4.0, weil eine neue, vierte Stufe hinzukommt. Im ersten Szenario arbeitet Jimmy weiter im IT-Sektor, vollzieht jedoch einen tiefgreifenden persönlichen Wandel und baut sich eine Portfolio-Karriere auf. Im zweiten Szenario geht Jimmy ein größeres Wagnis ein und gründet eine eigene Firma. Anders als in Szenario 3.5 wird Jimmy schon frühzeitig die Notwendigkeit einer Veränderung bewusst, und die lange Zeit des Erwerbslebens, die noch vor ihm liegt, verschafft ihm den Spielraum, diesen Wandel zu bewerkstelligen.

Die vierte Stufe einer Portfolio-Karriere

Jimmy im Jahr 2016: Dies ist der Zeitpunkt, an dem Jimmy, inzwischen 45, seine transformationalen Vermögenswerte wirklich entwickelt und benutzt. Er verbessert seine Selbstkenntnis, indem er einen Schritt zurück tritt und über sein Leben und die Welt nachdenkt, die ihn umgibt. Er erkennt das Ausmaß der Veränderungen, die auf ihn zukommen werden, und eine Überschlagsrechnung macht ihm klar, dass ihm bei einem frühen Ruhestand nur sehr geringe finanzielle Mittel zur Verfügung stehen würden. Er findet sich damit ab, länger arbeiten zu müssen. Und als er über den sich rasch wandelnden IT-Sektor nachdenkt, überlegt er, dass eine Weiterqualifizierung seine Chancen erhöhen könnte, in einen wachstumsstärkeren Sektor zu wechseln. Er fängt an, seine Selbsteffizienz zu mobilisieren, und nachdem er mit Jenny alles durchgesprochen hat, traut er sich zu, es zu schaffen.

Jimmy weiß, dass er einige kurzfristige Veränderungen in Gang setzen und seine Qualifikation verbessern muss. Aber wie? An dieser Stelle ist ihm sein Kollegennetzwerk von großem Nutzen. Die Kollegen weisen ihn auf einen Lehrgang hin, in dem er seine Kenntnisse im Bereich der Informationstechnologie auf den neuesten Stand bringen kann. Er spricht darüber mit seinem Vorgesetzten, doch SPG, sein derzeitiger Arbeitgeber, ist nicht bereit, ihm diese Fortbildung zu finanzieren. Daraufhin entschließt er sich zu einem großen Schritt. Er schreibt sich für einen

IT-Lehrgang ein, für den er ein Jahr lang zwei Abende pro Woche und jedes zweite Wochenende opfern muss. Ein Teil des Kursprogramms findet online statt mit Peer-Coaching, und er trifft sich jeden zweiten Samstag mit Leuten, die denselben Kurs machen wie er. Mit anderen Worten: Jimmy hat sich entschlossen, seine Freizeit dafür zu nutzen, sich neu zu erfinden. Es ist ein anstrengendes Jahr, doch der Lehrgang verbessert seine Kenntnisse und macht ihn mit einer völlig neuen und hochmotivierten Arbeitsgruppe bekannt. Wichtiger noch: Am Ende bekommt er ein Zertifikat, das in der IT-Branche hohes Ansehen besitzt. Nachdem Jimmy diese Investition gemacht und den Kurs erfolgreich abgeschlossen hat, sieht er sich nach einem neuen Job um. Das ist nicht einfach. Jimmy hat längst bereut, dass er bei SPG angefangen hat, und möchte denselben Fehler nicht noch einmal machen. Deshalb sucht er sehr gründlich. Er ist fest entschlossen, nicht noch einmal in einem Unternehmen anzufangen, das die Mitarbeiterfortbildung so wenig fördert. Nach langer Suche findet er schließlich eine Stelle bei einem großen internationalen IT-Unternehmen mit Sitz in Mumbai. Seine Recherchen ergeben, dass diese Firma die berufliche Weiterentwicklung ihrer Mitarbeiter unterstützt, und er ist zuversichtlich, dass seine Kompetenzen in der Leitung virtueller Teams und komplexer Formen der Zusammenarbeit verschiedener Partner dort wertgeschätzt werden.

Jimmy macht sich auch über seine Vitalitätswerte Gedanken. Er findet, seine Work-Life-Balance stimmt nicht. Er hat sich daran gewöhnt, in seiner Familie der Hauptverdiener zu sein und seine Frau Jenny in der klassischen Hausfrauenrolle zu sehen. Aber wenn er genau hinhört, was Jenny sagt, wird ihm klar, dass sich die Dynamik ihrer Partnerschaft ändern muss. Jenny möchte wieder zu einer Vollzeitbeschäftigung zurückkehren, doch dafür muss ihr häusliches Leben in einigen Punkten neu geregelt werden. Er und Jenny setzen sich zusammen und fangen an, ihre Partnerbeziehung, ihre Rollen und Verantwortlichkeiten neu zu definieren – ein mitunter mühseliger Prozess. Dann erarbeiten sie einen Plan, der ihnen beiden erlaubt, berufstätig zu sein.

Sie achten jetzt auch mehr auf ihre Gesundheit und ihr Wohlbefinden. Die anstrengenden Berufsjahre haben ihren Tribut gefordert. Jimmy und Jenny sind übergewichtig, es mangelt ihnen an körperlicher Fitness, und sie wissen, dass es nicht einfach sein wird, einige der gewünschten Veränderungen in ihrem Leben umzusetzen. Daher beschließen sie, etwas für ihre Gesundheit zu tun. Die Firma, in der Jimmy arbeitet, organisiert jedes Jahr einen Marathonlauf, dessen Erlös einer Krebshilfeorganisation zugutekommt. Er und Jenny schreiben sich für einen Halbmarathon ein.

Jimmy im Jahr 2021: Seinen 50. Geburtstag feiert Jimmy mit einem Marathonlauf in New York. Es war für ihn ein gutes Jahrzehnt. Seine Firma gewährt ihren Mitarbeitern jedes Jahr einen zehntägigen Bildungsurlaub, dessen inhaltlichen Schwerpunkt sie selbst wählen können. In den zurückliegenden zehn Jahren hat er also pro Jahr zehn Tage in seine Weiterentwicklung investiert. Im ersten Jahr baute er seine Kompetenzen in der Leitung virtueller Teams aus, im zweiten lernte er mehr über Augmented Technology, und im dritten besuchte er einen Kurs zu aktuellen Entwicklungen in der Robotik. Diese kontinuierlichen Investitionen machten sich für Jimmy bezahlt, und er liebt seine Arbeit.

2021 nimmt er sich, wie schon einmal, Zeit für den Entwurf seines nächsten Zehnjahresplans. Er weiß, wie wichtig es ist, sich ein breit gefächertes Portfolio beruflicher Kompetenzen aufzubauen, und erkennt, dass er sofort damit anfangen muss. Er möchte zwar weiter Vollzeit arbeiten, ist aber bereit, einiges in die Waagschale zu werfen. So nimmt er an einem Lehrgang *Projektmanagement für höhere Führungskräfte* teil. Seine Firma stellt ihn dafür zwei Wochen frei. Außerdem investiert er jährlich zehn Wochenenden in einen Fortbildungskurs, den er zusammen mit anderen Projektmanagern macht. Er baut sich ein großes Netzwerk von Projektmanagern aus aller Welt auf. Er hat herausgefunden, dass es drei für ihn relevante Online-Communitys gibt, und er schließt sich allen dreien an, um sich auszutauschen. Er wird zertifizierter Projektmanager für globale Aufgaben und erwirbt darüber hinaus weitere Zusatzqualifikationen.

Jimmy im Jahr 2036: Jimmy ist 65 Jahre alt, doch der Gedanke an den Ruhestand liegt ihm und Jenny fern. Jimmy hat zwei Jahre zuvor die indische IT-Firma verlassen und arbeitet jetzt als zertifizierter Projektmanager. Die zehn Jahre Investition in den Aufbau von Kontakten innerhalb der drei für ihn wichtigen Wissensgemeinschaften zahlen sich aus, und seine Kenntnisse sind gefragt. Seine Kinder stehen mittlerweile finanziell auf eigenen Beinen, und er hat angefangen, sich auf große IT-Projekte in Schwarzafrika zu spezialisieren. Jenny arbeitet weiterhin in ihrem Beruf und freut sich über ihre Unabhängigkeit, wenn Jimmy unterwegs ist. Jimmy hat sich eine Portfolio-Karriere aufgebaut, wie er es sich gewünscht hatte. Sein wertvolles Know-how verschafft ihm immer wieder neue und interessante Aufträge, und er ist noch mit Ende 70 gefragt.

Was die Finanzen des Szenarios 4.0 betrifft: Wenn Jimmy bis zu seinem 77. Lebensjahr arbeitet und wenn sein Portfolio-Gehalt, das er aus den verschiedenen Projekten bezieht, so hoch klettert wie in seinem letzten Job, benötigt er eine konstante Sparquote von nur 8,5 Prozent. Er kann später in Rente gehen, weil er sowohl in seine Produktivitäts- als auch in seine Vitalitätswerte investiert hat. Es ist diese Balance, die Jimmys finanzielle Situation entscheidend verändert. Den finanziellen Kalkulationen von Jimmys dreistufigem Leben mit einer langen Erwerbsphase zufolge hätte er bei 44 Jahren Erwerbsleben und 20 Jahren Ruhestand eine konstante (und wahrscheinlich unmögliche) Sparquote von 17 Prozent benötigt. In dem Portfolio-Szenario arbeitet er 56 Jahre und genießt acht Jahre Ruhestand.

Die vierte Stufe als Unternehmer

Im vorigen Szenario traf Jimmy ein paar wichtige Entscheidungen zur Investition in seine Produktivitäts- und Vitalitätswerte und mobilisierte seine transformationalen Vermögenswerte. Er fügte seinem Leben eine neue Stufe hinzu, indem er nach seinem 60. Lebensjahr eine Portfolio-Karriere für sich gestaltete. Aber was wäre, wenn Jimmy mit 45 Jahren beschließen würde, ein echtes Risiko einzugehen und den großen Sprung zu wagen? In diesem Szenario trifft er eine noch viel weitreichendere Entscheidung und wird Unternehmer – oder, wie wir es weiter unten nennen, »freier Produzent«. Wie könnte das aussehen?

Jimmy im Jahr 2016: Wenn Jimmy über sein Leben nachdenkt, hat er das Gefühl, er steckt in einer Sackgasse. Die Arbeit bei SPG ist anstrengend und eine große Belastung für seine Familie. Wehmütig denkt er an die Zeit zurück, als er selbstständig war. Ob er das noch einmal schaffen würde? Allerdings hat er eine Familie zu ernähren und einen Immobilienkredit zu bezahlen, und er hat ausgerechnet, dass seine finanziellen Ressourcen nicht ausreichen, um mit 70 in Rente zu gehen.

Wie im Portfolio-Szenario gibt er sich daher einen Ruck und beschließt, einen Teil seiner Freizeit dafür zu nutzen, sich neu zu erfinden. Doch diesmal verfolgt er eine ganz andere Strategie.

In den folgenden zwei Jahren bereitet er sich an den Wochenenden und im Urlaub auf diesen Sprung vor. Er bündelt seine Kräfte in drei Richtungen. Erstens: Er baut Selbstkenntnis auf, indem er sich den IT-Markt sehr genau anschaut. Er kommt zu dem Schluss, dass viele Start-up-Firmen einen kostengünstigen IT-Support suchen. Deshalb reaktiviert er seine alten Netzwerke und nimmt mit seinen ehemaligen Kollegen in Indien Kontakt auf. Es ist sehr zeitaufwendig, einige von ihnen ausfindig zu machen und zu kontaktieren, aber die meisten freuen sich, die Verbindung wiederaufleben zu lassen. Sie berichten ihm von den innovativen Projekten, an denen sie in Indien arbeiten. Zwei von Jimmys alten Kollegen sind jetzt beim Cloud-Computing an vorderster Front. Jimmy beschließt, sich bei SPG eine Woche freizunehmen und nach Indien zu fliegen. Er möchte sie besuchen und sehen, was genau sie machen.

Je länger Jimmy recherchiert, desto klarer wird ihm, dass sein Plan eine wirklich wertvolle Geschäftsidee ist. Und so beschließt er, aktiv zu werden, und fängt an, sich kundig zu machen. Er entwickelt ein paar Projekte, die er nebenbei verfolgt und die ihm einen Vorgeschmack auf das geben, was aus ihm werden könnte. Beispielsweise tritt er einem Klub von Unternehmern in seiner Stadt bei, die sich einmal im Monat treffen. Und er schreibt sich für einen Online-Kurs in Buchführung und Marketing ein. In dem Unternehmerklub lernt er einen Haufen neuer Leute kennen, von denen einige bereits ein eigenes Unternehmen führen. Sein Traum gewinnt immer deutlichere Konturen, und während er über mögliche Geschäftsmodelle nachdenkt, trifft er eine weitreichende Entscheidung. Er erkennt, dass die Stadt, in der er lebt, nicht groß genug und damit nicht ideal ist für ein Cluster von Start-ups, die seine Kunden werden könnten. Deshalb fasst er seine Strategie etwas weiter und überzeugt seinen Chef bei SPG, ihn in eine größere Stadt zu versetzen, wo ein erfolgreiches Cluster kleinerer Unternehmen entstanden ist. Bereits wenige Wochen nach seiner Ankunft hat er ein Netzwerk aus kleinen Geschäftsleuten geknüpft. Bei einer Tasse Kaffee erfährt er von ihren Frustrationen und der Anstrengung, ein Geschäft zu führen. Bei seinen früheren Reisen nach Indien hat er Bob kennengelernt, der mit zwei indischen Outsourcing-Firmen zusammenarbeitet. Je mehr Jimmy über seine Optionen nachdenkt, desto klarer wird ihm, dass Bob der ideale Geschäftspartner für ihn wäre. Bob kennt die Branche und den Standort und weist ihn auf staatlich geförderte Projekte hin, die Start-ups trainieren und bei einer Unternehmensgründung Startkapital zur Verfügung stellen.

Jimmy im Jahr 2019: Drei Jahre später ist Jimmy bereit, den Sprung zu wagen. Die kleineren Projekte, die er während seiner Zeit bei SPG entwickelt hatte, beginnen Früchte zu tragen. Er glaubt jetzt, genug über Cloud-Computing zu wissen, er verfügt über enge Kontakte zu Providern in Indien, lebt in einer Stadt mit einem Cluster aufstrebender kleiner Unternehmen und hat gute Verbindungen zu staatlichen Förderprogrammen. Er und Jenny haben in den letzten zwei Jahren die Gelegenheit genutzt, ihre Ausgaben genauer unter die Lupe zu nehmen, und beschlossen, ihren Lebensstil in einigen Bereichen zu ändern, um ihre allgemeinen Ausgaben zu reduzieren. Sie machen keinen teuren Urlaub mehr, haben die Mitgliedschaft im Golfklub gekündigt und versuchen insgesamt, genügsamer zu leben. Auf diese Weise haben sie sich ein kleines Polster an Ersparnissen zugelegt und ihre Familie auf diesen bescheideneren Lebensstil eingeschworen.

Anfang 2020 gründet Jimmy zusammen mit Bob eine eigene Firma. Sie nennen sie YourIT, und auch wenn sie nicht vorhaben, einen Konzern aufzubauen, soll es doch ein überlebensfähiges

Unternehmen sein. Ihre beruflichen Kontakte verschaffen ihnen ihre ersten beiden Kunden, und sie arbeiten eng mit ihren indischen Partnern zusammen, um einen kostengünstigen und effizienten IT-Service anbieten zu können.

Wie wird Jimmys Leben in diesem Szenario weitergehen? Heute treffen bereits viele Menschen über 50 eine ähnliche Entscheidung wie Jimmy und gründen ihr eigenes Unternehmen – einige freilich nur deshalb, weil sie keine andere Option haben. Jimmy jedoch hat diesen Schritt in die Selbstständigkeit strategisch geplant und sich gezielt darauf vorbereitet. Vier Jahre lang hat er seine materiellen und immateriellen Vermögenswerte gestärkt, und seine Experimente und kleineren Projekte boten ihm viel Gelegenheit, sich selbst und den Markt besser kennenzulernen. Jemandem, der plötzlich seinen Job verliert und sich selbstständig machen will, steht eine so lange Planungszeit natürlich selten zur Verfügung. Viele kleine Unternehmen scheitern, und die Wahrscheinlichkeit ist groß, dass auch Jimmys Firma scheitern wird. Aber da er seine materiellen und immateriellen Ressourcen entwickelt hat und insbesondere seine transformationalen Vermögenswerte stärken konnte, hat er unserer Ansicht nach auch dann noch Optionen. Sollte er scheitern, kann er mit seinen Qualifikationen wieder auf die Portfolio-Stufe zurückkehren, die wir oben beschrieben haben.

Sowohl in diesem Szenario als auch in dem Szenario mit einer Portfolio-Karriere in der vierten Phase muss sich Jimmy seine konkrete Situation vor Augen führen und das Terrain genau sondieren. Sobald er in diesen Modus der Selbsterkenntnis gewechselt ist und sich für neue Erfahrungen geöffnet hat, wird er die Konsequenzen potenzieller Entscheidungen abschätzen. Dabei wird er erkennen, dass er massiv in neues Wissen und neue Qualifikationen investieren muss. In beiden Szenarien findet Jimmy den Mut zur Umgestaltung und zur Neuerfindung seiner selbst. Keine einfache Aufgabe. Unsere Beschreibung dieser beiden Szenarien könnte den Eindruck erwecken, es sei ein spielend leichter und aussichtsreicher Weg. Nicht jeder wird es schaffen, sich ein Portfolio zu kreieren oder in einer späteren Lebensphase Unternehmer zu werden. Einige werden das Glück nicht auf ihrer Seite haben. Anderen wird es nicht gelingen, die Fertigkeiten zu entwickeln oder die Kontakte aufzubauen, die sie brauchen. Wieder andere werden nicht bereit sein, die erforderliche Zeit und Anstrengung zu investieren. Doch selbst für diejenigen, die es schaffen, wird der Wandel belastend und schwierig sein. Und deshalb sind die transformationalen Vermögenswerte so wichtig. Investition in Selbstkenntnis und den Aufbau neuer dynamischer Netzwerke, aber auch Offenheit für neue Erfahrungen sind notwendig, damit diese Szenarien zum Erfolg werden.

Diese 4.0-Szenarien verlangen harte Arbeit und Durchhaltevermögen. Doch wo liegen die Vorteile? In beiden Szenarien werden materielle und immaterielle Vermögenswerte aufgebaut und verbessert; beide führen zu längeren Phasen mit einem hohen Einkommen, das zu höheren Altersbezügen beiträgt; beide stärken die Produktivitäts- und die Vitalitätswerte. Es gibt aber natürlich auch große Unterschiede zwischen den beiden hier vorgestellten 4.0-Szenarien. Stufe vier des Unternehmers ist riskant und sehr viel belastender, sowohl hinsichtlich der finanziellen als auch der immateriellen Vermögenswerte. Die Portfolio-Karriere wiederum verschafft Jimmy und Jenny mehr Zeit füreinander. Für welches Szenario Jimmy sich letztlich entscheidet, hängt von seinen Präferenzen und seiner Ausgangssituation ab.

Szenarien für Jane

Alle, die jünger sind als Jimmy, gehen vermutlich – und völlig zu Recht – davon aus, dass sie nicht so sehr unter Druck stehen und mehr Optionen haben. Bei den Szenarien für Jimmy ist unser Protagonist ja schon in der Mitte seines Lebens angelangt, und dass er erst mit 45 Jahren begonnen hat, sich zu diversifizieren, schränkt ihn natürlich in seinen Möglichkeiten ein. Jane dagegen steht am Beginn ihres Erwachsenenlebens und besitzt eine sehr viel größere Flexibilität. Sie ist 1998 geboren, ihr ganzes Leben liegt also noch vor ihr. Was bedeutet dies für ihre Entwicklungsmöglichkeiten?

Szenario 3.0, das für Jimmy so schlechte Aussichten bot, wäre für Jane ein völliges Desaster. Während der langen zweiten Phase eines ununterbrochenen Erwerbslebens, die zur Finanzierung ihres Ruhestands notwendig wäre, würden Janes immaterielle Vermögenswerte völlig vernachlässigt. Das Szenario 3.5, das wir für Jimmy entwickelt haben (Lehrtätigkeit an einem örtlichen College, Beratertätigkeit für SPG, ein Job in dem Laden von Freunden), verschaffte ihm finanzielle Sicherheit für den Rest seines Lebens und gewährleistete gerade eben den Erhalt seiner immateriellen Vermögenswerte durch gezielte, geringfügige Reinvestition. Auch Jane könnte natürlich ein 3.5-Modell versuchen, doch da sie ein langes Leben vor sich hat, bezweifeln wir, dass es funktionieren wird. Schließlich sind in diesem Modell sowohl die materiellen wie auch die immateriellen Vermögenswerte problematisch. Janes Einkommen wäre recht bescheiden, und wenn sie über einen längeren Zeitraum davon leben müsste, könnte sie nicht genügend für den Ruhestand sparen. Szenario 3.5 strapazierte bereits Jimmys produktive Vermögenswerte: Sein Wissen und seine Erfahrung verloren zusehends ihren

Wert und ihre Bedeutung, als College-Dozent ebenso wie als Berater.

Für uns steht fest, dass Jane ein Szenario 4.0 oder sogar 5.0 braucht. Bei dem langen Erwerbsleben, das Jane vor sich hat, muss sie erheblich in ihre immateriellen Vermögenswerte investieren und bereit sein, sich neu zu erfinden und zu transformieren. Die diesbezüglich eher bescheidenen Anstrengungen Jimmys in Szenario 3.5 reichen für Jane einfach nicht aus.

Das Szenario 4.0 für Jane

Was wäre, wenn sich Jane mit ihrer längeren Lebenserwartung an Jimmys 4.0-Modell orientieren würde? Könnte sie es schaffen, ununterbrochen zu arbeiten und in den letzten Jahrzehnten ihres produktiven Lebens ein Portfolio aufzubauen? Wenn sie 14 Prozent ihres Gehalts auf die Seite legen würde, müsste sie laut *Abbildung 2.7* bei Altersbezügen in Höhe von 50 Prozent ihres letzten Gehalts bis zum Alter von 80 Jahren arbeiten. Ist bei einer Erwerbstätigkeit von 60 Jahren ein Szenario nach dem Portfolio-Modell 4.0 (mit den vier Stufen Schule und Ausbildung, Erwerbsleben, Portfolio und Ruhestand) überhaupt zu verwirklichen?

Jane wird um das Jahr 2019 in die Arbeitswelt eintreten. In den kommenden Jahrzehnten werden immer mehr Routinejobs verschwinden, hochqualifizierte ebenso wie geringqualifizierte. Jane wird also viel Zeit aufwenden müssen, um sich neue Qualifikationen anzueignen und über die Entwicklungen auf dem Arbeitsmarkt auf dem Laufenden zu bleiben. Ihre *produktiven Vermögenswerte* kann sie sich durch Coaching und Training am

Arbeitsplatz sowie durch Fortbildungskurse bewahren. Wenn sie in ihrem Job Fertigkeiten entwickeln möchte, die ihr auch in anderen Bereichen nützlich sind, wird sie eine Firma finden müssen, die sie dabei unterstützt. Wie Jimmy im Laufe seiner Berufslaufbahn erfahren hat, ist die Bereitschaft der Unternehmen, ihre Mitarbeiter bei der Weiterentwicklung allgemeiner, fachübergreifender Fähigkeiten zu unterstützen, unterschiedlich groß. Doch selbst wenn Jane diese Unterstützung erfährt: Wird ihre berufliche Fortbildung ausreichen, damit sie up to date bleibt? Wahrscheinlich nicht. Sie wird vermutlich auch mehr von ihrer Freizeit investieren müssen, um sich neu zu erfinden. Mit anderen Worten: Wie Jimmy in Szenario 4.0 wird auch Jane gezwungen sein, in einigen Phasen ihres Lebens Wochenenden und Urlaubszeit zu opfern, um sich weiterzuentwickeln und zu lernen. Wenn Jane zu dieser kontinuierlichen Investition in ihre produktiven Vermögenswerte nicht bereit ist, wird sie kaum imstande sein, ihre Fertigkeiten auf dem erforderlichen Niveau zu halten.

Könnte sie ihre *Vitalitätswerte* über eine so lange Zeit des Erwerbslebens aufrechterhalten? Würde sich ihre Vitalität nicht verbrauchen, wenn sie 60 Jahre ohne längere Pause arbeitet? In einem traditionellen Unternehmen mit klassischen Arbeitszeiten von 9.00 bis 18.00 Uhr und – wie in vielen Ländern üblich – drei bis vier, in Deutschland sogar bis zu sechs Wochen Urlaub im Jahr wäre dies ganz bestimmt der Fall. Könnte Jane eine Firma finden, in der sie weniger als fünf Tage pro Woche arbeiten muss? Die kürzere Wochenarbeitszeit würde ihr den dringend notwendigen Freiraum verschaffen, um neue Qualifikationen zu erwerben, sich zu entspannen und aufzutanken. In den meisten Betrieben ist dies derzeit nicht die Norm, aber wenn Jane 30 Jahre alt ist, wird sich diese Situation in einigen Unternehmen geändert haben. Wie wir in Kapitel 8 zum Thema Freizeit darlegen, könnte das dreitägige Wochenende oder die Viertagewoche eine gute Alternative sein, um sich über ein längeres Arbeitsleben hinweg seine Vitalität zu bewahren.

Die 5.0-Szenarien

Ein vierstufiger Lebensweg (4.0) ist für Jane möglicherweise dann praktikabel, wenn sie ihre Vitalitäts- und Produktivitätswerte kontinuierlich auffrischt. Sie hat jedoch mehr Optionen als Jimmy und könnte deshalb mehrere unterschiedliche Szenarien für sich ins Auge fassen. Wenn Jane ihre Transformationsfähigkeit übt, kann sie über den vierstufigen Lebensweg hinausgelangen und ein Leben mit fünf Stufen führen (entsprechend dem Szenario 5.0).

Jane im Jahr 2019: Jane, Anfang 20, weiß, dass sie gute Chancen hat, 100 Jahre alt zu werden, und auf dieser Basis trifft sie ihre Entscheidungen. Sie beschließt, weitreichende Festlegungen und Weichenstellungen auf einen späteren Zeitpunkt ihres Lebens zu verschieben und stattdessen ihre Optionen zu erkunden. Nach dem Abschluss der Universität im Fach Neuere Geschichte beginnt sie zu reisen. An diesem Punkt ihres Lebens ist sie nur mit einem sehr kleinen Budget ausgestattet *(asset light)* und bereit, verschiedene Gelegenheitsjobs zu übernehmen. Es ist eine Erkundungsphase. Auf ihren Reisen quer durch Länder und Kulturen lernt sie eine Menge Leute kennen und baut sich ein weitgespanntes Netzwerk von Freunden und Bekannten auf, das eine solide Basis für ihre transformationalen Vermögenswerte bilden wird (erste Phase). Nehmen wir an, sie bereist Argentinien und Chile und lernt die lateinamerikanische Kultur kennen. Sie verbringt drei Monate in Buenos Aires und macht einen Intensivsprachkurs, den sie mit einem Sprachdiplom abschließt. Jane hat schon immer gern gekocht und ist fasziniert vom Street Food lateinamerikanischer Städte. Sie hat Pop-up-Restaurants kennengelernt, die nur für einen begrenzten Zeitraum öffnen, bevor sie wieder verschwinden, und begeistert sich für die Idee, dieses Pop-up-Konzept auf Fiestas zu übertragen. Dank ihrer guten Spanischkenntnisse knüpft sie Kontakte zu Veranstaltern solcher Fiestas in verschiedenen Städten und bekommt Einblick in deren Organisation. Sie verdient wenig Geld, aber genug, um ihren Aufenthalt zu finanzieren. In dieser Phase ihres Lebens beginnt Jane ihre organisatorischen Fähigkeiten zu schulen, sie erwirbt Grundkenntnisse der Budgetplanung und baut sich ein Netzwerk von Festivalorganisatoren in ganz Lateinamerika auf. Dabei hat sie großen Spaß, und sie liebt das, was sie tut. Nach Hause zurückgekehrt, pflegt sie ihre Kontakte weiter und »importiert« Elemente dieser lateinamerikanischen Fiestas, indem sie Geburtstagspartys von Freunden organisiert.

Jane im Jahr 2026: Jane ist jetzt Ende 20 und kann es kaum erwarten, ihre Geschäftsidee umzusetzen. Sie überredet zwei Freundinnen zum Mitmachen, und gemeinsam gründen sie eine Firma. Das ist die zweite Phase, die Phase als freie Produzentin. Ihr erstes großes Projekt ist die Organisation von ein paar Straßenfesten. Aber wie so viele, die eine eigene Firma gegründet haben, bereitet ihr die finanzielle Seite Probleme. Sie lernt Sam kennen, die weiß, wie man Events profitabel macht. Sam macht Jane mit anderen Organisatoren von Pop-up-Events bekannt und überzeugt sie, neue Wege der Finanzierung zu gehen. Im Jahr 2026 boomt das Crowdsourcing, und Jane wagt den Sprung, um zu testen, welche Unterstützung ihr Projekt finden könnte. Sie muss sich tatkräftig einen guten Ruf aufbauen und einen Namen machen, das steht in den nächsten Jahren im Zentrum ihrer Bemühungen. Sam unterstützt sie beim Aufbau einer dynamischen und aufregenden virtuellen Online-Präsenz, und ihr wöchentliches Blog wird von immer mehr Leuten begeistert gelesen. Bald hat sie Tausende von Followern ihrer Fiestas und baut sich eine lebendige Online-Community auf. Diese Community von Leuten, die Pop-up-Fiestas organisieren, breitet sich auch in andere Städte und Länder aus. Jane stellt fest, dass sie viele Follower in Finnland und Südkorea hat, und es ist für sie eine wunderbare Erfahrung, diese Länder zu bereisen und sich mit anderen Fiesta-Enthusiasten auszutauschen.

Dies sind die Jahre, in denen Jane sich selbst kennenlernt und Entdeckungen macht. Sie gewinnt eine bessere Selbsteinschätzung und wird sich klar darüber, was sie gerne tut. Sie hütet sich, Entscheidungen zu treffen, die sie später bereuen könnte. Und so stürzt sie sich in immer neue Erfahrungen, die ihre Sicht der Welt erweitern. Wir gehen nicht davon aus, dass Jane in dieser Zeit in ihre materiellen Vermögenswerte investiert. Ihre Investition gilt ihren immateriellen Vermögenswerten.

Sie schafft sich Optionen und erwirbt Kompetenzen und Erfahrungen, sie baut Netzwerke auf, macht sich einen Namen und eignet sich ein Rüstzeug von Verhaltensweisen an, das sie brauchen wird, um die vor ihr liegenden langen Lebensjahre zu bewältigen. Sie finanziert diese Phase, indem sie ihre sich allmählich entfaltenden Fähigkeiten dazu nutzt, gerade so viel zu verdienen, dass sie ein bescheidenes Leben führen kann, ohne sich zu verschulden.

Statt einfach nur dazusitzen und abzuwarten, besteht Janes Strategie im aktiven Aufbau immaterieller Vermögenswerte und Optionen. Ihre *produktiven Vermögenswerte* wachsen, indem sie sich grundlegende berufliche Qualifikationen aneignet und sich in der Online-Community einen Namen macht. Und anders als Jack baut sie mit ihren vielen und zielorientierten Reisen auch ihre *transformationalen Vermögenswerte* und vor allem ein weitgespanntes Netzwerk von Leuten auf, das für ihr Identitätsgefühl entscheidend ist. Sie ist innovativ und experimentierfreudig, sie erwirbt Wissen und Kompetenzen, erkennt, worin sie gut ist und was sie in einem Umfeld, das nicht von den Regeln und Praktiken eines etablierten Unternehmens bestimmt ist, gern machen würde.

In diesen Jahren baut Jane auch ihre *Vitalitätswerte* auf. Während sie in der Welt herumkurvt, arbeitet sie extrem hart und führt ganz bestimmt kein besonders ausgewogenes Leben. Aber sie findet großartige Freunde, mit denen sie gut zusammenarbeitet. Diese regenerativen Freundschaften sind, wie sich noch herausstellt, eine wichtige Zukunftsinvestition.

In dieser frühen Phase ihres Arbeitslebens nutzt Jane die neuen Technologien, um sich mit ihren Erfahrungen und ihrem guten Ruf einer größeren Öffentlichkeit vorzustellen. Ihre Online-Identität, die diversifizierten Netzwerke, die sie sich aufbaut, und der Erfolg ihrer innovativen Projekte dokumentieren, wer sie ist, und werden zum Sprungbrett ihrer späteren Karriere. Für Jane und ihre Altersgenossen sind Online-Präsenz und Networking ebenso wichtig wie akademische Qualifikationen. In dieser Zeit lernt Jane auch Männer kennen, mit denen sie sich befreundet, aber sie bindet sich an keinen – sie möchte sicher sein, die richtige Wahl zu treffen.

Jane im Jahr 2033: Jane ist jetzt Mitte 30. Was sind ihre Optionen? Sie könnte ihr Geschäftsmodell weiter ausbauen und stabiler und nachhaltiger gestalten. Wenn sie sich eine langfristige Zukunft als Unternehmerin vorstellen kann, wäre dies ein möglicher Weg. Gehen wir davon aus, dass Jane sich nicht dafür entscheidet. Was hat sie für Alternativen?

Sie weiß, dass sie in den nächsten zehn Jahren dringend ihre Finanzen konsolidieren muss. Bisher hat sie sich ausschließlich auf den Ausbau ihrer immateriellen Vermögenswerte konzentriert und getan, was ihr Spaß machte, jetzt muss sie anfangen, sich finanziell auf ein langes Leben vorzubereiten. Die Phasen, in denen sie ihre Möglichkeiten erkundet und ein kleines Unternehmen aufgebaut hat, waren eine großartige Zeit, in der sie viel gelernt hat. Sie kann ihre Fähigkeiten sehr gut einschätzen und eine Erfolgsbilanz in Innovation und Wandel vorweisen. Ihr guter Ruf und ihre Online-Präsenz wecken jetzt auch die Aufmerksamkeit von Führungskräften großer Unternehmen, und sie erhält mehrere Jobangebote. Sie gilt als jemand mit umfassenden und wertvollen Erfahrungen in der Food- und Entertainmentbranche, mit einem phantastischen Kontaktnetzwerk und einer durch Innovationskraft und Gespür für Kundenbedürfnisse geprägten Erfolgsbilanz. Ein bekanntes Lebensmittelunternehmen, nennen wir es EatWell, setzt sich mit ihr in Verbindung. Einer der Marketingchefs hat sich Janes Website angeschaut und ist begeistert von der Art und Weise, wie sie Fun und Food zusammenbringt. Die Firma möchte ihr Online-Angebot ausbauen und Food-Events in der ganzen Welt anbieten. Für diese Aufgabe möchte man Jane gewinnen.

Aufgrund ihrer innovativen Leistungen und ihrer unmittelbaren Erfahrungen mit Kunden kann Jane ein gutes Anfangsgehalt aushandeln und übernimmt sofort einen höheren Posten – anders als Jack, der direkt vom College in eine Firma eingetreten ist. Damit diese Option für Jane überhaupt möglich ist, gehen wir davon aus, dass sich bei vielen Firmen inzwischen ein Wandel vollzogen hat: Sie wissen, wer zu ihrem Ökosystem gehört, und holen sich die begehrtesten Leute. Statt auf eigene Talente zu setzen, die sie früh finden und fördern, sehen immer mehr Unternehmen externe Netzwerke als den Ort, an dem Leute mit Talent und Innovationskraft aufzuspüren sind.

Jane, inzwischen 35 Jahre alt, fällt es nicht leicht, sich einer Unternehmenskultur anzupassen. Wie viele, die von einer Start-up-Firma in ein großes Unternehmen wechseln, findet auch Jane die Entscheidungsprozesse enervierend langsam und die Herangehensweise bürokratisch. Aber sie ist bereit, sich darauf einzulassen, und übernimmt internationale Aufgaben, die ihr ein noch höheres Gehalt verschaffen.

In dieser Zeit baut Jane ihre *produktiven Vermögenswerte* weiter aus. Ihre berufliche Identität wird praktisch völlig umgekrempelt: Aus der renommierten Gründerin eines Start-ups wird die tüchtige Mitarbeiterin eines großen Wirtschaftsunternehmens. Jetzt erweitert sie auch ihr Wissen und ihre Expertise in der Unternehmenswelt. In Lateinamerika hat sie erfahren, wie schwierig es ist, nachhaltige Lieferketten aufzubauen, deshalb nimmt sie an einem dreitägigen Seminar zu diesem Thema teil. Hier lernt sie komplett andere Leute aus anderen großen Unternehmen und aus Nichtregierungsorganisationen kennen. In ihrem zweiten Jahr bei EatWell kann sie ein Projekt vorschlagen: Sie wird mit Teams im Amazonasgebiet und in den Bergwäldern Ruandas zusammenarbeiten, um von dort neue Aromen und Geschmacksnuancen zu beziehen. Für Jane ist es eine extrem arbeitsintensive Zeit, denn jetzt lernt sie die realen Gegebenheiten vor Ort wirklich kennen. Sie intensiviert ihre Kontakte zu lokalen NGOs, die für Nachhaltigkeit und bessere Transportbedingungen mit den Bauern zusammenarbeiten. Sie schreibt Blogs und Artikel über nachhaltige Lieferketten und hält Vorträge auf Konferenzen.

Abbildung 5.2: Die Entwicklung der Vermögenswerte in Szenario 5.0

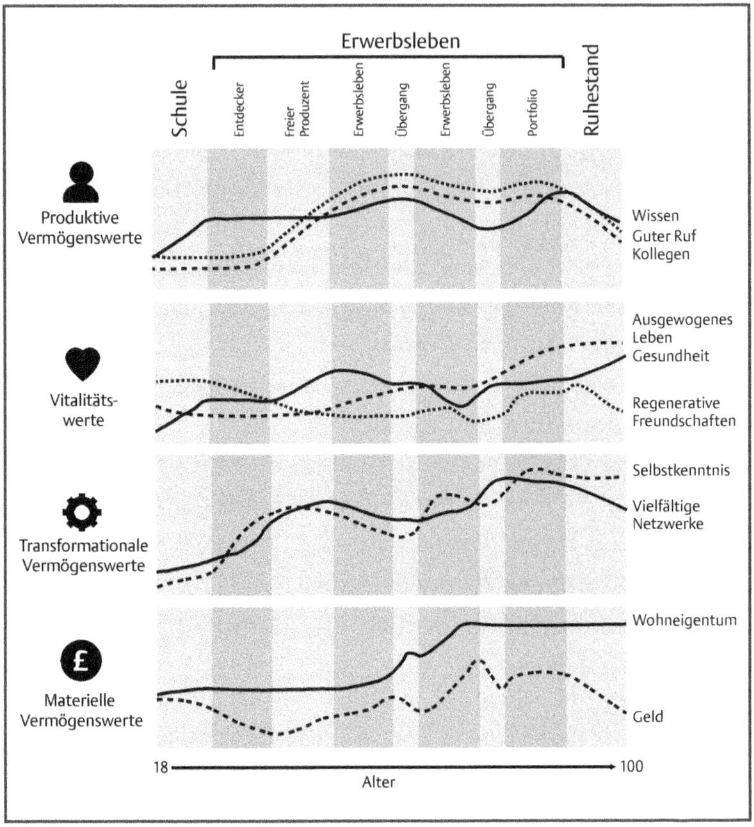

Auch ihre *Vitalitätswerte* baut sie jetzt aus. Sie pflegt weiter enge Freundschaften und festigt den Kontakt zu alten Bekannten und Leuten, die sie auf ihren Reisen kennengelernt hat. Wie viele Frauen ihres Alters hat Jane Partner- und Mutterschaft bisher auf einen späteren Zeitpunkt ihres Lebens verschoben. Doch jetzt, mit Mitte 30, spürt sie, dass die biologische Uhr tickt. Das menschliche Leben hat sich zwar verlängert, aber nichts deutet darauf hin, dass sich auch das gebärfähige Alter einer Frau verlängert. Freundinnen von Jane haben mit Mitte 20 Eizellen einfrieren lassen, Jane nicht. Jetzt steht sie vor der Frage, wie sie ihr Privatleben künftig gestalten will. Auf ihren Reisen nach Brasilien hat sie Jorge kennengelernt, der in einer lokalen NGO tätig ist. Er engagiert sich für Nachhaltigkeit, und sie verlieben sich ineinander. Mit 37 Jahren bringt Jane ihre Tochter Lily zur Welt, zwei Jahre später ihren Sohn Carlos. Sie und Jorge teilen sich die Sorge für die Familie, und ein brasilianisches Kindermädchen hilft ihnen dabei.

Jane im Jahr 2041: Nach 15 Jahren anstrengender, aber erfolgreicher Berufstätigkeit fühlt sich Jane in ihrer Firma zunehmend frustriert. Sie ist ins höhere Management aufgestiegen, doch unter dem neuen Geschäftsführer und in einem neuen Team hat sie das Gefühl, dass es für sie nicht mehr weiter nach oben geht. Sie möchte andere Optionen erkunden. Nach 20 Jahren im globalen Food-Sektor will Jane sich beruflich verändern.

Mit 45 kündigt Jane. Ein kühner Entschluss. Sie hat keinen anderen Job, und da sie jetzt nichts verdient, sinkt das Einkommen der Familie erheblich. Ihr Partner Jorge arbeitet jedoch weiterhin und bezieht ein Gehalt. Finanziell ist die Lage also angespannt, aber erträglich. Jane nutzt die Zeit, um sich mehr um ihre Kinder und um ihre alternden Eltern zu kümmern. Doch schon nach sechs Monaten ist ihr klar, dass sie in ein paar Jahren wieder ins Berufsleben zurückkehren muss. Sie vermisst ihre Arbeit und kann das Geld gut gebrauchen. Als sie jedoch über ihre möglichen Ichs nachdenkt, wird ihr bewusst, dass sie eine Veränderung möchte. Sie steht vor ihrem ersten Übergang. So wie die Erkundungsphase nach dem Studium ihr dazu diente, ihre Identität auszuloten, erlaubt ihr diese Phase nun, neu zu bewerten, wer sie ist, und über ihre Zukunft nachzudenken. Sie spricht mit Freunden und Bekannten über ihre Möglichkeiten und erwägt verschiedene Optionen. In dieser Zeit stärkt sie ihre *transformationalen Vermögenswerte.*

Jane steht jetzt erneut an einem Scheideweg. Sie könnte noch einmal ein Unternehmen gründen; sie könnte anfangen, sich eine Portfolio-Karriere aufzubauen; sie könnte aber auch in der Unternehmenswelt bleiben. Wie wird sie sich entscheiden? Vielleicht denkt sie, dass jetzt, mit Mitte 40, wichtige Erwerbsjahre vor ihr liegen, und beschließt daher, ihre Zeit in den Aufbau von Ersparnissen zu investieren, den Kredit abzubezahlen und Jorge zu unterstützen, der seinen jetzigen Job aufgeben will, sobald Jane ins Erwerbsleben zurückgekehrt ist, um sich seinerseits eine Auszeit zu nehmen. Um ihre Einkünfte zu maximieren, beschließt Jane, Search Consultant zu werden und Firmen bei der Suche und Auswahl von Fach- und Führungskräften zu beraten. Als sie Kontakte zu Leuten knüpft, die in diesem Bereich arbeiten, stellt sie fest, dass sie zwar kaufmännische Erfahrung besitzt, aber nicht genügend Menschenkenntnis. Sie entscheidet sich dafür, sich weiterzuqualifizieren und ihre *produktiven Vermögenswerte* zu stärken. In den beiden folgenden Jahren nimmt sie an mehreren Online-Kursen teil und erwirbt ein weiteres Universitätsdiplom (in Arbeitspsychologie). Auf diese Weise bereitet sie sich auf eine Tätigkeit in einer Personalberatungsfirma vor und tritt schließlich eine Stelle bei TalentFind an, die auf die Hotellerie-, Reise- und Food-Branche spezialisiert ist.

Jane im Jahr 2046: Janes Karriere als Search Consultant (die fünfte Phase) beginnt im Alter von 48 Jahren, und sie strengt sich sehr an, um erfolgreich zu sein. In dieser Phase steht die Vermehrung ihrer *materiellen Vermögenswerte* im Mittelpunkt. In den nächsten 15 Jahren wechselt sie im Bereich der Personalberatung mehrmals den Job und wird mit 60 abgeworben, um Geschäftsführerin eines großen Personalberatungsunternehmens zu werden. Jetzt beginnt Jane, ihre *produktiven Vermögenswerte* wieder stärker in den Blick zu nehmen. Sie wird Mentorin und Coach und agiert vermehrt in den einschlägigen Karrierenetzwerken. Allerdings weiß sie, dass sie ihre *Vitalitätswerte* überstrapaziert und wenig dafür tut, sie aufzufrischen. Sie arbeitet hart, ist viel auf Reisen und findet wenig Zeit für ihren Partner und ihre Kinder.

Jane im Jahr 2068: Jane ist finanziell erfolgreich und verfügt über große materielle Vermögenswerte. Jetzt steht sie erneut vor einer Entscheidung. Sie könnte in ihrem jetzigen Job weitermachen und weitere materielle Vermögenswerte akkumulieren. Doch in den vergangenen 20 Jahren eines anstrengenden Erwerbslebens hat sie ihre Freunde vernachlässigt, die Beziehung zu ihrem Partner ist angespannt, und ihre Gesundheit verschlechtert sich. Es scheint ein guter Zeitpunkt für eine Pause, die ihr ein wenig Zeit für sich selbst schenkt. Sie möchte vor allem ihre *Vitalitätswerte* stärken. Ihre Kinder sind inzwischen junge Erwachsene (und selbst in der Entdecker-Phase), daher hat sie jetzt auch mehr Zeit für Jorge. Mit 70 fangen sie wieder an zu reisen.

Jane im Jahr 2070: Jane hat sich regeneriert und freut sich schon auf die nächste Phase ihres beruflichen Lebens. Wie viele andere in ihrem Freundeskreis möchte sie zwar arbeiten, aber nicht in dem engen Korsett einer Firma mit großer Verantwortung und langen Arbeitszeiten. Jetzt erweist sich der wahre Wert ihrer *Transformationsfähigkeit.* Mit ihrem weitverzweigten Netzwerk von Freunden und Bekannten dauert es nicht lange, bis sie vier Projekte auf die Beine stellt, die ihr so viel Geld einbringen, dass ihre Familie ihren bisherigen Lebensstil beibehalten kann. Gleichzeitig ist es eine interessante und aufregende Tätigkeit, so wie sie es sich gewünscht hat. Jetzt ist es auch an der Zeit, ihre *produktiven Vermögenswerte* für die Gemeinschaft und das größere Ganze zu nutzen. Sie baut sich ein Portfolio mit mehreren Modulen auf. Einmal in der Woche (aber nicht mehr als 30 Wochen im Jahr) nimmt Jane Aufgaben in einer internationalen Wohltätigkeitsorganisation wahr, die Straßenkinder in Lateinamerika unterstützt; einen Tag in der Woche widmet sie sich Aufgaben im Aufsichtsrat eines mittelständischen Einzelhandelsunternehmens; und alle zwei Wochen ist sie als Ombudsfrau in einer Schlichtungsstelle tätig.

Janes Portfolio verändert sich im Laufe der Zeit. Mal hat sie mehr, mal weniger Verpflichtungen, doch es gibt ein Gleichgewicht zwischen Wohltätigkeit, sozialem und geschäftlichem Engagement. Mit 85 Jahren hat Jane das Bedürfnis, sich ganz in den Ruhestand zurückzuziehen. Sie möchte Zeit für ihre Enkel und Urenkel haben und reist jedes Jahr mit einigen von ihnen ins Amazonasgebiet, um die Orte zu besuchen, mit denen sie sich verbunden fühlt.

Wie haben sich in dieser langen Berufskarriere Janes Finanzen entwickelt? Wir können fragen, wie hoch ihre Sparquote sein muss. In diesem Szenario sind Janes Ersparnisse schwieriger zu berechnen. Sie muss einen kürzeren Ruhestand finanzieren, weil sie erst mit 85 aufhört zu arbeiten. Aber zugleich muss sie zwei lange Übergangsphasen und zuvor bereits eine längere Erkundungsphase als junge Erwachsene finanzieren, in denen sie keine Ersparnisse ansammeln kann. Tatsächlich beginnt Janes Erwerbsleben erst mit Mitte 30. Sie muss also nicht nur für den Ruhestand sparen, sondern auch Geld zurücklegen, um die genannten Phasen zu finanzieren. Aus diesem Grund müssen wir eine Reihe von Vorannahmen treffen. Erstens: dass Jane während ihrer Reise- und Erkundungsphase zwischen 20 und 30 kein Geld spart, dennoch aber genug verdient, um über die Runden zu kommen, und in allen drei Phasen keine Schulden machen muss. Ausgehend von diesen Vorannahmen, berechnen wir, dass sie eine Sparquote von 10,9 Prozent für jedes Jahr benötigt, in dem sie arbeitet (bei EatWell, in der Personalberatungsfirma und in ihrer letzten, der Portfolio-Phase), um sich sowohl 50-prozentige Altersbezüge zu sichern als auch die Übergangszeiten zu finanzieren.[1]

In diesem Szenario haben wir Janes Karriere als einen einigermaßen linearen Verlauf beschrieben. Natürlich könnte sie auch viele andere Pfade beschreiten. Ihr beruflicher Werdegang könnte mehr einem Zickzackkurs ähneln, der sie zwischen verschiedenen Branchen oder verschiedenen Positionen in der Unternehmenshierarchie hin und her führt. In ihrer fünften Phase könnte sie, statt eine Portfolio-Karriere zu beginnen, zu ihrer Leidenschaft für Kochen und Essen zurückkehren – so könnte sie zum Beispiel mit ihrem Partner Jorge ein Restaurant eröffnen. Sie könnte aber auch an ihre frühere Tätigkeit in der Lebensmittelbranche anknüpfen, diesmal in einer untergeordneten und weniger anstrengenden Position.

Mit jeder dieser Veränderungen ist ein anderer Übergang mit anderen Herausforderungen und Problemen verbunden. Eine solche Schwierigkeit könnte für Jane darin bestehen, sich ihren guten Ruf zu bewahren, während sie in verschiedenen Branchen tätig ist. Eine andere Schwierigkeit wäre die Gründung eines eigenen Unternehmens. Doch die Rückkehr in die Lebensmittelbranche wäre in vielerlei Hinsicht die interessanteste Herausforderung. Eine Unternehmenskarriere wird gewöhnlich im Bild einer »Leiter« beschrieben, auf der man im Laufe der Berufsjahre mit zunehmendem Alter immer weiter nach oben steigt. Würde sich Jane für eine Rückkehr in die Lebensmittelbranche in einer untergeordneten Position entscheiden, würde sie mit dieser Norm brechen, was natürlich die spannende Frage nach ihrem Identitätsgefühl aufwerfen und auch ihren Arbeitgeber vor Herausforderungen stellen würde. In einer eher untergeordneten Position hätte Jane viel zu bieten. Sie würde mit sehr viel jüngeren Leuten zusammenarbeiten, denen sie als Coach und Rollenvorbild eine Menge geben könnte. Umgekehrt könnte aber auch sie von diesen jungen Leuten lernen. Sie würde von deren Jugendlichkeit profitieren, ihre Vitalitätswerte steigern, eine neue Sicht auf das Leben gewinnen und länger jünger bleiben. Ihr Vorgesetzter allerdings könnte Janes Position kompliziert finden. Eine erfahrene Mitarbeiterin wie sie, die von einem höheren in einen niedrigeren Rang wechselt, könnte zwar den jüngeren Mitarbeitern nützlich sein, aber auch Anlass zu Misstrauen und Besorgnis geben. Unserer Ansicht nach werden sich in Zukunft immer mehr Menschen dafür entscheiden, auf der Karriereleiter eines Unternehmens auf- und wieder abzusteigen. Dies wird ein wichtiger Punkt auf der Zukunftsagenda sein, wenn sich die Menschen auf die vielen Anforderungen eines 100-jährigen Lebens einzustellen haben.

Warum Jane anders ist

Wie für Jimmy haben wir auch für Jane Szenarien entworfen, die praktikabel sein könnten. Aber natürlich gibt es auch auf dem Weg, den Jane einschlägt, deutliche Risiken. Wird sie sich nach Jahren des Reisens und der Unabhängigkeit wirklich in die so ganz andere Routine eines Unternehmens einfügen können? Wird sie den Elan und die Motivation aufbringen, bei ihren Reisen nicht nur das Vergnügen zu suchen, sondern auch Qualifikationen zu erwerben, die sie für die Gründung eines eigenen Unternehmens braucht?

Wir empfehlen unseren Studenten, einen Schritt zurück zu treten und die Risiken ihrer möglichen künftigen Ichs sowie die Szenarien zu bewerten, die sie für sich selbst entwerfen. Wir bitten sie, eine Risikobewertung vorzunehmen und dann zu überlegen, wie sie sich von Rückschlägen erholen könnten. Für Jimmy und Jane haben wir positive Szenarien entwickelt. Unangenehme und schmerzliche Schocks wie einen Arbeitsplatzverlust, Scheidung oder Krankheit haben wir nicht berücksichtigt. Die verschiedenen Szenarien einem Stresstest zu unterziehen, ist jedoch ein wichtiger Teil der Lebensplanung.

Klar allerdings ist, dass Jane, selbst wenn sie in diesem Szenario 5.0 erfolgreich ist und keine derartigen Rückschläge erlebt, dennoch eine Reihe größerer Übergänge und Veränderungen vollziehen muss. Jimmy ist Mitte 40, als er die Bedeutung seiner transformationalen Vermögenswerte erkennt – das ist der eigentliche Abschied von Szenario 3.0, dem er hatte folgen wollen. Jane dagegen gründet ihren Lebensentwurf von Anfang an auf das Konzept der Transformation.

Das für Jane entworfene Szenario 5.0 zeigt auch, wie wichtig es in einem langen Leben ist, sich seine Vitalität zu erhalten. Deshalb haben wir zwei Phasen gestaltet, in denen Jane es schafft, den vorgegebenen Rahmen zu verlassen und sich Zeit für Regeneration und Transformation zu nehmen. In diesem Szenario gibt es Phasen, in denen sie ihre transformationalen Vermögenswerte aufbaut, ihre Netzwerke erweitert und sich über ihre Identität Gedanken macht.

Bei einer längeren Lebenserwartung erscheint es uns wichtig, dass diese Phasen der Neuerfindung seiner selbst zur Norm werden, um immaterielle Vermögenswerte aufzustocken und die erforderlichen Anpassungsprozesse zu bewältigen. Jane wird einen beträchtlichen Teil ihrer Freizeit dazu benutzen müssen, zu investieren statt zu konsumieren, und sie wird mehr Ersparnisse benötigen, um diese Übergänge zu finanzieren.

Der andere Aspekt, den wir in diesem Szenario herausstreichen möchten, ist die Identität. Mit mehr Phasen und Karriereabschnitten muss es einen roten Faden geben, der die verschiedenen Tätigkeiten verknüpft und das Szenario zu einem »eigenen« Szenario macht. Deshalb ist diese Zeit des Erkundens und Reisens für Jane so wichtig. Sie gewinnt ein besseres Gefühl dafür, wer sie ist und was sie gern machen möchte, und das verleiht ihren vielen Übergängen Kontinuität. Indem sie dem Narrativ ihrer Vergangenheit und ihrer Zukunft diese Kontinuität gibt, verringert sie die Risiken, die mit dem Wechsel von einer Phase in die andere verbunden sind.

Ein weiteres Problem, das in den Szenarien 4.0 und 5.0 auftaucht, sind die familiären Beziehungen, die diesen vielstufigen Karrieren und Übergängen Rückhalt geben. Beim klassischen Drei-Stufen-Modell ist Jack berufstätig, und seine Frau Jill kümmert sich um Haushalt und Familie. So kommt es zu einer besseren Balance zwischen materiellen und immateriellen Vermögenswerten, besonders aus Jacks Perspektive. Wenn sich das Leben verlängert, gewinnt ein Haushaltsmodell, in dem beide Partner Geld verdienen, zunehmend an Attraktivität. Das doppelte Einkommen hilft bei der Finanzierung des Ruhestands und stellt die Ersparnisse bereit, die man für Übergänge und Phasen der persönlichen Neuerfindung braucht. Jack und Jill mussten ihre Lebensplanung nicht aufeinander abstimmen, denn sie folgten der traditionellen Rollenverteilung zwischen Mann und Frau. In einem Doppelverdienerhaushalt müssen sich die Partner gut abstimmen, um immaterielle Vermögenswerte aufzubauen, und die Aufeinanderfolge von Phasen und Übergängen ist sehr viel komplizierter und herausfordernder. Damit in einer Familie solche Übergänge bewältigt werden können, bedarf es gegenseitiger Unterstützung und verbindlicher Regelungen.

Und schließlich weisen Janes Finanzen, verglichen mit Jack, sehr viel stärkere Schwankungen auf. In Szenario 3.0 nimmt Jacks Vermögen zuerst langsam ab, bevor es allmählich steigt und zum Zeitpunkt seines Ruhestands einen Höchststand erreicht, bevor es abgetragen wird: nur ein einziges Tief und ein einziges Hoch. Der Höchststand von Jacks Vermögen liegt also mehr oder weniger am Ende seines Erwerbslebens. Janes Finanzen dagegen gleichen einer hügeligen Landschaft mit vielen Tälern und Bergen und einem Gefälle, das von Lebensphase zu Lebensphase stark variiert. Der Höchststand von Janes Vermögen liegt weit vor dem Ende ihres tätigen Lebens. Das bedeutet, dass sie ihre Vermögenswerte aufbauen muss, nicht nur, um ihren Ruhestand zu finanzieren und ihren Kredit zurückzuzahlen, sondern auch, um sich ein finanzielles Polster für Übergangszeiten mit geringen Einkünften zuzulegen. Infolgedessen werden ihr Einkommen, ihre Ersparnisse und ihr Vermögen im Laufe ihres Lebens immer wieder wachsen und schrumpfen.

Es ist nicht nur die Schwankungsbreite ihrer Vermögenswerte, die Janes Finanzplanung so kompliziert macht. Jane hat im Verlauf ihres Lebens viele Entscheidungen zu treffen und viele Variablen im Blick zu behalten. In ihren drei deutlich ausgeprägten Phasen der Festanstellung muss sie ihr Gehalt genau abschätzen und ausrechnen, wie lange ihr Übergang jeweils dauert. Eine weitere Frage sind ihre Altersbezüge. Wir gehen natürlich von 50 Prozent ihres Gehalts in ihrem letzten Job aus. Ist dies eine realistische Annahme, wenn die letzte Anstellung ihr das höchste Gehalt ihrer gesamten Karriere bringt? Wie *Abbildung 2.7* zeigt, ist die Entscheidung über die Höhe der Altersbezüge, gerechnet als ein bestimmter Prozentsatz des letzten Gehalts, für die langfristige Finanzplanung enorm wichtig. Bei unseren Kalkulationen haben wir versucht, die Simulation so einfach wie möglich zu halten. Bei einem vielstufigen Leben, wie Jane es führt, beinhaltet jedoch bereits das einfachste Szenario eine Vielzahl von Optionen. Das macht die finanzielle Planung komplizierter, sowohl in der praktischen Umsetzung als auch bei der Kontrolle. In Kapitel 7 werden wir deshalb erneut zur Frage der Finanzierung eines langen Lebens zurückkehren.

Die hier vorgestellten Szenarien sind keine Handlungsanweisung. Sie beschreiben nicht einen Weg, dem man folgen sollte. Und sie sind nicht erschöpfend. Es gibt zahlreiche andere Möglichkeiten, ein vielstufiges Leben zu führen. Szenario 5.0 zeigt mehr Phasen, zwischen denen man wählen kann, und mehr Möglichkeiten der Aufeinanderfolge dieser Stufen. Natürlich wird es in jeder Phase Risiken und Entwicklungen geben, die es notwendig machen, sich neu zu orientieren.

Der Blick auf mögliche neue Lebenskonzepte sollte zeigen, dass das düstere Schicksal eines dreistufigen Lebens keineswegs unausweichlich ist. Dieses Modell ist für ein langes Leben mit Sicherheit ungeeignet. Aber es gibt jede Menge Alternativen, und die hier vorgestellten Szenarien möchten die Zuversicht vermitteln, dass es möglich ist, materielle und immaterielle Vermögenswerte in ein vernünftiges Gleichgewicht zu bringen. Freilich handelt es sich um Vereinfachungen. Jeder von uns muss überlegen, welcher Lebensweg für ihn attraktiv ist und wie ein entsprechendes Szenario aussehen könnte. Wir sollten unsere Phantasie spielen lassen und kreativ über das nachdenken, was möglich ist. Im nächsten Kapitel geht es noch einmal genauer um die neuen Phasen, die wir für Jimmy und Jane konzipiert haben.

6. Kapitel

Lebensphasen: Neue Bausteine

Das Geschenk eines längeren Lebens ist letztlich das Geschenk von Zeit. In diesem langen Zeitbogen haben wir die Chance, ein bewusstes und sinnerfülltes Leben zu gestalten. Der Geiger Stephen Nachmanovitch hat es in seinem Buch über Kreativität so beschrieben: »Wenn wir im Vertrauen auf die langen Bögen der Zeit operieren, bauen wir Kathedralen; wenn wir von Steuerquartal zu Steuerquartal operieren, bauen wir hässliche Shopping Malls.«[1]

Von den Zwängen des dreistufigen Lebens befreit, erkennen wir neue Phasen mit Chancen für einen Lebensentwurf, in dem materielle und immaterielle Vermögenswerte, Abbau und Akkumulation im Gleichgewicht stehen. In einem langen Leben haben wir das Potenzial, eine Kathedrale zu bauen statt einer Shopping Mall.

Wir erkennen dieses Potenzial, wenn wir die neuen Phasen mit unseren Studenten des *Master in Management*-Programms erörtern. Diese jungen Leute aus der ganzen Welt haben ihren Bachelor-Abschluss gemacht und besuchen die London Business School, um Grundbegriffe des Managements zu lernen. Und wir sind beeindruckt, wie gut sie unsere Überlegungen nachvollziehen können. Viele verstehen sofort, was mit diesen neuen Phasen gemeint ist; sie praktizieren sie bereits oder haben es vor. Einige hoffen sogar, ihre Eltern zu animieren, dieses Buch zu lesen, damit sie besser verstehen, was ihre Kinder machen und warum es sinnvoll ist. Die Studenten haben manchmal das Gefühl, ihre Eltern betrachten ihre Karriereziele als subversiv, während sie doch nur das dominierende Drei-Stufen-Modell mit einer langen, pausenlosen Erwerbsphase ad acta legen möchten.

In den Lebensmodellen, die wir für Jimmy und Jane entworfen haben, durchlaufen unsere beiden Protagonisten Phasen, die im Zuge der Umstrukturierungen eines langen Lebens gängige Optionen werden dürften. In diesem Kapitel geht es genauer um den Sinn und Zweck und die Grundzüge dieser neuen Phasen: den Entdecker, den freien Produzenten und die Portfolio-Karriere. Wir betrachten auch verschiedene Formen des Übergangs, die es in diesem vielstufigen Leben geben wird.

Es mag bedeutungsschwer klingen, von neuen Lebensphasen zu sprechen, doch das Phänomen gab es schon früher, und der Grund war oft eine Verlängerung der Lebenszeit, genau wie heute. Über weite Strecken der Menschheitsgeschichte hinweg gab es lediglich zwei Phasen: die Kindheit und das Erwachsenendasein. Doch im Laufe der Zeit haben sich die Grenzen zwischen Kindheit und Erwachsenenalter verschoben[2], und im 20. Jahrhundert tauchten zwei neue Phasen auf: die des *Teenagers*[3] und die des *Rentners*.[4] Sie begannen am Ende des 19. Jahrhunderts und etablierten sich endgültig, als nach dem Zweiten Weltkrieg die Alterskohorte der Babyboomer geboren wurde, zu denen auch Jack zählt. Mit diesen neuen, markanten Lebensphasen waren überraschend viele soziale Experimente verbunden, und es bedurfte neuer staatlicher Regelungen, einer neuen Unternehmenspolitik und einer Änderung gesellschaftlicher Verhaltensweisen. Vermutlich wird es im 21. Jahrhundert ähnlich viele soziale Experimente und Veränderungen geben, bevor die heute neu entstehenden Phasen so selbstverständlich geworden sein werden wie das traditionelle Drei-Stufen-Modell.

Wir alle nehmen also an einem gewaltigen sozialen Experiment teil. Manchmal als Einzelne und manchmal als Gruppe – in der Familie oder in einem Freundesnetzwerk – gestalten wir neue Lebenswege und beschreiten viele verschiedene Pfade. Diese Diversität ist Grundbestandteil eines 100-jährigen Lebens, nicht einfach nur ein Aspekt eines Experiments. Sobald man den dreistufigen zugunsten eines vielstufigen Lebensentwurfs aufgibt, eröffnen sich viele verschiedene Stufenfolgen, und nicht jeder wird alle oder dieselben Stufen wählen. Wir haben oben bereits Szenarien entworfen, denen Jimmy und Jane folgen könnten, aber es gibt natürlich viele weitere Optionen. Und da einige attraktiver sein werden als andere, sind verschiedene Kombinationen und Abfolgen denkbar.

Im herkömmlichen Drei-Stufen-Modell ist es gefährlich zu experimentieren. Arbeitgeber betrachten unkonventionelle Pfade mit Argwohn, und sie zu beschreiten kann für eine Berufskarriere langfristige Nachteile haben. Doch da ein 100-jähriges Leben solches Experimentieren unumgänglich macht, werden die Unternehmen gefordert sein, ihre Einstellung zu ändern. In William Faulkners Roman *Wilde Palmen* heißt es, diejenigen, die aus dem »anonymen Gleichschritt« kommen, werden straucheln und zu Tode getrampelt.[5] Das Ende des dreistufigen Lebens, das Ende des Gleichschritts und der Beginn des Experimentierens mit Strukturen und Abfolgen müssen zu einem Umdenken in den Betrieben führen.

Die Experimentierbereitschaft und die Vielfalt von Lebensstufen werden zur Folge haben, dass wir bestimmte Stufen nicht mehr mit einem bestimmten Alter gleichsetzen können. Die zuletzt entstandenen neuen Stufen – Teenager und Rentner – waren altersgebunden: Nur ein junger Mensch konnte ein Teenager und nur ein alter Mensch ein Rentner sein. Die neuen Stufen beinhalten viele Merkmale, die völlig altersunabhängig sind.

Im Zentrum dieses Kapitels stehen zwar diese neu entstehenden Stufen, aber wir glauben nicht, dass die bisher dominierenden Stufen einfach verschwinden werden. Schule und Ausbildung, Erwerbsleben und Ruhestand werden auch in Zukunft notwendig sein und mögliche Optionen bleiben. Auch in Zukunft wird es Zeiten geben, in denen durch harte Arbeit finanzielle Vermögenswerte generiert werden müssen. Und da in einem langen Leben Phasen, in denen man wenig oder gar nichts verdient, einen Platz haben werden, könnte es sogar sein, dass die Phase der Gewinnmaximierung noch intensiver sein wird. In der derzeitigen zweiten Stufe der ununterbrochenen Erwerbstätigkeit haben die meisten Leute Mühe, so wertvolle immaterielle Vermögenswerte wie Entspannung, Fitness, Familie und Freunde im Blick zu behalten. Vielleicht werden in einem vielstufigen Leben diese immateriellen Vermögenswerte etwas in den Hintergrund treten, weil es notwendig sein wird, die Phase der Akkumulation finanzieller Ressourcen noch intensiver zu nutzen.

Wir haben diese neuen Stufen nicht als abstrakte, theoretische Größen konzipiert, sondern sie von dem abgeleitet, was wir in unserem Umfeld beobachten und als Trends wahrnehmen konnten. Die hier skizzierten neuen Stufen umfassen nicht alle denkbaren Optionen, mit denen Individuum und Gesellschaft auf ein längeres Leben reagieren werden. Wir glauben jedoch, dass sie von vielen Menschen beschritten werden, denn sie sind die Antwort auf gravierende Defizite des traditionellen Drei-Stufen-Modells und bieten mehr Chancen, das Geschenk eines langen Lebens zu ergreifen.

Verjüngung

Einer der aufregendsten Aspekte dieser neuen Stufen ist ihre Altersunabhängigkeit. In einem Drei-Stufen-Modell ist das Alter ein Indikator für eine bestimmte Lebensphase, und diese Deckungsgleichheit von Alter und Lebensphase ergibt einen einfachen, linearen Lebensverlauf. Dem Rätsel der Sphinx zufolge gehen wir am Morgen auf vier, am Mittag auf zwei und am Abend auf drei Beinen. In einem vielstufigen Leben mit zahllosen Möglichkeiten des Arrangements von Aktivitäten sind Alter und Lebensphase entkoppelt. Die Stufe des Entdeckers, des freien Produzenten und der Portfolio-Karriere, die in diesem Kapitel beschrieben werden, können also in verschiedenen Altersklassen zum Tragen kommen.

Mit der Entkoppelung von Alter und Lebensphase können wir feststellen, dass Besonderheiten, die wir bisher mit einer ganz bestimmten Altersstufe assoziiert haben, sehr viel breiter gestreut sind. Tatsächlich müssen sich in einem vielstufigen Leben Menschen jeden Alters Eigenschaften bewahren, die bisher nur mit jungen Menschen assoziiert wurden: Jugendlichkeit und Plastizität; Verspieltheit und Improvisation; und die Fähigkeit, Neues zu wagen.

Jugendlichkeit und Plastizität

Das Phänomen der Langlebigkeit wird oft als fortschreitender Alterungsprozess beschrieben, und in der Regel liegt der Fokus der Betrachtung darauf, dass die Menschen länger älter sind. Doch unserer Ansicht nach gibt es starke Kräfte, die uns nicht länger älter, sondern länger jünger machen werden. Robert Pogue Harrison spricht von Verjüngung und Jugendlichkeit.[6]

Diese Jugendlichkeit spiegelt nicht zuletzt die Verlängerung der Adoleszenz. Bei der Spezies Mensch ist die Zeitspanne der sozialen und ökonomischen Abhängigkeit besonders lang. Der evolutionäre Vorteil einer längeren Phase der Jugend ist der längere Zeitraum für Bildung, der damit zur Verfügung steht, sodass der erwachsene Mensch auf der Basis dessen agiert, was er von früheren Generationen gelernt hat, und sich nicht auf seinen Instinkt verlassen muss. In einem längeren Leben ist es sinnvoll, diese Investition in Bildung zu verstärken. Die Adoleszenz ist eine Zeit der Flexibilität – eine Zeit, in der man Optionen entdeckt und sich offenhält, statt sich allzu schnell festzulegen. Mit der Verlängerung des Lebens werden Optionen zu einem immer wertvolleren Gut, und damit verlängert sich der Zeitraum, in dem wir Optionen erkunden und schaffen.

Betrachten Sie doch einmal Fotos von 16- oder 17-Jährigen aus der Generation Ihrer Großeltern. Diese jungen Menschen haben ernste Gesichter, in denen sich eine Menge Lebenserfahrung zu spiegeln scheint; ihre Kleidung unterscheidet sich kaum von der ihrer Eltern. Betrachten Sie nun Fotos aus der Mitte der 1950er Jahre. Diese 17-Jährigen wirken sehr viel jugendlicher, und sie kleiden sich auch jugendlicher. Ihr Stil weist sie als Teenager aus, ein neues soziales Phänomen jener Zeit. Und jetzt schauen Sie sich Fotos von heute 20- bis 30-Jährigen an. Sie werden dasselbe Phänomen feststellen, nur auf einer anderen Altersstufe. Diese Leute wirken so jung und unbeschwert wie die Teenager der 1950er Jahre.

Doch Jugendlichkeit ist mehr als nur die Verlängerung der Adoleszenz. Es könnte sein, dass in Zukunft Menschen aller Altersstufen jugendlicher agieren und dass diese neuen Stufen als Vehikel dafür dienen. Ein 100-jähriges Leben mit seinen vielen Stufen und mit mehr Übergängen erfordert Flexibilität und Plastizität, und wer sich auch als Erwachsener jugendliche Züge bewahrt, könnte Vorteile haben. In der Evolutionsbiologie heißt diese Beibehaltung jugendlicher Züge im Erwachsenenalter *Neotenie*. Aus evolutionärer Sicht sind Jugendliche anpassungsfähiger und flexibler als Erwachsene. Sie haben noch nicht die konservative Einstellung und die eingeschliffenen Verhaltensweisen und Gewohnheiten von Erwachsenen entwickelt, sondern verfügen über die Anpassungsfähigkeit und Formbarkeit der Adoleszenz. Unbeweglichkeit und feste Gewohnheiten können in einem linearen, dreistufigen Leben, in dem die Notwendigkeit und die Chancen zur Veränderung eher gering sind, gut funktionieren. In einem längeren Leben mit vielen verschiedenen Stufen könnte eine solche Unbeweglichkeit kontraproduktiv und Jugendlichkeit immer wertvoller werden. Tatsächlich zeigen nicht nur Fotos von 20-Jährigen eine größere Jugendlichkeit. Auch 50- oder 60-Jährige wirken heute jünger als ihre Großeltern im selben Alter, sowohl in ihrer physischen Erscheinung als auch in der Art und Weise, wie sie sich kleiden und wie sie agieren.

In einem 100-jährigen Leben gibt es einen weiteren Aspekt, der diese Plastizität fördert. Je stärker Alter und Lebensstufe entkoppelt werden, desto mehr Möglichkeiten des Austauschs zwischen Menschen unterschiedlichen Alters wird es geben. Historisch gesehen war Alter gleich Lebensstufe, und Menschen eines bestimmten Alters machten dieselben Erfahrungen und vollzogen dieselben Abläufe. Ja, je deutlicher diese drei Lebensstufen akzentuiert wurden, desto mehr verfestigte sich die Trennung der verschiedenen Altersgruppen. Die Soziologen Gunhild Hagestad und Peter Uhlenberg sind der Ansicht, dass die starre dreistufige Taktung des Lebens in den modernen westlichen Gesellschaften junge, mittelalte und alte Menschen institutionell voneinander isoliert.[7] Diese institutionalisierte Alterstrennung zementiert die

Koppelung von Alter und Lebensstufe und führt dazu, dass die Bildungs- und die Senioreneinrichtungen sowie das Arbeitsleben auf bestimmte Altersgruppen zugeschnitten sind, die dadurch jeweils unter sich bleiben.

Hagestad und Uhlenberg beklagen diese Alterstrennung. Sie führe zu einem Verfall der Achtung und Wertschätzung alter Menschen, denen die traditionelle Mentorenrolle abgesprochen und die Einbindung in das soziale Netz versagt werde. Zu den aufregendsten Folgen des vielstufigen Lebens zählt also vielleicht, dass mit der Entkoppelung von Alter und Lebensstufe diese institutionalisierte Alterstrennung aufgehoben wird. Wenn Menschen verschiedenen Alters interagieren und sich ganz selbstverständlich vermischen, werden auch einige Stereotype des Alters verschwinden. Das gibt den Älteren die Gelegenheit, sich von der Flexibilität und Neugier der Jugend anstecken zu lassen, und den Jüngeren die Möglichkeit, sich die Lebenserfahrung und das Wissen der Älteren zunutze zu machen.

Spiel und Improvisation

Was Menschen von Robotern und lernfähigen Maschinen unterscheidet, ist ihre Fähigkeit zu Innovation und Kreativität, Spiel und Improvisation. In einem Vollzeitjob bleibt wenig Freiraum für Spiel und Improvisation, auch wenn Unternehmensführungen sich mehr davon wünschen und viele besorgt sind, dass die Arbeitsabläufe immer weniger Zeit für Kreativität lassen. Wir fragen uns, ob diese neuen, von institutionalisierter Arbeit befreiten Lebensstufen solche Freiräume schaffen könnten.

In Jimmys und Janes Lebensentwürfen sind solche Freiräume vorgesehen. Jimmys Portfolio-Szenario zum Beispiel ermöglicht den Übergang zu etwas ganz Neuem und Aufregendem: einer Tätigkeit mit vielen für ihn sinnvollen Elementen. Jane wiederum erkundet als junge Erwachsene Argentinien und Chile. Sie durchstreift die Straßenmärkte von Buenos Aires und gründet gemeinsam mit Sam eine Firma, an der ihr wirklich etwas liegt. Mit 45 vollzieht sie einen kurzen Übergang, um sich mehr ihren Kindern und ihren Eltern zu widmen. Als 60-Jährige dann kehrt sie an jene Orte Südamerikas zurück, die sie in jungen Jahren bereist hat; und die 70-jährige Jane verknüpft ihr junges und ihr altes Ich zu einem Portfolio interessanter Projekte und Tätigkeiten.

Das sind Momente, in denen unsere Protagonisten spielen und improvisieren. Befreit von den Fesseln eines Vollzeitjobs ohne jede Pause, erlauben sie ihrem Geist, sich aufzuschwingen. Sie entdecken, dass es beim Spiel nicht darauf ankommt, *was*, sondern *wie* man etwas macht. Einen Teil ihrer Zeit verbringen sie mit dem, was Anthropologen mit dem wunderbaren Begriff *galumphieren* beschreiben[8]: der »scheinbar unnützen Ausführung und Ausschmückung von Aktivität«. Stephen Nachmanovitch beschreibt es so: »Wir galumphieren, wenn wir hüpfen statt gehen, wenn wir den beschaulichen statt den effizienten Weg nehmen, wenn uns eher das Mittel als der Zweck interessiert. [...] Es ist verschwenderisch, exzessiv, übertrieben und unökonomisch.«[9]

Eine gewisse Zeit ihres Lebens galumphiert auch Jane. Sie probiert Verschiedenes aus und überlässt sich der Freude am Tun. In besonders spielerischen Momenten lautet die Frage nicht, warum sie etwas macht oder was der unmittelbare Nutzen ist, im Gegenteil. Wenn man kalkuliert, wie viel einem das, was man tut, einbringt, ist es kein Spiel mehr. Durch ihre Reisen und ihre Experimente findet Jane ihre eigene, authentische Stimme. Sie nimmt sich die Zeit, auf ihre Intuition zu hören und dann zu improvisieren, um diese Intuition in Handeln umzusetzen.

Etwas Neues machen

Diese neuen Lebensstufen eröffnen die Möglichkeit, etwas anderes zu tun, und in diesem Handeln liegt wiederum eine Chance zum Lernen durch Erfahrung. Wir lernen im Wesentlichen durch Handeln, und die neuen Stufen sind eine wunderbare Gelegenheit, Dinge auszuprobieren und dann darüber nachzudenken, wie es einem dabei gegangen ist. Wie ging es Jane, als sie auf Rios Straßen unterwegs war? War sie gespannt, ängstlich, fasziniert? Wenn sie sich ihre Achtsamkeit für den jeweiligen Augenblick bewahrt, kann sie sich in der »Kunst der Selbstbeobachtung« üben, wie Janette Rainwater es nannte[10]: der Befragung seiner selbst über den Umgang mit der eigenen Lebenszeit und der Wahrnehmung von Zeit nicht als einer endlichen Quantität, die irgendwann aufgebraucht ist, sondern als etwas Positivem. Der Soziologe Anthony Giddens drückte es so aus: »Das Leben in die eigene Hand zu nehmen, ist mit Risiken verbunden, denn es bedeutet, sich mit einer Vielzahl von Möglichkeiten auseinandersetzen zu müssen, die vor einem liegen. Man muss bereit sein, notfalls einen mehr oder weniger vollständigen Bruch mit der Vergangenheit zu vollziehen und neue Wege des Handelns zu erwägen, die von etablierten Gewohnheiten abweichen.«[11]

Die zusätzlichen Stufen bieten viele Chancen für dieses neue Handeln und das damit verbundene Erfahrungslernen: die Chance, alte Gewohnheiten und Routineabläufe in Frage zu stellen, Stereotype über den Haufen zu werfen und neue Modelle zur Integration der verschiedenen Lebensabschnitte auszuprobieren.

Entdecker werden

Mit der Entdeckerphase verbinden wir Aufregung und Neugier, Abenteuerlust, Freude am Aufbruch und am Erkunden. Sich nicht fest zu etablieren, sondern frei und unbelastet zu sein und sich finanziell möglichst nicht festzulegen, um beweglich zu bleiben. Es ist eine Zeit des Erkundens: des Reisens, um die Welt und sich selbst besser kennenzulernen.

Entdecker gab es schon immer, Menschen, die ihr Leben lang unterwegs waren, um zu forschen und zu erkunden und sich neuen Erfahrungen auszusetzen, ohne sich in das Korsett des dreistufigen Modells einzwängen zu lassen. In manchen Ländern hat sich heute bei jungen Erwachsenen eine neue Lebensstufe durchgesetzt: das *Gap Year*. Sie nehmen sich vor Beginn ihres Studiums eine einjährige Auszeit – ein Verhaltensmuster, das Ähnlichkeiten mit der Entdeckerphase haben kann. Aber »unsere« Entdecker sind eine radikale Variante dieses Modells.

Denn der Entdecker, der uns vorschwebt, nimmt sich nicht eine von vornherein begrenzte Auszeit, sondern lässt sich viel mehr Zeit. Entdecker erkunden die Welt, die sie umgibt. Sie erforschen, was es da draußen Neues gibt und wie es dort läuft. Sie finden heraus, was ihnen Spaß macht und wo ihre Stärken liegen.

Die Entdeckerphase beginnt mit dem Ausbruch aus dem Alltagstrott und den Alltagserfahrungen. Man zieht in eine andere Stadt, um neue Leute kennenzulernen. Man reist in ein unbekanntes Land und erkundet, wie die Menschen dort leben. Das funktioniert am besten, wenn es nicht nur ein Beobachten von außen ist, mit dem Blick des Touristen, der eine fremde Stadt besucht, sondern selbst involviert ist wie Jane, als sie in die Welt der südamerikanischen Street-Food-Verkäufer eintauchte, um herauszufinden, wie sie arbeiten. Aber nicht alle Entdeckerinnen und Entdecker haben dasselbe Ziel.

Einige sind *Forscher*. Sie brechen zu einer Reise auf, um Antwort auf eine ganz bestimmte Frage zu finden. Schon zu Beginn ihrer Suche haben sie eine Vorstellung von ihrem Ziel. Ein Beispiel ist Henry Morton Stanley und seine Suche nach den Nilquellen. Er und seine Expedition kannten zwar nicht den Weg, aber sie wussten, wonach sie suchten. Heutige Entdecker machen sich gleichfalls mit Fragen auf den Weg: Was ist für mich wichtig? Was liegt mir wirklich am Herzen? Wer bin ich? Die Reise, zu der sie aufbrechen, soll ihnen helfen, diese Fragen zu beantworten.

Andere Entdecker haben bei ihrem Aufbruch keine bestimmte Frage im Kopf. Sie sind *Abenteurer*, und ihr einziges Ziel ist die täglich neue Freude des Entdeckens – sie galumphieren. Mit ihren Abenteuern schaffen sie die Geschichten, die ihr zukünftiges Leben erzählen wird: was sie gesehen, wen sie getroffen und was sie gelernt haben. Das ist in gewisser Weise das wahre Wesen des Menschseins – die wunderbare Freiheit, seine Fühler auszustrecken und die Welt zu erkunden. Bei einem 100-jährigen Leben können wir uns vorstellen, dass viele Menschen Lust bekommen, zu ihrem eigenen Abenteuer aufzubrechen.

Die Entdeckerphase ist dann am besten, wenn man wirklich experimentiert und so viel wie möglich ausprobiert. Bei ihrer Erkundung Südamerikas lernte Jane das Leben vieler anderer Menschen kennen und wurde auf diese Weise dazu gedrängt, ernsthaft über ihre eigenen Wertvorstellungen und Prioritäten nachzudenken. In dieser Phase des Erkundens hatte sie auch Zeit und Lust, ihre Netzwerke zu erweitern und zu diversifizieren. Je vielgestaltiger diese Netzwerke wurden und je mehr Personen daran beteiligt waren, desto mehr mögliche künftige Ichs konnte sich Jane konstruieren.

Die Psychologie der Entdeckerphase ist äußerst spannend. Entdecker erweitern die Grenzen ihres Lebens, sie treten aus der Normalität heraus und konfrontieren sich mit unbekannten Verhaltensweisen. Sie stellen sich »an den Rand des Systems«, wie es Otto Scharmer vom Massachusetts Institute of Technology formulierte[12], und werfen somit ein Schlaglicht auf ihre eigenen Vorannahmen und Wertvorstellungen.

Bewusstseinsverändernde Erfahrungen

Die besten Phasen des Entdeckens und Erkundens sind mit einer bewusstseinsverändernden Erfahrung verbunden. Als die Leadership-Forscher Warren Bennis und Robert Thomas Führungskräfte über ihr Leben befragten, stellten sie fest, dass diejenigen mit einem starken Selbstgefühl und einem sicheren ethischen Kompass solche Schlüsselerfahrungen gemacht hatten.[13] Sie erlebten Situationen, in denen ihnen das Leben anderer Menschen intuitiv erfahrbar wurde: Momente von Schmerz und Angst, von Hochgefühl und Glück. Sie schlüpften gewissermaßen in eine fremde Haut. Diese lebensverändernden Erfahrungen konnten verschiedene Formen annehmen. Für die einen war es einfach nur das Leben in einer anderen Stadt, für andere der Aufenthalt in einer völlig fremden Umgebung, einem Flüchtlingslager zum Beispiel. Philip Mirvis zufolge ist eine solche einschneidende Erfahrung zwar wichtig, es bedarf aber auch einer tiefen Selbstreflexion, damit sich die eigene Sicht der Welt verändern und dieses persönliche Narrativ mit anderen geteilt werden kann.[14] Dazu gehört es, Fragen zu stellen, sehr genau zu beobachten und aufmerksam zuzuhören. Dann werden solche Erfahrungen zur Chance, sich mit den eigenen Werten auseinanderzusetzen und über die eigene Identität und die Rollen nachzudenken, die man spielt. Es kann eine Zeit sein, in der die persönliche Lebenserzählung der Lebenserzählung eines anderen gegenübergestellt wird.

Ein langes Leben bedeutet Wandel und Transformation – und deshalb ist die Kategorie der transformationalen Vermögenswerte so wichtig. Sie kommen in Situationen zum Tragen, in denen einschneidende, bewusstseinsverändernde Erfahrungen gemacht werden. Statt einfach nur ein Buch zu lesen oder eine Website zu besuchen, macht man reale und tiefgreifende persönliche Erfahrungen, die die menschliche Existenz in ihrer ganzen Totalität fassbar werden lassen. Man erkennt, was andere an den Punkt ihres Lebens gebracht hat, an dem sie heute stehen; man vollzieht die Belastungen nach, denen sie ausgesetzt sind, sieht aber auch die Chancen, die sich ihnen bieten.

Man kann in jedem Alter zum Entdecker werden

Wir alle können jederzeit und in jedem Alter zum Entdecker werden. Doch in drei Lebensabschnitten – zwischen 18 und 30, mit Mitte 40 sowie zwischen 70 und 80 – ist bei vielen Menschen die Offenheit für das Neue besonders groß. Dies sind oft Momente im Leben, die einen natürlichen Übergang markieren, und in einer solchen Zeit kann das Erkunden neuer Möglichkeiten eine unmittelbare Aufgabe erfüllen: Es dient der Bestandsaufnahme, der Bewusstmachung von Optionen und dem Überdenken der eigenen Überzeugungen und Wertvorstellungen.

In späteren Lebensjahren zum Entdecker zu werden, kann eine ungeheuer verjüngende Erfahrung sein. Menschen um die 70, die noch viele Lebensjahre vor sich haben, laufen Gefahr, in eingefahrenen Gleisen stecken zu bleiben. Aus dem Alltagstrott auszubrechen und zum Abenteurer zu werden, könnte einen Vitalisierungsschub bewirken, weil man die gewohnten Verhaltensmuster verlässt und sich für neue Optionen öffnet. So wie Jane es gemacht hat.

Jimmy dagegen ist bereits Mitte 40, und deshalb wird seine Erkundungsphase zielgerichteter sein müssen. An diesem Punkt seines Lebens wird ihm immer klarer, dass sein derzeitiger Plan und seine heruntergewirtschafteten immateriellen Vermögenswerte unzureichend sind, um ihn ein langes Leben hindurch zu stützen. In dem einen Szenario nimmt sich Jimmy daher eine Auszeit, um neue Lebenswege zu erkunden und die ausgetretenen Pfade zu verlassen. Er befindet sich im Modus des Erkundens, als er mit 45 erkennt, dass ein möglicherweise sehr langes dreistufiges Leben vor ihm liegt. Er weiß zwar, was er *nicht* möchte, aber von dem, *was* er möchte, hat er keine genaue Vorstellung. Er braucht Zeit zum Experimentieren und Nachdenken, und er muss sich aus den Zwängen seiner bisherigen Rolle befreien. Jimmy – und viele andere in seinem Alter, die sich für eine Phase des Erkundens entscheiden – werden diese Zeit für Fortbildung und den Erwerb neuer Qualifikationen nutzen.

Der naheliegendste Zeitpunkt des Entdeckens und Erkundens liegt zwischen dem Schulabschluss und Ende 20, Anfang 30. Viele machen sich nun auf die Suche, um sich selbst besser kennenzulernen und über die eigenen Vorlieben und Stärken nachzudenken. Und weil sich bei einer Entdeckungsreise der Blick eher nach außen als nach innen richtet, vollzieht sich diese Selbsterkundung durch Erprobung und Auseinandersetzung mit anderen. Das kann negative Gefühle, aber auch Gefühle des Glücks und der Freude auslösen.

Optionen erkunden und die richtigen Partner finden

Wer wie Jack gleich nach seiner Ausbildung in eine Firma eintritt, muss damit rechnen, dass eine so frühe Berufsentscheidung in eine Sackgasse führen kann, wenn sich die Arbeitswelt verändert oder wenn er feststellt, dass er seine Fähigkeiten und Ambitionen falsch eingeschätzt hat. Für Jack wurde das nicht wirklich zum Problem. Er hatte nicht viele Optionen, in seinem Leben gab es nicht viele Übergänge, und er war nur 40 Jahre erwerbstätig. Wem jedoch ein langes Leben geschenkt ist, der wird mit sehr viel mehr Optionen konfrontiert sein und mehr Entscheidungen zu fällen haben. Er wird sich Zeit nehmen müssen, um die richtige Wahl zu treffen: bezüglich der Ausbildung, die – mit Blick auf die Zukunft – seine Interessen und Neigungen spiegelt; bezüglich des Jobs, der seinen Wertvorstellungen entsprechen und sinnvoll sein soll, ohne in eine Sackgasse zu führen; bezüglich der Firma, die seine eigenen Werte vertritt und die Fähigkeiten und Kenntnisse der Mitarbeiter fördert; bezüglich des passenden Partners oder der passenden Partnerin, mit der oder dem er sich vorstellen kann, viele Jahre zusammenzuleben; oder auch bezüglich eines Geschäftspartners, mit dem er gut kooperieren kann und der seine eigenen Fähigkeiten und Arbeitsweisen ergänzt.

Den richtigen Partner zu finden, ist bei einem langen Leben von besonderer Bedeutung, denn diese Wahl hat langfristige Folgen. Hinzu kommt, dass die Partnerwahl in einer, wie Giddens es nennt, »posttraditionalen Gesellschaft« erfolgt, in der herkömmliche Praktiken der Partnervermittlung verschwinden.

Manche Entscheidungen, die wir treffen, werden sich als richtig herausstellen, andere nicht, und über den Zeitraum eines langen Lebens hinweg wird der Preis, den wir für falsche Entscheidungen und Fehler zu bezahlen haben, steigen. Deshalb überrascht es auch nicht, dass sich Jane Zeit nimmt, um ihre Optionen sorgfältig zu erkunden. »Gut Ding braucht Weile« lautet ein altes Sprichwort.

Unserer Ansicht nach ist es charakteristisch für Jane und ihre Generation, dass sie ihr Augenmerk auf Optionen richtet: bei der Partnersuche und bei der Gestaltung der eigenen Identität. Viel wurde über die Alterskohorte gesagt, zu der Jane gehört: die *Millennials* oder *Generation Y*. Viele Aussagen über das, was diese Generation will oder braucht, sind stereotyp und stark verallgemeinernd.[15] Was die *Millennials* auszeichnet, ist unserer Ansicht nach nicht das Milieu, in das sie hineingeboren wurden, sondern die Tatsache, dass sie die erste Generation sind, die sich des 100-jährigen Lebens wirklich bewusst ist und entsprechend plant. Die Frage von Optionen, Partnerwahl und persönlicher Identität stellt sich für diese Generation ganz anders als für Jacks Generation, und ihre Antwort ist nicht die einer Generation, sondern die Antwort von Pionieren des sozialen Wandels, deren Verhaltensweisen von nachfolgenden Generationen übernommen werden.

Phasen des Erkundens und Entdeckens sind wichtig, um sich über Optionen klarzuwerden und die optimalen Entscheidungen zu treffen. Doch solche Expeditionen sind zugleich voller Gefahren und bergen das Risiko des Scheiterns. Der britische Polarforscher John Franklin und seine Mannschaft fanden nie die Nordwestpassage. Scotts Expedition erreichte nie den Südpol. Und aus diesem Grund erwarten wir nicht, dass alle zu einer Erkundung aufbrechen. Einige werden sich ihrer Identität, ihrer Stärken und Vorlieben sehr sicher sein. Sie werden ihre ganze Leidenschaft darauf richten, ihre Ziele zu erreichen, eine Erkundungsphase würden sie nur als Störung betrachten. Andere scheuen das Risiko und gehen lieber auf Nummer sicher. Sie streben bestimmte finanzielle Ziele an und möchten nach Schule und Ausbildung sofort in ein traditionelles Erwerbsleben einsteigen. Für wieder andere könnte diese Erkundung eine lebensverändernde Phase sein – allerdings nur dann, wenn sie für Aktivität und Entdeckungen genutzt wird. Die Erkundungsphase ist keine Zeit des Herumsitzens und der Untätigkeit und nicht einfach nur ein verlängertes studentisches *Gap Year*. Reflexion und Planung sind gefragt, damit die Vermögenswerte nicht schrumpfen und verfallen, sondern wachsen und sich erneuern.

Freier Produzent werden

Heute ist eine neue Stufe der wirtschaftlichen Betätigung aufgetaucht, die neue Formen des Unternehmertums und neue Strukturen der beruflichen und betrieblichen Partnerschaft hervorbringt: wenn Menschen vorgezeichnete Karrierepfade verlassen, um eine eigene Firma zu gründen. Wie bei der Entdeckerphase ist auch diese Phase nicht auf eine bestimmte Altersgruppe beschränkt. Menschen können zu verschiedenen Zeitpunkten ihres Lebens freie Produzenten werden. Sie sind Jobschaffende, nicht Jobsuchende.

Pop-ups und Prototypen

Unternehmer gab es natürlich schon immer. Der Grund, warum wir von freien Produzenten statt von Unternehmern oder Gründern sprechen, liegt in der Größe und in den Zielsetzungen dieses neuen Modells. Freien Produzenten geht es nicht in erster

Linie um die Gründung eines dauerhaften Unternehmens, das floriert, immer weiter wächst und am Ende weiterverkauft wird. Sie schaffen eher kurzlebige Strukturen, manchmal in Form von Pop-ups, indem sie eine Gelegenheit beim Schopf packen. Bei Pop-ups steht das Machen und nicht das Resultat im Mittelpunkt: das Start-up, nicht das Sell-out. Es geht um das Spielerische, um das Ausprobieren und die Erfahrung – und das führt uns unmittelbar zum Thema Jugendlichkeit zurück, von der oben die Rede war. Freie Produzenten wollen keine Firma aufbauen und finanzielle Vermögenswerte akkumulieren, sondern irgendwann im Verlauf ihres Berufslebens Zeit in eine unabhängige und sich selbst tragende produktive Tätigkeit stecken: ein Produkt herstellen, eine Dienstleistung anbieten, eine Idee realisieren. Diese Phase der freien Produktion spielt auch in Jimmys und Janes Leben eine wichtige Rolle. Die materiellen Vermögenswerte können dabei zwar zu kurz kommen, aber es wird eine Fülle von immateriellen Vermögenswerten aufgebaut.

Für viele freie Produzenten ist es eine Zeit des Experimentierens, in der sie herausfinden, was funktioniert und was nicht. Otto Scharmer spricht von Prototyping.[16] Ihm zufolge setzen Beobachten und erhöhte Aufmerksamkeit in einer solchen Phase rasche Lernkreisläufe in Gang, und es beginnt das *rapid-cycle prototyping*. Am Anfang der Phase des freien Produzenten steht oft die Entwicklung von Prototypen, ohne dass sofort ausgereifte Pilotprojekte entstehen. Bei Menschen mit einem festen Job läuft ein solches Prototyping oftmals nebenher, parallel zu ihrem beruflichen Alltag. Dadurch können sie sehr viel früher in ein Projekt einsteigen, als wenn sie zuerst herausfinden müssten, was genau zu tun ist. Intuition spielt dabei eine zentrale Rolle, und der freie Produzent erhält ein Gefühl für die Möglichkeiten, die er hat. In diesen schnellen Prototyping-Zyklen gibt es ein beständiges Feedback, und es wird ein Verfeinerungsprozess in Gang gesetzt, in dessen Verlauf Ideen allmählich Gestalt annehmen und sich zu funktionsfähigen Projekten oder Produkten weiterentwickeln können.

Learning by producing

Die Phase des freien Produzenten ist durch den Erwerb von Expertise, durch Lernen und Produzieren gekennzeichnet. Zwar ist es wichtig, auch in dieser Phase Geld zu verdienen, um seinen Lebensunterhalt zu bestreiten; diese Einnahmen sind zugleich ein Zeichen der Werthaltigkeit dessen, was man tut. Aber große finanzielle Vermögenswerte werden in dieser Phase nur selten aufgebaut. Im Vordergrund steht Learning by producing.

Es ist eine Phase, in der ein Projekt ruhig auch einmal scheitern darf. Da man relativ geringe Investitionen tätigt und kaum Verpflichtungen eingeht, ist es eine wunderbare Gelegenheit zu scheitern, ohne dass es schwerwiegende Folgen hat. Da der freie Produzent zugleich Unternehmer ist, kann er wertvolle praktische Erfahrungen sammeln: Kann ich die erforderlichen finanziellen Mittel aufbringen? Kann ich die Ressourcen beschaffen, die für die Umsetzung meines Projekts notwendig sind? Habe ich genügend Kontakte, um mir Geld zu leihen und mir Unterstützung und Ratschläge zu holen? All dies sind wichtige immaterielle Vermögenswerte, in die man aus arbeitstechnischer Sicht investieren muss. Es handelt sich um vernünftige, praktische und allgemeine Fertigkeiten, die in vielen Bereichen und Jobs der Zukunft gefragt sind. Diese Vermögenswerte können auf dem schulischen Wissen aufbauen, sind aber durch Erfahrung erworben und beinhalten somit tiefere Kenntnisse.

Wer gleich zu Beginn seiner Berufskarriere freier Produzent wird, tritt in eine Situation ein, die zwei Aspekte hat, gleichsam zwei Gesichter: wie der römische Gott Janus, der vorwärts und rückwärts sehen konnte. Es gibt einen rückwärts gerichteten Aspekt, denn diese Phase ist immer noch eine Art Ausbildung, da es um praktisches Lernen geht. Und es gibt einen vorwärts gerichteten Aspekt, denn in dieser Zeit erwirbt man Referenzen und schafft sich einen guten Ruf, was bei der Bewerbung in einem konventionelleren Arbeitsbereich nützlich sein kann. Statt den üblichen Weg mit Berufspraktika und dem Erwerb von Zusatzqualifikationen zu gehen, baut man sich einen guten Ruf auf, der ein breites Spektrum von Fertigkeiten abdeckt: Leistungsfähigkeit, praktische Erfahrungen, Geschick im Aufbau von Netzwerken und die Fähigkeit zu Teamarbeit und Kooperation.[17]

Die Entscheidung für den Weg des freien Produzenten ist manchmal auch die Entscheidung für einen bestimmten Lebensstil und kann Menschen einer höheren Altersstufe helfen, ihre finanziellen Ressourcen zu schonen. So lässt sich bereits heute bei den über 55-Jährigen ein starker Trend zu Unternehmensgründungen beobachten. Im Jahr 2014 bildete diese Altersgruppe 26 Prozent der »Gründer« – gegenüber 15 Prozent im Jahr 1996.[18] Wir erwarten, dass sich in Zukunft auch 70- und 80-Jährige dafür entscheiden, Gründer zu werden. Manche werden weiter Vollzeit arbeiten, andere werden sich eine Portfolio-Karriere aufbauen. Einige aber werden Zeit und Energie investieren, um etwas auf die Beine zu stellen, das sie begeistert und vitalisiert und das sie vielleicht einmal als das Vermächtnis ihres Lebens hinterlassen können. Eine Tätigkeit ganz in eigener Regie kann eine großartige Möglichkeit sein, sich seinen bisherigen Lebensstil zu bewahren und seine Vitalitäts- und Produktivitätswerte zu stärken. Für die meisten freien Produzenten kommt es darauf an, ihre materiellen Vermögenswerte möglichst nicht zu verbrauchen. Das, was sie als freier Produzent verdienen, soll ausreichen, um ihren Lebensunterhalt zu bestreiten.

Kreative Cluster

Die Phase des freien Produzenten ist für Leute zwischen 18 und 30 schon heute ein gangbarer Weg. Die meisten von ihnen schließen sich mit Gleichgesinnten zusammen, um voneinander zu lernen, oft im Umkreis moderner Großstädte, sogenannter Smart Cities. Als Mitte des vergangenen Jahrhunderts das Phänomen des Teenagers auftauchte, wurde diese Altersgruppe mit ihrem spezifischen Konsumverhalten von Marketingexperten schnell als Zielgruppe entdeckt. Der entscheidende Unterschied der neuen kreativen Gruppen besteht darin, dass ihre Interaktion nicht allein auf Konsum, sondern vor allem auf Produktion basiert. Wenn sie in smarten Städten Cluster bilden, entwickeln sie einen bestimmten Lebensstil und eine ganz eigene Art der Verknüpfung von Leben und Arbeit.

Während Unternehmer alten Schlags ihr geistiges Eigentum eifersüchtig hüten, sind freie Produzenten sehr viel eher bereit, ihr Wissen zu teilen. Wenn ihre Produkte und Ideen kopiert und nachgeahmt werden, empfinden sie das als eine Auszeichnung. Es stärkt ihr Profil und ist ein Proof of Concept, ein Beleg für die Machbarkeit ihres Projekts, auch wenn dabei die ursprüngliche Idee, das Produkt oder das Unternehmen seine klaren Konturen verliert. Die Grundhaltung »Jeder kann mitmachen« ist Kennzeichen eines kollaborativen, hochwertigen Netzwerks. An einem solchen Netzwerk beteiligt zu sein, über gute Kontakte zu verfügen und als kreativ und ideenreich zu gelten, ist ein immaterieller Vermögenswert, der den guten Ruf wirklich befördern und in späteren Phasen auch finanziell von Nutzen sein kann.

Die Vernetzung ist nicht nur Input und Grundlage kreativer Aktivitäten, sondern auch ein Maß des Erfolgs, und hier liegt die Erklärung dafür, dass smarte Städte wachsen und für Cluster freier Produzenten immer attraktiver werden.[19] Im allgemeinen Bewusstsein werden freie Produzenten gewöhnlich mit Technologie-Clustern wie im kalifornischen Silicon Valley, im Silicon Roundabout in London, im indischen Bangalore oder im chinesischen Chengdu assoziiert. Aber natürlich sind freie Produzenten auch in vielen anderen Bereichen tätig, und es werden sich in Zukunft noch sehr viel mehr solche Cluster bilden. Ihre Bedeutung wird wachsen, weil die Phase des freien Produzenten im Wesentlichen erfahrungsbezogen ist und in den meisten Fällen nicht digital und über große Entfernungen hinweg funktioniert. Deshalb konzentrieren sich freie Produzenten in Städten. Und da sie sich in einer Lebensphase mit niedrigem Einkommen befinden, werden sie sich in diesen Städten billige, aber zentrale Viertel suchen, die rasch den Lebensstil dieser Neuankömmlinge übernehmen werden. Wie es dem freien Produzenten entspricht, wird es keine klare Trennung von Arbeit und Spiel geben. Privatleben, Arbeit und soziales Leben werden am selben Ort stattfinden. Und da nicht die Akkumulation finanzieller Ressourcen im Vordergrund steht, wird man mehr Fahrräder als Autos auf den Straßen und mehr Cafés als Büros sehen.

Diese Cluster freier Produzenten ziehen Leute an, die Lernerfahrungen machen, experimentieren, Geschäfts- oder Lebenspartner finden und primär in immaterielle Vermögenswerte investieren möchten. Für sie ist es naheliegend, im informellen Sektor zu arbeiten, und sie nutzen innovative Technologien zur Entwicklung von Prototypen und zur Skalierung von Ideen ohne große Investitionen in Infrastruktur und ohne hohe Fixkosten. Ihre Aktivitäten sind nicht auf Dauer angelegt, sondern bewusst kurzlebig und episodenhaft.

Einen Ruf aufbauen und pflegen

Ein freier Produzent möchte Ideen umsetzen und sich auf diese Weise den Ruf erwerben, handlungsorientiert zu sein und imstande, Hindernisse zu überwinden. Der Name, den man sich damit macht, kann ein nützlicher immaterieller Vermögenswert für spätere Lebensstufen sein. Die Webseite, auf der man sich und seine Arbeit präsentiert, der Hackathon oder Ideenwettbewerb, den man gewonnen hat, der Twitter-Stream der eigenen Aktivitäten oder der YouTube-Kanal, den man sich aufgebaut hat, dient der Eigenwerbung und der Bekanntmachung der eigenen Ideen und Kompetenzen. Wenn Unternehmen in ihrem Ökosystem nach Ideen suchen, wird ihnen diese Art der Selbstreklame in den digitalen Medien besonders ins Auge stechen.

Der Aufbau von Fertigkeiten, die Pflege eines guten Rufs und die Präsentation der eigenen Arbeit sind für einen freien Produzenten von grundlegender Bedeutung. Vieles wird er durch Erfahrung lernen, im Austausch mit Kollegen und Mentoren, für andere Qualifikationen wird er Wege der formalen Bildung beschreiten müssen, etwa durch den Besuch von Seminaren. Dabei wird er überlegen müssen, wie er künftigen Arbeitgebern, aber auch Bekannten seine Kompetenzen und Leistungen signalisieren kann. Die sozialen Medien sind natürlich eine gute Möglichkeit, Reklame für die eigenen unternehmerischen Aktivitäten zu machen, aber man wird auch andere, offiziellere Wege gehen, um sein professionelles Profil zu schärfen. Derzeit ist das

Karrierenetzwerk LinkedIn die Plattform dafür, doch in Zukunft wird es weitere innovative Plattformen geben.

Denkbar ist, dass auch Bildungseinrichtungen Formate entwickeln, um Fertigkeiten zu zertifizieren, die nicht an fachliche Lehrgänge oder Kurse gebunden sind. Der freie Produzent der Zukunft wird also unternehmerisch aktiv sein und vielleicht gleichzeitig einen Studiengang oder einen Online-Kurs absolvieren (einen MOOC oder Massive Open Online Course, einen »offenen Online-Kurs für alle«) und mit einer Prüfung abschließen, um einen Leistungsnachweis zu erhalten. Das wird auch in Zukunft wichtig sein. Erfahrungslernen ist großartig und hocheffizient, aber gerade weil es erfahrungsbasiert ist, ist es schwer zu dokumentieren. Der finanzielle Erfolg eines unternehmerischen Projekts allein wird nicht der Maßstab für den Erfolg eines freien Produzenten sein. Der freie Produzent wird Mittel und Wege finden müssen, um nachzuweisen, dass er über diese immateriellen Vermögenswerte auch tatsächlich verfügt.

Dies gilt vor allem gegenüber größeren Unternehmen. Wir gehen davon aus, dass Firmen zunehmend bereit und imstande sein werden, talentierte freie Produzenten zu suchen und an sich zu binden, sei es in Form einer Vollzeit- oder Teilzeitstelle, sei es durch den Kauf ihres geistigen Eigentums oder sogar ihrer Firma.

Mit leichtem Gepäck unterwegs sein

Die wichtigste Investition in der Phase des Entdeckers und des freien Produzenten sind die immateriellen und besonders die *transformationalen Vermögenswerte*. Die Finanzierung ist in dieser Phase immer ein schwieriges Problem, und deshalb ist die Sharing Economy so interessant.[20] Die Sharing Economy ist eine gute

Möglichkeit, *asset light* zu bleiben, also mit geringen Betriebskosten und preiswerter Infrastruktur auszukommen, oder Einkommen zu generieren, um Vermögen zu bilden. Plattformen wie Airbnb, Simplest, Lyft oder sogar Dogvacay, eine Art Airbnb für Hunde, sind Beispiele für dieses aufstrebende Geschäftsmodell, bei dem Leute gemeinsam Ressourcen nutzen, die sie gekauft oder geschaffen haben. Auf diese Weise können sie Entscheidungen über große finanzielle Investitionen aufschieben, aber auch die Risiken solcher Finanzentscheidungen minimieren. Ein Wohnungs- oder Autokauf ist eine teure Sache. Man erwirbt physisches Kapital und geht eine finanzielle Verpflichtung ein. Um den Kredit zurückzahlen oder das Objekt kaufen zu können, benötigt man ein sicheres Einkommen. In einer Lebensphase, in der es darauf ankommt, sich Optionen offenzuhalten, ist dies nicht erstrebenswert. Mehr noch: Ein Investitionsgut zu kaufen, ist nicht nur teuer, es schafft auch Kapazitätsprobleme. Ein Auto wird nicht ständig benutzt, es liegt also Geld nutzlos herum, das in ein Start-up investiert werden könnte. Wenn man eine Wohnung kauft und in der Entdeckerphase viel reist, liegt das Geld brach, das man für den Wohnungskauf ausgegeben hat. Die Sharing Economy hilft, diese Kapazitätsprobleme zu lösen, weil entweder das gekaufte Investitionsgut Gewinn generiert oder ein Vermögenswert genutzt werden kann, ohne dass man gezwungen ist, einen Job zu übernehmen oder sich finanziell zu belasten.

Ein Portfolio gestalten

Es wird Zeiten geben, in denen ein einziges Ziel im Vordergrund steht: die Übernahme einer hochdotierten Führungsaufgabe in einem Unternehmen, der Aufbau eines Geschäfts, die Erkundung oder ein Aufbaustudium. Zu anderen Zeiten wird man mehrere Tätigkeiten miteinander kombinieren wollen. Diese Gleichzeitigkeit vieler unterschiedlicher Aktivitäten nennen wir ein Portfolio. Wie die anderen neuen Phasen ist auch die Portfolio-Phase altersunabhängig. Ein Portfolio kann man sich an jedem Punkt seines produktiven Lebens aufbauen. Die einen entdecken es als eine Option für sich, mit der sie experimentieren, anderen wird es aufgezwungen, weil sie Mühe haben, einen für sie sinnvollen Job zu finden. Grundsätzlich ist der Aufbau eines Portfolios zwar in jedem Alter möglich, besonders attraktiv jedoch ist diese Option für Leute, die bereits ein solides Fundament haben. Wenn wir mit Führungskräften über ein 100-jähriges Leben sprechen und sie auffordern, sich ihr zukünftiges Leben vorzustellen, nennen viele ein Portfolio als langfristige Strategie. Sie stellen sich vor, mehrere Tätigkeiten gleichzeitig auszuüben, von denen einige Geld bringen, andere dem Aufbau sozialer Beziehungen, der Unterstützung von Angehörigen oder einem Hobby gewidmet sind.

Für Leute, die über eine solide Plattform von Qualifikationen und Netzwerken verfügen, ist ein solches hochwertiges Portfolio eine gute Option. Den Mittelpunkt bildet eine bezahlte Tätigkeit in einer Branche, die man bereits kennt, vielleicht ein, zwei Tage die Woche. Für den Geschäftsführer einer Firma zum Beispiel ist dies in der Regel der Sitz in einem Aufsichtsrat oder eine andere verantwortungsvolle Unternehmensaufgabe, bei der man an seine beruflichen Erfahrungen und Fähigkeiten anknüpfen kann. Nach einer langen und anstrengenden klassischen Berufskarriere sehnt man sich danach, Dinge zu tun, die wirklich Spaß machen. Vielleicht möchte man auch der Gesellschaft etwas zurückgeben und mehr Zeit für Freunde übrig haben. Das Portfolio muss also drei Ansprüchen genügen: dem Geldverdienen, um Ausgaben zu kompensieren und weitere Ersparnisse zu akkumulieren; einer Teilzeitaktivität, die an die bisherige berufliche Tätigkeit anknüpft, die Reputation wahrt, Fertigkeiten nicht verkümmern lässt und geistige Anregungen vermittelt; sowie dem Wunsch nach neuen und sinnvollen Aufgaben, bei denen man etwas lernen kann. Für die Portfolio-Phase gibt es also viele Gründe: Vermögensbildung, Erkundung neuer Tätigkeitsfelder, Förderung von Vitalität und geistigen Anregungen, aber auch den Wunsch, etwas zu lernen und einen gesellschaftlichen Beitrag zu leisten.

Auf der Vergangenheit aufbauen

Ein solches Portfolio kann ungeheuer aufregend sein. Je länger wir leben, desto größer ist die Gefahr der Langeweile, Monotonie und Erstarrung in Routine und desto größer der Wunsch nach Abwechslung. Das Portfolio ist daher eine verlockende Option. Dennoch haben wir Bedenken, ob es uns gelingt, diese Phase erfolgreich zu gestalten, und ob wir einen solchen Übergang überhaupt bewältigen können. Wir fragen uns, wie viele von denen, mit denen wir gesprochen haben, es schaffen, ihren Plan tatsächlich zu verwirklichen.

Je länger wir leben, desto mehr Gewohnheiten schleifen sich ein. Menschen, denen der Übergang in die Portfolio-Phase gelingt, sind imstande, einen Kurswechsel zu vollziehen und ihre berufliche Karriere unter dem Aspekt der Entwicklung von Fertigkeiten und Kenntnissen und nicht unter dem Aspekt von innerbetrieblichem Aufstieg und Beförderung zu betrachten. Der Übergang von einer Vollzeitbeschäftigung in eine Portfolio-Phase erfordert geistige Flexibilität und eine Arbeitsorganisation, für die das traditionelle lange Erwerbsleben nicht immer eine gute Vorbereitung ist.

Der Übergang in die Portfolio-Phase wird dann gelingen, wenn man sich frühzeitig darauf vorbereitet und mit kleineren interessanten Projekten experimentiert, während man noch Vollzeit arbeitet; wenn man sich Rollenvorbilder sucht, die dem geplanten Portfolio-Modell entsprechen; und wenn man den Schwerpunkt von unternehmensinternen Netzwerken sukzessive auf andere, externe Netzwerke verlagert. Und hier kommen erneut die transformationalen Vermögenswerte ins Spiel. Je mehr man seine Netzwerke diversifiziert, desto mehr Kontakte mit Menschen aus anderen Bereichen ergeben sich und desto leichter kann man sich einen Ruf aufbauen und sich Fertigkeiten aneignen, die auf andere Bereiche übertragbar sind und helfen, das eigene Profil in der Öffentlichkeit zu schärfen. Das erleichtert den Einstieg in die Portfolio-Phase. Andernfalls könnte der Übergang von einem Vollzeitjob in ein diversifiziertes Spektrum von Tätigkeiten zur Enttäuschung werden.

Ineffizienzen ausgleichen

Zu den Herausforderungen der Portfolio-Phase gehören die Ineffizienzen, die unweigerlich damit verbunden sind. Die Vielfältigkeit eines Portfolios ist zwar aufregend und spannend, doch die Kehrseite dieser Vielfalt sind ausbleibende Skalenerträge. Versuchen Sie, sich eine typische Portfolio-Woche vorzustellen:

zwei Tage bezahlte Arbeit, ein Tag soziales Engagement, einer für ein Hobby und einer im Vorstand einer gemeinnützigen Organisation. Der Wechsel von einer zur anderen Tätigkeit ist mit hohen Umstellungskosten verbunden, denn auf jede muss man sich geistig neu einstellen, und beim Wechsel von einem zu einem anderen Ort muss man Wegstrecken zurücklegen. Diese Umstellungskosten betrachten wir als eine der großen Herausforderungen der Portfolio-Phase.

Doch diese Kosten können reduziert werden. Naheliegend ist die Schaffung von Synergieeffekten zwischen den verschiedenen Portfolio-Aktivitäten, wenn ihnen bestimmte Fertigkeiten und Kenntnisse gemeinsam sind. Techniken des Projektmanagements können helfen, sie besser zu koordinieren. Dabei geht es darum, Fertigkeiten und Kenntnisse thematisch oder durch Kernkompetenzen miteinander zu verknüpfen. Eine andere Möglichkeit, Umstellungskosten zu verringern, wäre die Bündelung statt Fragmentierung von Zeit, zum Beispiel indem man drei volle statt fünf halbe Tage in der Woche arbeitet. Portfolio-Tätigkeiten können anstrengend sein, wenn man in der Vergangenheit eher mit konzentrierten, eng fokussierten Tätigkeiten erfolgreich war. Auch wenn viele sich ein solches Portfolio wünschen, ist es nicht für alle machbar, vor allem dann nicht, wenn die Tätigkeiten kaum Überschneidungen aufweisen.

Die Yahoos

Die neuen Lebensphasen werden zwar in Zukunft von Menschen aller Altersstufen praktiziert, derzeit aber sind es vor allem die 18- bis 30-Jährigen, die diese Wege beschreiten. Das kann nicht überraschen, schließlich ist Janes Generation in besonderer Weise gefordert, sich auf ein langes Leben einzustellen, und besitzt ein Höchstmaß an Flexibilität. Es wird diese Generation sein, die durch Experimentieren und durch den Eintritt in neue Phasen den Weg weist, sei es als Entdecker, als freie Produzenten oder als Gestalter eines Portfolios (in dieser Altersgruppe durch die Gig Economy). Diese Altersgruppe erkennt vielleicht klarer als jede andere den Wert von Optionen und ist bereit, viel auf sich zu nehmen, um sie zu erkunden und zu gestalten. In der Finanztheorie ist eine Option das Recht, eine Aktie zu einem festen Preis zu kaufen. Je länger der Zeitraum, in dem eine Option gültig ist, desto höher ist ihr Wert. Und je größer die Unsicherheit der Aktie, desto höher ist der Wert der Option. Die Langlebigkeit dieser Generation und die damit verbundenen größeren Unsicherheiten bedeuten, dass Optionen für sie ungeheuer wertvoll sein können. Ihre Reaktion darauf ist, dass sie später heiraten, später eine Familie gründen, später ein Haus und ein Auto kaufen und Festlegungen überhaupt so lange wie möglich hinauszögern.

Natürlich gibt es auch negative Motive, die dieses Verhalten steuern. In vielen Industriestaaten fühlt sich diese Altersgruppe von älteren Generationen verraten. Ihre Mitglieder beklagen, dass sie sich, um zu studieren, höher verschulden müssen, bei der Bewerbung um ihren ersten Job größerer Konkurrenz ausgesetzt sind und in Städten leben, in denen die Mieten und Wohnungspreise unbezahlbar geworden sind. Sie haben folglich kaum eine andere Wahl, als möglichst *asset light* zu bleiben und Kreativität zu entwickeln, um wirtschaftliche Eigenständigkeit zu erreichen.

Optionen schaffen, Festlegungen verschieben und flexibel bleiben – all dies sind Verhaltensweisen, die man traditionell der Jugend zuordnet. Sie sind, mit anderen Worten, ein gutes Beispiel für die oben beschriebene Verjüngung und Neotenie. Aus der Perspektive des traditionellen dreistufigen Lebens erscheint dieses jugendliche Verhalten falsch und wird oft als fehlende Verantwortungsbereitschaft verstanden. Aus der Perspektive eines vielstufigen Lebens dagegen ist es keine fehlende Verantwortungsbereitschaft, sondern eine unermüdliche Investition in immaterielle Vermögenswerte, besonders in solche, die Optionen schaffen. Wenn Menschen, die den konventionellen Karrierepfaden folgen, dies nicht erkennen, wird das Misstrauen zwischen den Generationen weiter wachsen, und es entstehen Stereotype wie *Millennials*, *Generation Y* etc.

Wenn man ein längeres Leben vor sich hat, erscheint es vernünftig, einige der zusätzlich geschenkten Jahre dafür zu verwenden, sich als Erwachsener weiterzuentwickeln und seine Fähigkeiten zu entfalten. Und so entsteht eine neue Stufe, die Phase der Postadoleszenz. Die Teenagerjahre sind eine Zeit des Experimentierens und der Wertefindung durch Erfahrung und Übergangsrituale. Ökonomisch jedoch sind sie vor allem eine Phase des Konsums. Mit finanzieller Unterstützung der Eltern und dem durch Gelegenheitsjobs selbst verdienten Geld sind die Mitglieder dieser Gruppe unabhängige Konsumenten, die ihre allmählich entstehende Identität über Freizeitaktivitäten und Konsumgüter definieren. Für die 18- bis 30-Jährigen verlagert sich, ökonomisch gesehen, der Schwerpunkt zunehmend in Richtung der Produktion und des Erlernens produktiver Fertigkeiten und produktiven Wissens außerhalb von Schule und Ausbildung. Darin liegt die Attraktivität der Phase des Entdeckers, des freien Produzenten und des Portfolios.

Es hat eine ganze Weile gedauert, bis die Gesellschaft einen Begriff für jenes neue Phänomen geprägt hat, das sich im Laufe des 20. Jahrhunderts im Zuge der Adoleszenz entwickelte und zu einem zunehmend standardisierten Verhaltensmuster wurde. Doch dann hat sich der Begriff des Teenagers eingebürgert. Unserer Ansicht nach muss die Gesellschaft auch für die 18- bis 30-Jährigen einen Namen finden. Wir beschreiben sie, in Anlehnung an Jonathan Swift, als »Yahoos«, Young Adults Holding OptiOnS (junge Erwachsene mit Optionen).

Das Wesen von Übergängen

Ein dreistufiges Leben hat nur zwei Übergänge: von Schule und Ausbildung zum Erwerbsleben und vom Erwerbsleben in den Ruhestand. Ein vielstufiges Leben dagegen besitzt sehr viel mehr Übergänge, und deshalb haben wir die Fähigkeit zur Transformation als eine neue Kategorie der immateriellen Vermögenswerte eingeführt. Doch die meisten Menschen haben in ihrem Repertoire von Fähigkeiten wenig, das sie darauf vorbereitet.

Diese Übergänge sind nicht selbst Phasen, sie markieren lediglich die oft unscharfe Grenze zwischen verschiedenen Phasen und sind Teil eines Kontinuums des Lebens, das oft erst im Rückblick deutlich wird. Meteorologen haben eine ganz eigene Interpretation dieses Kontinuums. Sie sagen, wenn der Sommer auf den Winter folgt, muss es einen Frühling gegeben haben. Dasselbe gilt für Übergänge. Wenn man von einer Festanstellung in einem Unternehmen zu einem Portfolio oder von der Erkundungsphase zu einem Portfolio wechselt, muss ein Übergang stattgefunden haben. Dieser Übergang kann sich mit einer bestimmten Lebensphase überschneiden. In anderen Fällen ist er durch eine aktive Vorbereitungszeit markiert, bei der es um die Investition in immaterielle Vermögenswerte geht: um Stärkung der Vitalität oder um Verbesserung der produktiven Vermögenswerte durch die Neuerfindung seiner selbst.

Übergänge vollziehen sich Schritt für Schritt. Herminia Ibarra zufolge steht am Anfang das Gefühl, dass etwas aus dem Lot geraten ist, dass uns die möglichen Ichs, die wir uns konstruieren, attraktiver erscheinen als unser derzeitiges Ich. Dies motiviert zum Handeln, und so folgt eine Zeit des Erkundens, in der Ideen ausgetestet und ein Lernprozess in Gang gesetzt wird. An diesem Punkt sind diversifizierte Netzwerke wichtig, denn sie schaffen ein Gefühl für die eigenen Chancen und Möglichkeiten. Wir lernen also mehr, wenn wir Experimente und kleine Projekte durchführen, die uns ein besseres Gefühl für das geben, was machbar ist. Dies geschieht oftmals dann, wenn sich Kontakte verlagern. Auf einen solchen Übergang folgt eine Zeit der Konsolidierung, in dem verstärkt Festlegungen getroffen und Zukunftspläne geschmiedet werden.[21]

Auftanken und neue Übergänge schaffen

Wir sehen für die Zukunft zwei verschiedene Arten von Übergängen, die beide große Investitionen in immaterielle Vermögenswerte erforderlich machen. In dem für Jane entworfenen Szenario war schon davon die Rede.

Der eine Übergang basiert auf der Notwendigkeit *aufzutanken*. Nach Zeiten intensiver Berufstätigkeit, langen Arbeitsstunden und dem Erwerb finanzieller Vermögenswerte sind immaterielle Ressourcen wie Vitalität zwangsläufig verschlissen. Es steht schlecht um die Gesundheit; Familienbeziehungen und Freundschaften müssen neu belebt, die Neugier angeregt und der Geist in Schwung gebracht werden. Sich eine Auszeit zu nehmen, um in diese immateriellen Werte zu investieren, bevor man in die nächste Lebensphase eintritt, ist eine reizvolle Form des Übergangs. Ein Übergang, um aufzutanken, mag reizvoll sein, aber seine Dynamik und seine langfristige Wirkung sind begrenzt. Am Ende haben sich zwar die Vitalitätsressourcen verbessert, aber produktive Vermögenswerte wie Qualifikationen, der Wissensschatz und die Netzwerke könnten mangels Gebrauch geschrumpft sein. Nach einem solchen regenerativen Übergang kehren die Menschen meist wieder in ihren alten beruflichen Sektor und zu ihren alten Rollenmustern zurück.

Die Alternative wäre ein Übergang, der hilft, sich neu zu definieren. Statt aufzutanken, liegt hier der Nachdruck auf produktiven immateriellen Vermögenswerten: neuen Fertigkeiten und Kenntnissen, neuen Netzwerken und neuen Perspektiven. Das kann eine Fortbildung oder ein Lehrgang sein; ein Teilzeitjob; oder aber größere Veränderungen wie der Umzug in eine andere Stadt oder eine grundlegende Veränderung des Lebensstils. Diese Übergänge der Neuerfindung seiner selbst – der Aufbau neuer Netzwerke und der Erwerb neuer Qualifikationen – spielen als Vorbereitung auf eine neue Phase eine Schlüsselrolle.

Übergänge finanzieren

Übergangszeiten sind wichtig, um in wertvolle immaterielle Vermögenswerte – Produktivität ebenso wie Vitalität – zu investieren. Es sind aber auch Zeiten, in denen finanzielle Vermögenswerte verbraucht werden, auch das muss bedacht und einkalkuliert werden. In den Szenarien für Jane haben wir diesen Ressourcenschwund analysiert und zwei Wege erörtert, ihm zu begegnen. Die erste Möglichkeit: Neben Geld für ihren Ruhestand hat Jane auch finanzielle Vermögenswerte zurückgelegt, um solche Übergangszeiten zu finanzieren. Die zweite Möglichkeit, wie Jane diese Übergänge finanziert, wäre, dass auch ihr Partner Jorge arbeitet und einen Teil seiner Einkünfte als Ersparnisse auf die Seite legt. Gemeinsam sind sie imstande, ihre Übergangsphasen aufeinander abzustimmen: Während der eine finanzielle Vermögenswerte akkumuliert, kann sich der andere auf den Aufbau seiner immateriellen Vermögenswerte konzentrieren.

Bei der Vielzahl von Experimenten, die heute in unseren Gesellschaften stattfinden, können wir uns vorstellen, dass diese neuen Phasen – der Entdecker, der freie Produzent, die Portfolio-Karriere sowie Übergänge zum Auftanken oder zur Neuerfindung seiner selbst – immer populärer werden. Sie werden nicht mehr als Abweichung von der Norm betrachtet, sondern in die Lebensplanung integriert und finden als gängige Konzepte in den Alltag Eingang, wie es in der Vergangenheit bei den Teenagern oder den Rentnern der Fall war. Für die Menschen werden solche Übergänge zu verschiedenen Zeitpunkten ihres Lebens zur Normalität werden. Und es können weitere Phasen oder Stufen hinzukommen, weil mehr experimentiert wird und immer neue Wege entdeckt werden.

7. Kapitel

Geld: Die Finanzierung eines langen Lebens

Es kann nicht überraschen, dass die Finanzierung eines langen Lebens vielen Menschen als Fluch erscheint. Eine langfristige Finanzplanung kann unangenehme und unbefriedigende Aspekte haben. Sie ist kompliziert und erfordert eine gute Selbstkenntnis, und man muss sich mit schwierigen Fragen auseinandersetzen. Ohne zu wissen, was man will, und ohne eine Vorstellung davon, wie das eigene Leben in Zukunft aussehen soll, ist eine langfristige Finanzplanung kaum möglich. Hinzu kommt, dass die Sprache der Finanzwelt – Begriffe wie geometrische Progression oder Zinseszins zum Beispiel – nicht einfach zu verstehen ist.

Dann ist da noch die Frage der Belohnung. Sich finanziell auf die Zukunft vorzubereiten bedeutet, Geld von heute auf die Zukunft zu übertragen. Doch die meisten Menschen tun sich schwer damit, ihr gegenwärtiges und ihr künftiges Ich miteinander zu verknüpfen.

Aus allen diesen Gründen bereitet die Finanzplanung vielen Leuten Kopfzerbrechen. Doch die Probleme müssen angegangen werden. Wer über sein künftiges Leben nicht nachdenkt, die komplizierten Berechnungen nicht anstellt, sich nicht bemüht,

Fachtermini zu verstehen, und sein künftiges Ich nicht in Betracht zieht, läuft Gefahr, im Alter ohne ausreichende finanzielle Ressourcen dazustehen oder bereits in mittleren Jahren nicht über die notwendigen Ersparnisse zu verfügen, um sich eine berufliche Auszeit zu nehmen und sich weiterzubilden. Laut einer neueren Umfrage wünschen sich 70 Prozent der Rentner, sie hätten mehr gespart.[1]

Um aus einem 100-jährigen Leben das Beste zu machen, müssen wir von dem klassischen dreistufigen Lebensmodell Abschied nehmen, die vor uns liegenden Jahrzehnte unseres Lebens neu strukturieren und unsere immateriellen Vermögenswerte neu organisieren. Doch so wichtig all dies ist, es reicht nicht aus, um das in Kapitel 2 dargelegte Finanzierungsproblem zu lösen. Ein langes Leben bedeutet schlicht und einfach, dass wir länger arbeiten und mehr sparen müssen.

Und aus diesem Grund kehren wir in diesem Kapitel noch einmal zum Thema Finanzen zurück, diesmal unter Berücksichtigung der wirtschaftswissenschaftlichen und psychologischen Literatur, um nützliche Überlegungen und Verhaltensweisen in den Blick zu nehmen. Wir erörtern zwei Konzepte, die wir bereits im Zusammenhang mit den transformationalen Vermögenswerten (unserer Fähigkeit und Bereitschaft zum Wandel) kennengelernt haben: *Selbsteffizienz* (»Ich glaube, dass ich kompetent bin, mich in einer bestimmten Weise zu verhalten«) und *Handlungsfähigkeit* (»Ich besitze die Selbstkontrolle und den Willen, es zu schaffen«).

Für eine gute Finanzplanung braucht man beides. *Selbsteffizienz* bedeutet Realismus bei der Erstellung eines Finanzplans, und Selbstkenntnis, um die eigene Sparbereitschaft richtig einzuschätzen. Hierzu gehört die Beantwortung folgender Fragen: Wie viel brauche ich zum Leben? Wie lange möchte ich arbeiten? Wie gut kenne ich meine finanzielle Situation? Wie ist meine finanzielle Allgemeinbildung? *Handlungsfähigkeit* bedeutet Selbstkontrolle, um auf der Basis dieser Erkenntnisse und dieses Wissens zu agieren und gegenwärtige und künftige Bedürfnisse miteinander in Einklang zu bringen. Die Frage lautet hier: Würde mein 70- oder 80-jähriges Ich die Entscheidungen billigen, die ich heute treffe?

Eins und eins zusammenzählen

Unsere Analyse von Jimmys Finanzen ergab, dass er sein gesamtes Erwerbsleben hindurch jährlich 17 Prozent seines Einkommens sparen muss, wenn er im Alter von 65 Jahren mit Alterseinkünften in Höhe von 50 Prozent seines bisherigen Gehalts in Rente gehen will. Jane wiederum muss unseren Berechnungen zufolge 25 Prozent sparen, um dieses Ziel zu erreichen. Dies sind ehrgeizige, wenn nicht sogar unrealistische Zahlen. Wenn wir in Jimmys Szenario 4.0 davon ausgehen, dass er bis 77 arbeitet, fällt seine Sparquote auf 8 Prozent; in Janes Szenario 5.0 fällt sie auf 11 Prozent, wenn sie bis 85 arbeitet. Für viele Menschen sind auch dies allzu ehrgeizige Zahlen – und dabei ist noch nicht berücksichtigt, dass Jimmy und Jane auch ihren Immobilienkredit und die Schulden zurückzahlen müssen, die sie für ihr Studium gemacht haben, und dass sie im höheren Alter Geld für Medikamente und Therapien brauchen werden.

Angesichts dieses schwierigen Problems kann es nicht wundern, dass viele Menschen Lösungen bevorzugen, die auf den ersten Blick einfach erscheinen. Wir versuchen gern, die mathematische Wahrheit zu leugnen, indem wir uns einbilden, wir könnten mit weniger als 50 Prozent unseres letzten Gehalts auskommen. Wir möchten allzu gern glauben, dass wir unseren Ruhestand mit unserem Wohneigentum finanzieren und mit einem aggressiveren Investitionsverhalten höhere Erträge erzielen können. Doch keine dieser Strategien ist geeignet, das Problem der Finanzierung eines langen Lebens zu lösen.

Wie viel brauche ich?

Kann man im Ruhestand mit weniger als 50 Prozent seines letzten Gehalts auskommen und trotzdem gut leben? *Abbildungen 2.4* und *2.7* zeigen unterschiedliche Sparquoten bei unterschiedlichen Lohnersatzquoten. Könnten Sie mit weniger als Ihrem letzten Gehalt leben? Und wenn ja, mit wie viel weniger? Das Problem ist kompliziert, denn Sie wissen ja nicht, wie lange Sie leben und wie hoch die Lebenshaltungskosten zum Zeitpunkt Ihres Eintritts in den Ruhestand sein werden.

Überlegen Sie einmal, wie viel Geld Sie derzeit ausgeben und wofür. Wie viel Geld werden Sie im Ruhestand brauchen, wenn Sie mehr Zeit haben und die Arbeitsanforderungen geringer sind? Was werden Sie dann tun? Die Antwort scheint einfach zu sein – Sie denken vielleicht an das, was Sie im Urlaub oder an arbeitsfreien Tagen tun. Aber das ist ein schlechter Ratgeber, denn Urlaub ist nur eine vorübergehende, keine permanente Pause und bedeutet keine grundlegende Veränderung des Lebensstils. Können Sie sich wirklich vorstellen, was Sie gern tun würden, wenn Sie in Rente sind?

Wenn Sie darüber nachdenken, erscheint Ihnen vielleicht eine Lohnersatzquote von weniger als 100 Prozent angemessen. Im Ruhestand fallen viele Ausgaben weg, die in einem Erwerbsleben notwendig sind (Geld für Verkehrsmittel oder Berufskleidung zum Beispiel). Es bleibt mehr Zeit für Tätigkeiten, die man zuvor »ausgelagert« hatte (Essen kochen oder kleine Reparaturen im Haus durchführen); man kann gezielter einkaufen und im Internet nach günstigen Angeboten suchen. Tatsächlich tun dies viele bereits mit Ende 60. Sie kaufen häufiger reduzierte Waren und geben auf diese Weise 4 Prozent weniger aus als Leute, die Ende 40 sind.[2] Das klingt nicht nach viel, aber ausgehend von einer Lohnersatzquote von 50 Prozent macht es einen großen Unterschied.

Vielleicht stellen Sie sich vor, dass sich im Ruhestand auch Ihre Freizeitaktivitäten verändern. Wer mehr Zeit hat, für den wird Freizeit »billig«, weil er die Zeit für Dinge nutzt, die man »mit Geld nicht kaufen kann«. Er verbringt mehr Zeit mit Freunden und der Familie, unternimmt längere und weniger anstrengende Reisen ... er genießt den Sonnenuntergang. Vielleicht denken Sie so wie jener glückliche Rentner, der an die *New York Times* schrieb: »Wenn man in Rente ist, kommt man mit sehr viel weniger aus, ohne auf wirklich wichtige Dinge verzichten zu müssen [...]. Wenn ich früher gewusst hätte, was für ein ›Reichtum‹ in solch einfachen Vergnügungen liegt, wäre ich schon viel früher in Rente gegangen.«[3]

Wenn Sie in Rente gehen, werden Ihre Kinder erwachsen sein und nicht mehr bei Ihnen wohnen. Und wenn zwei 16-jährige oder ältere Kinder nicht mehr mitversorgt werden müssen, kann ein Haushalt mit rund 60 Prozent der bisherigen Ausgaben seinen Lebensstandard beibehalten.

So überzeugend diese Argumente klingen, sie müssen dennoch relativiert werden. Denn zum einen könnten höhere Kosten für Gesundheit und Pflege anfallen. Es besteht kein Zweifel, dass für viele Menschen ein längeres Leben mit einer Verkürzung der Morbidität einhergeht. Doch wie der Wirtschaftswissenschaftler Jonathan Skinner sagt: »Wenn man für die Rente spart, dann letztlich weniger, um sich eine Eigentumswohnung auf der Golfinsel Hilton Head zu kaufen, sondern um sich einen Rollstuhllift, eine private Pflegekraft und ein gutes Pflegeheim leisten zu können.«[4] Zum anderen hat man womöglich auch nach dem Eintritt in den Ruhestand finanzielle Verpflichtungen: Man möchte Kindern und Enkelkindern das Studium finanzieren, die Kosten für eine Hochzeit übernehmen oder Angehörige bei einem Wohnungs- oder Autokauf unterstützen.

Bei unseren Berechnungen sind wir von einer Lohnersatzquote von 50 Prozent ausgegangen. Das ist unserer Ansicht nach ein recht konservativer und im Wesentlichen angemessener Wert, besonders für Wohlhabendere. Eine in den Vereinigten Staaten und in den Niederlanden durchgeführte Studie stellte die Frage: Welches Mindestniveau an monatlichen Ausgaben möchten Sie im Ruhestand auf keinen Fall unterschreiten? Während die Ärmsten unter den Befragten eine Lohnersatzquote von mehr als 100 Prozent nannten, betrug die gewünschte Durchschnittsquote bei den reichsten Amerikanern 54 Prozent und bei den reichsten Niederländern 63 Prozent.[5] Auch die Rentenkommission des Vereinigten Königreichs setzte im Jahr 2004 eine 50-prozentige Lohnersatzquote als Richtwert für Spitzenverdiener (mit einem Einkommen über 40 000 Pfund) an.

Unseres Erachtens ist diese Lohnersatzquote zwar vernünftig, aber man darf nicht vergessen, dass sie eine konservative Annahme ist. In einer neueren Untersuchung lag bei einem Drittel der 16 000 befragten Rentner die tatsächliche Lohnersatzquote bei mehr als 100 Prozent, bei einem Viertel bei einem Wert zwischen 75 und 100 Prozent und bei einem weiteren Viertel bei 50 Prozent oder weniger.[6] Mit anderen Worten: Selbst wenn Sie die für Jimmy und Jane erforderliche Sparquote unzumutbar hoch fanden, werden Sie wohl kaum sagen, dass Sie im Ruhestand nicht so viel Geld benötigen. Und wenn Sie sich nicht wesentlich von anderen Rentnern unterscheiden, werden Sie sich sogar wünschen, mehr Geld auf die hohe Kante zu legen, um Ihren Lebensstil auch im Alter beibehalten zu können.

Es müssen aber nicht nur die zu erwartende Rente und der künftige Konsum berücksichtigt werden, sondern auch die gegenwärtigen Konsumgewohnheiten. Je mehr man ein hohes Konsumniveau gewöhnt ist, desto schwerer wird es einem fallen, sich im Ruhestand mit einem niedrigeren Konsumniveau zu begnügen. Vieles deutet darauf hin, dass die Befriedigung, die Konsum verschafft, nicht nur aus dem gegenwärtigen Konsumverhalten, sondern auch aus dem der Vergangenheit resultiert. Seine Ausgaben schon heute zu verringern, kommt also nicht nur den Ersparnissen zugute, sondern mäßigt auch die Konsumgewohnheiten, was wiederum der Zufriedenheit im Alter dient, wenn man mit einem geringeren Einkommen zurechtkommen muss.

Und noch etwas ist bei unseren 50 Prozent Lohnersatzquote zu bedenken: In unseren Modellrechnungen gehen wir vom Besitz eines Eigenheims oder einer Eigentumswohnung aus. Ist dies nicht der Fall, muss Miete bezahlt werden, und dann wird eine Lohnersatzquote von 70 bis 80 Prozent benötigt.

Das Wohneigentum einbeziehen

Zu den materiellen Vermögenswerten zählt neben Rente und Ersparnissen auch die eigene Wohnung. Welche Rolle sollte sie bei der Finanzplanung spielen? Der Stellenwert von Wohneigentum ist von Land zu Land unterschiedlich, doch in den meisten Ländern bildet es einen bedeutenden Teil des Portfolios. Im Vereinigten Königreich macht der Anteil von Wohnimmobilien 25 bis 30 Prozent des Gesamtvermögens der reichsten 50 Prozent der Bevölkerung aus. Und deshalb glauben so viele Menschen, dass sie den Wert ihres Wohneigentums zur Finanzierung ihres Ruhestands heranziehen können.

Doch verglichen mit einem Bankguthaben oder mit Aktien und Wertpapieren ist Wohneigentum eine sehr ungewöhnliche Form von materiellen Vermögenswerten. Es ist zwar eine Wertanlage, liefert aber auch einen stetigen Zufluss an wirtschaftlichem Nutzen. Zu diesem Nutzen zählt die »unterstellte Miete«, also die Miete, die man für die Wohnung oder das Haus bezahlen müsste.

Aktien zu verkaufen oder ein Bankguthaben abzuheben hilft, einen bestimmten Lebensstil zu finanzieren, ohne dass dafür der Lebensstandard reduziert werden muss. Verkauft man dagegen sein Haus und zieht in eine kleinere Wohnung, um Geld verfügbar zu machen, so verringert sich der Lebensstandard hinsichtlich des Wohnkomforts. Hinzu kommt, dass Haus- oder Wohnungsbesitzer einen starken emotionalen Bezug zu ihrem Wohneigentum haben, was erklärt, warum die meisten von ihnen dessen Verkauf nicht als einen gangbaren Weg zur Finanzierung ihres Ruhestands betrachten. Eine Studie ergab, dass 70 Prozent der Personen, die 70 Jahre oder jünger waren, im Verkauf ihrer Wohnimmobilie nur eine geringe Chance sahen, ihren Ruhestand zu finanzieren.[7] Einer anderen Studie zufolge ist bei Personen, die in Rente gehen, der Umzug in eine größere Wohnung ebenso wahrscheinlich wie der Umzug in eine kleinere.[8] In der Regel führt nur ein so traumatisches Ereignis wie der Tod des Partners oder der Partnerin oder eine Krankheit dazu, dass Menschen im Alter ihre Wohnung oder ihr Haus verkaufen.

Da eine Wohnimmobilie eine unterstellte Miete einbringt und deren Verkauf einen Rückgang des Lebensstandards zur Folge hat, kann kaum überraschen, dass sich bei älteren Besitzern von Wohneigentum das Modell der Immobilienrente wachsender Beliebtheit erfreut. Eine Immobilienrente verschafft zusätzliches Geld, ohne dass die unterstellte Miete verloren geht. Die Immobilienrente kann mit Sicherheit zur finanziellen Absicherung des Alters beitragen, aber man sollte sich nicht ausschließlich darauf stützen. Für eine Immobilienrente braucht man zunächst einmal eine schuldenfreie Wohnung. Bei den oben errechneten Sparquoten ging es nur um die Finanzierung des Ruhestands oder von Übergängen; das Geld, das man zur Rückzahlung eines Immobilienkredits braucht, wurde nicht berücksichtigt. Die Immobilienrente kann also zur Finanzierung des Ruhestands beitragen, aber weil man die Wohnung ja zuerst kaufen muss, erhöht sich die lebenslange Sparquote.

Will man vorausschauend planen, erscheint es klug, die Wohnimmobilie als Vorsorge für medizinische und pflegerische Kosten zu betrachten. Fallen solche Kosten nicht an, kann die Wohnung oder das Haus immer noch vererbt werden.[9]

Investieren wie Warren Buffett

Wir sind davon ausgegangen, dass Jimmy und Jane für ihre Investitionen eine langfristige Rendite von inflationsbereinigt 3 Prozent erhalten. Wir haben dargelegt, warum wir von dieser Quote ausgehen. Doch je höher die Rendite, desto weniger Ersparnisse werden benötigt.

Wie wichtig solche Voraannahmen bezüglich der Kapitalrendite sind, zeigt die »70er Regel«, die angibt, nach wie vielen Jahren sich eine verzinsliche Kapitalanlage bei einer gegebenen Rendite verdoppelt. Dies wird errechnet, indem man 70 durch die

Prozentzahl des jährlichen Zinsertrags/der jährlichen Rendite teilt. Liegt die Rendite bei 1 Prozent, dauert es 70 Jahre, bei 2 Prozent dagegen nur 35 Jahre. Kleine Unterschiede bei der Rendite summieren sich also mit der Zeit zu einem großen Unterschied für die erforderliche Sparquote.

Es gibt jedoch Anleger, die diese 3 Prozent Durchschnittsrendite sogar langfristig übertreffen.[10] Der bekannteste von ihnen ist der Investor Warren Buffett aus Omaha, Nebraska. Hätte man im Jahr 1965 10 000 Dollar in Aktien seines Berkshire-Hathaway-Fonds investiert, wären sie im Jahr 2005 30 Millionen Dollar wert gewesen, das ist mehr als 60-mal so viel wie die durchschnittliche Wertsteigerung auf dem Aktienmarkt. Bei einer solchen Rendite ist die finanzielle Planung des Ruhestands natürlich bedeutend einfacher.

Abbildung 7.1 zeigt, wie sich Jimmys Sparquote mit der Veränderung der durchschnittlichen Kapitalrendite ändert. Bei 2 Prozent Rendite muss er 23 Prozent seines Einkommens sparen, um auf Altersbezüge in Höhe von 50 Prozent seines letzten Gehalts zu kommen. Bei 10 Prozent Rendite beträgt die Sparquote nur 1 Prozent.

Doch bevor Sie Ihren Fondsberater anrufen und Ihr Anlagevermögen in ein aggressives Portfolio mit hoher Rendite umschichten, sollten Sie sich den wichtigsten Grundsatz der Finanzwelt in Erinnerung rufen: Je riskanter ein Projekt, desto höher die Rendite. Warren Buffett ist ein außergewöhnlicher Investor, dessen ununterbrochener Erfolg ihn zu einer Finanzlegende macht. Doch in der Regel sind hohe Gewinnspannen lediglich eine Prämie für das höhere Risiko: Statt 10 Prozent Rendite zu erzielen, können Sie Ihr Geld auch verlieren. Wie viele Anleger in der Finanzkrise 2007 feststellen mussten, geht der Aktienmarkt nicht immer nur nach oben, sondern manchmal auch nach unten.

Abbildung 7.1: Erforderliche Sparquote für verschiedene Investitionsrenditen

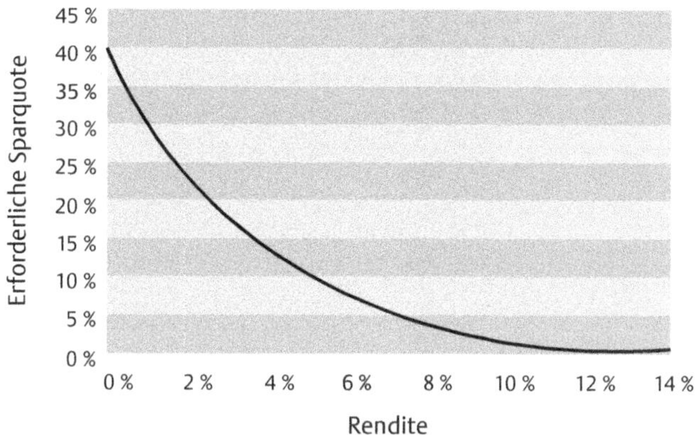

Wären Sie im Oktober 2007 in Rente gegangen, als der S&P-Aktienindex bei 1550 Punkten stand, hätten Sie sich auf einen ganz anderen Ruhestand freuen können als im März 2009 bei einem Stand von 680 Punkten. Eine gute Rendite für die Ersparnisse ist ein wichtiger Aspekt der Finanzplanung, aber vielleicht ist es nicht unbedingt das Klügste, mit einer sehr viel höheren Rendite als inflationsbereinigt 3 Prozent zu rechnen.

Vielleicht haben Sie Glück und finden einen Warren Buffett, der sich um Ihr Geld kümmert, aber das ist keine Strategie, auf die Sie setzen sollten. Sie könnten, wenn Sie in Rente gehen, Ihre Wohnimmobilie verkaufen, doch dann würde wahrscheinlich Ihr Lebensstandard sinken, und Sie hätten keine Ressourcen für den Krankheits- oder Pflegefall mehr. Vielleicht sind Sie der Ansicht, dass Sie auch mit einer sehr viel niedrigeren Lohnersatzquote zurechtkommen könnten, aber wie gesagt, unsere Berechnungen sind ziemlich konservativ, und bei noch niedrigeren Raten würden Sie in eine Kategorie fallen, der nur eine kleine Minderheit der Rentner angehört. Auch für die finanziellen Herausforderungen eines 100-jährigen Lebens braucht man Selbsteffizienz und Handlungsfähigkeit, zu denen wir im Folgenden zurückkehren.

Finanzielle Selbsteffizienz

Zur Selbsteffizienz gehört Selbstkenntnis, aber auch Allgemeinwissen. Die Szenarien, die wir in diesem Buch vorgestellt haben, möchten Sie anregen, darüber nachzudenken, wie Sie Ihr langes Leben strukturieren möchten. Aus finanzieller Perspektive ist es unerlässlich, seine finanziellen Kenntnisse zu erweitern.

Wie groß ist Ihr Finanzwissen? Trauen Sie sich zu, tragfähige Investitionsentscheidungen zu treffen und sich durch die Verkaufsprospekte der Finanzinstitute zu arbeiten? Vielleicht wäre es ratsam, sich finanzielle Kompetenz in derselben Weise anzueignen wie berufliches Fachwissen. Eine Untersuchung ergab, dass finanziell kundige Anleger risikobereinigt 1,3 Prozent Rendite mehr pro Jahr erhalten.[11] Wenn man also über zehn Jahre hinweg 100 000 Dollar investiert, wird ein finanziell kundiger Anleger 16 000 Dollar mehr Gewinn machen. Über 20 Jahre hinweg sind es 42 000 Dollar, bei 30 Jahren 84 000 Dollar und bei 40 Jahren 145 000 Dollar.

Testen Sie Ihr Finanzwissen, indem Sie die folgenden fünf Fragen beantworten (die Antworten finden Sie am Ende des Kapitels):

1. Angenommen, Sie haben 100 Dollar gespart und erhalten dafür jährlich 2 Prozent Zinsen. Wie viel Geld haben Sie nach fünf Jahren auf dem Konto?

2. Der Zinssatz auf Ihrem Sparkonto beträgt 1 Prozent, die Inflation beträgt 2 Prozent jährlich. Können Sie nach einem Jahr mehr, genau dasselbe oder weniger als heute kaufen?

3. Ist die folgende Aussage richtig oder falsch: Aktien eines Einzelunternehmens zu kaufen, bringt in der Regel eine sicherere Rendite als ein Investmentfonds.

4. Ist die folgende Aussage richtig oder falsch: Bei einem Kredit mit einer Laufzeit von 15 Jahren sind die monatlichen Zahlungen höher als bei einem Kredit mit einer Laufzeit von 30 Jahren, die Zinsen über die gesamte Laufzeit hinweg sind jedoch geringer.

5. Wenn die Zinsen steigen, was passiert dann mit den Anleihekursen?

Wenn Sie alle fünf Fragen richtig beantwortet haben, gehören Sie zum Top-Quartil – nur rund 15 Prozent der befragten Amerikaner erreichten diesen Wert. Die drei ersten Fragen wurden am häufigsten richtig beantwortet. In Deutschland beantworteten die Hälfte der Befragten diese drei Fragen richtig, in Japan waren es 25 Prozent.[12]

Wie also kann man sein Finanzwissen verbessern? Es gibt eine Vielzahl von Büchern, Online-Kursen und Seminaren, und vielleicht wäre es klug, sich diese Angebote einmal genauer anzuschauen. Untersuchungen belegen, dass der Besuch eines Seminars zum Thema Finanzen zum Handeln motiviert und die Kapitalrendite, aber auch die Finanzplanung insgesamt verbessert.[13] Umstritten ist allerdings, ob es die übermittelten Informationen sind, die das Verhalten beeinflussen, oder ob Leute, die solche Seminare besuchen, ohnehin etwas für ihre Finanzen tun wollten. Doch eine finanzielle Allgemeinbildung ist viel zu wichtig, um nicht in sie zu investieren. Alles deutet darauf hin, dass Erfahrungslernen der beste Weg ist, seine Kenntnisse zu erweitern (deshalb nimmt das Finanzwissen mit dem Alter zu). Es gibt also einen weiteren Grund, frühzeitig mit dem Sparen anzufangen und zu investieren.

Ein Portfolio verwalten

Je besser man über finanzielle Sachverhalte Bescheid weiß, desto klarer erkennt man, dass Investitionen kein bequemer Weg sind, um Geld zu verdienen. Ratschläge von Finanzprofessoren der London Business School und anderer Experten weltweit beziehen sich sehr selten auf bestimmte Aktien oder Transaktionen, sondern auf Grundsätzliches. Zur Finanzplanung von Privathaushalten gibt es zahlreiche Veröffentlichungen. In seiner Antrittsrede als Präsident der American Finance Association benannte Harvard-Professor John Campbell einige häufig gemachte Fehler.[14]

Erstens: Privathaushalte investieren zu wenig in den Aktienmarkt. Selbst von den vermögenden Haushalten besitzen 20 Prozent keine Aktien, und diejenigen, die Aktien besitzen, diversifizieren nicht genügend, das heißt, sie investieren in einige wenige Unternehmen. Zweitens: Wenn Haushalte investieren, tendieren sie zu Aktien von Unternehmen, die sie kennen oder die in ihrer Nähe angesiedelt sind. Drittens: Die meisten Haushalte konzentrieren ihr Depot auf Aktien ihrer Arbeitgeber und riskieren damit, im Zweifelsfall nicht nur ihren Job, sondern auch ihr Vermögen zu verlieren, wie der Zusammenbruch von Lehman Brothers gezeigt hat. Viertens: Haushalte neigen dazu, Aktien, die steigen, zu verkaufen und diejenigen zu behalten, die fallen. Und schließlich, fünftens, gibt es einen Hang zur Bequemlichkeit. Privathaushalte halten gern am Status quo fest und kümmern sich zu wenig um ihr Portfolio. Die US-amerikanische Finanzdienstleistungsgesellschaft Teachers Insurance and Annuity Assurance hat 850 000 Mitglieder, die einmal im Jahr ihr Vermögen kostenlos in andere Anlageformen umschichten können. Über einen Zeitraum von zwölf Jahren haben 72 Prozent der Mitglieder ihr Depot kein einziges Mal umgeschichtet, trotz beträchtlicher Schwankungen der Renditen; und nur 8 Prozent haben ihr Depot mehr als einmal umgeschichtet.[15]

Personen, die diese Fehler nicht machen, gehen strategisch vor und verfolgen drei Ziele: Sie streuen das Risiko durch Diversifizierung ihres Portfolios und die Auswahl ihrer Fonds zur Alterssicherung. Sie wissen, dass mit zunehmendem Alter immer weniger Zeit bleibt, Schwankungen auf dem Finanzmarkt auszugleichen, und reduzieren daher, je näher sie der Rente kommen, das Risiko der Anlagen in ihrem Portfolio. Und bei ihrer Finanzplanung streben sie nach einem sicheren Einkommen im Ruhestand und versuchen nicht, den Marktwert ihres Vermögens zu maximieren.[16]

Die Dominanz des Drei-Stufen-Modells hatte zur Folge, dass bei der langfristigen Finanzplanung die Rente im Mittelpunkt stand. Das ist bis heute so. Doch um ein vielstufiges Leben zu finanzieren, braucht man Ersparnisse, um das geringere Ruhestandseinkommen aufzustocken, aber auch, um Einkommensschwankungen in den verschiedenen Lebensstufen und den Einkommensausfall in den Übergangsphasen auszugleichen. Wir gehen davon aus, dass ein längerer Zeithorizont und mehr Zeitabschnitte mit Einkommensschwankungen den Finanzsektor und dessen Produktangebot tiefgreifend verändern werden. Nehmen wir zum Beispiel die Kreditverträge. In einem längeren Erwerbsleben können Darlehensrückzahlungen zwar auf einen längeren Zeitraum verteilt werden, doch die Fluktuationen in diesem längeren Leben machen eine gewisse Flexibilität bei der Rückzahlung erforderlich. Ein längeres Leben verschafft auch mehr Zeit, um Risiken einzugehen, und mehr Zeit, um sich von Fehlschlägen zu erholen. Damit werden sich die Diversifikation von Portfolios und die Risikobereitschaft verändern, was wiederum einen Strukturwandel der Finanzbranche zur Folge haben wird.

Die Kosten im Blick

Wie in jeder Branche, in der die Konsumenten sehr viel weniger wissen als die Produzenten, treffen Konsumenten oft auch Finanzentscheidungen, die sie später bereuen. Dies gilt insbesondere für Sparprodukte, bei denen die Berater Aufschläge und Verwaltungsgebühren verlangen. Man sollte daher ein Auge auf diese Zusatzkosten haben.

Nehmen wir an, wir haben über einen Zeitraum von 40 Jahren hinweg 10 000 Dollar mit einer Renditeerwartung von jährlich 7 Prozent investiert. Abzüglich Steuern und Gebühren ergibt dies eine Summe von 149 744 Dollar in 40 Jahren. Gehen wir nun von einem Ausgabeaufschlag von 5 Prozent (500 Dollar) und jährlichen Verwaltungsgebühren von 2 Prozent aus. In diesem Fall bleiben nur noch 63 877 Dollar übrig, 85 000 Dollar weniger als ohne diese Gebühren und Aufschläge. Dadurch aufgeschreckt, machen Sie sich auf die Suche nach einem anderen Fonds und finden einen, bei dem ein Ausgabeaufschlag von 1 Prozent und eine jährliche Gebühr von 2 Prozent erhoben werden. Aber auch in diesem Fall werden Sie nach 40 Jahren nur 66 567 Dollar zurückerhalten. Der Ausgabeaufschlag ist nicht das Entscheidende, sondern die jährliche Verwaltungsgebühr. Bei einem Fonds mit einem Ausgabeaufschlag von 1 Prozent und einer jährlichen Gebühr von 0,5 Prozent erhalten Sie 121 369 Dollar zurück. Bei einem Fond mit 1 Prozent Ausgabeaufschlag und 0,1 Prozent jährlicher Gebühr sind es 142 434 Dollar. Man sieht also, wie wichtig es ist, sich das Kleingedruckte und die Gebühren genau anzuschauen.

Finanzielle Handlungsfähigkeit

Finanzwissen ist der Anfang – aber wie sieht es mit der Handlungsfähigkeit aus? Untersuchungen zeigen, dass die Mehrheit der Rentner sich wünscht, mehr gespart zu haben. Warum haben sie es nicht getan?

Hier fällt uns der Ausspruch des heiligen Augustinus ein, der als junger Mann sagte: »Herr, gib mir Keuschheit und Enthaltsamkeit – aber jetzt noch nicht.« Die meisten von uns haben die besten Absichten, doch dann verschieben wir sie auf ein anderes Mal. Wir wissen, dass wir abnehmen und mehr Sport treiben sollten, aber es bleibt bei guten Vorsätzen. Wir alle kämpfen damit, dass unsere Selbstkontrolle versagt. Doch mit der steigenden Lebenserwartung steigt auch der Preis, den wir dafür zu zahlen haben. Die Zukunft verlängert sich heute für uns alle, und deshalb ist es wichtig, gegenwärtiges Handeln mit den Erfordernissen der Zukunft in Einklang zu bringen. Selbstkontrolle und die Erkenntnis, dass das gegenwärtige und das künftige Ich nicht voneinander losgelöst sind, spielen nicht nur bei Finanzentscheidungen eine Rolle. Die Ich-Verknüpfung ist gleichsam der rote Faden, der ein produktives und erfüllendes 100-jährigen Leben durchzieht.

Das *Versagen der Selbstkontrolle* ist derzeit ein großer Forschungsbereich der Sozialwissenschaften, in den auch Erkenntnisse von Neurologie, Psychologie und Wirtschaftswissenschaften einfließen. Man könnte sich das Problem als einen Kampf zwischen verschiedenen Arealen des Gehirns veranschaulichen. Der präfrontale Kortex, der sich erst relativ spät (vor 150 000 Jahren) entwickelt hat, unterscheidet den Menschen von anderen Spezies und spielt für das rationale und planerische Denken eine maßgebliche Rolle. Doch dieser relativ junge, rationale Teil des Gehirns wird auch von anderen Hirnarealen beeinflusst, auch von dem sehr viel älteren limbischen System. Im limbischen System sind die emotionalen und instinktiven Reaktionen angesiedelt. Vereinfacht ausgedrückt, passiert Folgendes: Der präfrontale Kortex fordert uns auf, in unserem langfristigen Interesse zu handeln, während das limbische System uns zu eher spontanen Entscheidungen drängt, die eine sofortige Belohnung versprechen. Das Bild von dem Elefanten und dem Reiter verdeutlicht diesen Kampf. Stellen Sie sich einen riesigen Elefanten vor, auf dem ein kleiner Reiter sitzt, der versucht, den Koloss zu lenken. Manchmal wollen beide in dieselbe Richtung, aber wenn der Elefant woanders hinwill, wird er sich auf jeden Fall durchsetzen.[17]

Über eine lange Zeit der Menschheitsgeschichte hinweg war es sinnvoll, dass das limbische System die Regie übernahm und dem Wunsch nach unmittelbarer Belohnung zu seinem Recht verhalf. In einem Leben, das »scheußlich, brutal und kurz« war, wie Hobbes es formulierte, war es vernünftig, kurzfristigen Vergnügungen nachzugeben. Doch wäre es mit steigender Lebenserwartung nicht klüger, das rationale Gehirnareal zu stärken, um bessere langfristige Entscheidungen zu fällen?

Psychologen und Neurologen betrachten die Frage der unmittelbaren Wunscherfüllung aus der Perspektive des Gehirns, Ökonomen sehen die Sache aus der Perspektive von Entscheidungen angesichts verschiedener möglicher Zeitpunkte (man spricht von intertemporalen Entscheidungen) und von Gegenwartspräferenzen.[18] Eine bekannte Form der Gegenwartspräferenz ist das *hyperbolische Diskontieren*, ein von dem Psychologen Richard Herrnstein und dem Ökonom David Laibson geprägter Begriff.[19]

Hyperbolisches Diskontieren beschreibt die Tatsache, dass Menschen im Allgemeinen kurzfristig ungeduldig agieren, über einen längerfristigen Planungshorizont hinweg aber geduldiger sind. Nehmen wir ein klassisches Beispiel. Was würden Sie vorziehen: 100 Dollar heute oder 105 Dollar nächste Woche? Und wie ist es bei 100 Dollar in einem Jahr oder 105 Dollar in einem Jahr und einer Woche? Viele Menschen bevorzugen 100 Dollar heute statt 105 Dollar in einer Woche, aber fast alle bevorzugen 105 Dollar in einem Jahr und einer Woche gegenüber 100 Dollar in einem Jahr. Mit anderen Worten: Wir sind kurzfristig ungeduldig, nehmen uns aber für die Zukunft vor, geduldig zu sein.

Wenn jedoch der Zeitpunkt gekommen ist, unseren langfristigen Plan umzusetzen, wird unsere Entscheidung darüber erneut zu etwas Kurzfristigem, und die Ungeduld kehrt zurück. Wir werfen unseren Plan über den Haufen und verschieben gute Vorsätze auf später. Wenn wir dann in einem Jahr erneut vor der Entscheidung stehen, 100 Dollar sofort oder 105 Dollar in einer Woche zu erhalten, ändern wir unseren ursprünglichen Plan und entscheiden uns für die 100 Dollar sofort.

Und genau das ist der Grund, warum viele dazu neigen, für den Ruhestand nicht genug zu sparen. Sparen bedeutet, Konsum zu verschieben, also Geld von heute auf morgen zu verlagern. Hyperbolisches Diskontieren besagt, dass man sein Geld lieber heute als morgen ausgibt, obwohl man beabsichtigt, langfristig mehr zu sparen. Wenn aber der Zeitpunkt für die zukünftige Option näher rückt, kommt erneut die Gegenwartspräferenz zum Tragen, und man gibt dem sofortigen Konsum den Vorzug gegenüber dem Konsumverzicht und dem Sparen. Wir alle haben eine natürliche Neigung zu sagen, dass wir später zu sparen anfangen werden … aber wir tun es nie.

Vor demselben Problem stehen wir, wenn wir abnehmen wollen. Man braucht Geduld, denn es dauert eine Weile, bis der Essensverzicht eine Dividende in Form von Gewichtsverlust einbringt. Mit der Folge, dass wir beim Anblick der Dessertkarte der Versuchung der Mousse au chocolat erliegen, uns aber schwören, ab morgen auf solche süßen Verlockungen zu verzichten und stattdessen Sport zu machen und einen Obsttag einzulegen. Natürlich wiederholt sich die Geschichte am nächsten Tag. Es scheint, als würden kurzfristige Entscheidungen vom limbischen System, längerfristige Entscheidungen dagegen vom präfrontalen Kortex getroffen.

Wenn hyperbolisches Diskontieren der Grund dafür ist, dass die Menschen zu wenig sparen – könnten sie dann nicht auf der Basis dieser Erkenntnis versuchen, ihr Verhalten zu ändern? Drei Faktoren spielen dabei eine Rolle: die Unfähigkeit, für das künftige Ich Verantwortung zu übernehmen; die Fähigkeit, geplante Entscheidungen zu revidieren; und eine kurzfristige Ungeduld, der langfristige Geduld gegenübersteht. All dies kann in Angriff genommen werden.

Verantwortung für das künftige Ich übernehmen

Kehren wir noch einmal zu dem Beispiel mit der Dessertkarte zurück. Unser gegenwärtiges Ich stellt sich vor, was für ein Genuss es wäre, dieses verführerische Eclair zu essen. Während man es sich auf der Zunge zergehen lässt, erwartet man insgeheim, dass das künftige Ich schon die notwendigen Maßnahmen ergreifen wird, um den Fehler wiedergutzumachen.[20] Wenn aber das künftige Ich die Entscheidung treffen soll, ob es das Eclair isst oder darauf verzichtet, tut es wieder genau dasselbe: Es gibt das Problem an ein späteres Ich weiter. Und so geht es immer weiter.

Wenn wir imstande wären, optimal zu planen, würden wir diese multiplen Ichs koordinieren. Ein Bewusstsein der eigenen Identität, das die Zusammenhänge zwischen dem gegenwärtigen und dem künftigen Ich erkennt, ist eine wichtige Komponente für ein erfolgreiches 100-jähriges Leben. Ein Weg, dies zu schaffen, sind Verhaltensanstöße. Stellen Sie sich vor, dass nicht Sie den Finanzplan entwerfen, sondern Ihr zukünftiges Ich. Oder visualisieren Sie Ihr 80-jähriges Ich, das neben Ihnen sitzt: Was für eine Entscheidung würde dieses Ich heute von Ihnen erwarten?

Eine Studie ging noch einen Schritt weiter und stellte anhand von Computersimulationen den menschlichen Alterungsprozess grafisch dar.[21] *Abbildung 7.2* zeigt den Alterungsprozess eines der beteiligten Wissenschaftler anhand seines digitalen Avatars. Die Teilnehmer der Studie sollten sich vorstellen, sie hätten 1000 Dollar geschenkt bekommen und vier Möglichkeiten, mit dem Geld etwas zu machen: Sie könnten etwas Schönes für jemanden kaufen; sie könnten in einen Fonds zur Alterssicherung investieren, eine tolle Party steigen lassen oder das Geld auf ein Konto einzahlen. Diejenigen Probanden, denen man eine um Jahrzehnte gealterte Version ihrer selbst zeigte, entschieden sich

Abbildung 7.2: Computersimulierte Fotos eines künftigen Ichs

A: Aktuelles Foto von Hal E. Hershfield

B: Nicht gealterter digitaler Avatar

C: Gealterter digitaler Avatar

Quelle: H. E. Hershfield, D. G. Goldstein, W. F. Sharpe, J. Fox, L. Yeykelis, L. L. Carstensen und J. N. Bailenson, »Increasing Saving Behavior Through Age-Progressed Renderings of the Future Self«, *Journal of Marketing Research* 48 (Suppl.) (2011), S. S23 – S37

doppelt so häufig für das Sparmodell wie diejenigen, die diesen Verhaltensanstoß (172 gegenüber 80 Dollar) nicht erhielten. Bedenken Sie jedoch, dass es trotz des Verhaltensanstoßes nach wie vor die Gegenwartspräferenz gibt.

An Plänen festhalten

Wer sich auf die Zukunft vorbereiten will, muss gelegentlich den kurzfristigen Genuss verschieben und langfristige Verpflichtungen eingehen. Die Wahrscheinlichkeit, dass man solche Entscheidungen rückgängig macht oder seine Pläne ändert, ist jedoch keineswegs gering. Die Automatisierung von Finanzentscheidungen – etwa durch einen Dauerauftrag zur Überweisung eines bestimmten Geldbetrags vom Girokonto auf ein Sparkonto – hilft, diese Gefahr zu minimieren. Bequemlichkeit und Trägheit, die beim Portfolio-Management privater Haushalte als Problem gesehen werden, entfalten hier eine positive Wirkung. Man verpflichtet sich ein einziges Mal, und der Sparplan steht.

Je besser die Psychologie der Sparentscheidungen erforscht und verstanden wird, desto mehr innovative Produkte für automatisiertes Sparen werden auf den Markt kommen. Mit Hilfe der Finanz-App Acorns zum Beispiel werden die Beträge von Einkäufen mit Kredit- oder EC-Karte aufgerundet und das Wechselgeld in einen Aktien- und Anleihefonds investiert. Seinen Ruhestand wird man damit zwar nicht finanzieren können, aber es ist ein guter Trick, um den Sparunwillen zu überlisten.[22]

Die Wirtschaftswissenschaftler Richard Thaler und Shlomo Benartzi entwickelten ein Finanzprodukt, das die Neigung, am Status quo festzuhalten, in etwas Positives verwandelt; dabei machten sie sich das hyperbolische Diskontieren zunutze. Ihr Arbeitnehmersparkonzept Save More Tomorrow (SMarT-Plan) hat vier Stufen, die darauf abzielen, Verhaltenspräferenzen zu überwinden, unter anderem das hyperbolische Diskontieren.[23] Stufe eins: Die Arbeitnehmer werden gebeten, den Betrag zu erhöhen, der von ihrem Gehaltskonto regelmäßig in einen Sparplan zur Altersvorsorge fließt, allerdings ohne sofortige Wirkung. Je weiter in der Zukunft der Zeitpunkt liegt, zu dem die Sparquote erhöht wird, desto besser wird der Plan, dem hyperbolischen Diskontieren entsprechend, funktionieren. Stufe zwei: Der zusätzliche Sparbetrag wird nach der nächsten Gehaltserhöhung abgezogen. Die Gehaltserhöhung erleichtert die Bereitschaft zum Sparen, weil nach Abzug des Sparbetrags das Gehaltskonto immer noch einen Zuwachs aufweist. Stufe drei: Nach jeder weiteren Gehaltserhöhung steigt der Beitragssatz, bis eine vorher vereinbarte Maximalhöhe erreicht ist – das ist die Automatisierung, von der oben die Rede war. Stufe vier: Die Arbeitnehmer haben die Option, jederzeit aus dem Sparplan auszusteigen. Der SMarT-Plan wurde in einem Produktionsbetrieb getestet, und die Teilnehmenden steigerten ihre Ersparnisse von 3,5 auf 13,6 Prozent ihres Einkommens. Die Tendenz, am Status quo festzuhalten, wirkte sich hier zu ihren Gunsten aus.

Vermutlich wird es in Zukunft immer mehr solche Vorsorgepläne geben, die alle einem ähnlichen Schema folgen. Natürlich kann man diesen Effekt auch erzielen, ohne dass man diese Produkte kauft: indem man seiner Bank schlicht und einfach einen Abbuchungsauftrag erteilt. Doch solche Altersvorsorgeprodukte funktionieren gerade deshalb, weil wir träge sind und weil eine spätere Vertragskündigung teuer wird.

Schützen Sie Ihr älteres Ich

Die Altersvorsorge ist auch deshalb so unattraktiv, weil sie uns zwingt, uns vorzustellen, wir wären alt. Und der Gedanke, gebrechlich, schwach und verletzlich zu sein, ist natürlich nicht gerade angenehm. Mit steigender Lebenserwartung und der Verschiebung der Morbidität ins sehr hohe Lebensalter wächst zwar die Wahrscheinlichkeit, dass wir körperlich und geistig länger gesund bleiben, aber das bedeutet nur, dass das Greisenalter hinausgezögert wird, nicht, dass es verschwindet.

Das Konzept des hyperbolischen Diskontierens lädt uns ein, Verpflichtungen einzugehen, die für unser künftiges Ich von Nutzen sein werden: bezüglich der körperlichen Fitness zum Beispiel oder bezüglich soliderer Finanzen. Doch dieses künftige Ich muss durch unser gegenwärtiges Handeln auch deshalb geschützt werden, weil in hohem Alter das Finanzwissen, insbesondere aber auch die analytischen Fähigkeiten abnehmen. In einer Studie wurden Personen unterschiedlicher Altersstufen gebeten, Fragen zu beantworten, die kognitive Fähigkeiten testeten.[24] Ab 50 aufwärts war ein kontinuierlicher und deutlicher Verfall analytischer Fähigkeiten, zwischen Ende 40 und Mitte 50 dagegen ein Höchststand der Leistungen im Bereich des Finanzwissens festzustellen.

Natürlich sind dies Durchschnittswerte, aufschlussreich sind sie trotzdem. Gute Finanzentscheidungen besitzen zwei Komponenten: Erfahrung und Wissen auf der einen und analytisches Denken auf der anderen Seite. Junge Menschen haben zwar einen scharfen analytischen Verstand, aber wenig Erfahrung mit Finanzprodukten. Die Älteren wiederum besitzen viel Erfahrung, aber ihr analytisches Vermögen schwindet. Aus diesem Grund werden die meisten Finanzentscheidungen im Alter zwischen 40 und 50 Jahren getroffen, wenn die Erfahrung besonders groß ist und die analytischen Fähigkeiten noch ausgeprägt sind. Deshalb ist es sinnvoll, Finanzpläne in der Lebensmitte zu schmieden und sich nicht darauf zu verlassen, dass eine sehr viel ältere Version des eigenen Ichs die finanziellen Probleme lösen wird, die mangelndes Sparen schafft.

Ein Erbe hinterlassen

Bei unseren Modellrechnungen zur Höhe der Ersparnisse haben wir uns auf die Finanzierung von Altersbezügen und Übergängen konzentriert. Die Rückzahlung von Wohnungs- und Studentenkrediten sowie Gesundheitskosten im Alter sind weitere Gründe zum Sparen, aber auch der Wunsch, seinen Nachkommen ein Erbe zu hinterlassen.

Die meisten Eltern finden den Gedanken tröstlich, die Welt in der Gewissheit zu verlassen, dass ihre Kinder finanziell abgesichert sind. Stark ist auch der Wunsch, Besitztümer an die nächste Generation weiterzugeben und damit so etwas wie Unsterblichkeit zu erlangen. Doch die Wirtschaftswissenschaft, geradezu besessen von der Idee des strategischen Verhaltens, verweist auf einen weiteren – eher traurigen – Grund dafür, dass Eltern ihren Kindern ein Erbe hinterlassen möchten: das strategische Erbschaftsmotiv. Einfach gesagt nutzen die Eltern das Erbe dazu, das Verhalten ihrer Kinder zu beeinflussen, damit sie ihnen, wenn sie alt sind, mehr Zuwendung schenken. In Shakespeares *König Lear* teilt der greise König sein Reich zwischen seinen Töchtern Goneril und Regan auf, um sich zur Ruhe zu setzen und seine letzten Lebensjahre frei von der Bürde des Besitzes und der Sorge um den Staat zu verbringen (seine jüngste Tochter Cordelia, die er am meisten liebt, hat er enterbt und verstoßen). Nachdem aber sein Vermögen in den Händen seiner beiden älteren Töchter ist, wollen sie ihren Vater nur noch loswerden und verhalten sich ihm gegenüber grausam und unnatürlich. Eine Shakespeare-Tragödie ist vielleicht nicht der beste empirische Beleg, aber eine Untersuchung moderner US-amerikanischer Haushalte weist in dieselbe Richtung.[25] Zwar deutet, zugegebenermaßen, nichts darauf hin, dass jemandem die Augen ausgestochen wurden, doch die Daten der Studie lassen den Schluss zu, dass in Familien, in denen ein betagter Vater oder eine betagte Mutter Vermögen besitzt, die Kinder häufigeren und intensiveren Kontakt zu ihnen pflegen. Allerdings muss das Vermögen vererbbar sein, damit dieser Effekt eintritt.

Das sind unschöne Überlegungen, und den meisten von uns ist die Vorstellung eines strategischen Erbschaftsmotivs unangenehm. Es gibt mit Sicherheit edlere Motive, um jemandem etwas zu vererben.[26] In einem langen Erwerbsleben, das auf die Akkumulation finanzieller Vermögenswerte konzentriert ist und die familiären Bindungen vernachlässigt, sind solche strategischen Erbschaftsmotive eher relevant. Das traurige Ende von Brooke Astor, die im August 2007 im Alter von 105 Jahren starb, zeigt allerdings, dass Reichtum allein keine Garantie dafür ist, im Alter unterstützt zu werden. Die Philanthropin, Gesellschaftsdame und Schriftstellerin hatte in die steinreiche Familie Astor eingeheiratet. 2009 wurden ihr Sohn Anthony Marshall (damals 85 Jahre alt) und ihr Vermögensanwalt Francis Morrissey wegen Urkundenfälschung zu Haftstrafen verurteilt. Schlimmer noch: Brooke Astor scheint ihren Lebensabend unter erbärmlichen Umständen verbracht zu haben; es fehlte ihr an menschlicher Ansprache, an Medikamenten und ärztlicher Betreuung. Hier liegt ein Grund mehr, Arbeit und Privatleben ins Gleichgewicht zu bringen, damit die Fürsorge und Unterstützung durch Angehörige und Freunde von Zuneigung und nicht von der Aussicht auf einen Geldsegen bestimmt wird. Daher sollten wir nicht vergessen, dass unsere immateriellen Vermögenswerte – unsere Familie und unsere Freunde, unsere Interessen und unsere Leidenschaften – die größte Quelle unseres Lebensglücks sind.

Die Lösungen der Finanztest-Fragen

1: Etwas mehr als 110 Dollar
2: Weniger
3: Falsch
4. Richtig
5: Sie fallen

8. Kapitel

Zeit: Freizeit als Neuerfindung seiner selbst

Ein zentrales Thema dieses Buches ist das Geschenk zusätzlicher Lebensjahre. Wir haben untersucht, wie man diese Jahre strukturieren und was man in den neuen Zeitabschnitten verwirklichen könnte. In diesem Kapitel nun richten wir den Blick von diesen großen Zeitblöcken auf Zeit in Form von Monaten, Wochen, Tagen, Stunden und sogar Minuten. Die Frage, mit der wir uns beschäftigen, lautet, wie wir diese zusätzlichen Minuten, Stunden, Tage und Wochen verbringen werden. Werden wir lange Arbeitstage haben, um Zeit in Geld zu verwandeln; werden wir einen Lehrgang oder Kurs besuchen, um Zeit in Fertigkeiten und Kenntnisse umzumünzen, oder werden wir einfach nur auf dem Sofa liegen und fernsehen?

Zeit ist für alle Menschen gleich (jeder hat 24 Stunden am Tag zur Verfügung), und sie ist ein knappes Gut (die meisten sagen, sie hätten zu wenig davon). Ist also ein 100-jähriges Leben Minute für Minute anders als ein 70-jähriges Leben? *Quantitativ* natürlich schon. Theoretisch hat die Woche 168 produktive Stunden. In einem 70-jährigen Leben sind es 611 000, in einem 100-jährigen Leben 873 000 Stunden. Und auch *qualitativ* gibt es Unterschiede, wenn sich das Leben verlängert, da jeder Mensch andere Entscheidungen darüber trifft, wie er diese zusätzliche Zeit verbringt.

Es gibt eine Fülle von Möglichkeiten: Man könnte arbeiten, um finanzielle Vermögenswerte aufzubauen; man könnte seine Fertigkeiten und Kenntnisse weiterentwickeln oder Zeit mit Freunden, mit dem Partner und den Kindern verbringen; man könnte etwas für seine Gesundheit tun, sich ein Sabbatical nehmen, seine Netzwerke erweitern oder neue Jobs und Lebensweisen erproben.

Wir betrachten Zeit als eine feste Größe, die sich unserer Kontrolle entzieht, doch in Wirklichkeit ist sie ein größtenteils soziales Konstrukt. Das zeigt sich an dem bis heute dominierenden Lebenszeitmodell der drei Stufen, aber auch an kleineren Zeiteinheiten. Die Länge des Arbeitstags, die Zahl der Arbeitstage pro Woche, die arbeitsfreien Wochenenden, Urlaubs- und Freizeit sind keine natürlichen Größen, sondern haben sich erst im Laufe der Zeit herausgebildet und verändert und werden sich weiter verändern.

Betrachten wir daher zunächst einmal den Umgang mit Zeit in der Vergangenheit und überlegen dann, wie sich das in der Zukunft verändern könnte. Unserer Ansicht nach wird Zeit grundlegend neu strukturiert werden, weil in einem längeren Leben mehr in immaterielle Vermögenswerte investiert werden muss und weil sich der historische Trend zu einer Verkürzung der Arbeitszeit weiter fortsetzen wird.

Das Paradox der Arbeitsstundenzahl

In der Regel arbeiten die Menschen heute weniger Stunden als vor 50 oder 100 Jahren. Im 9. Jahrhundert teilte der englische König Alfred seinen Tag in drei Abschnitte ein: acht Stunden Arbeit, acht Stunden Muße und acht Stunden Schlaf. Doch erst Anfang und Mitte des 20. Jahrhunderts wurde der Achtstundentag für die meisten Menschen in der westlichen Welt konkrete Wirklichkeit. Zu Beginn des Industriezeitalters arbeiteten die Menschen in der Regel sechs Tage die Woche und zehn bis 16 Stunden täglich, Erwachsene ebenso wie Kinder. Erst 1847 wurde im Vereinigten Königreich ein Gesetz verabschiedet, das den Arbeitstag auf zehn Stunden begrenzte, doch es galt nur für Frauen und Kinder.

Abbildung 8.1: Durchschnittliche Wochenarbeitsstunden pro Beschäftigtem

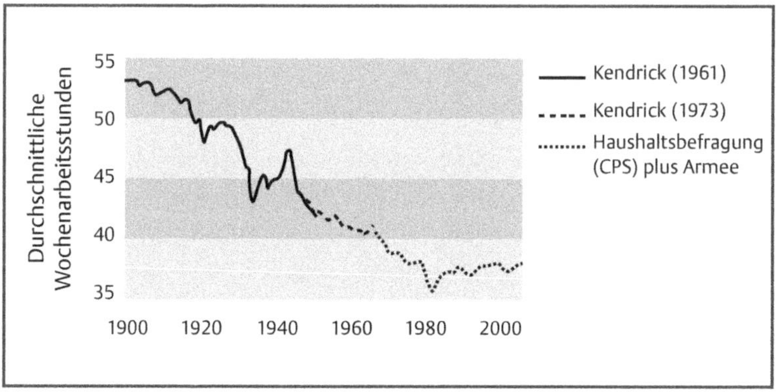

Quelle: V. Ramey und N. Francis, »A Century of Work and Leisure«, *American Economic Journal: Macroeconomics* 1, 2 (2009), S. 189–224

Abbildung 8.1 zeigt den schrittweisen Rückgang der durchschnittlichen Wochenarbeitszeit in den Vereinigten Staaten. 1920 betrug sie 50 Stunden, 2005 waren es nur noch 37 Stunden.[1]

1930 schrieb der Ökonom John Maynard Keynes in seinem Essay *Die wirtschaftlichen Möglichkeiten unserer Enkel*, der wachsende Wohlstand werde ein solches Übermaß an Freizeit bringen, dass das Hauptproblem darin bestehen wird, wie die Menschen all diese freie Zeit sinnvoll verbringen. »Damit wird der Mensch zum ersten Mal seit seiner Erschaffung vor sein wirkliches, sein permanentes Problem gestellt sein: vor die Frage, wie er seine Freiheit von drückenden materiellen Sorgen nutzt, wie er die freie Zeit ausfüllt, die ihm Wissenschaft und Zinseszins gewinnen wird, um klug, angenehm und gut zu leben.«

Keynes meinte nicht das Geschenk der Zeit, die ein langes Leben mit sich bringt, sondern die zusätzliche Zeit, die der Wohlstand verschafft. Seine Überlegungen basierten auf dem *Einkommenseffekt*, dem zufolge die Menschen bei wachsendem Wohlstand eine größere Menge an Gütern konsumieren wollen, auch mehr Freizeit. Wenn also die Produktivität und die Löhne steigen, wird die Zahl der Arbeitsstunden sinken, die Arbeitswoche wird kürzer, Wochenenden und Urlaubszeit werden länger werden. Keynes ist mit seiner Prognose natürlich nicht allein. Manche Technikexperten sind heute überzeugt, dass Keynes' Vision in den kommenden Jahrzehnten Wirklichkeit werden könnte, wenn Roboter die Produktivität erhöhen und uns von der Mühsal schwerer beruflicher und häuslicher Arbeit befreien.

Wir sind geneigt zu glauben, Keynes habe sich geirrt. Ein Übermaß an freier Zeit betrachten wir wohl kaum als das zentrale Problem unseres heutigen oder künftigen Lebens. Doch Keynes lag nicht völlig falsch. Er erkannte, dass wachsender Wohlstand und steigende Produktivität zu mehr freier Zeit führen würden – das ist ja heute der Fall. Einen Einkommenseffekt gibt es tatsächlich, nur ist er nicht so stark, wie Keynes prognostizierte. Was Keynes unterschätzte, war die Entwicklung des Konsumdenkens im 20. Jahrhundert. Es stimmt, dass Menschen mit zunehmendem Reichtum mehr von den meisten Gütern konsumieren wollen, auch mehr Freizeit. Doch wie sich herausgestellt hat, streben die Menschen vor allem nach materiellem Besitz, und zwar in sehr viel stärkerem Maße als nach freier Zeit. Die Arbeitszeit ging zwar zurück, aber weniger dramatisch, als Keynes mutmaßte. Und das verweist uns zurück auf eine Feststellung, die wir in diesem Buch schon wiederholt getroffen haben: Je höher die Konsumrate ist und je mehr materielle Güter man erstrebt, desto mehr Jahre wird man arbeiten.

Auch wenn Keynes die Macht des Einkommenseffekts überschätzte, es gab ihn tatsächlich, und er führte zu einem Rückgang der durchschnittlichen Arbeitsstundenzahl. Wenn wir also davon ausgehen, dass Einkommen und Produktivität weiter steigen, können wir auch einen Zuwachs an Freizeit und eine weitere Reduzierung der Wochenarbeitszeit erwarten.

Wenden wir aber den Blick vom Allgemeinen zum Konkreten, sieht die Sache ganz anders aus. Betrachten Sie das Leben, das Sie heute führen: Haben Sie das Gefühl, dass Sie weniger arbeiten und mehr wirklich freie Zeit zur Verfügung haben? Vielleicht geht es Ihnen wie so vielen, die sagen, es fehle ihnen an Zeit – sie seien *zeitarm* – und sie stünden unter einem größeren Druck als jemals zuvor.[2]

Im Jahr 1965 gaben rund 25 Prozent der Amerikaner an, »sich ständig gehetzt« zu fühlen, im Jahr 1995 waren es rund 35 Prozent. Und es gibt tatsächlich Belege dafür, dass Eheprobleme, Schlaflosigkeit und stressbedingte Krankheiten zunehmen. Das Gefühl der Zeitarmut verstärkt den Fluch der Undine. Es ist deprimierend zu hören, man habe mehr Lebensjahre vor sich, müsse dafür aber länger arbeiten – obwohl man sich bereits jetzt zeitarm fühlt.

Aber wenn Keynes recht hatte und die Menschen weniger arbeiten, warum haben dann so viele das Gefühl, es fehle ihnen an Zeit?

Der *Downton Abbey*-Effekt

Eine Erklärung lautet, dass zwar die durchschnittliche Arbeitsstundenzahl gesunken ist, aber nicht alle weniger arbeiten. Im Laufe des letzten Jahrhunderts hat sich ein bemerkenswerter Umschwung vollzogen. Vor 100 Jahren arbeiteten die Armen und Unqualifizierten mehr; sie schufteten in den Fabriken, die im Zuge der industriellen Revolution entstanden waren. Die Wohlhabenden und Hochqualifizierten dagegen arbeiteten weniger. Die extremste Ausprägung dieses Phänomens ist Thorstein Veblens *leisure class*[3], die reiche und müßiggängerische Oberschicht, wie sie in der Fernsehserie *Downton Abbey* so treffend porträtiert wurde. Das begann sich Anfang der 1990er Jahre zu ändern, als die schlecht bezahlten Beschäftigten weniger Stunden arbeiteten, während die gut bezahlten Fachkräfte anfingen, etwas länger zu arbeiten als die Geringverdienenden. Je besser einer bezahlt wurde, desto mehr arbeitete er.[4]

Dies galt insbesondere für Spitzenverdiener. Im Jahr 1979 arbeiteten nur 15 Prozent der US-amerikanischen Spitzenverdiener (definiert als die obersten 20 Prozent der Erwerbstätigen) mehr als 50 Stunden pro Woche. 2006 war diese Quote auf 27 Prozent gestiegen, sie hatte sich fast verdoppelt. Bei den Geringverdienern war es genau umgekehrt. Im Jahr 1979 arbeiteten 22 Prozent der Geringverdiener (definiert als die untersten 20 Prozent der Erwerbstätigen) mehr als 50 Stunden pro Woche. 2006 waren es nur noch 13 Prozent, also halb so viel.

Warum ist bei den Besserverdienenden die Arbeitsstundenzahl gestiegen, und warum haben sie sich nicht Veblens *leisure class* angeschlossen? Um diese Frage zu beantworten, müssen wir einen anderen Effekt betrachten, der im Lauf der Zeit den Einkommenseffekt aufgehoben hat: den *Substitutionseffekt*. Er besagt, dass bei steigenden Löhnen auch der Preis der Freizeit steigt (denn in der Zeit arbeitet man ja nicht). Betrachten wir es einmal unter diesem Gesichtspunkt. Der Preis für eine kürzere Wochenarbeitszeit ist ein geringeres Einkommen, denn die Zahl der Arbeitsstunden sinkt ja. Wenn nun der Lohn für eine Arbeitsstunde steigt, steigt auch der Preis der Freizeit. An einem bestimmten Punkt kommt es dann zum Substitutionseffekt: Das Gehalt eines Beschäftigten ist jetzt so hoch und die Freizeit so teuer, dass diese Person beschließt, mehr Stunden zu arbeiten. Natürlich spielt auch die Besteuerung eine Rolle, weshalb ein weiterer Grund für diesen Umschwung die Senkung des Spitzensteuersatzes ist: Je höher die Steuern, die man zahlen muss, desto billiger ist es, Freizeit zu konsumieren. Deshalb tendieren die Menschen bei höheren Steuersätzen zu einer kürzeren Arbeitswoche und zu längerem Urlaub.

Natürlich ist das nicht der einzige Grund, warum Menschen sich dafür entscheiden, mehr Stunden pro Tag zu arbeiten, als Keynes es prognostiziert hat. Ein weiterer Grund ist der Status. Leute mit langen Tagen im Büro betrachten sich als fleißige und gefragte Mitarbeiter und werden auch von anderen so wahrgenommen. Damit steigen ihr Selbstwertgefühl und die Wertschätzung, die ihnen entgegengebracht wird. Auch der Kontext, in dem Menschen arbeiten, spielt bei der Zahl der Arbeitsstunden eine Rolle. Eine Folge der Erosion des Arbeitsmarkts (der Verlust von Jobs mittlerer Qualifikation und die Zunahme von Jobs im niedrig- und hochqualifizierten Sektor) besteht darin, dass hochqualifizierte Kräfte unter noch größeren Druck geraten, da sie die Implikationen eines »Winner takes all«-Arbeitsmarkts erkennen und dem Drängen der Unternehmensführung nachgeben, im Interesse der Wettbewerbsstrategie und der Marktdominanz der Firma längere Arbeitszeiten in Kauf zu nehmen. In einem globalen betrieblichen Umfeld, in dem rund um die Uhr gearbeitet wird, besteht bei zu geringen Arbeitszeiten der Beschäftigten die Gefahr beträchtlicher geschäftlicher Einbußen für die Firma.

Doch hochbezahlte Jobs und die mit ihnen verbundenen langen Arbeitstage haben womöglich auch erfreuliche Seiten. Es lässt sich nicht leugnen, dass Führungspositionen viel Stress und Belastung mit sich bringen. Untersuchungen jedoch zeigen, dass die Jobzufriedenheit mit der Höhe des Gehalts steigt.[5] Vielleicht ist es tatsächlich das Gehalt, das Jobzufriedenheit verschafft, vielleicht ist ein Job aber auch umso angenehmer, je weniger routinemäßig manuelle Tätigkeiten er beinhaltet. Macht der Job Spaß, ist man eher bereit, lange Arbeitszeiten zu akzeptieren.

Das Rätsel der Freizeit

Doch es gibt weitere Gründe für das Gefühl, es fehle einem an Zeit. Wenn die Menschen durchschnittlich weniger Stunden arbeiten, heißt das noch lange nicht, dass sie mehr Freizeit haben. Zeit, in der man nicht arbeitet oder studiert, ist ja nicht automatisch Freizeit. Wenn man acht Stunden am Tag im Büro verbringt und für die Fahrt zwischen Arbeitsplatz und Zuhause zwei Stunden braucht – sollte diese Zeit etwa nicht als Teil des Arbeitstages betrachtet werden? Für Aristoteles war freie Zeit die Freiheit vom Zwang der Arbeit, aber unter den Begriff Arbeit fällt sehr viel mehr als nur die am Arbeitsplatz verbrachte Zeit.

Die Zeit, die man außerhalb der Erwerbsarbeit mit Besorgungen und Hausarbeiten verbringt, sollte nicht als Freizeit betrachtet werden. Definitionen von Freizeit fokussieren sich stets auf die »diskretionäre« Zeit: die Zeit, die übrig bleibt, wenn man so unabdingbare Verrichtungen wie Hausarbeit, persönliche Pflege und Sonstiges abzieht. Aber auch das ist keine ganz korrekte Definition von Freizeit. Man kann, wenn man will, beschließen, statt acht nur sechs Stunden zu schlafen, aber sollte man die beiden zusätzlichen Stunden Schlaf gleich als Freizeit betrachten?

Man könnte sich dem Begriff der Freizeit und der Allokation von Zeit dadurch nähern, dass man betrachtet, wie viel Spaß die Menschen aus verschiedenen Aktivitäten ziehen. Laut einer US-amerikanischen Studie zählen Sex, sportliche Betätigung, Angeln, Kunst und Musik, ein Bar- oder Kneipenbesuch mit Freunden, mit den Kindern spielen, mit ihnen reden und ihnen etwas vorlesen, schlafen, zur Kirche und ins Kino gehen zu den vergnüglichsten Aktivitäten. Ganz unten auf dieser Liste stehen die berufliche Tätigkeit, Säuglingspflege, Hausaufgaben, ein Zweitjob, Kochen und Hausarbeit, die Kinderpflege, das Pendeln zwischen Arbeitsplatz und Wohnung, Besorgungen machen, Reparaturen im Haus, Wäsche waschen und Gesundheitsprobleme der Kinder.[6] Wir arbeiten vielleicht weniger – aber verbringen wir wirklich mehr Zeit damit, das zu tun, was uns am meisten Spaß macht?

Wie viel Freizeit haben wir heute eigentlich? Laut einer Studie hatten im Jahr 1900 die Menschen rund 30 Stunden Freizeit pro Woche; im Jahr 1950 waren es 40 und in den 1980er Jahren sogar 45 Stunden. Seither nahm die Freizeit wieder ab und betrug im Jahr 2000 erneut nur 40 Stunden. Andere Studien kommen zu einem noch größeren Zugewinn. Zwischen 1965 und 2003 profitierten die Männer von weiteren fünf bis acht Stunden Freizeit pro Woche; bei Frauen waren es zwischen vier und acht Stunden.[7]

Dann hatte Keynes also recht: Viele Menschen haben heute mehr Freizeit, auch wenn unterm Strich der Zuwachs alles andere als gewaltig ist. Dieser Zugewinn an Freizeit, arbeitsfreien Wochenenden und Urlaub führte im 20. Jahrhundert zu einem dramatischen Aufschwung der Freizeitindustrie. Sport- und Reiseanbieter, Film und Fernsehen versuchen, aus dieser zusätzlichen Freizeit finanziellen Profit zu schlagen.

Das führt uns mitten hinein in die Debatte über die Frage, wie viel Zeit der Freizeit zugemessen wird. Heute haben die meisten Menschen mehr *diskretionäre Zeit* als zu Beginn des 20. Jahrhunderts. Wenn jedoch die meisten von uns das Gefühl haben, es fehle ihnen an Zeit, dann denken sie nicht an die diskretionäre Zeit, die sie frei von allen äußeren Zwängen und Erledigungen *objektiv zur Verfügung hätten*, sondern an die Zeit, die sie *tatsächlich* übrig haben, wenn sie alle möglichen anderen Dinge getan haben. Mit anderen Worten: Die Menschen treffen offenbar Entscheidungen darüber, wie sie ihre diskretionäre Zeit ausfüllen, die dazu führen, dass sie kaum mehr freie Zeit übrig haben. Wie die Ökonomen Gary Becker und Staffan Linder zeigten, kostet Konsum Zeit.[8] Je wohlhabender die Menschen sind, desto mehr Konsumgüter besitzen sie und desto hektischer wird ihre Freizeit, da die Rate der Akkumulation von Gütern höher ist als der Zuwachs an verfügbarer Freizeit. Mit dem Ergebnis, dass sie das Gefühl haben, ihre Freizeit auf immer kürzere Zeitspannen zusammendrängen zu müssen. Wie bekommt man einen Theaterbesuch, Facebook, eine Party, einen Angelausflug und die neueste Miniserie auf Netflix unter einen Hut?

Allokation von Zeit

Wenn Sie darüber nachdenken, wie Sie im Verlauf eines langen produktiven Lebens Ihre Zeit verbringen werden, gehen Sie wahrscheinlich davon aus, dass Sie acht Stunden am Tag arbeiten und dann zwei Tage frei haben (das Wochenende). Diese Form der Allokation von Zeit muss unserer Ansicht nach überdacht werden. Wenn Keynes' Theorie des Einkommenseffekts heute noch gilt, wird in Zukunft wahrscheinlich die Freizeit länger und die Arbeitswoche kürzer.

In den meisten entwickelten Ländern führte die industrielle Revolution zu einer substanziellen Erhöhung der Arbeitsstundenzahl. In den vier Jahrhunderten zwischen 1200 und 1600 betrug die Arbeitszeit im Vereinigten Königreich zwischen 1500 und 2000 Stunden pro Jahr. 1840 hingegen, auf dem Höhepunkt der Industrialisierung, waren es 3500 Arbeitsstunden; im Vereinigten Königreich und in den USA waren 52 Arbeitswochen mit jeweils 70 Stunden die Norm. Kaum verwunderlich, dass das ganze 19. Jahrhundert hindurch die Arbeiterorganisationen der Industrieländer für eine kürzere Wochenarbeitszeit kämpften.

Der Druck der Arbeiterschaft führte dazu, dass der Samstag bald nur noch ein halber Arbeitstag war, trotzdem betrug die Arbeitswoche immer noch mehr als 40 Stunden. Erst in der ersten Hälfte des 20. Jahrhunderts wurden die Fünftagewoche und der Achtstundentag zur Norm. Henry Ford führte 1914 in den Vereinigten Staaten die 40-Stunden-Woche ein, aber gesetzlich beschränkt wurde die Wochenarbeitszeit in den USA erst 1938. In Europa ging es schneller: In Deutschland wurde Ende des 19. Jahrhunderts die Arbeitszeit gesetzlich geregelt, in Russland geschah dies im Jahr 1917, in Portugal 1919 und in Frankreich 1936. 2015 betrug in Deutschland die durchschnittliche Wochenarbeitszeit 35, in Frankreich, Italien und dem Vereinigten Königreich jeweils 37 Stunden.

Die Arbeiterbewegung kämpfte außerdem erfolgreich für einen längeren bezahlten Urlaub, auch wenn es in den einzelnen Ländern heute beträchtliche Unterschiede gibt. Derzeit hat ein Beschäftigter mit einem Vollzeitjob in der Europäischen Union Anspruch auf mindestens 20 Tage bezahlten Urlaub. In vielen Ländern ist dieser gesetzliche Anspruch auf einen jährlichen Mindesturlaub länger: in Deutschland sind es 24, in Frankreich und im Vereinigten Königreich 25 und in Schweden 33 Werktage. Anderswo ist der bezahlte Urlaub deutlich kürzer: in den Vereinigten Staaten zwölf, in Japan 20 Tage.

Hier sollten wir kurz innehalten und uns klarmachen, wie fundamental diese Verschiebung in Richtung der Fünftagewoche und des bezahlten Urlaubs war. Wir wissen nicht, wann und wo festgelegt wurde, dass eine Woche aus sieben Tagen besteht, diese Aufteilung folgt jedenfalls keinem in der Natur auftretenden Rhythmus. Monate und Jahre, wie wir sie kennen, haben ihren Ursprung offenbar im alten Babylonien, und diese Skalierung der Zeit widerstand auch dem Versuch einer Rationalisierung während der Französischen Revolution, der gemäß ein Monat aus drei Wochen zu jeweils zehn Tagen bestehen sollte. Dass ein Tag in der Woche zum Sabbat oder Ruhetag erklärt wurde, ist etwas jüngeren Datums, auch wenn dieser Tag von Land zu Land variiert und nicht immer streng eingehalten wird. Die Siebentagewoche mit einem Ruhetag ist also eine Konstante der Menschheitsgeschichte, das Wochenende dagegen ist ein relativ junges Phänomen. Das *Oxford English Dictionary* legt den Zeitpunkt, an dem das Wort *weekend* im Sinne einer zweitägigen Arbeitspause in den allgemeinen Sprachgebrauch überging, ins Jahr 1878. Das Konzept einer fünftägigen Arbeitswoche mit zwei arbeitsfreien

Tagen ist also relativ neu und nicht tief in unserer Psyche verankert.

Mit anderen Worten: Die Strukturierung der Arbeitswoche ist keine historische Konstante, sondern hat sich im Laufe der Zeit verändert. Und wenn die Zahl der Arbeitsstunden weiter sinkt, wird auch die Arbeitswoche erneut umstrukturiert werden. Bei einem durchschnittlich siebenstündigen Arbeitstag ist allerdings eine weitere Reduzierung der täglichen Arbeitsstundenzahl nicht optimal, denn mit der Berufstätigkeit sind fixe Kosten verbunden: die Fahrt zum Arbeitsplatz und wieder nach Hause; die Vorbereitung auf den Arbeitstag etc. Diese sogenannten Rüstkosten bedeuten, dass es womöglich sinnvoller ist, mehr Stunden täglich zu arbeiten und dafür mehr freie Tage zu haben. Mit Blick auf das Thema dieses Buches lautet die interessante Frage, ob Zeit so umstrukturiert werden könnte, dass sie ein 100-jähriges Leben trägt. Einige meinen, ja. Der mexikanische Multimilliardär Carlos Slim zum Beispiel plädiert für eine Dreitagewoche mit einer jeweils elfstündigen Schicht.[9] Statt den größten Teil der Freizeit für den Ruhestand aufzuheben, so argumentiert er, wäre es sinnvoller, sie über das gesamte Leben zu verteilen und mit 75 in Rente zu gehen.

Wie dringend notwendig eine Restrukturierung von Zeit ist, wird in den Szenarien, die wir für Jane entworfen haben, offenkundig. Unserer Ansicht nach würde ohne eine grundlegende Neustrukturierung von Zeit weder Szenario 3.0 noch Szenario 3.5 funktionieren. Jane wäre kaum imstande, sich ihre Produktivitäts- und Vitalitätswerte zu bewahren, wenn sie bis zum Alter von 80 Jahren in einem Achtstundenjob mit einem zweitägigen Wochenende und nur zwei bis fünf Wochen Jahresurlaub arbeiten müsste. Sie hätte schlichtweg nicht ausreichend Zeit zur Verfügung, um sich fortzubilden und zu regenerieren. Aus diesem Grund haben wir die Szenarien 4.0 und 5.0 entworfen und die neuen Lebensstufen des Entdeckers und des freien Produzenten eingeführt.

Aber was ist, wenn Jane einen Großteil ihres Erwerbslebens in einer Firma arbeiten möchte? Könnte man die Szenarien 3.0 und 3.5 so umgestalten, dass sie ein gangbarer Weg werden? Dafür müsste Jane weniger als fünf Tage pro Woche arbeiten und sich längere Auszeiten nehmen, um sich fortzubilden und zu erholen. Wenn sich der Langzeittrend zu immer mehr Freizeit fortsetzt und gleichzeitig die Wochenarbeitszeit neu strukturiert wird, stünden Jane mehrere Szenarien zur Auswahl. Eines könnte sogar ein Drei-Stufen-Modell mit einer kürzeren Wochenarbeitszeit und einer längeren Urlaubszeit sein.

Die Szenarien für Jane basieren auf einem sehr viel flexibleren Verständnis von Arbeit und Zeit, als es der derzeitigen Praxis der meisten Unternehmen entspricht. Wir erwarten daher, dass die Menschen experimentieren werden, um in ihrem Arbeitsleben Zeit für Weiterqualifikation und Regeneration zu finden, und dass die alten Arbeitszeitmodelle der Unternehmen zunehmend unter Druck geraten werden.

Wie die Ökonomin Claudia Goldin gezeigt hat, erreichen Beschäftigte, die eine Berufspause einlegen (zumeist Frauen mit kleinen Kindern), ein bedeutend niedrigeres Lebenseinkommen als andere.[10] Andere Studien belegen, dass Erwerbstätige, die ein anderes Zeitmanagement ausprobieren, indem sie von zu Hause aus arbeiten oder mit flexiblen Arbeitszeiten experimentieren, eine geringere Chance auf Beförderung haben.[11] Aus diesem Grund wird heute jemand, der eine steile Karriere mit guter Bezahlung anstrebt, nicht so unklug sein, sich eine Auszeit zu nehmen oder flexibel zu arbeiten. Um noch einmal William Faulkner zu zitieren: Wer aus dem anonymen Gleichschritt gerät, strauchelt und wird totgetrampelt. Die derzeitige Situation wird unweigerlich zu Spannungen führen, da der Wunsch der Beschäftigten nach mehr Flexibilität dem Wunsch der Firmen nach langen, ununterbrochenen und standardisierten Arbeitszeiten entgegensteht. Hier wird es erheblichen Widerstand der Beschäftigten gegen die betrieblichen Praktiken und Sichtweisen geben. Es lässt sich unmöglich sagen, wie genau sich die betrieblichen Praktiken und Sichtweisen verändern werden oder wie schnell sich hier ein Wandel vollzieht. Doch der wachsende Druck wird zu größerer Diversität bei der Strukturierung von Arbeitszeit führen, hochqualifizierte Arbeit wird ein eigenes Modell der Zeitgestaltung schaffen, und in der arbeitsfreien Zeit wird sich der Schwerpunkt von Muße und Entspannung in Richtung Neuerfindung einer selbst verschieben.

Eine größere Diversität bei der Strukturierung von Zeit

Wenn an die Stelle des dreistufigen ein vielstufiges Lebensmodell tritt, werden andere Formen der Allokation von Zeit notwendig werden. Während der Phasen, in denen das Geldverdienen und Sparen im Mittelpunkt stehen, werden die Menschen auch in Zukunft viel arbeiten. In anderen Phasen werden weniger Arbeitstage und mehr freie Zeit nötig sein, um sich der Familie oder der Weiterbildung widmen zu können. Der Wunsch nach Flexibilität und einer individualisierten Arbeitswoche wird anfänglich dem Wunsch der Unternehmen nach Standardisierung, Planbarkeit und Berechenbarkeit entgegenstehen. Am Ende wird ein Kompromiss stehen, bei dem die Betriebe ihren Beschäftigten unterschiedliche Arbeitszeitmodelle und Arbeitsverpflichtungen anbieten.

Es gibt natürlich viele Möglichkeiten, die Arbeitswoche neu zu strukturieren. Der Arbeitstag könnte kürzer werden und die Abende länger, oder es könnte die vorindustrielle Tradition des »blauen Montags« wiedereingeführt werden, als die Handwerker nach einem arbeitsreichen Wochenende einen Tag freihatten, sodass auf eine viertägige Arbeitswoche ein dreitägiges Wochenende folgt. Doch ein dreitägiges Wochenende bedeutet einen beträchtlichen Zuwachs an Freizeit und wird wahrscheinlich so schnell nicht eingeführt werden. Wird dagegen der Freitag zu einem halben Arbeitstag verkürzt werden, so wie im Verlauf der industriellen Revolution der Samstag nur noch ein halber Arbeitstag wurde? Oder wird der Freitag zu einem freien Tag, und die anderen Arbeitstage verlängern sich dafür? Derzeit experimentieren einige Firmen mit einer flexibleren und diversifizierteren Wochenarbeitszeit, doch daneben gibt es viele andere Modelle.

Nicht alle Unternehmen sind zu solchen Experimenten bereit, und viele werden sich flexibleren Modellen widersetzen. Bleibt die Option, sich selbstständig zu machen oder in kleineren Firmen zu arbeiten, wo mehr Flexibilität möglich ist, um sich mehr diskretionäre Zeit zu verschaffen. Aus diesem Grund wird es Phasen geben, in denen es auch attraktiv sein kann, freier Produzent zu werden.

Flexibilität für alle?

Ein Drei-Stufen-Modell funktioniert am ehesten dann, wenn die Strukturierung und Sequenzierung von Zeit flexibel ist. Diese Flexibilisierung wäre auch für andere, neu entstehende Stufen wünschenswert. Doch was ist mit den Phasen intensiver Erwerbstätigkeit, die auch in einem vielstufigen Szenario notwendig sein werden, um finanziell erfolgreich zu sein? In Szenario 5.0 gibt es zwei Phasen, in denen Jane fest angestellt in einer Firma arbeitet: zuerst bei EatWell, dann bei TalentFind. Oder was ist, wenn jemand beschließt, seine materiellen Vermögenswerte dadurch aufzustocken, dass er eine hochqualifizierte Tätigkeit oder eine betriebliche Führungsaufgabe übernimmt? Ist in diesem Fall eine Neustrukturierung der Arbeitszeit mit längeren Wochenenden und längerem Urlaub praktikabel?

Das bezweifeln wir, und zwar aus zwei Gründen. Eine hochqualifizierte Tätigkeit und die Führungsrolle in einem Unternehmen werden auch in Zukunft lange und anstrengende Arbeitsstunden erforderlich machen. Doch der Stress und Verschleiß psychischer und physischer Kräfte kann nicht über die gesamte lange zweite Stufe eines 60-jährigen Erwerbslebens aufrechterhalten werden. Für diese Erwerbsgruppe wird das traditionelle Drei-Stufen-Modell nicht praktikabel sein. Um in Familie und Vitalität investieren zu können – was notwendig ist, um bei guter Gesundheit 100 Jahre alt zu werden –, benötigen sie längere Phasen diskretionärer Zeit, nicht nur verlängerte Wochenenden. Für solche hochqualifizierten Aufgaben muss außerdem kontinuierlich in Qualifikationen und Technologie investiert werden, um dem rapiden Verfall von Aufgaben und Berufen entgegenzuwirken. Notwendig sind nicht nur gelegentliche Fortbildungskurse, sondern längere Zeiten der Weiterqualifikation und längere Übergänge. Diese Investition in neues Wissen und neue Fertigkeiten erfordert ein so hohes Maß an Intensität und Konzentration, dass ein einziger freier Tag in der Woche nicht ausreicht.

Längere Wochenenden oder mehr Urlaub werden für einige Berufe adäquate Lösungen sein, für hochqualifizierte Jobs dagegen ist die in Janes Szenario 5.0 beschriebene Strukturierung von

Zeit sinnvoller. In diesem Szenario sind zwei Phasen intensiver Erwerbstätigkeit in einem Unternehmen durch Übergangsphasen miteinander verbunden, in denen sich Jane ausschließlich um den Aufbau ihrer immateriellen Vermögenswerte kümmern kann.

Zu den Lesern, für die dieses Buch geschrieben wurde, gehören auch Menschen, die über eine hochqualifizierte Ausbildung und ein hohes Einkommen verfügen, aufgrund ihrer Position im Unternehmen eine gewisse Marktmacht besitzen und daher viele Optionen zur Verfügung haben. Dieses Glück ist nicht jedem beschieden, doch für uns alle wird es eine Herausforderung sein, aus dem 100-jährigen Leben das Beste zu machen. Für Menschen in geringqualifizierten Berufen, denen weniger Optionen offenstehen, wird wohl das dreistufige Szenario mit einer sehr viel kürzeren Arbeitswoche die Standardoption bleiben. In Zukunft könnte es staatliche Beihilfen geben, damit Menschen mit geringen finanziellen Ressourcen in ihre immateriellen Vermögenswerte investieren und die Übergänge vollziehen können, die für ein 100-jähriges Leben notwendig sind. So wie bezahlter Urlaub und Elternzeit immer länger werden, können wir uns auch eine staatliche Förderung vorstellen, damit sich nicht nur die Besserverdienenden die für ein 100-jähriges Leben notwendigen Veränderungen leisten können.

Statt Muße und Nichtstun die Neuerfindung seiner selbst

Nicht nur wird Zeit neu strukturiert werden, auch die Art und Weise, wie wir Zeit und besonders arbeitsfreie Zeit nutzen, wird sich ändern. In einem 100-jährigen Leben wird es wesentlich auf die immateriellen Vermögenswerte ankommen, die mit Familie und Freunden, Fertigkeiten und Kenntnissen, Gesundheit und Vitalität zu tun haben. Das erfordert Investitionen: in Zeit für Freunde und Angehörige, für Weiterqualifizierung, technische Umrüstung und sportliche Betätigung. Wenn sich das Leben verlängert, muss mehr in diese Werte investiert werden, besonders in die Bildung.

Ein arbeitsfreies dreitägiges Wochenende stellt zwar Zeit für mehr Investitionen in diese immateriellen Vermögenswerte zur Verfügung, aber wird das ausreichen? Werden nicht noch viel größere Investitionen in immaterielle Vermögenswerte notwendig sein, als sie ein dreitägiges Wochenende ermöglicht? Vermutlich werden sich unsere Vorstellungen von dem, was Freizeit ist, grundlegend ändern.

Viele unserer derzeitigen Vorstellungen von Zeit, auch bei der Definition und Nutzung von Freizeit, entstanden im Zuge der industriellen Revolution. Der Arbeitsablauf des bäuerlichen Lebens mit seinem langsamen, jahreszeitlich geprägten Rhythmus ließ sich nicht auf die Fabrikarbeit übertragen. Auch die größere Zuverlässigkeit und die sinkenden Kosten mechanischer Uhren trugen zur Entstehung eines präzise strukturierten und definierten Arbeitstags bei.[12] Für die Fabrikarbeit musste ein zeitlich genau festgelegter Arbeitstag geschaffen und Arbeit und Familie räumlich getrennt werden. Mit den neuen Segmenten Kindheit und Ruhestand, arbeitsfreie Abende und Wochenenden, Weihnachts- und Sommerferien wurde auch die Freizeit schärfer definiert, die nun nicht länger jahreszeitlich bestimmt war.

Mit der Schaffung dieser neuen Freizeitsegmente mussten sich die Menschen entscheiden, wie sie diese Zeit verbringen wollten. Die Arbeiterbewegung forderte die Verkürzung der Wochenarbeitszeit und ein zweitägiges Wochenende, um nach einer langen und anstrengenden Arbeitswoche körperlich und geistig zu regenerieren. Mit der Trennung von Arbeit und Familie und dem Verbot der Fabrikarbeit von Kindern entstand zudem der Wunsch, die Freizeit als Zeit für die Familie zu nutzen.

Doch mit der Freizeit wuchs auch die Freizeitindustrie. Mit der Verstädterung und einer standardisierten Freizeit entwickelten sich neue Formen der Unterhaltung. Varietétheater, Kinos und der Profifußball sind bekannte Beispiele. Vor der industriellen Revolution fand Freizeit im öffentlichen Raum statt, ohne genau reglementiert zu sein. Im Zuge der Industrialisierung wurde die Freizeit zunehmend privatisiert und reglementiert.[13]

Die Entwicklung der Freizeitindustrie ist in den letzten 100 Jahren natürlich nicht stehen geblieben, und mit der wachsenden freien Zeit wuchs auch die Bedeutung der Freizeitindustrie. Infolgedessen wird diskretionäre Zeit zunehmend für Freizeitaktivitäten verwendet: um fernzusehen, Sportveranstaltungen zu besuchen, shoppen und essen zu gehen oder Wellnessangebote zu nutzen. Doch das ist *Konsum* von Zeit, nicht deren Nutzung.

Wenn die Menschen länger leben und mehr in ihre immateriellen Vermögenswerte investieren müssen, wird sich auch die Art und Weise verändern, wie freie Zeit genutzt wird. Zeit wird nicht mehr konsumiert, sondern in immaterielle Ressourcen investiert werden. Wie Karl Marx schrieb: »Die Ersparung von Arbeitszeit gleich Vermehren der freien Zeit, d. h. Zeit für die volle Entwicklung des Individuums.«[14] Und da die Neuerfindung seiner selbst ein weitgehend individuelles Bestreben ist, wird es stärker personalisierte Freizeitagenden geben mit Muße und Entspannung, aber auch mit Möglichkeiten der Neuerfindung seiner selbst. Wenn in den vergangenen 100 Jahren eine Freizeitindustrie entstand, die öffentliche Unterhaltung privatisierte und ganz auf den Konsum zugeschnitten blieb, so wird die Freizeitindustrie der Zukunft auf den Einzelnen abzielen, auf die Investition in Weiterbildung und persönliche Entfaltung.

Postindustrielle Zeit

Die Restrukturierung der Zeit aufgrund der höheren Lebenserwartung betrifft sowohl die oben beschriebenen neuen Lebensstufen als auch die Tage und Wochen, die in diesem Kapitel betrachtet wurden. Restrukturierung der Zeit – das mag dramatisch klingen, aber es ist keineswegs ein neues Phänomen. Deshalb war bisher auch so viel von der industriellen Revolution und ihren Folgen die Rede. Damals wurden viele der heute noch gültigen sozialen Konventionen geschaffen.

Lange, reglementierte und standardisierte Arbeitszeiten waren ein Ergebnis der industriellen Revolution. Dies führte zu einer klaren Unterscheidung zwischen Arbeit und Freizeit, zur Trennung von Arbeiten und Leben, Arbeitsplatz und Familie. Mit der industriellen Revolution vollzogen sich ein tief greifender Wandel der Geschlechterrollen und eine stärkere Institutionalisierung der Kindererziehung. Als Kinder aus dem Arbeitsleben ausgeschlossen wurden und die Betriebe den Ruhestand förderten, etablierte sich ein dreistufiges Lebensmodell.

In den letzten 20 Jahren sind viele dieser Konzepte fragwürdig geworden, und ihre Bedeutung und Beliebtheit schwanden. Geschlechterrollen, die Trennung von Arbeit und Freizeit und die standardisierte Arbeitswoche sind unter Druck geraten oder haben sich bereits verändert. Mit den Anforderungen eines 100-jährigen Lebens und dem technologischen Umbruch, von dem viele Menschen schon heute betroffen sind, werden sich die gesellschaftlichen Entwicklungen, die sich heute abzeichnen, noch einmal erheblich beschleunigen. Die industrielle Revolution führte zu dramatischen Veränderungen in der Strukturierung von Zeit. Doch die neue Ära, die wir heute erleben, wird womöglich noch größere Veränderungen bringen.

9. Kapitel

Beziehungen: Der Wandel des Privatlebens

Wenn das Leben länger wird, wandelt es sich in allen Bereichen. Ehen und Partnerschaften dauern länger und sind größeren Veränderungen unterworfen, sodass sie flexibler werden müssen, um dem wachsenden Risiko des Scheiterns zu entgehen. In den Haushalten gibt es weniger Kinder, dafür mehr Groß- und Urgroßeltern, und diese Vier-Generationen-Familien bieten den älteren Generationen die Möglichkeit, den Jungen beratend und fordernd zur Seite zu stehen, und den Jungen die Möglichkeit, die Älteren zu unterstützen. Ist die Kindererziehung abgeschlossen, haben Eltern Zeit, Freundschaften in den Mittelpunkt zu rücken und vielfältige Beziehungen zu knüpfen, wenn sie Menschen unterschiedlichen Alters kennenlernen, deren Vorstellungen und Präferenzen sie teilen.

Dieser Wandel des Privatlebens geht mit einem Wandel der Arbeitswelt einher. Viele Familienmitglieder werden berufstätig sein, manche noch mit 70 oder sogar 80. Wenn immer mehr Frauen arbeiten, werden sich die traditionellen Rollen weiter auflösen, was sich auf die Aufgabenverteilung innerhalb der Familie auswirkt, insbesondere auf die Rolle jener Väter, die mehr

Verantwortung für ihre Kinder übernehmen möchten. Diese Effekte werden sich weiter verstärken, wenn die Männer im Zuge ihres vielstufigen Lebens flexiblere Arbeitszeiten fordern.

Das sind einige der Themen dieses Kapitels, in dem wir uns mit den Folgen der Langlebigkeit für das Privatleben beschäftigen. Uns interessiert, was sich innerhalb der Familie und an der Schnittstelle von Arbeit und Privatleben abspielt und wie das Zusammenleben mehrerer Generationen funktionieren könnte.

Familien

Gary Becker legte mit seinem 1981 erschienenen *Treatise on the Family* eine ökonomische Theorie der Familie vor, basierend auf der »Komplementarität in der Produktion«, wie er es nannte. In seinem Familienmodell spezialisiert sich der Mann auf den ökonomischen und die Frau auf den familiären Bereich, und auf diese Weise sind sie gemeinsam produktiver als einer allein.[1]

Ehe

Als Jack heiratete, folgten er und seine Frau wie die Generationen vor ihnen der klassischen Rollenverteilung. Stewart Friedman, Psychologe an der Wharton School der Universität Pennsylvania, stellte fest: »In früheren Generationen sahen sich die Männer als Versorger und schlugen ihre Karriere mit der Absicht ein, eine Familie zu ernähren; das war eine unkomplizierte, konfliktfreie Denkweise.«[2] Jack spezialisierte sich darauf, Geld zu verdienen, um seine Familie versorgen zu können; Jill spezialisierte sich darauf, die Kinder großzuziehen und für ihre Familie ein behagliches, liebevolles Heim zu schaffen. Einfach gesagt war es Jacks Aufgabe, die materiellen Vermögenswerte aufzubauen (Geld, Rente, Eigenheim), und Jills Aufgabe, die immateriellen Vermögenswerte zu schaffen (emotionale Unterstützung, einen Freundeskreis).

Jack wurde 1945 geboren. Seine Ehe folgte zunächst dem traditionellen Rollenmodell, doch im Laufe seines Lebens veränderte sich vieles, was er für selbstverständlich gehalten hatte. Die Zahl der Eheschließungen sank, die Zahl der Paare, die unverheiratet zusammenlebten, das Heiratsalter und das Durchschnittsalter der Mütter bei der Geburt ihres ersten Kindes stiegen, die Scheidungsrate ging nach oben und dann wieder nach unten, und immer mehr Menschen heirateten ein zweites Mal.[3] Dafür waren viele Faktoren verantwortlich: medizinische Fortschritte bei der Verhütung, Gesetzesänderungen, eine gewandelte Einstellung von Gesellschaft und Wirtschaft zur Geschlechterungleichheit und natürlich die höhere Lebenserwartung.

In Jimmys Lebensspanne verstärkten sich diese Entwicklungen und hatten sehr viel massivere Folgen für seine Beziehungen und seine Erwartungen an eine Partnerschaft. Jimmy wurde 1971 geboren, zu einer Zeit, als sich nach Ansicht des Soziologen Anthony Giddens Institutionen der sozialen Ordnung wie die Ehe im Wandel befanden, und zwar hinsichtlich ihrer Dynamik, des Ausmaßes, in dem sie traditionelle Sitten und Gebräuche untergruben, und ihrer globalen Wirkung.[4]

Diese Dynamik zeigt sich bei Jimmy sehr deutlich, denn die sich wandelnden Normen von Familie und Ehe krempelten sein privates und soziales Leben völlig um. Wenn Jimmy in einem europäischen Land oder in den Vereinigten Staaten lebte, erlebte er als junger Mann die sexuelle Revolution, die die sexuelle

Selbstbestimmung der Frau voranbrachte und zur Legalisierung der Homosexualität führte. Die traditionellen Vorstellungen von Familie und Partnerschaft wandelten sich, und die geografische Mobilität und die Massenmedien erschütterten viele Bereiche des sozialen Lebens. Jimmy war 16, als der neue Hite-Report mit dem Titel *Frauen und Liebe* Wellen schlug und zahlreiche gesellschaftliche Debatten, neue Untersuchungen und weitere Debatten auslöste. Die Beziehung zwischen Männern und Frauen und ihre jeweiligen Rollen wurden zum Gegenstand eines breiten öffentlichen Diskurses.[5]

Jane wurde 1998 in eine Familie hineingeboren, in der die Mutter berufstätig war. Ihre Eltern ließen sich scheiden, als Jane ein Teenager war. Wie wird sich ihr eigenes Leben entwickeln? In Szenario 5.0, das wir für Jane entworfen haben, sieht Janes Leben relativ traditionell aus. Sie ist den größten Teil ihres Erwachsenenlebens erwerbstätig und bekommt mit ihrem Lebenspartner Jorge zwei Kinder. Mit ihrer Entscheidung zur Berufstätigkeit ähnelt Jane Millionen von Frauen auf der ganzen Welt, und die dadurch entstehenden Doppelkarriere-Partnerschaften werden für diese Frauen, ihre Partner und ihre Arbeitgeber tiefgreifende Konsequenzen haben.

Abgesehen von diesen sozialen und wirtschaftlichen Trends wird Jane auch mit den Folgen der Langlebigkeit und des vielstufigen Lebens umzugehen haben. Ein Beispiel ist die Bewertung ihrer Optionen. In einem längeren Leben werden Optionen wertvoller, und es ist daher keine Überraschung, dass die Menschen bereits heute später heiraten, besonders Frauen. Ein anderes – und vielleicht besonders deutliches – Beispiel ist die Kindererziehung, die in einem langen Leben einen geringeren Anteil von Jahren beansprucht. Die Menschen werden mehr Zeit ohne die Verantwortung für Kinder zur Verfügung haben. Das ist bereits heute spürbar. 1880 lebten in 75 Prozent der Familien Kinder, 2005 nur noch in 41 Prozent. Es ist heute längst nicht mehr so ungewöhnlich, eine beträchtliche Lebensspanne ohne Kinder zu verbringen.[6] Mit der Folge, dass Gary Beckers produktive Arbeitsteilung (der Mann als Ernährer, die Frau als Hausfrau und Mutter) heute immer weniger die Realität spiegelt.

Diese Arbeitsteilung ist auch aus anderen Gründen obsolet geworden. Frauen müssen sich nicht mehr auf die Arbeit im Haushalt spezialisieren, wenn ihnen Staubsauber, Gefrierschränke, Waschmaschinen, Geschirrspülmaschinen und Fertiggerichte vieles abnehmen. Gleichzeitig verringern sich die Lohnunterschiede zwischen Männern und Frauen, was die geschlechtsspezifische Arbeitsteilung immer überflüssiger macht. Wenn beide Partner die Möglichkeit haben, ein ähnlich hohes Einkommen zu erzielen, erhöhen sich deutlich die Opportunitätskosten, die entstehen, wenn sich ein Partner ausschließlich dem Haushalt widmet.

Wenn Beckers produktive Arbeitsteilung an Bedeutung verliert, was tritt dann an ihre Stelle? Nach Giddens' Ansicht kommt es zu einem »Wandel der Intimität«[7], und es entsteht das neue Ideal der »reinen Beziehung«: einer Beziehung, die nicht mehr auf dem traditionellen Vertrag der Rollenteilung basiert, sondern darauf, inwieweit beide Partner von der Beziehung selbst profitieren können. Solche Beziehungen sind nicht statisch und starr, sondern reflexiv angelegt. Sie sind offen für Umgestaltung und Infragestellung und bieten somit Handlungsspielraum. Verpflichtungen spielen in solchen Beziehungen eine wichtige Rolle, denn »die sich verpflichtende Person ist bereit, Risiken in Kauf zu nehmen, die damit einhergehen, dass sie andere potenzielle Optionen opfert«.[8] Entscheidend ist das gegenseitige Vertrauen der Partner: Verlässlichkeit und die Zuversicht, dass das Band, das die beiden verknüpft, künftigen Erschütterungen standhält. Und das vielleicht Wichtigste: Jeder entwickelt seine eigene Identität im Wechselspiel zwischen Selbsterkundung und Intimität, wodurch eine gemeinsame Geschichte entsteht. Diese reine Form der Beziehung birgt natürlich einen tiefen Widerspruch, denn das hohe Maß an gegenseitiger Verpflichtung braucht die Garantie, dass die Beziehung von unbegrenzter Dauer ist. Doch das Charakteristikum einer reinen Beziehung ist ja gerade, dass sie von jedem Partner jederzeit und quasi beliebig aufgelöst werden kann. Unter diesen Bedingungen sind Konflikte und Spannungen vorprogrammiert, und in länger dauernden Beziehungen wird die Fähigkeit gefragt sein, diese Spannungen auszuhalten und die Konflikte zu lösen.

Mit der Intimität verändert sich auch die wirtschaftliche Bedeutung der Ehe. In Haushalten, in denen beide Partner arbeiten und Geld verdienen, verlagert sich der Schwerpunkt von der Komplementarität in der Produktion hin zur *Komplementarität im Konsum*. Beziehungstechnisch gesehen funktionieren diese neuen Formen der Partnerschaft deshalb, weil sie einen Kontext für Reflexivität und eine gemeinsame Geschichte schaffen, wirtschaftlich gesehen aber auch deshalb, weil es für zwei Personen, die zusammenleben, billiger ist, ein großes Haus zu finanzieren, in Urlaub zu fahren oder einen Haushalt zu führen, als für zwei Personen, die jeweils allein leben. Die *Risikobündelung* ist ein weiterer großer Vorteil. Sie spielt eine wichtige Rolle bei Janes und Jorges Lebensgestaltung, und wir erwarten, dass mehr Paare solche gegenseitigen Verpflichtungen eingehen werden, um Risiken zu bündeln. Das wäre eine Erklärung für den Trend zur »assortativen Paarung«: zu Partnerschaften, in denen beide etwa gleich alt sind, eine vergleichbare Ausbildung haben und ähnlich viel verdienen.[9] In Beckers traditioneller Sicht der Ehe bringt die

»Komplementarität in der Produktion« dann am meisten, wenn es einen deutlichen Einkommensunterschied zwischen den Partnern gibt, weil dann der komparative Vorteil größer ist. Ist der potenzielle Einkommensunterschied jedoch geringer, ist für die Partner die Bündelung der Risiken günstiger, und das ist am einfachsten, wenn die Erwerbskraft beider Partner etwa gleich groß ist.

Im Verlauf von Jimmys Leben hat sich die Ehe weiterentwickelt, und an die Stelle von Beckers »Komplementarität in der Produktion« tritt zunehmend die »reine Beziehung«, die mehr auf »Komplementarität im Konsum« und auf den Vorteilen der Risikobündelung basiert. Es steht außer Frage, dass sich in Janes langem Leben weitere Veränderungen vollziehen werden. In Beckers Modell war es die Frau, die durch ihre Konzentration auf Haushalt und Familie immaterielle Vermögenswerte schuf. In Janes vielstufigem Leben zählen zu den immateriellen Vermögenswerten, die aufgebaut werden müssen, auch produktive Vermögenswerte. Wir glauben daher, dass es zu einer Rückkehr zum traditionellen Konzept mit Spezialisierung und »Komplementarität in der Produktion« kommen wird, nun jedoch basierend auf der Schaffung von produktiven Vermögenswerten. Die beiden Partner werden sich abwechseln und in jeweils unterschiedlichen Phasen ihres Lebens eine führende Rolle übernehmen.

Es liegt auf der Hand, dass sich in diesem Fall die Partner ergänzen und abstimmen müssen. In einem vielstufigen Leben wird es viele Übergänge geben, und um sie erfolgreich zu bewältigen, braucht man Unterstützung. Man muss seine Kenntnisse auf den neuesten Stand bringen und in der Lage sein, neue Herausforderungen anzunehmen und in neue Netzwerke zu investieren. All das ist um einiges leichter, wenn der Partner eng kooperiert. Über ein langes Leben hinweg bieten solche Partnerschaften emotionale Unterstützung und den Raum, um schwierige Entscheidungen zu diskutieren und ehrliche Kritik zu üben.[10] Die Partner helfen einander, das Wichtige im Auge zu behalten, mit ihrer Zeit und Energie zu haushalten, gesund zu leben und bewusste – manchmal schwierige – Entscheidungen über Arbeit, Reisen, Haushaltsführung und gesellschaftliches Engagement zu treffen. Damit diese Partnerschaften funktionieren, werden sehr viel mehr Kompetenzen erforderlich sein, auch die Fähigkeit, langfristige Verpflichtungen einzugehen und die Ressourcen über einen langen Zeitraum gut zu verteilen.

Wenn dies gelingt, bieten langlebige Partnerschaften die Chance zu enger Koordination. Sie sichern einen konstanten Einkommensfluss und ermöglichen es den Partnern, sich selbst neu zu erfinden und ihre immateriellen Vermögenswerte zu erneuern. In dem dreistufigen Lebensmodell gab es bei Doppelverdienern entweder einen Hauptverdiener und einen Nebenverdiener oder zwei Hauptverdiener mit gleichem Einkommen. In einem vielstufigen Leben wird es mehr Doppelverdiener-Haushalte geben, allerdings werden sich die beiden Partner stärker aufeinander abstimmen, sodass in unterschiedlichen Lebensphasen jeweils einer der Hauptverdiener ist. Dieser Wechsel kann durch unvorhergesehene Ereignisse ausgelöst werden, häufiger aber wird er das Ergebnis sorgfältiger Planung, kontinuierlicher Verhandlungen, Absprachen und Zusagen sein. In einem dreistufigen Leben müssen Doppelkarriere-Haushalte jonglieren und ihre Haushaltspflichten von Woche zu Woche neu koordinieren. In einem vielstufigen Leben erstreckt sich dieses Jonglieren und Koordinieren über Jahrzehnte und nicht Wochen und erfordert ein hohes Maß an Vertrauen und Planung.

In Janes 5.0-Szenario sind Partner und Familie sehr wichtig, und sie und ihr Partner werden gemeinsam viele Übergänge vollziehen. Die Erwartungen und Normen werden sich im Verlauf ihres Lebens schnell ändern, und Jane wird mit neuen Lebensentwürfen experimentieren. Die Verpflichtungen, die sie heute eingeht, werden lange nachwirken. Was braucht es bei all diesen Übergängen, damit eine Partnerschaft funktioniert?

So wie bei vielen Aspekten eines 100-jährigen Lebens wird man bereit sein müssen, aktiv Entscheidungen zu treffen und die Folgen zu bedenken. Man wird Verpflichtungen eingehen und Zusagen einhalten müssen. Deshalb wird es wichtig sein, Dinge auszuhandeln. Nicht jeder wird Sheryl Sandbergs Ratschlag an Uni-Absolventinnen beipflichten: »Ihre wichtigste Karriereentscheidung wird darin bestehen, ob Sie einen Partner haben und wer dieser Partner ist.«[11] Aber die Partnerwahl ist tatsächlich eine Entscheidung mit weitreichenden Folgen. Für Sandberg besteht die Qualität einer Partnerschaft darin, dass man auf lange Sicht die Aufgaben gerecht verteilt und eine gemeinsame Zukunftsvision verfolgt, die allen Haushaltsmitgliedern gerecht wird. In einem langen, produktiven Leben werden Männer und Frauen ihre Einstellung zueinander und ihr Beziehungsverhalten von Grund auf ändern müssen. Die erforderlichen Anpassungen werden beträchtlich sein.

Wir sind davon ausgegangen, dass die Ehe auch in Zukunft beliebt bleiben wird. Was nicht heißt, dass es nicht viele verschiedene Formen der Ehe geben wird und viele, gleichfalls beliebte Alternativen wie eheähnliche Lebensgemeinschaften oder Ein-Eltern-Familien. Wir glauben jedoch, dass die Vorteile einer stabilen Partnerschaft mit einem rechtlich bindenden Ehevertrag und finanziellen Regelungen im Scheidungsfall aufgrund der Koordination, die ein vielstufiges Leben erfordert, eher wachsen werden.

Kinder

Bei den Szenarien für unsere drei Protagonisten Jack, Jimmy und Jane haben wir die Elternschaft nur flüchtig betrachtet. Kinder kamen einfach irgendwann dazu. In einem längeren Leben verbringt man anteilig weniger Zeit mit der Kindererziehung, doch es wäre falsch, ein so wichtiges Thema zu vernachlässigen.

Wir haben den Fokus auf die vielen Optionen gelegt, die sich aus der Langlebigkeit ergeben. Eines jedoch hat sich als ziemlich unflexibel erwiesen: die Zeitspanne, in der eine Frau gebärfähig ist. Auch wenn rasante Fortschritte bei Fruchtbarkeitsbehandlungen wie dem Einfrieren von Eizellen die Fertilitätsphase verlängern werden, ist unwahrscheinlich, dass sie jemals völlig altersunabhängig sein wird. Während also für vieles im Leben mehr Zeit zur Verfügung steht und sich zahlreiche neue Optionen eröffnen, dürfte die Zeitspanne der Fruchtbarkeit auch in naher Zukunft unflexibel bleiben. Das schränkt den Zeitraum ein, in dem Frauen die Frage, ob, wann und mit wem sie Kinder haben möchten, beantworten müssen. Und je länger das Leben dauert, desto folgenschwerer sind diese Entscheidungen.

Wir können diese Entscheidungen beurteilen, indem wir das Alter verändern, in dem Jane und Jorge Eltern werden. In Szenario 5.0 waren sie Ende 30, als sie eine Familie gründeten. Jane und Jorge könnten aber auch bereits zwischen 20 und 30 Eltern werden und zwischen 30 und 40 Karriere machen. Aber wie hoch ist die Wahrscheinlichkeit, dass sie sich schon mit 20 kennenlernen? Und was ist dann mit der »Entdeckerphase«, die so wichtig wäre, um Optionen auszuloten? Außerdem: Wären Jane und Jorge in so jungen Jahren wirklich schon in der Lage, einen Partner fürs Leben zu finden?

Aus diesen Gründen bekommen sie in Szenario 5.0 erst mit

Ende 30 ihr erstes Kind. Das hat den Vorteil, dass sie bereits viel Zeit hatten, Dinge auszuprobieren, sich einen Partner zu suchen und ihre Karriere voranzubringen. Der Nachteil besteht darin, dass es mit Ende 30 für Jane schwierig sein könnte, schwanger zu werden, und natürlich werden sie und Jorge ältere Eltern sein.

Selbstverständlich gibt es noch viele andere Szenarien rund um das Thema Partnerschaft und Kinder. Sie hängen nicht zuletzt davon ab, welche Art von Partner Jane (und natürlich auch Jorge) sucht. Sucht sie einen Partner, der die traditionelle Rolle des Ernährers erfüllt, sodass sie sich ganz der Kindererziehung widmen kann? Und wenn sie das im Sinn hat, wird sie einen Mann finden, der ebenso denkt? Vielleicht bevorzugt Jane aber auch einen Partner, der möchte, dass beide Partner Karriere machen. Oder Jane könnte ganz auf einen Partner verzichten und sich dafür entscheiden, ein Kind mit Hilfe ihrer Eltern, Großeltern und vielleicht sogar Urgroßeltern allein großzuziehen. Da es in ihrem Leben so viele Phasen gibt, könnte Jane früh Kinder bekommen, danach berufstätig sein und ab 60 über Ehe und Partnerschaft nachdenken. Über solche Fragen mussten sich Jack und seine Frau nie den Kopf zerbrechen. Für junge Menschen wie Jane hingegen sind es hochsensible Entscheidungen, deren Folgen sie abzuschätzen versuchen.

Der Psychologe Stewart Friedman hat über mehrere Jahrzehnte hinweg seine Studenten an der Wharton School der Universität Pennsylvania zu ihren Beziehungswünschen befragt. Da es sich bei den Teilnehmern der Studie um eine studentische Elite handelt, wäre es vermessen, allgemeine Schlussfolgerungen daraus zu ziehen. Doch die Veränderungen, die er zwischen Jahrgang 1992 und 2012 beobachtete, sind enorm.

Anders als 20 Jahre zuvor äußerten im Jahr 2012 weniger junge Männer und Frauen einen Kinderwunsch, und für viele waren

Vitalität und Freunde ebenso wichtig wie langfristige Beziehungen und Elternschaft. 1992 gaben 78 Prozent der Studenten an, dass sie sich Kinder wünschten; 2012 waren es nur noch 42 Prozent. Kann man aus den Angaben der 22-jährigen Studenten Rückschlüsse auf ihr späteres Verhalten ziehen? Das wird sich zeigen. Interessant ist jedenfalls, dass sich ihre Vorstellungen so stark von denen ihrer Altersgenossen früherer Jahrgänge unterscheiden.

Und interessant ist auch, welche Art der Partnerschaft die Teilnehmer dieser Studie planen. Etwa ein Drittel der Frauen wünscht sich eine traditionelle Partnerschaft mit fester Rollenaufteilung, wobei hauptsächlich die Frau die Kinder erzieht; etwa ein Drittel möchte, dass beide Partner berufstätig sind; und ein weiteres Drittel möchte eine kinderlose Beziehung. Wie Friedman feststellt, möchten viele seiner Studentinnen »nicht bedingungslos Mutter werden; sie marschieren nicht blind in eine vorbestimmte Zukunft und sehen die Welt nicht durch eine rosarote Brille«.[12]

All dies hat tiefgreifende Folgen für Männer und Frauen und deutet auf einen fortschreitenden Wandel der Geschlechterrollen hin. Laut Friedman sind für diesen Wandel beide Geschlechter verantwortlich. Viele gebildete junge Männer hatten eine berufstätige Mutter als weibliches Rollenvorbild und sehen in der Vaterschaft einen positiven gesellschaftlichen Beitrag. Daher tendieren sie eher zu einer Familie, in der beide Partner Karriere machen, und sind bereit, die traditionelle Rolle des Ernährers aufzugeben, um mehr Zeit für ihre Kinder zu haben und sich stärker zu engagieren als ihre eigenen Väter.[13] All diese Veränderungen sind notwendig, wenn sich die Ehe den Herausforderungen eines 100-jährigen Lebens anpassen soll.

Auch wenn die Altersspanne, in der eine Frau schwanger werden kann, aller Voraussicht nach gleich bleiben wird, dürften das vielstufige Leben und die Weiterentwicklung der sozialen Institutionen mehr Optionen schaffen, als wir heute haben. Wahrscheinlich werden viele Menschen erst später eine Familie gründen, die zudem kleiner sein wird. Die Gründe dafür sind nicht zuletzt wirtschaftlicher Art. Viele werden ihr Studiendarlehen abzahlen und sparen müssen und es sich deshalb gut überlegen, ob sie sich die zusätzliche finanzielle Belastung durch Kinder zumuten können. Manche Frauen werden die Mutterschaft nach hinten verschieben, um erst einmal ihre Optionen auszuloten, bevor sie sich durch die Gründung einer Familie festlegen. Das ist aus wirtschaftlicher Perspektive sinnvoll, denn Studien haben gezeigt, dass eine späte Mutterschaft das Lebenseinkommen von Frauen erhöht, wobei die Steigerungen bei Akademikerinnen am größten sind.[14]

Es wird noch viele andere Optionen und viele Variationsmöglichkeiten geben. Eine Frau könnte als Selbstständige mit Unterstützung der Großeltern ihr Kind allein großziehen oder sich in Abstimmung mit ihrem Partner ihrer beruflichen Laufbahn widmen, während ihr Partner die Kindererziehung übernimmt. Sie könnte aber auch die Kinder großziehen, während ihr Partner seiner Karriere nachgeht, und später, wenn die Kinder aus dem Haus sind, mit wirtschaftlicher Unterstützung des Partners beruflich durchstarten. Auch Väter werden mehr Optionen haben; auch sie können entscheiden, ob sie in der traditionellen Rolle Vollzeit arbeiten oder lieber Vollzeitväter sein möchten; sie können ihre Rolle aber auch immer wieder neu aushandeln.

Arbeit und Privatleben

Familie und Privatleben werden in erheblichem Maße durch die Arbeit beeinflusst, besonders durch die Berufstätigkeit der Frau. Im 20. Jahrhundert war die Rolle der Frau am Arbeitsplatz großen Veränderungen unterworfen, und die Harvard-Ökonomin Claudia Goldin hat hierzu eine fundierte Analyse erstellt.[15] Sie zeigt, dass sich Männer und Frauen einander angenähert haben: hinsichtlich ihrer Erwerbsbeteiligung und Zahl der Arbeitsstunden – im Haushalt und am Arbeitsplatz –, hinsichtlich der Berufe und Branchen, in denen sie arbeiten, und hinsichtlich des Gehalts.

Frauen und Berufstätigkeit

Obwohl die Unterschiede kleiner geworden sind, werden Frauen nach wie vor stark benachteiligt. Das ist ein wichtiger Punkt, denn wenn diese Lücke bestehen bleibt, werden Frauen im Laufe ihres 100-jährigen Lebens andere Optionen haben als Männer. Die Lebensentwürfe von Männern und Frauen werden also voneinander abweichen, weshalb wir unterschiedliche Szenarien für beide Geschlechter entwerfen müssten. Wenn hingegen damit zu rechnen ist, dass sich diese Unterschiede im Laufe der nächsten Jahrzehnte verringern, werden auch die Szenarien für Männer und Frauen einander ähnlicher. Das sind an sich schon wichtige Punkte, aber sie beeinflussen auch die Dynamik von Familie und Partnerschaft. Unterschiedliche wirtschaftliche Rollen am Arbeitsplatz und unterschiedliche Chancen im Beruf werden zu unterschiedlichen häuslichen Partnerschaften führen. Und wenn man zu Beginn einer Partnerschaft die Rollen festlegt, kann man natürlich noch nicht wissen, was die Zukunft bringt.

Wie sieht also die derzeitige Situation aus? Die Anzahl der arbeitenden Frauen in allen Mitgliedsstaaten der OECD ist in den letzten Jahrzehnten gestiegen. 1980 lag der durchschnittliche Anteil der erwerbstätigen oder arbeitssuchenden Frauen zwischen 25 und 54 Jahren bei 54 Prozent; bis 2010 stieg dieser Anteil auf 71 Prozent. Besonders auffällig sind die Zahlen bei Müttern mit kleinen Kindern. In den Vereinigten Staaten etwa gingen 1970 70 Prozent der Mütter mit Kindern unter fünf Jahren keiner Erwerbstätigkeit nach – sie waren vermutlich Vollzeit-Hausfrauen und lebten nach dem arbeitsteiligen Ehemodell von Jack und Jill. 2007 waren es nur noch 36 Prozent.[16] Trotzdem sind Frauen bei der Teilzeitarbeit immer noch überrepräsentiert (in den Mitgliedsstaaten der OECD machen Frauen durchschnittlich 80 Prozent aller Teilzeitbeschäftigten aus), weil sie mehr Aufgaben im Haushalt und in der Kindererziehung übernehmen. All diese Veränderungen im Erwerbsmuster von Frauen haben zu einem tiefgreifenden Wandel der Ehe und der Aufgabenverteilung im Haushalt beigetragen.

Der Anteil berufstätiger Frauen hat in den meisten Ländern zugenommen, aber nicht überall in gleichem Maße; es bestehen also noch erhebliche Unterschiede. Wie ein Blick auf *Abbildung 9.1* zeigt, ist die Diskrepanz zwischen der Erwerbsquote von Männern und Frauen in Japan, Italien und Südkorea am größten, in Norwegen und Schweden dagegen am kleinsten. Es könnte interessant sein, darüber zu spekulieren, wie schnell sich die Normen in dem Land verändern werden, in dem Sie leben. Derzeit gibt es in Japan staatliche Initiativen, um Frauen in die Erwerbstätigkeit zu bringen, die Unterschiede zwischen Männern und Frauen werden sich also wohl weiter verringern. Dort, wo sie bestehen bleiben, werden die Frauen auch in Zukunft weniger Gestaltungsmöglichkeiten für ihr 100-jähriges Leben haben, und es wird überwiegend Partnerschaften mit traditioneller Rollenverteilung geben.

Abbildung 9.1: Diskrepanz zwischen der Erwerbsquote von Männern und Frauen im Jahr 2014

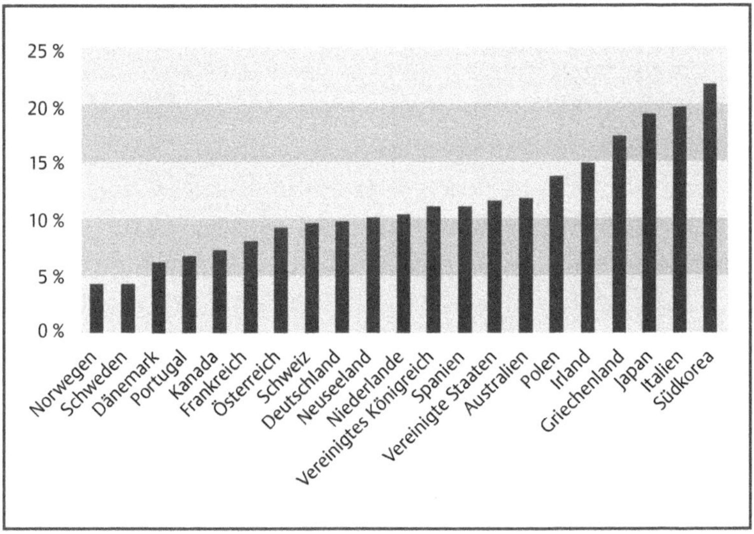

Quelle: OECD.Stat

Die Gründe für diese Unterschiede sind vielfältig. Zum Teil liegt es am sozialen und kulturellen Wandel, zum Teil aber auch an der Politik: dem Vorhandensein von staatlichen Unterstützungsleistungen für Familien, Steuererleichterungen und Finanzhilfen zur Kinderbetreuung. Hinzu kommen handfeste wirtschaftliche Gründe. Wenn ein Paar sein gemeinsames Leben plant, stehen unserer Einschätzung nach zwei Fragen im Vordergrund: Wer ist für den Haushalt zuständig, und wer hat aller Wahrscheinlichkeit nach das höhere Einkommen? Das Problem dabei ist, dass die Partner wichtige kurzfristige Entscheidungen zur Ressourcenverteilung fällen müssen, ohne zu wissen, ob sich die Situation im Laufe der Zeit nicht ändert.

Was die erste Frage betrifft, können wir sagen, dass in vielen Ländern der Großteil der Hausarbeit und der Kindererziehung von Frauen erledigt wird. Eine im Jahr 2013 bei US-amerikanischen Familien durchgeführte Umfrage ergab, dass, selbst wenn beide Partner berufstätig sind, die Frauen immer noch mehr Zeit für Haushalt und Kindererziehung aufwenden.[17] In vielen anderen Ländern sieht es ähnlich aus. Selbst bei Doppelkarriere-Paaren verbringen Männer mehr Zeit am Arbeitsplatz und Frauen mehr Zeit zu Hause.[18] Die Studie zeigt, dass Männer elf Stunden pro Woche mehr mit bezahlter Arbeit verbringen und 4,5 Stunden mehr Freizeit haben, während Frauen sich mehr um die Kinder kümmern und die Hausarbeit erledigen.

Wenn die Hausarbeit in Zukunft zwischen Männern und Frauen gleichmäßiger aufgeteilt wird, was bedeutet das für ihre Karriere, insbesondere, wenn beide hochqualifizierte, arbeitsintensive Jobs haben? Wenn beide Partner gleich viel Hausarbeit leisten, wird das im Laufe eines langen Lebens zu Konflikten und neuen Vereinbarungen führen. Deshalb legen wir in dem für Jimmy konstruierten Szenario 3.5 Wert darauf, dass er und seine Partnerin die Aufgabenverteilung im Haushalt aktiv neu aushandeln, sodass seine Partnerin die Möglichkeit hat, sich fortzubilden und Vollzeit zu arbeiten. In Szenario 5.0 wird Jane sich noch viel mehr mit ihrem Mann absprechen müssen, um die Haushaltsaufgaben gleichmäßiger zwischen ihnen zu verteilen, wenn auch nicht in jeder Lebensphase. In einem vielstufigen Leben können sich die Partner in der Hausarbeit natürlich eher abwechseln.

Das bringt uns zur zweiten Frage: Wer wird in einer traditionellen Partnerschaft mehr verdienen, der Mann oder die Frau?

Das ist schwer zu prognostizieren. In den Mitgliedsstaaten der OECD nähert sich die Erwerbsquote von Männern und Frauen immer mehr an, in manchen Ländern ist die Lücke fast geschlossen. In vielen Berufen machen junge Frauen mehr als 50 Prozent der Neueinsteiger aus. In Branchen wie Medizin und Erziehung sind es über 50 Prozent, in anderen, wie im Ingenieurwesen, im IT-Bereich und im Investment-Banking, sind es deutlich weniger. Es wäre daher möglich, dass dieses Geschlechterverhältnis in der Altersgruppe der jungen Frauen (die etwa so alt sind wie Jane) das ganze Erwerbsleben hindurch fortbestehen wird und sie somit gleich viel zum Unterhalt der Familie beitragen wie die Männer.

Aber obwohl Frauen bei der Erwerbsbeteiligung aufholen, verdienen sie weniger als Männer, selbst wenn man Unterschiede im Hinblick auf Ausbildung und Berufserfahrung mit einkalkuliert. *Abbildung 9.2* stellt die Einkommensunterschiede US-amerikanischer Männer und Frauen in verschiedenen Lebensaltern und Zeiträumen dar und zeigt, dass Frauen beim Gehalt allmählich aufholen. Der Quotient des (durchschnittlichen) Jahreseinkommens von Männern und Frauen (im Alter zwischen 25 und 69 Jahren und in einem Vollzeitjob) lag 1980 bei 0,56, 2010 bei 0,72 und 2014 bei 0,77. Die schlechte Nachricht ist, dass es immer noch eine deutliche Lücke gibt, die im Laufe des Erwerbslebens sogar noch größer wird. Das spiegelt zum Teil die Unterrepräsentation von Frauen in gehobenen Positionen wider. 2014 waren in vielen großen Unternehmen rund 30 Prozent der Stellen im mittleren Management von Frauen besetzt, während ihr Anteil im höheren Management in vielen Branchen mit rund 15 Prozent deutlich geringer war.[19]

Abbildung 9.2: Geschlechtsspezifische Lohnunterschiede

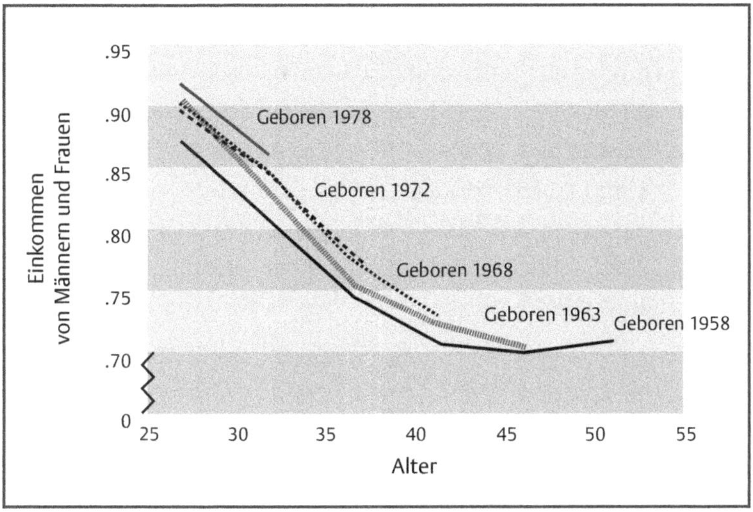

Quelle: Claudia Goldin, »How to Achieve Gender Equality«, *Milken Institute Review* (Juli 2015) http://www.milkeninstitute.org/

Es gibt Anzeichen für einen Wandel, da eine Generation jüngerer Frauen größere Fortschritte macht als frühere Generationen. Dennoch besteht weiterhin eine ausgeprägte Lücke. Eine Studie über Absolventen der Booth School of Business der Universität Chicago ergab, dass männliche Absolventen im Durchschnitt 17 000 Dollar mehr verdienten als weibliche.[20] Nach zehn Jahren hatte sich die Lücke sogar auf über 150 000 Dollar vergrößert. Wie die Studie zeigt, ist dies hauptsächlich auf Unterschiede in den geleisteten Arbeitsstunden, auf Berufspausen und die berufliche Laufbahn vor dem Wirtschaftsstudium zurückzuführen.

Wenn das die Ursachen für geschlechtsspezifische Lohnunterschiede sind, erklärt sich vielleicht auch Goldins Statement: »Diese Quotienten [des Einkommens von Männern und Frauen] haben sich in den vergangenen zehn Jahren kaum verändert, nachdem sie in den vorherigen Jahrzehnten, besonders in den 1980er Jahren, stark gestiegen waren.«[21] Sind wir beim Aufholen der Frauengehälter im Vergleich zu Männergehältern an eine Grenze gelangt? Wenn wir einen Blick in die Zukunft werfen wollen, müssen wir uns mit der Frage befassen, wie unbeweglich der Unterschied voraussichtlich sein wird. Im Augenblick ist es wahrscheinlich, dass bei Janes Eintritt ins Berufsleben Geschlechterparität herrschen wird. Aber wird das in ihrem gesamten Arbeitsleben so bleiben? Wird es für Jane zum Beispiel genauso schwierig wie für Frauen im Jahr 2014 sein, ins obere Management aufzusteigen? Laut Prognosen des Anfang 2015 veröffentlichten Berichts »Women and the Future of Work« der Internationalen Arbeitsorganisation (IAO) wird es noch mindestens 70 Jahre dauern, bis Lohngleichheit zwischen Männern und Frauen erreicht ist.[22] Das wäre im Jahr 2085, dann wird Jane 87 Jahre alt sein. Kein sehr ermutigender Gedanke.

Flexibilität

Goldins detaillierte Analyse gibt Aufschluss darüber, warum Frauen weniger verdienen als Männer. Demnach rührt die Gehaltslücke zwischen Männern und Frauen hauptsächlich daher, wie die von ihnen traditionell ausgeübten Tätigkeiten hinsichtlich bestimmter Merkmale bewertet werden. Hier scheinen fünf Punkte entscheidend zu sein. Herrscht in diesem Job ein ausgeprägter Zeitdruck? Ist es ein Job mit wenig Autonomie bezüglich der Anwesenheit? Erfordert der Job zeitliche Flexibilität? Muss man in diesem Job regelmäßigen Kontakt zu anderen Teammitgliedern pflegen? Ist die Tätigkeit so beschaffen, dass man sie nur selbst ausüben kann, sodass man schwer ersetzt werden kann? In solchen Jobs ist das Gehalt höher, und es sind Jobs, die derzeit eher Männer als Frauen – insbesondere Frauen mit Kindern – bevorzugen.

Wir können diese fünf Punkte verdeutlichen, indem wir uns ein Berufsfeld näher ansehen, das der Juristen. Dieser Beruf liegt in allen Tätigkeitsmerkmalen am oberen Ende der Skala: ausgeprägter Zeitdruck; eingeschränkte Zeitautonomie; keine Flexibilität in der Zeitplanung; die Notwendigkeit, ständig mit anderen Teammitgliedern in Kontakt zu sein; und die begrenzte Möglichkeit, vertreten zu werden.

Sehen wir uns ein Szenario an, in dem Jane sich entscheidet, Juristin zu werden. Stellen wir uns vor, dass sie nach dem Studium eine Stelle mit flexiblen Arbeitszeiten sucht, vielleicht, weil sie kleine Kinder hat. Sie wird rasch feststellen, dass ihr Wert für die Firma sinkt, wenn sie ihrem Mandanten nicht zu der von ihm gewünschten Zeit zur Verfügung steht. Sie wird wahrscheinlich auch feststellen, dass ihre immateriellen Vermögenswerte, zum Beispiel ihr implizites Wissen, erodieren, weil sie nicht ständig im Büro ist, um sich in Meetings oder im zwanglosen Gespräch mit ihren Kollegen und Mandanten auszutauschen. Wenn sie nicht da ist, bekommt sie von den Ideen, die sich in solchen Gesprächen ergeben, auch nichts mit. Wie Goldin zeigt, werden in wissensbasierten Berufen wie Jurist, Consultant oder Investment-Banker jene Menschen bestraft, die flexibler und weniger Stunden arbeiten möchten.

An dieser Stelle sollten wir uns noch einmal Goldins Argumentation und der Prognose der Internationalen Arbeitsorganisation zuwenden. Derzeit entscheiden sich vor allem Frauen, die sich um ihre kleinen Kinder oder um ältere Verwandte kümmern, für flexible Tätigkeiten. Sie werden auf dem Arbeitsmarkt benachteiligt, weil es in ihrer Berufslaufbahn häufig Brüche gibt und sie flexiblere Jobs bevorzugen. Werden in Zukunft auch Männer solche Wege einschlagen? Und falls ja, mit welchen Folgen?

Welche Laufbahnen stehen der jungen Rechtsanwältin Jane beziehungsweise ihrem männlichen Pendant offen, und welche Kompromisse muss sie eingehen? Jane hat diverse Optionen, die eine Vielzahl von Konsequenzen nach sich ziehen und Kompromisse erforderlich machen. Stellen wir uns vor, dass sie Partnerin in einer Kanzlei werden möchte. Wir können prognostizieren, dass sie keine flexiblen Arbeitszeiten haben (weil sie sieben Tage die Woche rund um die Uhr zur Verfügung stehen muss) und unter erheblichem Zeitdruck stehen wird. Ihr Arbeitstag wird unstrukturiert und voller Unwägbarkeiten sein, und sie wird wenig Entscheidungsfreiheit darüber haben, wo und wann sie arbeitet. Jane hat sich für eine Karriere entschieden, in der man mit schweren Sanktionen rechnen muss, wenn man sich eine Auszeit nimmt (zum Beispiel, um ein Baby zu bekommen). Dafür verdient sie natürlich sehr gut, und ihr Job ist vermutlich sinnvoll und spannend.

Jane könnte sich aber auch für einen Kompromiss entscheiden. Dafür gibt es im Anwaltsberuf wie auch in anderen Berufen mehrere Möglichkeiten. Anstatt in einer großen Kanzlei anzufangen, wo es belohnt wird, viele Stunden durchgehend zu arbeiten, könnte sie als Rechtsberaterin in einer Firma arbeiten, wo kürzere und flexiblere Arbeitszeiten möglich sind. Oder sie könnte sich für eine kleine Kanzlei entscheiden, wo kürzere, flexiblere Arbeitszeiten nicht so stark sanktioniert werden. Da die Akzeptanz virtueller Arbeit zunimmt und die technologischen Möglichkeiten dafür immer besser werden, könnten wir uns auch vorstellen, dass sie bei einer Online-Kanzlei einsteigt und von zu Hause aus arbeitet.[23] Es ist klar, welche Kompromisse sie eingehen muss: In dem Maße, wie Flexibilität und Autonomie zunehmen, sinkt die Bezahlung (und die Arbeit ist wahrscheinlich nicht so abwechslungsreich und spannend).

Jane könnte sich auch für einen ganz anderen Beruf entscheiden, in dem sie zeitlich flexibler ist, weniger Kundenkontakte zu festgelegten Zeiten hat, ihr Aufgabengebiet autonomer bestimmen kann und mehr Gestaltungsspielraum bei ihren Projekten hat. Diese Berufe besitzen *Elastizität*, wie Goldin es nennt, und die Analyse der Forscherin zeigt, dass dies eher technische und wissenschaftliche Berufe sind, wo die Gehaltslücke zwischen Frauen und Männern klein ist und im Laufe der Jahre auch nicht zunimmt. Interessanterweise haben genau diese Berufe derzeit keinen großen Zulauf von Frauen. Pharmazie wäre so ein Beispiel. Nach Goldins Analyse ist dies ein Beruf, in dem man leicht vertreten werden kann. Wenn ein Apotheker nicht da ist, kann ein anderer leicht seinen Platz einnehmen. Natürlich verdienen Apotheker auch viel weniger als Anwälte, Consultants und Investment-Banker. Bei Partnern einer Kanzlei müssten die Mandanten erst davon überzeugt werden, dass ein Partner durch einen anderen vertreten werden kann; außerdem müssten die Anwälte sehr eng zusammenarbeiten, damit Auszeiten möglich sind, und würden entsprechend auch mehr verdienen.

Goldins Daten wurden 2014 veröffentlicht. Können wir erwarten, dass sich zu Janes Lebzeiten im Hinblick auf Flexibilität und notwendige Kompromisse viel ändern wird? Das hängt von verschiedenen Faktoren ab: der weltweiten Einstellung zur Flexibilisierung der Arbeit; der Geschwindigkeit, mit der sich die virtuelle Technologie durchsetzt; dem Umfang, in dem Aufgaben standardisiert werden; und dem Ausmaß, in dem sich Männer in Führungspositionen eine Auszeit nehmen, um mehr für ihre Kinder da zu sein, und so als Rollenvorbild für andere dienen.

Was bedeutet das nun für die Männer? Wir wissen heute, dass nicht nur Frauen mit flexiblen Arbeitszeiten Abstriche beim Gehalt hinnehmen müssen. Männer arbeiten tendenziell länger und verdienen mehr, nachdem sie Väter geworden sind. Wenn sie sich allerdings dafür entscheiden, ihre Arbeitszeit aus familiären Gründen zu reduzieren, erleben auch sie das *Stigma der Flexibilität*, das ihr Einkommen und ihre künftigen Karrierechancen mindert; das haben Studien gezeigt.[24]

Die Folgen des Rollentauschs

Betrachten wir die Sache nun aus einem anderen Blickwinkel. In Janes 5.0-Szenario sind wir davon ausgegangen, dass es in ihrem Leben Zeiten gibt, in denen sowohl sie als auch Jorge Vollzeit arbeiten, aber auch Zeiten, in denen beide weniger arbeiten – um Eltern zu sein, Wissen zu erwerben oder sich auf Übergänge vorzubereiten. Wir sind davon ausgegangen, dass beide in einer oder mehreren Phasen ihres Erwerbslebens ihre berufliche Tätigkeit unterbrechen oder flexibel gestalten. Und dass es Zeiten gibt, in denen sie die Rollen tauschen und der jeweils andere einer anspruchsvollen Arbeit nachgeht, sich um den Haushalt kümmert oder sich selbst neu erfindet. Angenommen, es gibt Millionen von Menschen mit einem derart strukturierten Arbeitsleben. Was wären die Folgen, wenn Männer und Frauen sich in dieser Weise abwechseln?

Gegenwärtig trifft das Stigma der Flexibilität Frauen wie Männer. Wäre das auch der Fall, wenn Karriereunterbrechungen für beide Geschlechter normaler werden würden? Ist es nicht denkbar, dass sich die Stigmatisierung und die mit der Flexibilität verbundenen finanziellen Nachteile dann abschwächen würden?

Dies und die Tatsache, dass in einem vielstufigen Leben mehr Männer ihre Karriere unterbrechen werden, könnten zu einer größeren Einkommensgleichheit führen. Dasselbe würde für die Arbeitsflexibilität gelten. Was passiert, wenn infolge eines vielstufigen Lebens mehr Männer ihre Arbeitszeit flexibler gestalten? Es gibt zwei Möglichkeiten: Erstens, Männer arbeiten flexibler, werden aus diesem Grund stigmatisiert und verdienen weniger; das Ergebnis wäre eine größere Einkommensgleichheit zwischen den Geschlechtern, weil bei flexibel arbeitenden Männern und Frauen das Einkommen sinkt. Zweitens – und dieser Gedanke ist radikaler –, die Arbeit wird so umgestaltet, dass durch Flexibilität weder der Firma noch dem Individuum Nachteile entstehen. Mit anderen Worten: Wenn beide Geschlechter flexiblere Arbeitsmuster bevorzugen, ist zu erwarten, dass die Arbeit radikal umgestaltet wird.

Was lässt sich also über das Rollentausch-Szenario sagen? Bei diesem Modell geht ein Partner in einer bestimmten Lebensphase einer Vollzeitbeschäftigung nach, während der andere flexibel arbeitet und sich um die Kinder kümmert; in einer anderen Phase sind ihre Rollen vertauscht. Es liegt auf der Hand, dass ein so komplexes vielstufiges Leben beiden Partnern ein hohes Maß an persönlicher Koordination, Vertrauen und Kooperation abverlangt, und auch die Arbeitgeber müssen ihre Sicht auf Arbeit, Alter und Geschlecht modifizieren. Aber so komplex dieses Modell auch sein mag, sein Vorteil ist, dass es die Angleichung des Lebenseinkommens zwischen Männern und Frauen begünstigen würde. Auch wenn der eine Partner zu einem bestimmten Zeitpunkt weniger verdient als der andere, leistet auf das ganze Arbeitsleben gesehen jeder den gleichen Beitrag. Diese Lösung mag allzu optimistisch klingen, aber nur so ist ein gutes Zusammenspiel der Partner in einem 100-jährigen Leben möglich, und nur so kann man aus der neuen Abfolge der Lebensphasen und der Gleichstellung der Geschlechter das Beste machen.

Scheidung

Eine der Vorannahmen von Szenario 5.0 lautete, dass Jane und Jorge ihr Leben lang zusammenbleiben. Dasselbe haben wir bei Jack und Jill beziehungsweise Jimmy und Jenny vorausgesetzt. Schließlich ist es schwierig, immaterielle Vermögenswerte aufzubauen, wenn in der Lebensmitte eine Scheidung stattfindet, und wir wollten das ohnehin komplizierte Bild nicht noch komplizierter machen. Aber natürlich ist diese Vorannahme nicht sehr realistisch.

Für manche ist die Ehe eine äußerst erfolgreiche und beständige Institution. Aktuelle Zahlen belegen, dass die über 65-Jährigen heute mit größerer Wahrscheinlichkeit verheiratet sind als jemals zuvor – die Wahrscheinlichkeit ist genauso hoch wie in der Altersgruppe zwischen 16 und 65. Das hat mehrere Gründe: die höhere Lebenserwartung von Männern und Frauen; den sinkenden Altersunterschied zwischen Männern und Frauen bei der Eheschließung; die Zunahme der Wiederverheiratungen aufgrund gestiegener Scheidungszahlen, wodurch sich das Angebot auf dem Wiederverheiratungsmarkt erhöht; sowie das geringere soziale Stigma bei Wiederverheiratung.

Als Jack und Jill heirateten, rechneten sie wohl kaum damit, dass ihre Ehe mit einer Scheidung enden würde. In den Vereinigten Staaten wurden in den 1950er Jahren nur 12 Prozent der Ehen von weißen College-Absolventinnen geschieden. In den 1960er Jahren hatte sich diese Zahl etwa verdoppelt. Als Jimmy aufwuchs, war die Scheidung schon viel mehr zu einer gesellschaftlichen Normalität geworden. In den Vereinigten Staaten stieg die Scheidungsrate fast das gesamte 20. Jahrhundert hindurch, in den 1970er Jahren wurden rund 48 Prozent der Ehen innerhalb von 25 Jahren geschieden – daher der oft gehörte Satz, dass »die Hälfte aller Ehen mit einer Scheidung endet«. Der amerikanische Soziologe Andrew Cherlin erklärte 1981, der neue gängige Lebensverlauf sei »Heirat, Scheidung, Wiederheirat«.[25] Er sprach vom Phänomen der gescheiterten Ehe, das sich seiner Ansicht nach fortsetzen würde.

Wie sich herausstellte, war das, was Cherlin beobachtete, kein kontinuierlicher Zuwachs, sondern ein Höchststand. *Abbildung 9.3* zeigt, dass die Scheidungsrate bei Ehen, die zwischen 1970 und 1979 geschlossen wurden, am höchsten war. Nach 1979 geschlossene Ehen scheiterten seltener. Eine Erklärung dafür, warum Paare, die in den 1970er Jahren heirateten, so häufig geschieden wurden, ist, dass dies eine Zeit des gesellschaftlichen Wandels war. Viele heirateten einen Partner, der für das traditionelle Ehemodell mit einer klaren Rollenverteilung zwischen Mann und Frau genau der Richtige war, um dann festzustellen, dass ihr Partner gar nicht so leben wollte, wie sie es sich nun wünschten. Durch die Abschaffung des Schuldprinzips wurde es zudem leichter, sich scheiden zu lassen, und da sich viele Fälle aufgestaut hatten, erreichten die Scheidungszahlen nun einen Rekordwert.

Im Jahr 2014 hatte sich das Bild geändert. Ehen wurden nun später geschlossen, die Scheidungswahrscheinlichkeit sank, und Wiederverheiratungen waren weniger verbreitet. In den Vereinigten Staaten bleiben diejenigen, die in den vergangenen Jahren geheiratet haben, sogar mit höherer Wahrscheinlichkeit zusammen als die Generation ihrer Eltern. Das liegt möglicherweise daran, dass Ehen heute weniger auf der Grundlage einer »Komple-

Abbildung 9.3: Scheidungsraten in den USA im Laufe der Jahrzehnte

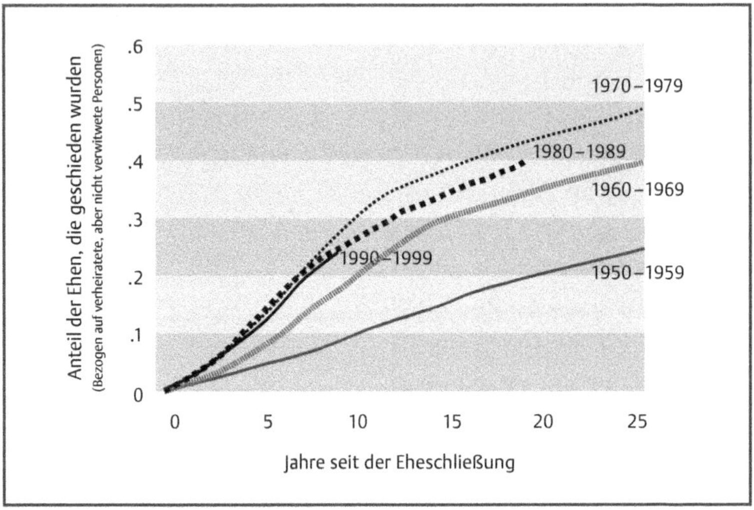

Quelle: Betsy Stevenson und Justin Wolfers, »Marriage and Divorce: Changes and their Driving Forces«, *Journal of Economic Perspectives* 21, 2 (Frühjahr 2007), S. 27–52

mentarität in der Produktion«, sondern einer »Komplementarität im Konsum« geschlossen werden und man sich seinen Ehepartner nach anderen Kriterien aussucht. Außerdem sind die Menschen bei der Eheschließung älter und können mit ihrer besseren Selbstkenntnis eine stabile Grundlage für ihre Ehe schaffen.

Wie werden sich die Scheidungsraten in einem 100-jährigen Leben entwickeln? Angesichts der hier wirkenden Kräfte ist eine Steigerung ebenso wie ein Rückgang vorstellbar.

Eine höhere Lebenserwartung müsste höhere Scheidungsraten zur Folge haben, einfach weil in dieser langen Zeit mehr geschehen kann und mehr Zeit für Übergange und Veränderungen vorhanden ist. Die Wahrscheinlichkeit, in einem 100-jährigen Leben geschieden zu werden, dürfte somit höher sein als in einem

70-jährigen Leben. Außerdem ist zu erwarten, dass die Menschen mit der Aussicht auf ein langes Leben eher dazu neigen werden, sich zu einem späten Zeitpunkt in ihrem Leben scheiden zu lassen und zu einem späten Zeitpunkt in ihrem Leben wiederzuverheiraten. Mit 70 unglücklich verheiratet zu sein, ist bei einer Lebenserwartung von 100 Jahren etwas ganz anderes als bei einer Lebenserwartung von 75 Jahren. Das lässt sich bereits heute an den Scheidungszahlen ablesen. Während die Scheidungsrate insgesamt zurückgeht, nimmt sie bei Senioren zu. In den Vereinigten Staaten zum Beispiel betrifft eine von zehn Scheidungen Menschen über 60. Verglichen mit 1990 lassen sich die über 60-Jährigen heute doppelt so oft scheiden; im Vereinigten Königreich ist es sogar dreimal so oft. Die Menschen erkennen, dass in einem langen Leben mehr Zeit bleibt, eine Scheidung zu bewältigen, und mehr Zeit, finanzielle und immaterielle Vermögenswerte wiederaufzubauen.

Andere Tendenzen deuten jedoch darauf hin, dass die Scheidungsrate sinken könnte. In einigen der von uns entwickelten Szenarien wird die Scheidung eine ziemlich kostspielige Angelegenheit. Nehmen wir das Szenario 5.0, in dem Jane und Jorge sich sehr genau koordinieren. Diese Koordination macht eine erfolgreiche Beziehung langfristig extrem wertvoll. Eine solche Beziehung erfordert natürlich auch harte Arbeit und ist risikoreich, da sie den Partnern die Fähigkeit abverlangt, Dinge fair auszuhandeln, Verpflichtungen einzugehen und darauf zu vertrauen, dass der andere seinen Teil der Abmachung einhält.

Die Kosten einer Trennung sind hoch; selbst wenn man die finanziellen Vermögenswerte gerecht aufteilt, wird es mit Sicherheit zu einer großen Ungleichheit bei den immateriellen Vermögenswerten der beiden Partner kommen. Daher werden die Partner nach ihrer Trennung ihre Lebenspläne erheblich revidieren müssen. In Szenario 5.0 erhöhen sich somit die Kosten einer Scheidung.

Wir kommen also zu dem Schluss, dass in einem langen Leben die Wahrscheinlichkeit einer Trennung und Scheidung zunimmt und die Menschen mehr als einen Partner haben werden. Die finanziellen Kosten einer Scheidung sind immer hoch, in einem 100-jährigen Leben sind sie umso höher. Die konkreten Auswirkungen hängen nicht nur von der Partnerschaft ab, sondern auch von der jeweiligen nationalen Gesetzgebung. Es ist davon auszugehen, dass es bei der Aufteilung der Vermögenswerte nach der Scheidung zu Änderungen kommen wird. In der traditionellen Ehe war der Mann erwerbstätig und sorgte für den Unterhalt der Frau während der Ehe und für eine gewisse Zeit nach der Scheidung. Bei Doppelverdiener-Haushalten ist das nicht mehr so einfach. In einem 100-jährigen Leben werden die Regelungen bei einer Scheidung noch komplizierter sein. Das wirft viele Fragen auf, die in den kommenden Jahrzehnten erörtert werden müssen. Wenn beispielsweise Jane sich um die Familie kümmert, während Jorge sich aufs Geldverdienen konzentriert, und wenn vereinbart wurde, die Rollen in der nächsten Phase zu tauschen – was passiert dann, wenn Jane und Jorge sich dazwischen scheiden lassen? Wird Jane arbeiten müssen, um Jorges nächste Phase, in der er wenig verdient, zu finanzieren? Soll das Vermögen bei der Scheidung zu gleichen Teilen aufgeteilt werden, oder soll die Aufteilung mit einkalkulieren, welche Vereinbarungen die Partner getroffen haben, um sich in den unterschiedlichen Phasen gegenseitig zu unterstützen?

Leben mit mehreren Generationen

Wenn sich im Zuge der steigenden Lebenserwartung das Privatleben ändert, so bleibt auch das Miteinander der Generationen davon nicht unberührt. Das dreistufige Leben und der Gleichschritt trugen zur Trennung der Altersgruppen bei, wie sie in westlichen Gesellschaften üblich ist: Die Jungen besuchen Ausbildungsstätten, die Alten sind pensioniert und haben Freizeit, der Rest ist berufstätig. Ein vielstufiges Leben, in dem das Alter nicht mehr mit einer Lebensphase gleichgesetzt werden kann und ältere Menschen jugendlich wirken, dürfte zu enormen Veränderungen in der Generationendynamik führen.

Familien

Bei Reisen nach Asien, insbesondere nach Indien, sehen wir mit Erstaunen ein Phänomen, das es im Westen kaum noch gibt: Kinder, Eltern und Großeltern leben gemeinsam unter einem Dach. Wenn wir uns mit Freunden aus Mehrgenerationenfamilien unterhalten, schwärmen sie von den vielen Vorteilen. Kinder können Zeit mit ihren Großeltern verbringen, berufstätige Eltern fühlen sich unterstützt, und ältere Familienmitglieder spüren, dass sie eine positive Rolle spielen und einen Beitrag leisten können. Tatsächlich zeigen immer mehr Studien, dass Mehrgenerationenhaushalte die Langlebigkeit fördern können. Einsamkeit im Alter ist tödlich, und ältere Menschen, die im Kreis ihrer Familie leben, haben echte Vorteile.[26] Unsere asiatischen Gastgeber erzählen natürlich auch von der Kehrseite: Mangel an Privatsphäre und möglicherweise vergiftete Beziehungen zwischen den Generationen.

In westlichen Ländern ist man vom Miteinander der Generationen abgerückt, das auch im Westen vor 40 oder 50 Jahren noch normal war. An die Stelle des Mehrgenerationenhaushalts trat die Kleinfamilie. Kinder wohnen zwar länger bei ihren Eltern, besonders in teuren Großstädten, aber wenn sie ihr Elternhaus verlassen, gründen sie relativ kleine Familien. In manchen Ländern, zum Beispiel in Dänemark, sinkt die Haushaltsgröße. 2013 bestand ein Haushalt aus durchschnittlich 2,1 Personen, ältere Personen waren kaum dabei. Diese Segregation der Altersgruppen bedeutete einen tiefgreifenden gesellschaftlichen Wandel. Zwischen 1910 und 1980 stieg in den Vereinigten Staaten bei den über 65-Jährigen der Anteil derjenigen, die allein oder mit ihrem Ehepartner lebten, von 20 auf 74 Prozent, und der Anteil derjenigen, die mit ihren Kindern zusammenlebten, sank von 61 auf 16 Prozent.[27] Ältere Menschen haben zwar häufig Kontakt mit ihren Kindern und Enkeln, aber den intensiven altersübergreifenden Austausch wie in der Vergangenheit gibt es nicht mehr. Könnte es sein, dass sich dieser Trend umkehrt und westliche Familien den asiatischen Familien ähnlicher werden?

Zurück zu Jane und Jorge, die um 1998 geboren wurden. Es ist sehr wahrscheinlich, dass ihre beiden Elternpaare (geboren um 1973) im Jahr 2033, wenn Jane und Jorge 35 sind, noch leben, ebenso wie ihre vier Großelternpaare (geboren um 1948). Ihre Kinder könnten somit als junge Erwachsene Eltern, Großeltern und Urgroßeltern haben. Und da die Geburtenrate seit den 1950er Jahren gesunken ist, haben Jane und Jorge vermutlich wenige Geschwister; schon ihre Eltern stammten möglicherweise aus Kleinfamilien. In unserem Szenario 5.0 bleiben Jane und Jorge zwar verheiratet, aber im Fall einer Scheidung würde sich ihre Familienstruktur erneut verändern und wäre mit Stiefeltern und Stiefgroßeltern noch größer und komplexer.

Welchen Beschäftigungen werden die Mitglieder dieser erweiterten Familien im Jahr 2033 nachgehen? Janes und Jorges Eltern sind dann Anfang 60, daher werden sie wahrscheinlich entweder Vollzeit arbeiten oder mehrere Teilzeitjobs ausüben. Janes Eltern ließen sich scheiden, als Jane ein Teenager war, und beide haben wieder geheiratet, also haben ihre Kinder zwei Stiefgroßelternpaare. Janes und Jorges Großeltern sind mit über 80 ziemlich sicher im Ruhestand und könnten sich noch ein oder zwei Jahrzehnte lang guter Gesundheit erfreuen. Und womöglich tun sie ähnliche Dinge wie Janes und Jorges Kinder: studieren, die Welt bereisen und neue Fertigkeiten lernen. Die jungen Alten könnten eine tragfähige Brücke zwischen den Generationen bauen. Wenn die in das Familiennetzwerk eingebundenen Großeltern und Urgroßeltern ein längeres und gesünderes Leben genießen, kommt dies dem Wohlbefinden der gesamten Familie zugute.

Da Rollenvorbilder weitgehend fehlen, wird es eine Phase des Ausprobierens geben, in der diese komplexen Beziehungen zwischen den Generationen ausgehandelt werden. Die Menschen werden mit generationenübergreifenden Beziehungen experimentieren, während die Familienmitglieder immer älter und die Großeltern immer jugendlicher werden. Sie werden gangbare Wege erkunden und, wie Anthony Giddens es formulierte, eine »neue Ethik des Alltagslebens« finden müssen.[28] Das gilt insbesondere für die Verpflichtungen, die sie innerhalb der engeren und erweiterten Familie eingehen. Früher wurden diese Verpflichtungen von der Tradition diktiert – zum Beispiel, ob man Familienmitgliedern Geld leihen sollte oder wie man sich als Vater verhält. In Zukunft werden sich die Menschen mit einer Fülle von Fragen befassen müssen: Wie kann der Unterhalt von vier Generationen gewährleistet werden; oder, wenn es Stiefeltern gibt, wie sehen ihre finanziellen Verpflichtungen gegenüber ihren Stiefkindern aus und umgekehrt?

Solche Mehrgenerationenfamilien bieten den verschiedenen Altersgruppen die Chance, sich besser kennenzulernen. Wie bereits dargelegt, war eine der Folgen der Industrialisierung die Trennung der Altersgruppen. Diese Trennung wurde zur Normalität, als der Staat die Schulpflicht für Kinder in einem bestimmten Lebensalter und das Verbot von Kinderarbeit einführte sowie die Rentenversicherung für ältere Menschen.[29] Die Altersgruppen wurden damit institutionell und räumlich getrennt. Menschen verschiedenen Alters wohnten nun nicht mehr zusammen und hatten keine Möglichkeit zum unmittelbaren Austausch mehr. Ein solcher Austausch findet heute vor allem an drei Orten statt: in der Familie, in der Nachbarschaft und an den Orten alltäglicher Aktivitäten, am Arbeitsplatz, in Schule und Universität, in Freizeiteinrichtungen und in religiösen Einrichtungen. In Wohngebieten werden die verschiedenen Altersgruppen oft unbeabsichtigt, manchmal aber auch ganz bewusst getrennt. Diese Trennung wird auch dadurch gefördert, dass viele Alltagsaktivitäten altersabhängig angeboten werden (Jugendorchester, Seniorenkurse, Seniorenausflüge etc.) und die verschiedenen Altersgruppen oft eine eigene Kultur ausbilden. Diese altersgetrennten Institutionen schränken die Möglichkeiten ein, stabile Beziehungen über die Altersgrenzen hinweg aufzubauen. Orte, an denen Menschen verschiedenen Alters miteinander in Kontakt treten, sich anfreunden und persönliche Erfahrungen austauschen können, sind schwer zu finden. Vielleicht könnte die Mehrgenerationenfamilie so ein Ort sein.

Ein solcher Austausch zwischen den Altersgruppen kann der Bildung von Klischees und Vorurteilen über das Alter entgegenwirken, wenn über einen längeren Zeitraum hinweg Vertrautheit entsteht, der Austausch also stabil und dauerhaft ist. Vielleicht werden auch bei uns, wie in Teilen Asiens, in Zukunft mehrere Generationen unter einem Dach leben; vielleicht werden sie sich auch nur häufiger sehen, weil sie sich mehr austauschen und gegenseitig unterstützen. Sicher jedoch ist, dass dieser Austausch einen äußerst positiven Effekt für Jung und Alt haben könnte.

Freunde

Wenn die Spanne eines Lebens bei guter Gesundheit immer länger wird, könnte die Kernfamilie an Bedeutung verlieren. In der Vergangenheit war es der Hauptzweck des Lebens, Kinder zu bekommen und aufzuziehen, und ein langes Leben bot keinen evolutionären Vorteil. In einem längeren Leben besitzt die Kindererziehung nicht mehr diese alles überragende Priorität. An deren Stelle könnte eine Lebensphase der Freundschaft treten. Es ist sogar denkbar, dass solche Freundschaften die neue Kerneinheit bilden, wenn sich Freunde eine Wohnung und ihre Ausgaben teilen.

Stewart Friedman hat diesen Trend in seiner 20-jährigen Studie mit Betriebswirtschaftsstudenten an der Wharton School beobachtet. In jüngerer Zeit setzen die Studenten, alle Anfang 20, demnach stärker auf die Freundschaft als wichtigste zwischenmenschliche Beziehung und möchten Beziehungen aufbauen, die ihnen die Geborgenheit einer Familie geben.

Wenn Mehrgenerationen-Lebensmodelle einen Ort bieten könnten, an dem altersübergreifende Beziehungen gepflegt werden, könnten auch altersübergreifende Freundschaften die derzeitige gesellschaftliche Trennung von Alt und Jung verringern. Während in nicht industrialisierten Gesellschaften das Alter kein wichtiges Bestimmungsmerkmal einer Person ist, dient es in einem dreistufigen Leben dazu, Lebenserfahrungen zuzuordnen. Laut Gunhild Hagestad und Peter Uhlenberg ergeben Daten aus den Vereinigten Staaten und den Niederlanden, dass die meisten Menschen Freundschaften mit Gleichaltrigen anstreben, wenn sie ein Freundesnetzwerk aufbauen.[30] Eine Studie zu nicht verwandtschaftlichen Netzwerken von Männern aus Detroit zeigt zum Beispiel, dass 72 Prozent ihrer engsten Freunde höchstens acht Jahre jünger oder älter waren als sie.[31] In einer breiteren Studie zu der Frage, mit wem Menschen wichtige Dinge besprechen, wählen nur 3 Prozent der jungen Erwachsenen einen nicht verwandten Gesprächspartner über 53 Jahren und etwa 25 Prozent der älteren Befragten einen nicht verwandten Gesprächspartner unter 36.

Kommt es zu Kontakten zwischen diesen altershomogenen Netzwerken, neigen diese dazu, ihre Gruppenidentität zu unterstreichen, dieselbe Sicht auf das Leben einzunehmen und einander mit gleichaltrigen Personen bekannt zu machen. Hagestad und Uhlenberg glauben, dass Alterssegregation eng mit Altersdiskriminierung verknüpft ist, da sie scharfe Trennlinien zwischen »uns« und »ihnen« zieht und Klischees und Vorurteile fördert. Wenn aus drei viele verschiedene Lebensphasen werden, haben Menschen unterschiedlichen Alters eine Chance, ähnliche Erfahrungen zu machen. Gordon Allport konnte mit seiner klassischen Studie nachweisen, dass Kontakte zwischen den Altersgruppen ein probates Mittel gegen Klischees und Vorurteile sind.[32] Vielleicht löst sich, wenn Menschen unterschiedlichen Alters Erfahrungen teilen und dadurch Freundschaften schließen, die Altershomogenität von Netzwerken allmählich auf. Vielleicht ist das Alter dann kein »fremdes Land« mehr.[33]

Agenda für den Wandel

In diesem Buch geht es um die Frage, was passiert, wenn viele Menschen überall auf der Welt 100 Jahre alt werden. Der vordringlichste Aspekt sind die Finanzen, aber wirklich aufschlussreich ist der Blick auf die immateriellen Vermögenswerte. Unter Berücksichtigung wirtschaftswissenschaftlicher und psychologischer Erkenntnisse haben wir dargelegt, dass ein längeres Leben eine grundlegend neue Lebensplanung und eine Restrukturierung von Zeit erforderlich macht. Nur dann kann ein langes Leben zum Segen werden und nicht zum Fluch.

Beim Blick auf mögliche Lebensentwürfe, Szenarien und Lebensstufen haben wir gesehen, dass in einigen Bereichen Veränderungen bereits heute im Gange sind, auf zahllosen anderen Ebenen aber noch vieles erreicht werden muss. Einige dieser Veränderungen betreffen uns selbst und unsere Familie, andere die Unternehmen, in denen wir arbeiten, sowie das berufliche Umfeld, das die Firmen ihren Mitarbeitern bieten; manche betreffen die Bildungseinrichtungen und die Frage, wie sie unseren geänderten Bedürfnissen gerecht werden können; wieder andere die Politik, die beeinflusst, wie wir unser Leben gestalten. Diese weitreichenden Veränderungen werden notwendig sein, um sowohl diejenigen zu unterstützen, die für ein langes und produktives Leben gut gerüstet sind, als auch diejenigen, die weniger Glück haben.

Und damit sollte besser heute als morgen begonnen werden. Ohne eine aktive Planung und ohne konkrete Maßnahmen kann ein langes Leben auch zum Fluch werden. Deshalb muss ein breiter Diskurs in Gang kommen, damit die Menschen ihre Situation unmittelbarer verstehen und ihre Optionen klarer abwägen können.

Am Ende unserer Überlegungen angelangt, sind wir verblüfft über die tiefgreifenden Folgen, die ein langes Leben für unser Ich-Bewusstsein hat. Wir fragen uns voll Sorge, was dies für die Gesellschaft bedeutet; wir sind neugierig auf die Antwort der Bildungseinrichtungen, der Unternehmen und des Staates; und wir würden gerne wissen, warum der Wandel so langsam verläuft und was notwendig ist, um ihn zu beschleunigen. Der große Vorteil einer wachsenden Lebenserwartung liegt darin, dass die lange Zeitspanne eine langfristige Planung ermöglicht. Wir sollten diesen Vorteil ergreifen und uns entsprechend vorbereiten.

Ein Ich-Bewusstsein

Wer darüber nachdenkt, was es bedeutet, 100 Jahre alt zu werden, erkennt, dass vieles erreicht werden kann. In den Szenarien für Jimmy und Jane haben wir deren Leben in die konstitutiven Stufen und Übergänge aufgeteilt. Doch ein langes Leben ist eigentlich eine einzige lange Reise. Sie bestimmt den Gang des Lebens, und die Schlüsselfragen lauten: In welcher Form wird sich diese Reise vollziehen? Und wodurch wird sie zu unserer eigenen, ganz persönlichen Reise? Die Antwort liegt nicht zuletzt in den Entscheidungen, die wir fällen, und den Wertvorstellungen, die wir haben. Sie definieren und gestalten die Abfolge von Ereignissen, Stufen und Übergängen, die unser Ich-Bewusstsein bilden, unsere Identität.

Identität

Der Moralphilosoph Derek Parfit definierte Identität als die Kontinuität psychologischer Verknüpfungen – das, was er »Relation R« nannte.[1] Im Verlauf eines langen Lebens ist es der rote Faden der Identität, der die Vergangenheit mit der Gegenwart verknüpft und in die Zukunft hinein verlängert und auf diese Weise das Ich-Bewusstsein eines Menschen bestimmt. In einem dreistufigen Leben ist eine solche Kontinuität relativ leicht zu handhaben, in einem vielstufigen Leben sind wir stärker gefordert.

Über einen Großteil der Menschheitsgeschichte hinweg war das Leben kurz und von Nahrungsknappheit, Krankheiten und beständig drohender Gewalt geprägt. Je länger die Menschen leben, insbesondere in den entwickelten Volkswirtschaften, und je wohlhabender sie werden, desto größer ist die Sicherheit und desto besser die Bildung ihre Kinder; die Arbeit verschafft ihnen finanzielle Sicherheit, und ihr Ruhestand weist zahlreiche Komponenten der Freizeit auf. Wenn sich das Leben noch weiter verlängert, werden die Menschen gezwungen sein, aus dem Gleichschritt des Drei-Stufen-Modells herauszutreten und andere Optionen der Lebensgestaltung zu erkunden. 100 Jahre – das verschafft uns mehr Zeit, als der evolutionäre Imperativ der Fortpflanzung es verlangt, und mehr Zeit, um die Erfordernisse einer finanziellen Absicherung zu erfüllen. Was also ist der Sinn und Zweck dieser zusätzlichen Jahre, wenn nicht die Fortpflanzung und die Akkumulation materieller Vermögenswerte? Könnten diese zusätzlichen Jahre, auf ein ganzes Leben verteilt, uns nicht die Zeit und die Chance geben zu erkunden, wer wir sind, und so zu leben, wie es unseren persönlichen Wertvorstellungen und Hoffnungen besser entspricht, statt weiterhin den Traditionen der Gesellschaft zu folgen, in die wir hineingeboren sind? Wenn wir diese Frage bejahen, erschließt sich uns das vielleicht größte Geschenk, das ein langes Leben bereithalten kann.

Dieses Bewusstsein der eigenen Identität zu erlangen und eine Kontinuität über die verschiedenen Stufen eines 100-jährigen Lebens hinweg zu bewahren, wird nicht einfach sein. Einige meinen, eine derart gesteigerte Selbstreflexivität liege für die meisten Menschen jenseits ihrer Möglichkeiten. Der Soziologin Margaret Archer zufolge ist nur eine kleine Zahl von Menschen imstande, das erforderliche hohe Niveau an Autonomie und Reflexivität aufzubieten. Für die meisten, so Archer, »geschieht« das Leben, und deshalb seien sie unfähig, ihr Leben selbst zu gestalten.[2] Wir sind anderer Ansicht. Wir glauben, dass mit der Vielzahl neuer Rollenvorbilder und dem Ende des Gleichschritts soziale Normen entstehen, die die Menschen zu eigenständigen Entscheidungen zwingen werden. Und dabei werden sie zu einer tieferen Selbstkenntnis gelangen und eine größere Fähigkeit zur Reflexion entwickeln. Die Kräfte, die die Gesellschaft schon heute tiefgreifend umgestalten, werden von den in einem 100-jährigen Leben notwendigen Umstrukturierungen zusätzlich gestärkt werden.

Vieles hat sich bereits verändert. In früheren Generationen wurden viele Antworten von der Tradition diktiert – Antworten auf Fragen wie zum Beispiel: *Wie soll ich mich verhalten? Was wünsche ich mir?* Die meisten Menschen taten es ihren Eltern gleich.

Sie folgten dem Diktat ihrer sozialen Klasse und ergriffen den Beruf, der ihnen vorgegeben wurde. Sie kleideten sich, wie es gesellschaftlich geboten war, und verfolgten dieselben Ziele wie ihre Eltern.

Betrachten wir einmal die Fülle an psychologischen und sozialen Informationen, über die wir heute verfügen können. Wir leben in einer globalisierten Welt mit sozialen Kontakten in alle Winkel der Erde, und die Ideen, die wir dabei kennenlernen, sind lokal und global zugleich. Anstelle der Traditionen und Rituale, die unseren Eltern und Großeltern zu verstehen halfen, wer sie waren oder sein konnten, stehen uns heute zahlreiche Rollenvorbilder zur Auswahl. Die globalen Medien geben uns die Möglichkeit, Dinge, die anderswo in der Welt geschehen, in Echtzeit zu verfolgen, und verschaffen uns Zugang zu Rollenvorbildern, die nicht physisch präsent sind. Es gibt also viele mögliche Ichs, die wir für unsere gegenwärtige und zukünftige Identität ins Auge fassen können.

In diesem Buch haben wir alle diese Themen erörtert und die Konsequenzen beschrieben, die sich daraus ergeben. Aber letztlich muss jeder von uns seine eigenen Antworten auf die Fragen *Wer bin ich?* und *Wie soll ich leben?* finden. In einem 100-jährigen Leben werden wir diese Fragen nicht ignorieren können.

Planen und experimentieren

Im Zentrum der Gestaltung eines produktiven 100-jährigen Lebens stehen Pläne und Experimente. Nur Planung und Vorbereitung bieten uns die Gewähr, dass der Strom eines langen Lebens nicht unsere finanziellen und immateriellen Vermögenswerte zerstört. Experimentieren ist wichtig, um mögliche Ichs in den

Blick zu nehmen und auf ihre Tauglichkeit zu prüfen. Pläne und Experimente verleihen uns Sinnhaftigkeit und Individualität und garantieren jene psychologische Kontinuität, die unsere Identität gestaltet.

Wir brauchen Planung und Vorbereitung, weil sie uns davor bewahren, schlechte Entscheidungen zu treffen, die schwerwiegende Folgen haben. Es müssen mehr Lebensphasen miteinander verbunden werden, und es stehen weniger standardisierte Rollenvorbilder zur Verfügung, denen wir folgen können. Ein 100-jähriges Leben zwingt jeden von uns zu Schlüsselentscheidungen über das Was und Wie dessen, was er tun möchte. Es besteht die Gefahr, nicht die richtigen Schlüsselentscheidungen zu treffen. Oft lassen wir uns von einem irrationalen Optimismus leiten, wie der Verhaltensökonom Daniel Kahneman warnt. Menschen planen und handeln nicht deshalb unangemessen, weil sie die Konsequenzen ihres Handelns fürchten, sondern weil sie in Bezug auf die Zukunft und in Bezug auf sich selbst fast wahnhaft optimistisch sind.[3] Wir alle neigen zu »willentlicher Blindheit«, wie Margaret Heffernan sagt.[4] In einem längeren Leben wirken falsche Entscheidungen länger nach, obwohl natürlich auch mehr Zeit bleibt, sich wieder aufzurappeln. Deshalb sind Planung und Vorbereitung so wichtig.

Deshalb ist auch Experimentieren so wichtig. Ohne die traditionellen Rollenvorbilder und angesichts einer Vielzahl möglicher Ichs müssen wir ausprobieren, was für uns praktikabel ist, was wir wertschätzen und was zu unserem Charakter und unserer Persönlichkeit passt. Experimentieren ist nicht nur etwas für junge Leute – es wird in allen Altersstufen wichtig sein. Experimente weisen uns den Weg in die Richtung, in die wir uns entwickeln wollen, und zeigen uns, wie wir die Übergänge in neue Lebensphasen bewältigen können. Dieses Bewusstsein von der

Notwendigkeit des Experimentierens und Erkundens ist konstitutiv für unser gesamtes Leben.

In Janes Szenario sehen wir, wie sich ihr Ich-Bewusstsein im Verlauf einer Reise entwickelt. Janes Antwort auf die Frage *Wer bin ich?* wird im Verlauf ihres langen Lebens immer wieder anders ausfallen. Tatsächlich gibt es im Prinzip zu jedem Zeitpunkt in ihrem Leben viele mögliche künftige Janes. Janes Alterskohorte wird sich, verglichen mit früheren Generationen, in vieler Hinsicht anders verhalten. Diese Verhaltensänderungen spiegeln unseres Erachtens die Erkenntnis dieser Generation, dass sie ein langes Leben vor sich hat, und sind kein mysteriöser *Millennial*- oder *Generation Y*-Effekt, der mit dem Zeitpunkt ihrer Geburt zu tun hat. Aus der Perspektive des Lebens als einer einzigen langen Reise ist klar, dass diese Gruppe zu Beginn ihrer Reise mehr in ihr Ich-Bewusstsein investiert, weil sie weiß, dass diese Identität bei der Strukturierung von Stufen und Übergängen eine Schlüsselrolle spielen wird.

Könnerschaft

Über ein langes Leben hinweg sind Einsatz und Hingabe entscheidend. Um auf einem Gebiet Könnerschaft zu erreichen, wird man Hunderte, ja Tausende Stunden des Lernens, Wiederholens und Rekapitulierens investieren müssen. Ob wir dazu bereit sind oder nicht, hängt von unserer Lernmotivation ab. Manchmal wird uns der Weg, der vor uns liegt, einfach erscheinen, und es werden keine schwierigen Übergänge zu bewältigen sein. In dem dreistufigen Szenario wiederholte Jimmy lediglich standardisierte Tätigkeiten und Routineabläufe. Das Ergebnis war ein nicht sehr komfortabler Ruhestand.

Als den Schlüssel zur Könnerschaft haben wir *Selbsteffizienz* (Wissen und Kompetenzen) und *Handlungsfähigkeit* (Bereitschaft zum Handeln) erörtert. Um die *Selbsteffizienz* der Menschen zu stärken, muss ihnen ein besseres Bild davon vermittelt werden, was in der Welt, in der sie leben, geschieht und wie sie auf Veränderungen reagieren können. Bücher wie dieses möchten einen Rahmen schaffen, in dem Menschen sich offener und konkreter über ihre Lebensplanung austauschen können. Natürlich spielen Bildungsinstitutionen, Unternehmen und Regierungen eine Schlüsselrolle, um das Bewusstsein für künftige Entwicklungen zu schärfen und Handlungsinstrumente bereitzustellen. Auch über immaterielle Vermögenswerte muss mehr gesprochen werden. Es beunruhigt uns, dass die derzeitige Debatte in hohem Maße von den materiellen Vermögenswerten beherrscht wird und sich alles um Renten, Altersvorsorge, Wohnungskredite und so weiter dreht. Andere Themen sind genauso wichtig: wofür man seine Freizeit nutzt oder welche Absprachen man in einer Partnerschaft treffen muss.

Im Hinblick auf die *Handlungsfähigkeit* liegt die Herausforderung eines langen Lebens in den vielen möglichen künftigen Ichs, die in Betracht zu ziehen sind. In einem 100-jährigen Leben gilt es, mehr zu sparen als auszugeben, mehr Freizeit in die Neuerfindung seiner selbst zu stecken und eine größere Fähigkeit und Bereitschaft zu entwickeln, mit dem Partner schwierige Gespräche über Rollen und Aufgaben zu führen. Dafür sind heute harte Entscheidungen zu treffen, die erst morgen Früchte tragen. Man spricht hier in der Regel von Selbstkontrolle, obwohl in einem langen Leben mit vielen möglichen künftigen Ichs der Begriff der Selbstkontrolle ambivalent ist. Vielleicht sollte man besser von Selfsharing sprechen.

Die Fähigkeit zur Selbstkontrolle ist bei jedem von uns unterschiedlich ausgeprägt. Das zeigt sich schon im Kindesalter. Studien belegen, dass schon unter den Dreijährigen manche mehr Selbstkontrolle besitzen und Belohnungen besser aufschieben können als andere. In der berühmten Studie von Walter Mischel ging es darum, ein Marshmallow entweder sofort zu essen oder 30 Minuten zu warten, um dann zwei Marshmallows zu bekommen.[5] Die Fähigkeit zum Belohnungsaufschub kann wichtig sein, um Könnerschaft zu erreichen, da es auch beim Erwerb von Qualifikationen darauf ankommt, kurzfristige Vergnügungen aufzuschieben (die nächste Folge einer Miniserie anzuschauen), um einen langfristigen Nutzen zu erzielen (die italienische Sprache zu beherrschen).

Doch vieles spricht dafür, dass diese Selbstkontrolle ein erlerntes Verhalten ist. Man kann den Menschen beibringen, eine Belohnung aufzuschieben, um Könnerschaft zu erreichen. Carol Dweck von der Universität Stanford beschäftigte sich mit der Frage, wie Menschen mit großen Herausforderungen umgehen, Könnerschaft erreichen oder ein Projekt zu Ende führen.[6] Menschen mit einem *dynamischen Selbstbild*, wie sie es nennt, halten an ihren Zukunftsplänen fest, indem sie ihre Komfortzone verlassen und sich ganz auf den vor ihnen liegenden Weg konzentrieren. Wer dies nicht tut, erlebt die »Tyrannei des Jetzt«, wie Carol Dweck es nennt. Er strebt nach kurzfristiger Belohnung und lässt sich schnell entmutigen, wenn es schwierig wird. Lernmethoden spielen eine wichtige Rolle, um Selbstbilder zu korrigieren. Kinder, die sich ermutigen lassen, schwierige, wenn nicht sogar unlösbare Aufgaben anzupacken, verfügen über ein dynamisches Selbstbild. Dwecks Ratschlag für Menschen, die über ein langes Leben hinweg produktiv bleiben möchten, würde wohl lauten, sich schwierige, herausfordernde Lernziele zu setzen und alles dafür zu geben, sie zu erreichen.

Es wird in Zukunft immer wichtiger sein, Menschen beim Planen und Experimentieren zu unterstützen, um ihre Selbsteffizienz und Handlungsfähigkeit zu verbessern, damit sie Aufgaben bewältigen können. Schule und Politik werden versuchen, dabei eine Rolle zu spielen.

Was bedeutet das für Schule und Bildung?

Im Verlauf eines langen Lebens sind Lernen und Bildung von entscheidender Bedeutung. Viele Menschen werden mehr lernen und länger studieren, und das erfahrungsbasierte Lernen wird dabei eine größere Rolle spielen. Mehr Menschen werden ein weiterführendes Studium absolvieren, um neue Qualifikationen zu erwerben, die Bedeutung der berufsorientierten Ausbildung wird wachsen und das Lernen selbst innovativer werden. Somit wird sich nicht nur die Schul- und Ausbildungszeit verlängern, auch in späteren Lebensabschnitten werden die Menschen mehr in Fortbildung und Weiterqualifikation investieren, um sich den Veränderungen der Arbeitswelt anzupassen, geistig zu regenerieren und Anregungen zu erhalten. Auch das Spektrum der Bildungseinrichtungen und der schulischen und beruflichen Leistungsnachweise wird sich beträchtlich erweitern.

Wie werden die Bildungseinrichtungen darauf reagieren? Der Bildungssektor ist tendenziell konservativ, schließlich basiert er darauf, einer neuen Generation Ideen zu vermitteln, die frühere Generationen entwickelt haben. Darüber hinaus werden Elitebewusstsein und Zulassungsbeschränkungen als wichtige Faktoren erachtet, um der Bildung einen externen Marktwert zu verleihen. Dieses Renommee, das – besonders von Eliteschulen – mit

Bildung verknüpft wird, macht es neuen Einrichtungen und neuen Formen der Zertifizierung schwer, sich zu etablieren. Natürlich entwickeln sich auch Bildungseinrichtungen weiter, doch das war in der Vergangenheit stets ein langsamer Prozess. Die Formate haben sich kaum verändert, die Anbieter sind immer dieselben geblieben.

Technologische Innovation und Langlebigkeit stellen für diesen traditionsgebundenen Sektor eine substanzielle Bedrohung dar. In Zukunft wird es neue Anbieter, neue Produkte und neue Kanäle der Wissensvermittlung geben. Um der Generation von Menschen gerecht zu werden, die ein langes Leben vor sich haben, stehen die Bildungsinstitutionen vor vier großen Aufgaben: Neue Lerntechnologien und erfahrungsbasiertes Lernen müssen einbezogen werden; die Trennung der Altersgruppen muss aufgehoben werden; Kreativität, Innovation, Mitmenschlichkeit und Empathie müssen mobilisiert werden; und der Praxisbezug von Fachwissen muss im Vordergrund stehen, damit die Bildung beim Wettlauf gegen die Technologie nicht verliert.

Der Harvard-Professor Clayton Christensen spricht von einer »disruptiven Innovation« in Schule und Ausbildung, bei der aufgrund der technologischen Entwicklung überkommene Formen der Wissensvermittlung durch neue Formen verdrängt werden: mit positiven Folgen für das lebenslange Lernen. Investitionen in digitale Neuerungen werden den Unterricht grundlegend umgestalten: mit Online-Kursen, MOOCs, digital erworbenen Titeln und Zertifikaten sowie neuen Anbietern und Teilnehmern. Jane und ihre Alterskohorte werden aus immer mehr Angeboten auswählen können, wie, was und wo sie studieren wollen und zu welchem Preis. Wenn Christensen recht behält, werden aufgrund der transformierenden Kraft dieser Disruption etablierte Bildungseinrichtungen Mühe haben, sich schnell genug anzupassen. Sie werden ins Hintertreffen geraten und durch andere ersetzt werden.

Digitale Technologien bieten für das Lernen in einem 100-jährigen Leben enorme Vorteile. Nehmen wir zum Beispiel die Kurse von Coursera, einem der großen Anbieter von Online-Weiterbildung (MOOCs). Bei einer internen Befragung von Coursera sagten 72 Prozent von 50 000 Teilnehmern, sie hätten den Lehrgang absolviert, weil sie sich einen Karrierevorteil versprachen, und 87 Prozent gaben an, sie hätten dieses Ziel erreicht.[7] 83 Prozent der Teilnehmer hatten bereits einen College-Abschluss oder einen höheren akademischen Grad und waren durchschnittlich 41 Jahre alt (mit einem Altersspektrum zwischen 31 und 55 Jahren zwischen dem ersten und dem dritten Quartil). Aufgrund ihrer Flexibilität sind diese Kurse das ideale Format, um akademisches Fachwissen auf den neuesten Stand zu bringen.[8] Da es in Zukunft immer wichtiger sein wird, Lernen und Arbeiten zusammenzudenken, werden immer mehr dieser MOOCs berufspraktisch orientiert sein und arbeitsplatzunabhängige zertifizierte Qualifikationen vermitteln. In Zukunft wird es mehr Hochschulen und mehr Anbieter von Online-Kursen für Diplome geben, deren Ruf denen von Eliteschulen nicht nachsteht.

Freilich orientieren sich die meisten traditionellen Bildungsinstitutionen bis heute an dem Drei-Stufen-Modell. So wie Renten und Ruhestand dem »letzten Lebensabschnitt« zugeordnet werden, gelten Schule und Ausbildung als Vorbereitung auf den »Start ins Leben«. Wie Communitys und Freundeskreise sind auch die meisten Bildungseinrichtungen nach Altersgruppen aufgeteilt, für die unterschiedliche Kurse angeboten werden: Schüler, Studenten, Postgraduierte und »ältere Semester«. Die Folge ist eine Altershomogenität in den verschiedenen Kursen, was die Trennung zwischen den Altersgruppen verfestigt und

Stereotypisierung und Vorurteile zementiert. Junge Menschen haben keine Möglichkeit, von den fachlichen Kompetenzen und der Lebenserfahrung der Älteren zu profitieren, den Älteren wiederum ist es verwehrt, mit den Jüngeren auf sinnvolle und bereichernde Weise in Kontakt zu treten.

Es besteht kein Zweifel, dass diese Alterstrennung von verschiedenen Seiten unter Druck geraten wird. Menschen, die sich ein vielstufiges Leben aufbauen, wollen und müssen sich in verschiedenen Altersstufen weiterbilden, und sie werden sich Bildungseinrichtungen suchen, die sie dabei unterstützen. Damit werden die bisherigen Formate der Wissensvermittlung zunehmend in Bedrängnis geraten. Für diejenigen, die sich eine mehrjährige berufliche Auszeit nehmen, um in einer Übergangsphase zu lernen, mögen die derzeitigen Standardmodelle geeignet sein. Aber was ist mit denen, die einen anderen Weg gehen und einen Teil ihrer Freizeit der Neuerfindung ihrer selbst widmen möchten? Wenn Menschen während der Woche und in verschiedenen Lebensphasen mehr freie Zeit zur Verfügung haben, wird die Bedeutung des Teilzeitstudiums wachsen.

Diese neuen Kräfte werden die starren Strukturen der Altershomogenität zerbrechen, und es wird eine Ära der Generationenmischung anbrechen. Das ist allemal positiv. In altersgemischten Gruppen können tiefe Freundschaften entstehen, und die Trennung zwischen »uns« und »ihnen« verschwindet. Damit wiederum werden die Menschen ermuntert, neue Perspektiven einzunehmen und ihre Sicht der Welt zu erweitern. Der Soziologin Valerie Braithwaite zufolge könnten Schulen, Hochschulen und Universitäten »Räume schaffen, in denen junge Leute, Menschen mittleren Alters und Ältere aus allen Lebensbereichen einander so gut kennenlernen, dass sie Achtung und Respekt füreinander entwickeln, kooperative Beziehungen knüpfen und einer neuen

Normalität des menschlichen Miteinanders den Weg ebnen«.[9] Derzeit gibt es solche Orte kaum – vielleicht könnte die Bildung einen solchen Ort gestalten.

Die längere Lebenserwartung wird auch die Schnittstelle zwischen Schule und Erwerbsleben verändern. Im traditionellen Drei-Stufen-Modell folgte auf eine kurze Zeit der Schule und Ausbildung der Eintritt ins Berufsleben. Arbeitgeber suchten in der Regel nach Mitarbeitern, die bereit waren, sich in Vollzeit fest an die Firma zu binden, und erwarteten, dass Hochschulen und Universitäten diesen künftigen Mitarbeitern ein voll entwickeltes Rüstzeug an Fertigkeiten und Fähigkeiten mit auf den Weg gaben. Diese Erwartung wird bereits heute nicht mehr erfüllt. Eine wachsende Zahl von Arbeitgebern berichtet, dass die von ihnen rekrutierten Hochschulabsolventen nicht über die erforderlichen Fertigkeiten verfügen und es ihnen vor allem an Kreativität und Innovationskraft, Menschlichkeit und Empathie fehlt. Schulen und Universitäten, so ihre Forderung, sollten diese Soft Skills stärker vermitteln. Dieser Druck macht sich auf unterschiedliche Weise bemerkbar. In den Lehrplänen wächst die Bedeutung von erfahrungsbasiertem Lernen, das es den Studenten ermöglicht, in der Praxis Empathie und Kreativität zu entwickeln und Urteilsvermögen und Entscheidungsfindung in schwierigen und unsicheren Situationen einzuüben. Gleichzeitig werden mehr Menschen vor ihrem Einstieg in ein Unternehmen eigene Lernerfahrungen machen wollen. Sie werden sich ihre Optionen offenhalten, indem sie zu Entdeckern oder freien Produzenten werden, Erfahrungen sammeln und ihre Fähigkeiten trainieren: manchmal vor Beginn einer Ausbildung, manchmal auch danach. Bildungsinstitutionen sind gut gerüstet, die Anforderungen der ersten Phase des traditionellen dreistufigen Lebens zu vermitteln; sie werden jedoch eine Menge aufzuholen haben, um denjenigen gerecht zu werden, die ein vielstufiges Leben führen wollen, und sie werden sich der Konkurrenz eines rapide wachsenden MOOC-Sektors gegenübersehen.

Was bedeutet das für die Unternehmen?

Das Arbeitsleben ist nicht nur von den Wünschen und Zielen der Beschäftigten geprägt, sondern auch von den Praktiken und Abläufen, der Kultur und den Werten der Unternehmen. In den kommenden Jahrzehnten, in denen sich die Gesellschaft um eine Neugestaltung des Lebens bemüht, werden die Betriebe mit ihren Mitarbeitern verhandeln und Übereinkünfte schließen müssen. Um deren Forderungen entgegenzukommen, müssen sie ihre Strategien grundlegend neu gestalten.

Was also müssen Unternehmen tun, um den Menschen, die 100 Jahre leben werden, gerecht zu werden? Wir möchten sechs Vorschläge machen.

Erstens: Materielle und immaterielle Vermögenswerte der Arbeitnehmer müssen im Unternehmensdiskurs in ein neues Gleichgewicht gebracht werden. In der Beziehung zwischen Arbeitnehmer und Arbeitgeber stehen derzeit allein die materiellen Vermögenswerte im Mittelpunkt: die Gehaltshöhe, die Rente, die Kilometerpauschale, vermögenswirksame Leistungen etc. Wie jedoch die Szenarien für Jimmy und Jane zeigen, sind materielle Vermögenswerte, obwohl keineswegs unwichtig, nur ein Bestandteil eines ausgewogenen Lebens und werden künftig nicht in allen Phasen des Arbeitslebens im Vordergrund stehen.

Wie kann diese neue Balance erreicht werden? Es wäre sinnvoll, wenn Unternehmen die Bedeutung der immateriellen Vermögenswerte erkennen und genauer bestimmen würden. Von einigen dieser Vermögenswerte war in diesem Buch bereits die Rede, aber vielleicht gibt es weitere, die speziell für den unternehmerischen Sektor eine Rolle spielen. Nützlich wäre es auch zu wissen, welchen Stellenwert immaterielle Vermögenswerte für die einzelnen Berufssparten besitzen: Fördert die Ausübung dieser oder jener Tätigkeit immaterielle Vermögenswerte wie Produktivität oder Vitalität? Hilft der Job dem Beschäftigten, seine immateriellen Vermögenswerte außerhalb des Arbeitsplatzes aufzubauen? Hat man diese immateriellen Vermögenswerte erst einmal identifiziert, wird man bei der Einstellung und der Förderung von Arbeitnehmern darlegen können, worauf es ankommt, und zu klaren Vereinbarungen gelangen.[10] Das erleichtert es dem Einzelnen, fundierte Entscheidungen darüber zu treffen, welcher Job für seine jeweilige Lebenssituation der richtige ist. Die Motivation für diese oder jene berufliche Tätigkeit ist ja stets Ausdruck der vieldimensionalen Lebenssituation eines Individuums und der Bedeutung, die immaterielle Vermögenswerte darin spielen.

Zweitens: Unternehmen müssen die Entwicklung ihrer Mitarbeiter fördern und deren Transformationsfähigkeit schützen. Die meisten Arbeitnehmer werden an irgendeinem Punkt ihres Erwerbslebens einen Übergang vollziehen müssen, und die Unternehmen können viel tun, um sie dabei zu unterstützen, zum Beispiel im Rahmen einer Schulung, die die Transformationsfähigkeit stärkt. Denkbar ist auch Unterstützung beim Aufbau dynamischer und diversifizierter Netzwerke oder bei der Entwicklung von Selbstkenntnis durch Kollegen-Feedback. Wie wir wissen, werden transformationale Vermögenswerte durch einschneidende Schlüsselerfahrungen gestärkt. Unternehmen könnten also ihre Mitarbeiter im Rahmen der betrieblichen Fortbildung einer solchen Schlüsselerfahrung aussetzen, sie gewissermaßen »an den Rand des Systems« stellen. Damit könnten sie neu eingestellte Mitarbeiter enger an sich binden oder ihre Firma für neue Arbeitskräfte attraktiv machen.

Drittens: Die Unternehmen werden ihre betriebsinternen Karrierepraktiken von drei auf sehr viel mehr Stufen erweitern müssen. Ein Blick auf die Szenarien für Jimmy und Jane zeigt, wie unterschiedlich deren jeweilige Erfahrungen und Bedürfnisse sind. Jimmy will und muss bis weit über 60 arbeiten. Er möchte aktiv bleiben und sich ein Portfolio aufbauen, das ihn in die nächste Lebensphase führt. Deshalb wünscht er sich einen neuen Deal mit seinem Arbeitgeber und baut darauf, dass sich die Einstellung der Unternehmen gegenüber Alter und Ruhestand ändert. Er benötigt Unterstützung, um produktiv zu bleiben, und zieht Unternehmen vor, die ihm kreativere Möglichkeiten der Beschäftigung anbieten; dafür wäre er sogar bereit, ein geringeres Gehalt in Kauf zu nehmen.

Jane ist schon in jungen Jahren Entdeckerin, ist also darauf angewiesen, dass Unternehmen nach ihr und anderen talentierten Leuten Ausschau halten. Als Unternehmensmitarbeiterin hätte sie gern die Möglichkeit eines Sabbatical sowie flexiblerer Arbeitszeiten in verschiedenen Lebensabschnitten; sie wünscht sich Unterstützung bei den Übergängen, die sie vor sich hat, und möchte so arbeiten, dass sich ihre vitalen Ressourcen konsolidieren. Viele Firmen stellen sich bereits heute diesen Herausforderungen, allerdings nur in Einzelfällen. Sie kommen den Wünschen eines Mitarbeiters kurz vor der Pensionierung entgegen, oder den Forderungen eines neu eingestellten Mitarbeiters. Die Unternehmen werden von solchen individuellen Lösungen zu transparenteren, besser kalkulierbaren und gerechteren Konzepten übergehen müssen.

Viertens: Unternehmen werden sich mit der neuen Bedeutung der Familie für die Arbeitswelt auseinanderzusetzen haben. Über den Einfluss eines langen Lebens auf Partnerschaft und Familienmodelle haben wir im vorigen Kapitel gesprochen. Neben einer größeren Vielfalt von Familienstrukturen wird die Doppelkarriere-Partnerschaft immer beliebter werden. Eine solche Partnerschaft, die die beruflichen Ziele beider Partner berücksichtigt, hilft ihnen auch beim Management ihrer Finanzen, da die Partner leichter zwischen besser und schlechter bezahlten Jobs wechseln können. Mit der größeren Diversität von Familienstrukturen und mit vielstufigen Lebensmodellen werden Unternehmen die Anforderungen an die verschiedenen Jobs deutlicher benennen müssen. Wie Golding zeigte, gibt es sehr anstrengende und daher hochbezahlte Jobs (mit hohem Zeitdruck, begrenzter Zeitautonomie und geringer terminlicher Flexibilität, der Notwendigkeit eines ständigen Austausches mit Teams oder Kunden und nur begrenzter Ersetzbarkeit). Wohlgemerkt: Solche Jobs werden in einer Lebensphase, in der Mütter und Väter mehr für ihre Kinder da sein möchten, wahrscheinlich nicht praktikabel sein. Unternehmen müssen bei ihrer Personalplanung auch geschlechtsneutral agieren. Glaubt man aktuellen Trends, möchten viele junge Männer engagierte Väter sein und sind bereit, ihre berufliche Tätigkeit entsprechend anzupassen. Flexibilität wird also nicht mehr nur von Frauen, sondern von vielen Beschäftigten eingefordert.

Fünftens: Eine der größten Herausforderungen wird darin bestehen, die Einstellung der Unternehmen gegenüber dem Alter zu verändern und einen Wandel in Richtung Altersneutralität einzuleiten. Die Wirtschaft ist einer der Bereiche, die dazu beigetragen haben, die Trennung alter und junger Menschen zu zementieren. Dass die Unternehmen den Ruhestand förderten, spielte dabei eine wichtige Rolle, sahen sie doch darin eine bequeme Möglichkeit, ältere durch jüngere und körperlich leistungsfähigere Beschäftigte zu ersetzen. Sogar Bezeichnungen für bestimmte Positionen in einem Unternehmen spiegeln diese Alterstrennung, »Juniorpartner« zum Beispiel oder »Seniorchef«. In dem dreistufigen Lebensmodell mit einer einzigen langen Karrierephase mochte dies sinnvoll sein, in einem vielstufigen Leben ist es das nicht mehr. Wie oben dargelegt, werden in Zukunft Menschen unterschiedlicher Altersstufen in bestimmten Phasen ihres Lebens erstaunlich ähnliche Dinge tun. Unternehmen erweisen sich daher einen schlechten Dienst, wenn sie das nicht erkennen und akzeptieren.

Durch die staatliche Gesetzgebung sehen sich Firmen heute zunehmend gezwungen, ihre altersdiskriminierende Politik aufzugeben, doch unseres Erachtens werden sie noch sehr viel weiter gehen müssen. In einem vielstufigen und längeren Leben haben Parameter wie das Alter eines Mitarbeiters nicht mehr dieselbe Bedeutung wie in einem dreistufigen Leben mit festen Übergängen. Im traditionellen Drei-Stufen-Modell war in der betrieblichen Personalpolitik das Alter der Beschäftigten implizit ein Gradmesser für die Bewertung von Leistung und die Zuteilung von Leistungsanreizen. In einem vielstufigen Leben ist dies nicht mehr zweckdienlich. Die Herausforderung wird darin bestehen, die implizite Altersdiskriminierung bei der Rekrutierung von Arbeitskräften, bei der Beförderung und der Gehaltszumessung durch objektive Kriterien zu ersetzen, die nicht an das Alter und an die altersbasierte Bewertung der Leistung durch Kollegen geknüpft sind. Ein Beispiel: In einem dreistufigen Leben war Alter gleich Erfahrung, und das fand seinen unmittelbaren Niederschlag in der Beförderung und der Bezahlung. In einem vielstufigen Leben werden Alter und Erfahrung zunehmend entkoppelt werden.

Und schließlich sechstens: Unternehmen werden in Zukunft bereit sein müssen, Experimente ihrer Mitarbeiter bei der Organisation ihres Jobs, aber auch Experimentierphasen im Lebenslauf von Bewerbern zu akzeptieren. In den kommenden zwei Jahrzehnten werden die Menschen versuchen, sich ihrer neuen Lebenssituation anzupassen, und bei einigen – wie Jimmy – wird dieser Anpassungsprozess in der Mitte ihrer Berufslaufbahn stattfinden. Es gibt kaum Rollenvorbilder, an denen sie sich orientieren können, ihnen bleibt also gar nichts anderes übrig, als neue Wege auszuprobieren. Manche dieser Experimente werden funktionieren, andere werden scheitern. Wenn ein Experiment erfolgreich ist, wird sich das schnell herumsprechen, und viele werden diesem Bespiel folgen. Die Arbeitgeber werden all dies zur Kenntnis nehmen und in ihr Denksystem integrieren müssen. Im derzeitigen Drei-Stufen-Modell gilt ein Bewerber, dessen Lebenslauf »Lücken« aufweist, als suspekt. Wenn immer mehr Bewerber solche Experimentierphasen in ihre Lebensplanung einbauen, um immaterielle Vermögenswerte zu bewahren und zu fördern, werden die Unternehmen offener sein müssen.

Die betriebliche Personalpolitik wird sich in vieler Hinsicht zu reformieren haben. Dabei erwarten wir erheblichen Widerstand. Unternehmen werden nicht bereit sein, ihre alte, eindimensionale und schematische Politik aufzugeben, der zufolge das Alter als alleiniger Indikator für die Bedürfnisse und Wünsche der Beschäftigten gilt. In Zukunft wird es anstelle einiger weniger fester Regelungen mit standardisierten Arbeitszeiten und Optionen eine Vielzahl individueller Verhandlungslösungen geben müssen. Diese sind kompliziert zu managen und könnten zu Ungerechtigkeiten führen, weil manche Mitarbeiter bessere Konditionen aushandeln können als andere. Viele Firmen werden ihre standardisierten Beschäftigungsmodelle beibehalten wollen und sich weigern, dem Druck größerer Komplexität nachzugeben, denn dieser Wandel ist schwierig, und es fehlen bewährte Rezepte, um ihn zu bewältigen.

Es gibt jedoch weitere Gründe für den Widerstand der Unternehmen, diesen Wandel zu vollziehen. Komplexität hat ihren Preis. In finanziell schwierigen Zeiten bevorzugt ein Unternehmen standardisierte Abläufe. Der Flexibilität, die man in einem 100-jährigen Leben braucht, strukturell nachzugeben, könnte für einige Firmen finanziell schlichtweg unrentabel sein. Aber Flexibilität steht heute nicht zum ersten Mal auf der Agenda. Ein Schlüsselmerkmal der industriellen Revolution war die Forderung der Unternehmer nach standardisierten und einheitlichen Arbeitszeiten. Das unsystematische und regellose Muster der vorindustriellen Arbeit war für sie zu teuer. Die Unternehmer hatten viel Kapital in Fabriken und Maschinen investiert, die dauerhaft und gleichmäßig ausgelastet sein mussten, um effizient zu sein. Es wurde die Sechstagewoche mit 72 Stunden eingeführt, das Urmodell der »Arbeitswoche«. Zweifellos missfiel den Beschäftigten der neue unflexible Arbeitsrhythmus, der ihr Privat- und Familienleben veränderte, doch damals setzten sich die Unternehmer durch. Die Arbeiterorganisationen versuchten über Jahrzehnte hinweg, diesen Deal neu zu verhandeln, doch die Unternehmer beharrten auf der Standardisierung. Zwar verkürzte sich die Arbeitswoche, aber flexibler wurde die Organisation der Arbeit nicht.

Wird dieser Wunsch nach Standardisierung heute erneut siegen? Was immer Jimmy und Jane sich von ihren Arbeitgebern wünschen, es könnte sein, dass man es ihnen aus wirtschaftlichen Gründen verweigert. Einige Firmen werden an der Standardisierung festhalten, doch die meisten werden sich wohl in irgendeiner Form anpassen.

Nicht zuletzt deshalb, weil sich die moderne Wirtschaftswelt von derjenigen der industriellen Revolution grundlegend unterscheidet. Die Branchen mit einer hohen Wertschöpfung stützen sich heute auf Humankapital, nicht auf Sachkapital, und das verschafft hochqualifizierten Beschäftigten mehr Durchsetzungskraft. Aus diesem Grund sind heute so viele Unternehmensbereiche mit einem hohen Wertschöpfungspotenzial bereit, flexible Lösungen für Arbeit und Ruhestand zu akzeptieren. Diesen Weg müssen sie weitergehen. Im Wettstreit um Talente und mit der wachsenden Bedeutung von Kreativität und Innovation steigt das Interesse der Firmen, gute Arbeitskräfte zu finden und an sich zu binden. Deshalb werden sie bereit sein, zuzuhören und auf die Forderungen und Wünsche ihrer Mitarbeiter einzugehen.

In Zukunft kommen auch immer mehr intelligente Maschinen zum Einsatz. Dadurch werden auf der mittleren Qualifikationsebene Arbeitsplätze wegbrechen, gleichzeitig wächst die Kluft zwischen der Art der Tätigkeit und der Art und Weise, wie Arbeitskräfte eingesetzt werden. In den Jobs, bei denen sich Mensch und Maschine ergänzen, wird mehr Flexibilität möglich sein, da Routinetätigkeiten von Maschinen ausgeführt werden. Und wenn neue Technologien die Notwendigkeit der Standardisierung von Arbeitsabläufen verringern, werden andere Formen der innerbetrieblichen Koordination möglich sein. Data Analytics, die Analyse von Daten in immer komplexer werdenden Geschäftsprozessen, soll den Unternehmen dabei helfen, mit unterschiedlichen Arbeitsmodellen zurechtzukommen, ohne dass höhere Kosten entstehen, so das Versprechen. Flexibilität bei den Arbeitsabläufen lässt sich leichter umsetzen, wenn kollaborative Technologien dafür genutzt werden, die Teamarbeit zu fördern, und wenn individuelle Leistung kontinuierlich gemessen und überwacht wird.

Einige Unternehmen werden auch in Zukunft an einfachen Standardstrategien festhalten, die optimal für die Firma sind, aber nicht für die Beschäftigten. Wir prognostizieren jedoch, dass viele Unternehmen versuchen werden, eine diversifiziertere Beschäftigungspolitik zu verfolgen, die ihnen strategische Vorteile bringt, insbesondere in Branchen, in denen das Humankapital die entscheidende Rolle spielt. Dass nicht alle Firmen diesen Weg profitabel finden werden, stellt Politik und Gesellschaft vor große Probleme. Je gefragter Ihre Talente sind, desto stärker ist Ihre Verhandlungsposition gegenüber Ihrem Arbeitgeber und desto mehr Möglichkeiten haben Sie, Ihr Leben nach Ihren Wünschen zu strukturieren und aus Ihrem 100-jährigen Leben das Beste zu machen. Nicht alle werden in dieser Position sein und so viele Optionen zur Verfügung haben.

Wie weit sind die Unternehmen mit dieser Agenda schon vorangekommen? Im Rahmen dieser Studie zu einem 100-jährigen Leben haben wir sondiert, welche Unternehmen sich heute auf diese neue Arbeitswelt vorbereiten. Die Frage war Gegenstand des von Lynda Gratton geleiteten *Future of Work Consortium*, das Führungskräfte aus der ganzen Welt zusammenbringt. In Befragungen sowie in einem Workshop in London im Oktober 2014 diskutierten wir die Pläne von Unternehmensführungen, aus dem Schatz dieses 100-jährigen Lebens das Beste zu machen. Wir stellten fest, dass die meisten sehr wenig tun, mit ein paar Ausnahmen.

Viele Firmen wissen derzeit einfach nicht, wie sie mit der Komplexität von Jimmys und Janes Leben umgehen können. Die meisten halten an den Praktiken der Rekrutierung und Entwicklung fest, die sich schon vor mehr als 50 Jahren etabliert haben. Sie rekrutieren primär Leute, die soeben ihr Studium oder ihre Ausbildung beendet haben, und schließen damit all jene aus, die nach ihrem Studium eine Erkundungsphase vollziehen oder sogar erst in der Mitte ihrer Karriere eine feste Anstellung suchen. Die Aneignung von Wissen geschieht in der Regel in jungen Jahren, und für Leute über 30 gibt es daher sehr viel weniger Möglichkeiten der Weiterbildung. Nur sehr wenige Unternehmen gewähren ihren Mitarbeitern ein Sabbatical oder eine Auszeit, sodass viele sich gezwungen sehen, ihre Stelle aufzugeben, wenn sie solche Pläne haben. Was die Familie betrifft, gehen die meisten Firmen stillschweigend davon aus, dass die Frauen sich um die Kinder kümmern, und bieten Vätern, die mehr elterliche Verantwortung übernehmen wollen, wenig Unterstützung. Die vielleicht größte Herausforderung ist jedoch die Einstellung gegenüber dem Ruhestand. Die meisten Unternehmen gehen davon aus, dass die Beschäftigten mit Anfang 60 aus ihrem Vollzeitjob ausscheiden möchten. Wer länger arbeiten will, ist die Ausnahme, und wer über 60 ist, gilt als »alt« und außerstande, die intellektuellen Anforderungen seines Berufs noch zu bewältigen. Der Ruhestand kommt somit einer Vollbremsung gleich, weil ältere Arbeitnehmer jeder Möglichkeit beraubt sind, ihr Wissen und ihre Erfahrungen weiterzugeben, flexible Mentoring- und Unterstützungsaufgaben zu übernehmen oder sich aktiv ein Portfolio aufzubauen.

Das wird sich jedoch ändern. Die Betriebe werden sich nach Entdeckern umsehen. Sie werden ihren Mitarbeitern über das gesamte Berufsleben hinweg Weiterbildungsmöglichkeiten anbieten, Sabbaticals ermöglichen und den Männern helfen, verantwortungsvolle und fürsorgliche Väter zu sein. Mitarbeiter werden über das bisherige Renteneintrittsalter hinaus arbeiten und ihre berufliche Tätigkeit abwechslungsreicher gestalten können. Es wird gleitende Übergänge in den Ruhestand geben, die ältere Mitarbeiter ermutigen, sich in einigen Bereichen ihres

Fachs weiter zu engagieren. Doch dafür müssen die Unternehmen Hürden überwinden, die diesem Wandel im Weg stehen.

Die politische Agenda

Unternehmen gestalten das Arbeitsleben, staatliche Politik gestaltet den größeren Lebenszusammenhang. Wo steht die Politik, und wie lange wird es dauern, bis sie sich der neuen Realität der Langlebigkeit stellt? Die Agenda für staatliches und politisches Handeln ist umfangreich. So wie jeder Einzelne von uns seinen Lebensentwurf neu gestalten muss, ist auch die Politik gefordert, die Gesetzgebung, das Steuer- und Sozialsystem sowie zahlreiche arbeitsrechtliche Bestimmungen den neuen Gegebenheiten anzupassen. Dasselbe gilt für die staatliche Bildungs- und die Familienpolitik. Damit die Menschen ihr Leben erfolgreich anpassen können, wird die Politik ihre Regeln und Institutionen anpassen müssen.

Die Debatte, was die Politik angesichts einer längeren Lebenserwartung der Bevölkerung tun muss, wird schon seit Jahrzehnten geführt. Die Probleme der öffentlichen Finanzen bei Beibehaltung der bisherigen Regelaltersgrenze sowie die Kostensteigerungen im Renten- und Gesundheitswesen sind Gegenstand vieler makroökonomischer und finanzpolitischer Analysen. Wir haben in Kapitel 2 an erster Stelle die finanziellen Aspekte eines 100-jährigen Lebens erörtert, und dasselbe tut auch die Politik. Wie wir jedoch gezeigt haben, besteht die eigentliche Herausforderung in einem vernünftigen Management der immateriellen Vermögenswerte, und in diesem Bereich hat die Politik großen Nachholbedarf.

Bei der Planung materieller und immaterieller Vermögenswerte ist die Frage der voraussichtlichen Lebensdauer von zentraler Bedeutung. Die Antworten sind uneinheitlich. Wie oben dargelegt, gibt es zwei Verfahren, die Lebenserwartung zu schätzen: die Perioden- oder Querschnittsanalyse und die Kohorten- oder Längsschnittanalyse. Wir empfehlen der Politik und der Versicherungswirtschaft eindringlich, die bisher benutzte Methode der Periodenschätzung zu überdenken. Sie liefert der Debatte über die makroökonomischen Strategien nicht nur eine irreführende Vorannahme, sondern stiftet auch Verwirrung und wiegt die Bevölkerung in einer falschen Sicherheit. Wie oben dargelegt, hat laut Periodenschätzung ein heute achtjähriges Kind mit 40, 50 oder sogar 70 Jahren dieselbe Überlebenswahrscheinlichkeit wie ein heute 40-, 50- oder 70-Jähriger. In der Praxis schließt diese Schätzung Fortschritte im Bereich der Ernährung, der öffentlichen Bildung und der Medizintechnik in den kommenden 40, 50 oder 70 Jahre aus, die jedoch sehr wahrscheinlich sind. Die Periodenschätzung geht derzeit von einer Lebenserwartung von 80 bis 85 Jahren für die reichen Länder aus. Die Kohortenschätzung dagegen, die von einem sehr viel größeren Zuwachs an Lebenserwartung ausgeht, prognostiziert mehr als 100 Jahre. Der Blick auf *Abbildung 1.2* zeigt einen kontinuierlichen Zuwachs an Lebensjahren seit den 1840er Jahren. Die Diskrepanz zwischen den beiden Rechenverfahren ist wichtig und alarmierend. Sie zeigt, dass die Politik nicht nur die künftige Belastung der öffentlichen Finanzen unterschätzt, sondern es auch versäumt, der Bevölkerung zu vermitteln, wie groß die Herausforderung ist und wie dringend es geboten ist, zu handeln.

Doch nicht nur die Finanzpolitik ist herausgefordert, auch andere staatliche Bereiche sind gefragt. Die derzeitige Politik beurteilt die Situation auf der Grundlage des dreistufigen

Lebensmodells, in dem jedem Alter eine spezifische Bedeutung zugemessen wird. Das chronologische Alter bestimmt die Strategien in der Bildung, in der staatlichen Politik und in den Unternehmen. Es gibt viele Beispiele dafür, wie sehr die staatliche Gesetzgebung das Alter zum Maßstab nimmt. Nehmen wir als Beispiel die Arbeitsmarktstatistik. Derzeit betrachten die meisten staatlichen Statistiken Personen zwischen 0 und 15 Jahren als »Kinder«, 16- bis 64-Jährige gelten als »Personen im Erwerbsalter« und über 64-Jährige als »Personen im Rentenalter« (und damit als »alt«). Die Realität sieht anders aus: Wenn sich das Leben verlängert, verändert sich auch die Wahrnehmung von »jung« und »alt«. Diese Kategorien lassen Jugendlichkeit, aber auch die von uns prognostizierte Entkoppelung von Alter und Lebensstufe außer Acht. Nicht nur die Bildungseinrichtungen brauchen Zeit, um sich dieser neuen Realität anzupassen, sondern auch die staatliche Politik.

Wie gefährlich das Denkmodell eines dreistufigen Lebens tatsächlich ist, zeigt die Debatte zur makroökonomischen Politik, die notwendig ist, um die öffentlichen Finanzen zukunftsfähig zu machen. Die meisten Regierungen versuchen das Problem mit einer Anhebung der Regelaltersgrenze zu lösen. Doch wie *Abbildung 10.1* zeigt, ist das Hauptproblem vieler Länder eine geringe Beschäftigungsquote der 55- bis 64-Jährigen.

Bezüglich des Alters, in dem die Menschen in Rente gehen (die OECD spricht vom »Durchschnittsalter des Übergangs in die wirtschaftliche Inaktivität«), gibt es beträchtliche Unterschiede zwischen den einzelnen Staaten. Warum gehen Griechen, Italiener und Franzosen rund zehn Jahre früher in Rente als Norweger, Schweden und Neuseeländer? Studien zeigen, dass die staatliche Gesetzgebung und die Finanzpolitik eine große Rolle spielen: Steigen die Renten mit den zusätzlichen Erwerbsjahren, oder

Abbildung 10.1: Beschäftigungsquote der 55- bis 64-Jährigen

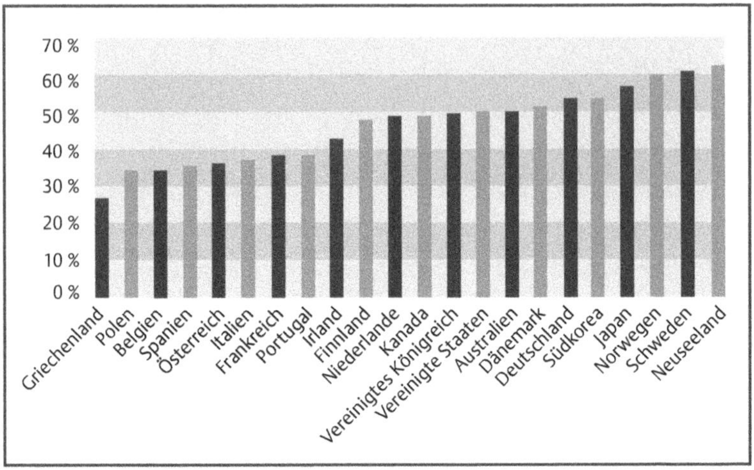

Quelle: OECD.Stat

werden sie gedeckelt? Wie werden Ersparnisse zur Alterssicherung und private Fonds zur Altersvorsorge steuerlich behandelt? Gibt es eine staatliche Rente bei Erwerbsunfähigkeit? Um die Rentenfinanzierung zukunftsfähig zu machen, reduzieren die meisten Staaten die Anreize zur Frühverrentung. Das Problem ist jedoch sehr viel komplizierter. Für die Planung eines vielstufigen Lebens spielen nicht nur Schlüsselfaktoren wie die Regelaltersgrenze eine Rolle, auch die Flexibilität der Arbeitsprozesse quer durch alle Altersgruppen muss gefördert werden. Statt wichtige Übergänge im Leben zeitlich genau festzulegen, sollte die Politik einen gesetzlichen Rahmen bereitstellen, der es den Menschen erlaubt, ihre eigenen Meilensteine zu setzen.

Der vielstufige Lebensentwurf, die Entkoppelung von Alter und Lebensstufe und das Ende des Gleichschritts – all dies wird den Menschen die Möglichkeit geben, ihr Leben individuell zu strukturieren. So wie die Unternehmen wird auch die Politik ihre Strategie revidieren müssen. Es geht nicht nur um eine Änderung der Regelaltersgrenze und der Beitragssätze; sie spiegeln nur das Denken in den alten Kategorien des Drei-Stufen-Modells. Steuerreformen und die Reform der staatlichen Leistungen werden sehr viel tiefgreifender sein müssen als bisher. Der Staat muss die private Vorsorge fördern, sodass Beträge, die das ganze Arbeitsleben hindurch für die Alterssicherung angespart werden, bis zu einer bestimmten Höchstgrenze steuerbefreit sind; bisher lag der Schwerpunkt viel zu sehr auf den Rentenversicherungsbeiträgen und auf dem Jahrzehnt unmittelbar vor dem Ruhestand. Solche lebenslangen Freibeträge werden den Menschen mehr Flexibilität verschaffen und Optionen eröffnen, um die verschiedenen Lebensstufen zu bewältigen. Der Staat muss bei den Regelungen zur Nutzung von Pensions- und Sparplänen flexibler werden. Wir haben darauf hingewiesen, wie wichtig es ist, seine Finanzen in den Griff zu bekommen und zu sparen. Doch damit dies geschieht, müssen auch Sparanreize geschaffen und die finanzielle Allgemeinbildung gefördert werden. Natürlich sind dabei nicht nur die staatlichen Institutionen, sondern auch der private Finanzsektor gefragt. Die Finanzplanung und das Angebot an Altersvorsorgeprodukten werden sich radikal ändern, wenn zig Millionen Menschen von einem dreistufigen in ein vielstufiges Lebensmodell wechseln. Dies wird wiederum neue staatliche Regelungen erforderlich machen.

Das Ende des Drei-Stufen-Modells fordert staatliches Handeln auch noch in anderer Hinsicht heraus. In vielen Ländern gehen die gesetzlichen Regelungen für die zweite Lebensstufe, das Erwerbsleben, davon aus, dass die Beschäftigten in den klar definierten Kategorien Vollzeit oder Teilzeit arbeiten. Unsere Ausführungen zu Freizeit und Arbeitswoche haben jedoch gezeigt, dass die Politik ein sehr viel größeres Spektrum von Lebens- und Arbeitsstilen zulassen muss und dass so simple Kategorien wie Vollzeit und Teilzeit in Zukunft wenig sinnvoll sind. Das zeigt sich schon heute in der Sharing Economy. Vermittlungsplattformen wie Uber oder Airbnb werfen Fragen auf: *Was ist ein Beschäftigter?* und *Wer ist für die Kranken- und Rentenversicherung zuständig?*. In der Vergangenheit haben Gewerkschaftsverbände die kollektiven Rechte ihrer Mitglieder eingefordert. Das Profil der Gewerkschaften im Bereich der Sharing Economy muss sich erst noch schärfen, und wir erwarten mehr Arbeitskämpfe, da die Rechte dieser flexibel Beschäftigten Gegenstand gerichtlicher Klagen ist (Stichwort Scheinselbstständigkeit).

Auch bei den Übergängen, in Familie und Partnerschaft ist die Politik gefordert, neue Lösungen zu finden. Die Kenngröße, an der sich die Gesetzgebung derzeit orientiert, ist die Kernfamilie. Angesichts von Mischformen der Familienstruktur und einer Vielzahl von Übergängen wird der Staat nicht nur bei der Finanz-, Steuer- und Arbeitsgesetzgebung flexibler sein müssen, sondern auch bei alternativen Formen von Partnerschaft und Familie.

Die politische Agenda ist weit ausgreifend und komplex, und ihre Umsetzung wird Jahrzehnte dauern. So wie es Jahrzehnte dauerte, bis die im Zuge der industriellen Revolution entstandenen neuen Arbeitsstrukturen gesetzlich geregelt wurden, so wird es auch Jahrzehnte dauern, bis die im Zuge der steigenden Lebenserwartung notwendigen Gesetze in Kraft sind. Einige Veränderungen jedoch werden sehr viel subtiler sein. Ein faszinierender Aspekt der steigenden Lebenserwartung ist die Vier-Generationen-Familie. Wird diese Altersmischung den Zeithorizont verändern, auf den die Menschen die Folgen ihres Handelns und der staatlichen Politik projizieren? Der Fürst Salina in Giuseppe Tomasi di Lampedusas Roman *Der Leopard* glaubt, er könne sich um seine Kinder sorgen, vielleicht noch um seine Enkel. Dem gegenüber jedoch, was er nicht mehr mit den Händen berühren und lieben könne, habe er keine Verpflichtungen; er könne sich nicht um ferne Nachkommen Sorgen machen.[11] Viele von uns würden ihm zustimmen. Es ist schwer, sich um das Wohlergehen ungeborener Kinder Gedanken zu machen. Doch die längere Lebenserwartung bringt Menschen verschiedener Generationen miteinander in Kontakt. Nehmen wir Jimmy als Beispiel: Wenn er im Jahr 2031 Großvater wird, hat sein Enkelkind eine 50-prozentige Chance, noch im Jahr 2140 am Leben zu sein. Klimaforscher berechnen die potenzielle Erderwärmung bis ins Jahr 2100. Das scheint viel zu weit entfernt, um bereits heute darüber nachzudenken, doch sie beschreiben einen Klimawandel, von dem diejenigen betroffen sein werden, die wir mit den Händen berühren können und die wir lieben.

Die Herausforderung der Ungleichheit

Die Ungleichheit zählt zu den drängendsten Problemen, vor die uns die Langlebigkeit stellt. Hier ist die Politik in zweifacher Hinsicht gefordert. Erstens: Die Lebenserwartung steigt, aber sie steigt nicht für alle Menschen gleichermaßen. Die beträchtlichen Unterschiede, die es heute gibt, haben ihren Grund in der Einkommensungleichheit. Die Reichen leben sehr viel länger als die Armen. Mit anderen Worten: Nicht alle haben Aussicht auf ein 100-jähriges Leben. Zweitens: Damit ein 100-jähriges Leben zum Geschenk und nicht zum Fluch wird, benötigt man ein hohes Maß an Selbstkenntnis, Fertigkeiten und Bildung; man braucht finanzielle Mittel, um Übergänge vollziehen zu können, und eine starke Verhandlungsposition gegenüber dem Arbeitgeber. Über all dies verfügt nur das oberste Einkommensquartil, insbesondere die akademischen und Fachberufe, nicht die gesamte Bevölkerung. Die derzeitigen staatlichen Regelungen gewährleisten nicht allen Bürgern Zugang zu den Optionen, die wir skizziert haben.

Abbildung 10.2 veranschaulicht die erste Herausforderung. Sie zeigt den Zuwachs an Lebenserwartung für US-Amerikaner, die 1940 geboren sind, gegenüber denen, die 1920 geboren sind, und vergleicht die Verteilung dieser Zuwächse zwischen Männern und Frauen sowie zwischen den verschiedenen Einkommensschichten. Wir sehen, dass die Lebenserwartung nicht für alle im selben Maße steigt und wie groß die Unterschiede zwischen Reichen und Armen sind. Das ist nicht nur ein US-amerikanisches, sondern ein globales Phänomen. Mehr noch: Bei Männern mit einem niedrigen Einkommen ist die Lebenserwartung in diesem 20-jährigen Betrachtungszeitraum sogar gesunken. Insgesamt haben die Reichen eine um mehr als zwölf Jahre höhere Lebenserwartung als die Armen. Wenn die Lebenserwartung mit so unterschiedlichen Zuwächsen weiter steigt, wird auch die gesundheitliche Ungleichheit weiter steigen und zum Gegenstand der politischen Debatte werden. Wie die Politik darauf reagieren wird, ist unklar. Wir erwarten jedoch verstärkt Maßnahmen bei der Zuteilung von Ressourcen an die sozial Benachteiligten und bei der öffentlichen Bildung, um diese Gesundheitslücke wenigstens zu verringern. Ein langes Leben sollte nicht nur einer privilegierten Minderheit zugänglich sein.

Die zweite Herausforderung für die Politik besteht darin, dass Menschen mit einem geringeren Lebenseinkommen weniger Flexibilität besitzen und damit weniger gut dafür gerüstet sind, das dreistufige Lebensmodell aufzubrechen. Es droht die Gefahr, dass ihr Leben »scheußlich, brutal und kurz« sein wird, wie Hobbes es

Abbildung 10.2: Lebenserwartung nach Einkommensgruppen

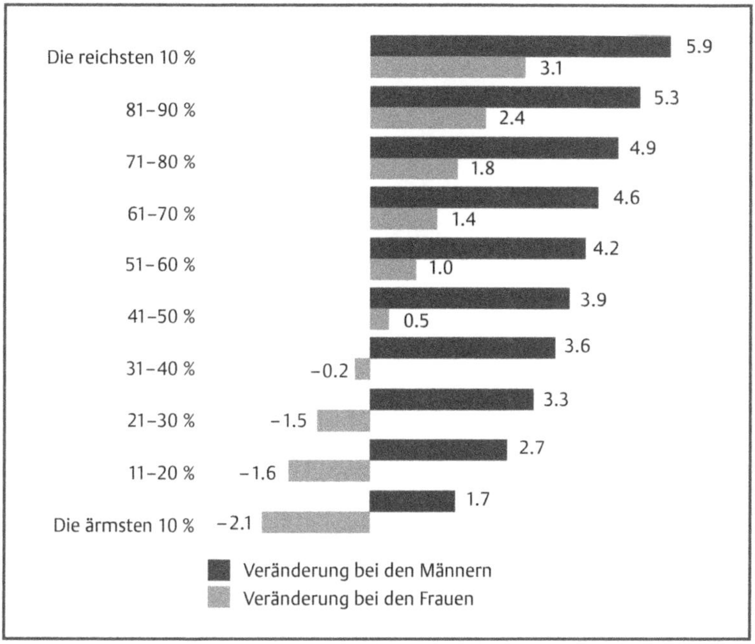

Quelle: B. Bosworth und K. Burke, »*Differential Mortality and Retirement Benefits in the Health and Retirement Study*«, Brookings Institution mimeo 2014

ausdrückte. Menschen ohne Qualifikationen und Wissen werden nicht in der Lage sein, einen langen Ruhestand durchzuhalten, und sie sind auch für Übergänge schlecht gerüstet. Es könnte sein, dass sie nicht zu den Gewinnern, sondern zu den Verlierern einer längeren Lebenserwartung zählen. Ihr Leben könnte eher dem unserer Vorfahren ähneln, die pausenlos arbeiten mussten, bevor ihr Ende näher rückte, bei sinkendem Einkommen und sinkendem Lebensstandard im Alter.

Der Staat wird etwas tun müssen, um den Zugewinn an Wohlstand zu erhalten, der mit der Einführung von Ruhestand und

Rente verbunden war. Freizeit und finanzielle Sicherheit im Alter waren eine enorme soziale Errungenschaft. Die Lösung wäre eine Neuausrichtung der staatlichen Politik. Für Menschen mit einem geringen Einkommen, die in aller Regel ein Leben nach dem Drei-Stufen-Modell führen (mit einer langen zweiten Phase des Erwerbslebens, gefolgt von einem längeren Ruhestand), ist auch in Zukunft eine staatliche Rente sinnvoll.

Menschen mit höheren Einkommen dagegen können ihre Altersversorgung selbst finanzieren und sind flexibel genug, um ein vielstufiges Leben zu meistern. Da jedoch niedrigere Einkommensgruppen auch eine geringere Lebenserwartung haben, lautet die traurige Wahrheit, dass auch der Zuwachs an Ruhestandsjahren bei dieser Gruppe geringer und somit ihr Ruhestand kürzer sein wird.

Darauf wird es zwar wohl hinauslaufen, aber angesichts der Fülle an Optionen, die ein 100-jähriges Leben bietet, erscheint eine solche Entwicklung sozial nicht wünschenswert. Ein langes und pausenloses Erwerbsleben zwischen 16 und 70 Jahren, vielleicht sogar noch länger, ist den immateriellen Vermögenswerten nicht zuträglich, unabhängig vom Einkommensniveau. Hier liegt vermutlich einer der Gründe, warum Menschen mit einem geringen Einkommen eine geringere Lebenserwartung haben. Probleme wie Burn-out, körperliche Erschöpfung, Langeweile sowie ein Ungleichgewicht zwischen Arbeits- und Privatleben sind zwar keineswegs auf die Reichen beschränkt, aber diese Gruppe kann solche Belastungen leichter bewältigen, weil sie einen größeren finanziellen Handlungsspielraum hat und imstande ist, ein gesundes Leben zu führen. Hinzu kommt, dass unqualifizierte Beschäftigte häufiger von technischen Innovationen bedroht sind als Fachkräfte. Im Verlauf eines langen Erwerbslebens werden aufgrund der technologischen Entwicklung Fertigkeiten immer wieder veralten, vor allem bei Menschen am unteren Ende der Einkommensskala.

Der Staat wird daher gezwungen sein, Geringverdienende bei der Bewältigung von Übergängen, bei der Vorbereitung auf künftige Lebensstufen und bei einer beruflichen Auszeit zum Aufbau ihrer immateriellen Vermögenswerte zu unterstützen. Im 20. Jahrhundert wurden in vielen Ländern die Arbeitslosen- und Krankenversicherung eingeführt, die Lohnfortzahlung im Krankheitsfall, die Erwerbsunfähigkeitsrente sowie Mutterschaftsurlaub und heute zunehmend auch Vaterschaftsurlaub. All dies trug dazu bei, auch den Armen die Mittel zu verschaffen, die sie brauchen, um Übergänge und unvorhergesehene Ereignisse im Leben zu bewältigen. Wenn Übergänge und die Neuerfindung seiner selbst immer wichtiger werden, ist auch die Einführung von staatlichen Beihilfen vorstellbar, mit denen sich beispielsweise ein bezahlter Urlaub einer bestimmten Länge und Qualität finanzieren lässt. Vielleicht wird sich auch die Arbeiterbewegung wieder Gehör verschaffen: als Massenbewegung der unteren Einkommensgruppen, die staatliche Gesetze fordern, um mehr Freizeit zu haben und sich von der Mühsal schwerer und endloser Arbeit zu befreien.

Ein längeres Leben mit vielen Stufen besitzt ein großes Potenzial zur Überwindung von Ungleichheit, bietet es doch mehr Chancen, einen schlechten Start ins Leben oder negative Ereignisse in Kindheit und Jugend auszugleichen. Doch die fehlende Investition in Gesundheit, Bildung, Kontakte, Netzwerke und Ersparnisse verstärkt diese Ungleichheit. Im 20. Jahrhundert investierte der Staat in ein kostenloses Bildungssystem und in die Gesundheitsfürsorge für Säuglinge und Kleinkinder – dies waren Schlüsselinvestitionen in den ersten Abschnitt eines dreistufigen Lebens. In einem vielstufigen Leben wird es viele weitere

Abschnitte geben, in denen ähnlich große Investitionen erforderlich sind. In den kommenden Jahrzehnten wird eine große Debatte darüber geführt werden, welche politischen Maßnahmen dafür notwendig sind.

Dies sind natürlich Spekulationen, aber die Logik ist bekannt: Beim Thema der längeren Lebenserwartung dreht sich die derzeitige Diskussion vor allem um Finanzen, Einkünfte und Ersparnisse. Die eigentliche Herausforderung jedoch ist die Frage, wie wir unsere immateriellen Vermögenswerte bewahren und weiterentwickeln können, die ein längeres Leben fördern und unterstützen. Die derzeitige Sozialpolitik geht das Problem der Ungleichheit vorrangig unter dem Aspekt der Finanzen an. Auch dieser Fokus wird sich erweitern müssen. Das Problem ist drängend, wenn eine wachsende Zahl von Menschen das längere Leben als ein Geschenk betrachten soll. In vielen Ländern hat die staatliche Sozialpolitik mit der Einführung des dreistufigen Lebensmodells den Wohlstand gefördert. Dieses Modell steht heute auf dem Prüfstand, aber auch die im 20. Jahrhundert geschaffene Sozialpolitik muss hinterfragt werden.

Warum vollzieht sich der Wandel so langsam?

Die Diskrepanz zwischen dem Ausmaß des Wandels, den die Gesellschaft vollziehen muss, wenn die Menschen länger leben, und den relativ beschränkten Antworten, die Unternehmen und Politik anbieten, ist frappierend. Noch bemerkenswerter ist das fehlende Bewusstsein für diese Agenda und für diese Probleme. Zu sagen, Betriebe und Regierungen hinken dieser Entwicklung hinterher, trifft die Sache nicht einmal annähernd.

Wenn die Langlebigkeit einen so tiefgreifenden ökonomischen und sozialen Wandel mit sich bringt, warum ist dann bisher so wenig geschehen? Die erste Erklärung ist die einfachste: Sozialer Wandel braucht sehr viel Zeit. Die Lebenserwartung ist über Jahrzehnte hinweg ganz allmählich gestiegen, sie vollzog sich nicht von heute auf morgen. Es ist wie in der gern zitierten Froschgeschichte. Wenn man einen Frosch in einen sich langsam erhitzenden Topf mit Wasser setzt, springt er nicht heraus, sondern wartet, bis das Wasser kocht. Wirft man ihn in kochendes Wasser, springt er sofort heraus. Die Moral der Geschichte lautet: Wenn sich etwas langsam aufbaut, ist es sehr viel schwieriger, radikale Maßnahmen zu ergreifen. Daher kann es nicht überraschen, dass sich der durch staatliche Gesetzgebung gestützte soziale Wandel so langsam vollzieht. Im Vereinigten Königreich wurde erst 1802 ein Gesetz im Parlament verabschiedet, das die Kinderarbeit in irgendeiner Form regelte. Und es dauerte weitere 40 Jahre, bis die Arbeitszeit für Kinder zwischen acht und 13 Jahren auf sechseinhalb Stunden am Tag begrenzt wurde. Statt schneller Lösungen haben wir daher in den kommenden Jahrzehnten eine langsame Abfolge von staatlichen Gesetzen zu erwarten, die den Individuen und der Gesellschaft die Anpassung an die Realität eines längeren Lebens ermöglichen werden.

Die zweite Erklärung für die Langsamkeit der Veränderungen liegt wohl tiefer. Es ist, ähnlich wie bei der ökologischen Nachhaltigkeit, die kurzfristige Orientierung. Wie bei den Maßnahmen zur Verringerung der CO_2-Emission sind die Kosten des Wandels bereits heute aufzubringen, der Nutzen wird erst später spürbar. Glücklicherweise ist das Problem der Langlebigkeit nicht so dramatisch wie das der ökologischen Nachhaltigkeit, wo viele derjenigen, die von den heutigen Veränderungen profitieren werden, noch gar nicht geboren sind. Die Generation der heute 18- bis 30-Jährigen hat zumindest ein Wahlrecht und kann politisches Handeln einfordern, von dem sie in ihrem späteren Leben profitieren wird. Doch in vielen Ländern ist diese Generation zahlenmäßig kleiner als die Generationen vor ihr und oft politisch weniger engagiert. Nehmen wir die US-amerikanischen Präsidentschaftswahlen von 2012, bei denen zwei Drittel der Bevölkerung ab 45 Jahre, 50 Prozent der 25- bis 44-Jährigen und nur ein Drittel der 18- bis 24-Jährigen ihre Stimme abgaben. Junge Leute sind, wie es scheint, von der Politik zunehmend enttäuscht. Im Jahr 1964 ging die Hälfte von ihnen zur Wahl, 2012 war es nur knapp ein Drittel. Diese kleinere Alterskohorte, die auf die Ausübung ihres Wahlrechts verzichtet, wird es schwer haben, sich Gehör zu verschaffen. Die größere und politisch aktivere Gruppe der Babyboomer wird die Aufmerksamkeit der Politik auf Ruhestand und Gesundheitsfürsorge für alte Menschen lenken. Die Vorstellungen und Wünsche der Jüngeren bezüglich lebenslanger Bildung, Weiterqualifizierung, Flexibilität am Arbeitsplatz und Übergängen könnten ungehört bleiben. Wir haben in diesem Buch betont, dass es nicht nur um das geht, was Menschen tun, wenn sie alt sind und immer älter werden. Wenn sich aber nur ältere Wählerinnen und Wähler politisches Gehör verschaffen können, werden die Reformen langsamer vorangehen und die Lösungen unbefriedigend sein.

Ein weiterer Grund, warum sich die Dinge so langsam bewegen, ist die soziale Heterogenität bei der Suche nach den besten Lösungen für das Geschenk eines längeren Lebens. Wenn neue Stufen und Übergänge entstehen, geht dem Wandel stets eine Phase des Experimentierens voraus. Erst im Laufe der Zeit wird klar werden, welche staatlichen und betrieblichen Maßnahmen dafür erforderlich sind. Ohne irgendeine Form von Konsens können keine tiefgreifenden Veränderungen umgesetzt werden. In den kommenden zehn Jahren wird das Bewusstsein dafür wachsen, dass die derzeitigen Regelungen und Gepflogenheiten nicht mehr effektiv sind, ohne dass man jedoch genau weiß, wie Abhilfe zu schaffen ist. Selbst wenn sich ein gesellschaftlicher Konsens abzeichnet, liegt für die Politik das Problem in einer beträchtlichen Heterogenität der Menschen. Das dreistufige Lebensmodell schuf einen Gleichschritt, da es nur *eine* mögliche Stufenfolge gab. Ein vielstufiges Modell hingegen kann nach den persönlichen Präferenzen und Umständen auf sehr unterschiedliche Weise gestaltet werden. Aufgrund dieser großen Diversität wird es noch schwieriger sein, sich auf gemeinsame Handlungsstrategien zu einigen.

Was sind die Katalysatoren des Wandels?

Gibt es also gar keine Hoffnung? Werden die Menschen länger und länger leben, während die Unternehmen und die staatliche Gesetzgebung für diese neue Realität nur unzureichend gerüstet sind? Unserer Ansicht nach werden die Akteure des Wandels nicht die Unternehmen oder die staatliche Politik, sondern die Menschen sein. Individuen, Paare, Familien und Netzwerke von Freunden werden experimentieren, dekonstruieren und rekonstruieren, diskutieren und debattieren und dabei immer wieder Enttäuschungen erleben.

Das Ergebnis der Initiativen und Debatten all dieser Millionen Menschen wird nicht ein einziges, von allen geteiltes Modell eines produktiven langen Lebens sein. Flexibilität und individuelle Freiheit sind etwas, das sich alle wünschen. Und natürlich ist dieser Wunsch nach Flexibilität und individueller Freiheit einer der Gründe, warum die Unternehmen so zögerlich reagieren. Es wird, so vermuten wir, heftige soziale Auseinandersetzungen darüber geben, wie man diese Langlebigkeit am besten strukturiert. Unternehmen und Politik werden an einfachen, standardisierten Modellen festhalten wollen, doch die Menschen werden auf flexible und individuelle Lösungen drängen. Die Gesellschaft wird sich entscheiden müssen, ob sie sich auf einen Kompromiss zwischen bürokratischer Effizienz und individuellen Präferenzen einlassen will. Unserer Ansicht nach werden sich die Individuen gegenüber den Unternehmen durchsetzen, vor allem in Branchen mit hoher Wertschöpfung, wo der unternehmerische Erfolg von engagierten und motivierten Mitarbeitern abhängt.

Wie also wird sich dieser Wandel vollziehen? Der Staat reagiert bereits, wenn auch immer noch weitgehend auf das alte Drei-Stufen-Modell fokussiert: mit einer Anhebung der Regelaltersgrenze, mit Änderungen in der Höhe und Verfügbarkeit der gesetzlichen Renten und mit Gesetzen gegen Altersdiskriminierung. Aber auch eine Reform des Steuer- und Finanzsystems wird erwogen, mit nicht, wie bisher üblich, auf ein Jahr, sondern ein ganzes Leben zu bemessenden Höchstgrenzen für Einkommen, Vermögen und Beihilfen. Diese Bereitschaft zu flexibleren und individuellen Lösungen wird insbesondere auch von Finanzinstituten unterstützt, die von Gebühreneinnahmen profitieren werden, wenn sie den Leuten bei der Restrukturierung ihrer Finanzen helfen. Wenn der Staat mehr Flexibilität über die gesamte Lebensspanne hinweg zulässt, wird in der Gesetzgebung auch die implizite Altersdiskriminierung verschwinden, die in dem dreistufigen Lebensmodell gefördert wurde.

Und die Betriebe? Sie verfügen über viele Ressourcen, die sie ins Spiel bringen können, um zumindest einige der notwendigen Entwicklungen, von denen wir gesprochen haben, auszubremsen. Es wird auch in Zukunft genügend junge Leute geben, die direkt nach Schule und Ausbildung in einer Firma zu arbeiten anfangen wollen, sodass diese Firmen nicht auf Entdecker angewiesen sind. Es wird auch in Zukunft genügend Väter geben, die die Fürsorge für ihre Kinder hauptsächlich ihrer Partnerin überlassen, sodass die Unternehmensführungen keine Notwendigkeit sehen, gleichberechtigte Arbeitsbedingungen zu schaffen. Ja, vielleicht wird es auch in Zukunft genug ausreichend qualifizierte jüngere Leute geben, sodass Firmen ihre über 60-jährigen Mitarbeiter gehen lassen können, ohne ihnen eine Weiterbeschäftigung in Teilzeit oder auf andere kreative Weise anzubieten.

Der Wandel wird sich daher unsystematisch und in kleinen Schritten vollziehen. Unternehmen werden an ihren bisherigen Strategien festhalten, aber auch Ausnahmen und Varianten zulassen, um den individuellen Wünschen ihrer Mitarbeiter entgegenzukommen. Einige bieten bereits heute flexible Lösungen beim Renteneintrittsalter an. Sie stellen Mitarbeiter – mit Rückkehrrecht in ihre Vollzeitstelle – für ein paar Monate frei, unterstützen sie beim Übergang von Vollzeit in Teilzeit oder gewähren ihnen ein dreitägiges Wochenende. Im Laufe der Zeit werden die immer zahlreicher werdenden Ausnahmen und die zunehmend individuell zugeschnittenen Lösungen dazu führen, dass die Personalabteilungen der Unternehmen umfassendere Konzepte erarbeiten. Das alte System wird Risse bekommen, wenn die Löhne steigen, weil es zu wenige Arbeitskräfte gibt, und talentierte und erfahrene Fachkräfte abzuwandern drohen, falls ihre Forderungen nicht erfüllt werden. Dann werden Unternehmen die Vorteile neuer Arbeitszeitregelungen und Karriereverläufe erkennen.

Diese Risse sind heute schon sichtbar. Die Einsicht wächst, dass hochtalentierte Kräfte ihre eigene Firma gründen wollen, bevor sie in größere Unternehmen eintreten. Wie schade wäre es, diese Talente nicht zu nutzen. Es gibt hochqualifizierte Männer und

Frauen, die verlangen, dass ihrer Verantwortung als Eltern und Betreuer auch in den Betrieben Rechnung getragen wird. Und es gibt viele 60-Jährige, die, wenn sie in Rente gehen, schmerzliche Lücken hinterlassen, besonders in der Luft- und Raumfahrttechnik oder in der pharmazeutischen Industrie. Solche Verluste können diese Sektoren wirklich gefährden.

Der Wandel wird kommen, aber er wird langsamer kommen, unsystematischer und zaghafter, als viele hoffen. Letztlich wird jeder Einzelne aufgefordert sein, deutlich zu machen, was er will und braucht, und damit den unternehmerischen Wandel zu beschleunigen. Die Unternehmensführungen werden erkennen müssen, dass eine Firma, die auf dem dreistufigen Modell aufgebaut ist, für die Zukunft extrem schlecht gerüstet ist.

Enttäuscht von den staatlichen und unternehmerischen Normen, werden die Menschen – jeder für sich und alle gemeinsam – anfangen, neue Wege des Arbeitens und Lebens auszuprobieren. Das kann nur gut sein. Unserer Ansicht nach werden alle diese Experimente vielen Menschen eine echte Chance bieten, herauszufinden, was für sie wichtig ist. Individualität und Diversität werden ermuntert und gefeiert werden. Es wird eine große Vielfalt geben – und aus dieser Vielfalt wird das Geschenk eines 100-jährigen Lebens erwachsen.

Packen wir's an

Dieses Buch zu schreiben, war für uns eine aufregende Reise und hat uns viel Stoff zum Nachdenken über unser Leben und unsere Zukunftsplanung geliefert. Wir hoffen sehr, dass es Ihnen nach der Lektüre des Buches genauso geht: dass Sie anfangen nachzudenken und mit Ihrer Familie darüber sprechen. Mit diesem Buch möchten wir möglichst viele Gespräche dieser Art anregen, wir möchten aber auch eine breitere Debatte in den Betrieben und in der Politik in Gang setzen. Das 100-jährige Leben wird für die Gesellschaft nur dann ein Geschenk sein, wenn solche lebendigen Debatten geführt werden. Es liegt in unser aller Verantwortung, dass dies geschieht.

Wenn Sie diese Diskussionen verfolgen und sich daran beteiligen möchten, besuchen Sie unsere Website www.100yearlife.com (in englischer Sprache).

Dort finden Sie unter der Rubrik *Diagnostic* einen Test, mit dem Sie Ihre derzeitige Situation bewerten können, um Ihre Zukunft besser zu planen. Hier geht es vor allem um die Entwicklung Ihrer materiellen und immateriellen Vermögenswerte jetzt und in Zukunft. Es könnte eine Möglichkeit sein, sich selbst besser kennenzulernen und anzufangen, Wege des Handelns zu erkunden.

Wir würden natürlich gern erfahren, wie Sie, Ihre Familie oder Ihre Firma experimentieren, damit all dies funktioniert und wir voneinander lernen können. Das Forum, das wir mit unserer Website geschaffen haben, bietet Ihnen die Möglichkeit, Ihre Geschichte zu erzählen (unter *Your Stories*) und Ihre Gedanken mit der Online-Community zu teilen, die dieses Buch hoffentlich entstehen lassen wird.

Anmerkungen

Einleitung

1 Oeppen, J., und Vaupel, J. W., »Broken Limits to Life Expectancy«, *Science* 296, Nr. 5570 (2002), S. 1029–1031.

2 Aus »A Letter to Jean-Baptiste Le Roy (13. November 1789)«, zuerst in *The Private Correspondence of Benjamin Franklin* (1817).

1. Leben: Das Geschenk eines langen Lebens

1 Deaton, A., *Der große Ausbruch. Von Armut und Wohlstand der Nationen*, aus dem Englischen von Thorsten Schmidt und Stephan Gebauer (Klett-Cotta, 2017), S. 55.

2 Preston, S. H., »The Changing Relation between Mortality and Level of Economic Development«, *Population Studies* 29, 2 (Juli 1975), S. 231–248.

3 Den Rekord des höchsten jemals erreichten (und offiziell bestätigten) Alters hält Jeanne Calmant, die mit 122 Jahren starb.

4 Kurzweil, R., und Grossman, T., *Fantastic Voyage: Live Long Enough to Live Forever* (Rodale International, 2005).

5 Fries, J., »Ageing, Natural Death, and the Compression of Mortality«, *New England Journal of Medicine* 303, 3 (Juli 1980), S. 130–135.

6 Freedman, V. A., Martin, L. G., und Schoeni, R. V., »Recent Trends in Disability and Functioning Among Older Adults in The United States: A Systematic Review«, *Journal of the American Medical Association* 228, 24 (Dezember 2002), S. 3137–3146.

7 Laut einer neueren Untersuchung in 188 Ländern steigt in den meisten Ländern die Lebenserwartung schneller als die Lebenserwartung bei guter Gesundheit. In Japan stieg die Lebenserwartung in den letzten 20 Jahren um 4 Prozent, die gesunde Lebenserwartung hingegen nur um 3 Prozent; in Südkorea sind es 7 bzw. 6 Prozent, in den Vereinigten Staaten 3,5 bzw. 2,5 und in Westeuropa 5 bzw. 3,5 Prozent. Siehe »Global, regional and national Disability Adjusted Life Years (DALYs) for 306 diseases and injuries and Healthy Life Expectancy (HALE) for 188 countries, 1990–2013: Quantifying the epidemiologic transition«, GBD 2013 DALYS and HALE Collaborators, *The Lancet* (2015).

8 Lafortune, G., Balestat, G., und die Disability Study Expert Group, »Trends in Severe Disability Among Elderly People: Assessing the evidence in 12 OECD countries and the future implications«, *OECD Health Working Paper* Nr. 26 (2007).

2. Finanzierung: Länger arbeiten

1 Siehe z.B. die Arbeit unserer Kollegen Campanale, C., Fugazza, C., und Gomes, F., »Life Cycle Portfolio Choice with Liquid and Illiquid Assets«, *Journal of Monetary Economics* 71 (2005), S. 67–83; oder Cocco, C., Gomes, F., und Maenhout, P., »Consumption and Portfolio Choice over the Life Cycle«, *Review of Financial Studies* 18, 2 (2005), S. 491–533.

2 Der Vorteil unseres reduzierten Modells liegt in seiner Einfachheit, sodass unsere Berechnungen hoffentlich leichter nachvollziehbar sind. Wir möchten jedoch darauf hinweisen, dass es sich um ein *äußerst* reduziertes Modell handelt. Wir gehen von einem gleichbleibend hohen Einkommensanteil aus, der für die Altersvorsorge jährlich gespart wird, während die in den Wirtschaftswissenschaften gängigen hypothetischen Lebenszyklus- und Einkommensmodelle davon ausgehen, dass man mehr Geld zurücklegt, wenn das Einkommen hoch ist, und sich Geld leiht, wenn das Einkommen niedrig ist. Wir gehen außerdem von einem das gesamte Erwerbsleben hindurch gleichmäßig steigenden Einkommen aus. In Wirklichkeit ist das, was Wirtschaftswissenschafter »Einkommensprofil« nennen, höckerförmig: Das Einkommen steigt anfangs schnell, stagniert in einer bestimmten Höhe und geht dann zurück. Wir lassen hier alle diese Vorannahmen außer Acht, was unsere Berechnungen vereinfacht und Vergleiche zwischen

unseren drei Protagonisten erleichtert. Auch klammern wir in diesem Kapitel den Kauf einer Wohnimmobilie oder andere Formen der Verschuldung aus; in Kapitel 7 erfahren Sie, warum. Bei diesen vereinfachten Voranahmen fehlen natürlich wichtige Determinanten, und dies ist ein weiterer Grund dafür, dass unsere Berechnungen kein Ersatz für fachkundigen Rat sein können. Unser reduziertes Modell beinhaltet jedoch die Grundelemente und verdeutlicht somit allgemeine Muster, auf die es uns hier ankommt.

3 https://publications.credit-suisse.com/tasks/render/file/?fileID=AE924F44-E396-A4E5-11E63B09CFE37CCB

4 Auch dies ist eine starke Vereinfachung. Die Zuwachsraten von Einkommen variieren je nach Branche und Jahrzehnt. Wie schnell genau Jacks, Jimmys und Janes Einkommen wächst, hängt davon ab, wo sie arbeiten (siehe Miles, D., »A Household Level Study of the Determinants of Incomes and Consumption«, *Economic Journal* 107 [1997], S. 1–25, zu Schätzungen der altersabhängigen Einkommensunterschiede verschiedener Berufe, mit dem wir unsere Berechnungen abgeglichen haben).

5 Jack ist zwar eine erfundene, dennoch aber nicht ganz aus der Luft gegriffene Figur. Nach offiziellen US-amerikanischen Schätzungen (http://www.ssa.gov/oact/NOTES/as120/LifeTables_Body.html) liegt die Lebenserwartung für Männer des Geburtsjahrgangs 1945 bei 72 Jahren. Wir haben uns für 70 Jahre entschieden, um nicht den Anschein falscher Genauigkeit zu erwecken.

6 Wir gehen, wie gesagt, davon aus, dass im Laufe des Erwerbslebens das Einkommen kontinuierlich steigt und man pro Jahr einen festen Prozentsatz davon zurücklegt. Jack hat mit ziemlicher Sicherheit keine 4,3 Prozent pro Jahr gespart, sondern mehr Geld in den Zeiten zurückgelegt, in denen er mehr verdiente und nachdem seine Kinder aus dem Haus waren. Wenn man mehrere Jahre lang kein Geld spart, muss man irgendwann mehr als 4,3 Prozent zurücklegen, um diese Lücke zu schließen. Weil aber in den ersten Jahren des Erwerbslebens das Einkommen geringer ist als in den mittleren Jahren, muss die Sparquote nicht doppelt so hoch sein, um die Jahre zu kompensieren, in denen nichts gespart werden kann.

7 Siehe Office for National Statistics, »Pension Trends«, Kapitel 7: Private Pension Schemes Membership 2013 Edition, http://www.ons.gov.uk/ons/dcp171766_314955.pdf

8 Ellis, C. D., Munnell, A. H., und Eschtruth, A. D., *Falling Short: The Coming Retirement Crisis and What to Do About It* (Oxford University Press, 2014).

9 Den Daten des britischen Office for National Statistics (ONS) zufolge beträgt die Lebenserwartung seiner Alterskohorte sogar 87 Jahre.

10 Gemäß der Einigung zur Rentenpolitik in den Koalitionsverhandlungen von CDU/CSU und SPD, Stand: 2. Februar 2018, soll in Deutschland die Standardrente bis 2025 nicht unter 48 Prozent des Durchschnittseinkommens bei einem Höchstbeitragssatz von 20 Prozent sinken. Erst später soll das Rentenniveau stärker sinken, bis 2031 auf 44,6 Prozent (Anmerkung der Übersetzerinnen).

11 Crossley, T., und O'Dea, C., »The Wealth and Savings of UK Families on the Eve of the Crisis«, *Institute for Fiscal Studies* Reports (Juli 2010).

12 Statistische Daten aus dem Vereinigten Königreich auf der Basis der Kohortenanalyse legen nahe, dass die 1998 geborene Jane bei mittleren Projektionen eine Lebenserwartung von 93, bei optimistischeren Vorannahmen sogar von 99 Jahren hat. Das sind natürlich Durchschnittwerte für die Gesamtbevölkerung. Wenn Jane in einer Familie aufwächst, deren Einkommen im obersten Quartil liegt, wird ihre Lebenserwartung noch höher sein.

13 Selbst diese einfachen Berechnungen werfen viele Probleme auf. Wir gehen davon aus, dass das Einkommen über das gesamte Erwerbsleben hinweg konstant steigt. Die gute Nachricht lautet, dass man somit mehr Geld zur Verfügung hat, um seine Altersvorsorge zu finanzieren. Die schlechte Nachricht lautet, dass sich bei einem steigenden Einkommen auch der Betrag erhöht, den man sparen muss, wenn man Alterseinkünfte in Höhe von 50 Prozent seines letzten Gehalts haben möchte. Je schneller das Einkommen steigt, desto höher wird das letzte Gehalt sein. Eine andere Vorannahme wäre es zu sagen, dass man Altersbezüge in Höhe von 50 Prozent seines Gehalts mit 65 anstrebt, unabhängig davon, wann man in Rente geht. Dann braucht man nicht immer mehr zu sparen, je länger man arbeitet, weil die Verknüpfung mit dem letzten Gehalt gelöst ist. Wenn wir bei Jane so verfahren, kann sie bei Altersbezügen in Höhe von 50 Prozent ihres Gehalts im Alter von 65 mit 75 Jahren in den Ruhestand gehen, falls sie rund 10 Prozent pro Jahr zurücklegt. An diesem Punkt kommen wir in große Schwierigkeiten. Wenn Jane ihre Altersbezüge an ein Gehalt koppelt, das sie zehn Jahre zuvor bekommen hat, wird ihre Rente im Vergleich zu dem, was andere Mitglieder der Gesellschaft, in der sie lebt, zur Verfügung haben, sehr

niedrig sein (ganz zu schweigen davon, dass 35 Jahre vergangen sein werden, wenn sie 100 ist). Außerdem sollte man wohl besser davon ausgehen, dass Janes Einkommen nach ihrem 65. Lebensjahr eher sinkt (die meisten Einkommensprofile verschlechtern sich mit zunehmendem Alter). Wenn also Janes Gehalt in ihren späteren Jahren sinkt, wird sie ihre lebenslange Sparquote erhöhen müssen, um ihren Ruhestand zu finanzieren. Wenn wir demnach annehmen, dass ihr Einkommen nach ihrem 65. Lebensjahr genauso hoch bleibt wie zuvor, dass sie Altersbezüge in Höhe von 50 Prozent ihres Gehalts mit 65 anstrebt und dass sie ihre Sparquote bei 10 Prozent der gesamten Altersbezüge belässt, müsste sie bis zu ihrem 77. Lebensjahr arbeiten. Wenn ihr Gehalt nach dem 65. Lebensjahr sinkt, wird sie, wenn sie eine Sparquote von 10 Prozent beibehalten will, bis zum 80. Lebensjahr arbeiten müssen. Wie gesagt legen wir ein sehr vereinfachtes Modell zugrunde und empfehlen Ihnen, sich fachkundigen Rat zu holen, wenn Sie konkrete Entscheidungen treffen möchten.

3. Beruf und Karriere: Die Arbeitswelt

1 Die meisten wirtschaftlichen Analysen zur höheren Lebenserwartung befassen sich mit dem erwarteten Rückgang der arbeitenden Bevölkerung und den steigenden Ausgaben für Renten und Gesundheit, die mit der Alterung der Bevölkerung einhergehen. Die makroökonomischen Effekte der Bevölkerungsalterung und sinkender Geburtenraten sind erheblich: Aufwärtsdruck auf Löhne und Gehälter, Abwärtsdruck auf Renditen, Rückgang des Spar- und Anlagevermögens und Veränderungen im Leistungsbilanzdefizit. Siehe Magnus, G., *The Age of Aging: How Demographics are Changing the Global Economy and Our World* (Wiley, 2008).

2 Gratton, L., *The Key: How Corporations Succeed by Solving the World's Toughest Problems* (Collins Business, 2015).

3 Siehe dazu Florida, R., *Who is your City? How the creative economy is making where to live the most important decision of your life* (Basic Books, 2008) und *The Rise of the Creative Class* (Basic Books, 2002).

4 Deloitte, *London Futures: London crowned business capital of Europe* (UK Futures, 2015).

5 Moretti, E., *The New Geography of Jobs* (Mariner Books, 2013).

6 Costa, D., und Kahn, M. E., »Power Couples: Changes in the Locational Choice of the College Educated 1940–1990«, *Quarterly Journal of Economics* 115, 4 (2000), S. 1287–1315.
7 Johns, T., und Gratton, L., »The Third Wave of Virtual Work«, *Harvard Business Review* (2013).
8 Die Angst vor Robotern und künstlicher Intelligenz (KI) geht weit über die Angst vor dem Arbeitsplatzverlust hinaus. Im Frühjahr 2015 leitete Lynda Gratton auf dem Weltwirtschaftsforum in Davos eine Diskussion zur Frage: »Werden Maschinen bessere Entscheidungen treffen als Menschen?« Auf dem Podium saßen vier Professoren der University of California, Berkeley, Experten auf den Gebieten künstliche Intelligenz, Neurowissenschaften und Psychologie. Der britische *Telegraph* berichtete unter der Überschrift »Soziopathische Roboter könnten innerhalb einer Generation die Macht übernehmen« über die Diskussion – mit einer erschreckenden Abbildung aggressiver, teuflisch aussehender Kampfroboter. Die Schlagzeile gab zwar nicht den Inhalt der Diskussion wieder, dafür aber das wachsende Unbehagen der Menschen über die Auswirkungen von Robotern und künstlicher Intelligenz auf ihre Arbeit und ihre Sorge, welche Jobs noch übrig bleiben werden. Wenn sogar Stephen Hawking die künstliche Intelligenz als eine fundamentale Bedrohung für die Zukunft der Menschheit sieht, können solche weitverbreiteten Befürchtungen nicht überraschen.
9 Siehe zum Beispiel Ford, M., *Aufstieg der Roboter*, aus dem Englischen von Matthias Schulz (Plassen Verlag, 2016); Brynjolfsson, E., und McAfee, A., *The Second Machine Age: Wie die nächste digitale Revolution unser aller Leben verändern wird* (Plassen Verlag, 2014).
10 Ford, *Aufstieg der Roboter*, S. 230 (Übersetzung leicht verändert).
11 Brynjolfsson und McAfee, *The Second Machine Age* (S. 16 f.).
12 Autor, D. H., Levy, F., und Murnane, R. J., »The Skill Content of Recent Technological Change: An Empirical Exploration«, *Quarterly Journal of Economics* 118, 4 (2003), S. 1279–1334.
13 Beaudry, P., Green, D. A., und Sand, B. M., »The Great Reversal in the Demand for Skill and Cognitive Tasks«, *NBER Working Paper* 18901 (2013).
14 Frey, C. B., und Osbourne, M. A., »The Future of Employment: How Susceptible are Jobs to Computerization?« (Oxford University mimeo, 2013).

15 Polanyi, M., *Implizites Wissen*, aus dem Englischen von Horst Brühmann (Suhrkamp, 1985), S. 14.
16 Moravec, H., »When Will Computer Hardware Match the Human Brain?«, *Journal of Evolution and Technology* 1, 1 (1998).
17 Auster, P., *Mond über Manhattan*, deutsch von Werner Schmitz (Rowohlt, 2010).

4. Immaterielle Vermögenswerte: Was nicht für Geld zu haben ist

1 Siehe zum Beispiel Johns, T., und Gratton, L., »The Third Wave of Virtual Work«, *Harvard Business Review* (2013).
2 Sandel, M.J., *Was man für Geld nicht kaufen kann. Die moralischen Grenzen des Marktes*, aus dem Amerikanischen von Helmut Reuter (Ullstein, 2012).
3 »Ein Zyniker ist ein Mensch, der von allem den Preis und von nichts den Wert kennt.« Dieses berühmte Zitat aus Oscar Wildes *Lady Windermeres Fächer* (1892) wird Ökonomen immer wieder entgegengehalten.
4 Mt 19,24: »Und weiter sage ich euch: Es ist leichter, dass ein Kamel durch ein Nadelöhr gehe, als dass ein Reicher ins Reich Gottes komme«; Koran, Sure 63,9: »Lasst euch durch eure Reichtümer und eure Kinder nicht davon ablenken, Gottes zu gedenken! Doch die solches tun, sind die Verlierer.« In dem vorliegenden Buch geht es nicht explizit um spirituelle oder religiöse Themen. Doch für religiöse Menschen ist der Glaube ein vorrangiges immaterielles Gut, das gehegt und gepflegt werden muss und die tragende Säule eines guten Lebens bildet.
5 Vaillant, G. E., *Adaptation to Life* (Little, Brown, 1977).
6 Diese Ansicht ist keineswegs unumstritten und wurde durch die neuere Glücksforschung in Frage gestellt. Siehe Stevenson, B., und Wolfers, J., »Economic Growth and Subjective Well-Being: Reassessing the Easterlin Paradox«, *Brookings Papers on Economic Activity* 1 (2008), S. 1–87.
7 Hamermesh, D.S., *Beauty Pays: Why Attractive People are More Successful* (Princeton University Press, 2011).
8 Schick, A., und Steckel, R.H., »Height as a Proxy for Cognitive and Non-Cognitive Ability«, *NBER Working Paper* 16570 (2010).
9 Greenstone, M., und Looney, A., http://www.hamiltonproject.org/assets/legacy/files/downloads_and_links/06_college_value.pdf

10 Goldin, C., und Katz, L., *The Race Between Education and Technology* (Harvard University Press, 2008).

11 Einige um 1955 in Kalifornien geborene Jugendliche hatten schon früh in ihrem Leben Zugang zu Computern. Ihre Väter arbeiteten im Xerox-Forschungszentrum in Palo Alto und brachten ihr Computerwissen und auch einen Teil ihrer Geräte mit nach Hause. Zu diesen »Überfliegern« gehörten Bill Gates und Steve Jobs, und dass sie in einem so ungewöhnlichen Umfeld aufwuchsen, verschaffte ihnen einen wertvollen Wissensvorsprung.

12 Kremer, M., »The O-Ring Theory of Economic Development«, *Quarterly Journal of Economics* 108 (1993), S. 551–575.

13 Groysberg, B., *Chasing Stars: The Myth of Talent and the Portability of Performance* (Princeton University Press, 2012).

14 Coleman, J. S., »Social Capital in the Creation of Human Capital«, *American Journal of Sociology* 94 (Suppl.) (1998), S. 95–120.

15 Gratton, L., *Hot Spots: Why Some Companies Buzz with Energy – and Others Don't* (FT Prentice Hall, 2007).

16 Gratton, *Hot Spots*.

17 Polanyi, M., *Personal Knowledge* (Routledge & Kegan Paul, 1962).

18 Sennett, R., *Handwerk*, aus dem Amerikanischen von Michael Bischoff (Berlin Verlag, 2008), S. 86.

19 Burt, R., »Bandwidth and Echo: Trust, Information and Gossip in Social Networks«, in J. E. Ranch und G. G. Hamilton (Hrsg.), *Networks and Markets* (Russell Sage Foundation, 2001).

20 Zum Phänomen des Shaming in den sozialen Medien und zu den Folgen siehe Ronson, J., *In Shitgewittern. Wie wir uns das Leben zur Hölle machen*, aus dem Englischen von Johann Christoph Maass (Tropen Verlag, 2016).

21 Aleman, A., *Wenn das Gehirn älter wird. Was uns ängstigt. Was wir wissen. Was wir tun können*, aus dem Niederländischen von Bärbel Jänicke und Marlene Müller-Haas (C. H. Beck, 2013).

22 »Stressed Out? A Study of Trends in Workplace Stress Across the Globe«, *Regus Research Institute* (November 2009).

23 Wolfram, H. J., und Gratton, L., »Spillover Between Work and Home, Role Importance and Life Satisfaction«, *British Journal of Management* 25, 1 (2014), S. 77–90.

24 Gratton, L., *Job Future – Future Jobs. Wie wir von der neuen Arbeitswelt profitieren*, aus dem Englischen von Enrico Heinemann (Hanser, 2012).

25 Buettner, D., »Blue Zones: Lessons for Living Longer from the People who've Lived the Longest«, *National Geographic* (2008).
26 Liminalität kommt von dem lateinischen Wort *limen*, »Schwelle«.
27 Ibarra, H., *Working Identity: Unconventional Strategies for Reinventing Your Career* (Harvard Business Review Press, 2004).
28 Schein, E., »Organizational Learning: What is new?«, *MIT Working Paper* 3192 (1965).
29 Stroh, L.K., Brett, J.M., und Reilly, A.H., »A Decade of Change: Managers' Attachment to Their Organizations and Their Jobs«, *Human Resource Management* 33 (1994), S. 531–548. Die Verfasser fanden heraus, dass zwischen 1979 und 1989 die berufliche Mobilität zunahm.
30 Siehe zum Beispiel Douglas Hall und sein Konzept der »proteischen Karrieren«: Hall, D.T., »Protean Careers of the 21st Century«, *Academy of Management Executive* 10 (1996), S. 8–16; Hall, D.T., *Protean Careers In and Out of Organizations* (Sage, 2002).
31 Giddens, A., *Modernity and Self-Identity: Self and Society in the Late Modern Age* (Stanford University Press, 1991).
32 Kegan, R., *In Over Our Heads: The Mental Demands of Modern Life* (Harvard University Press, 1994).
33 Markus, H., und Nurius, P., »Possible Selves«, *American Psychologist* 41, 9 (1986), S. 954–969.
34 Linde C., *Life Stories – The Creation of Coherence* (Oxford University Press, 1993).
35 Granovetter, M., *Getting a Job: A Study of Contacts and Careers* (University of Chicago Press, 1974).
36 Offenheit für Erfahrungen (Costa, P.T., und McCrae, R.R., *NEO-FFI: Neo Five-Factor Inventory*, Psychological Assessment Resources, Inc., 2003) ist einer der fünf Faktoren des Big-Five-Modells der Persönlichkeitspsychologie. Es beschreibt die Einstellung gegenüber ungewissen Situationen und die Bereitschaft, neue Dinge auszuprobieren.
37 Giddens, *Modernity and Self-Identity.*
38 Hall, D., und Mirvis, P., »The New Career Contract: Developing the Whole Person at Midlife and Beyond«, *Journal of Vocational Behavior* 47 (1995), S. 269–289; Mirvis, P.H., und Hall, D.T., »Psychological Success and the Boundaryless Career«, *Journal of Organizational Behavior* 15 (1994), S. 365–380.

5. Szenarien: Mögliche Ichs

1 In einem fünfstufigen Leben (Szenario 5.0) vervielfacht sich schnell die Zahl der erforderlichen Vorannahmen. Wir gehen davon aus, dass Jane bei EatWell doppelt so viel verdient wie zuvor als freie Produzentin; dass sie zu Beginn ihrer Tätigkeit in der Personalberatungsfirma (in ihrer dritten Phase) eineinhalb Mal so viel wie zuletzt bei EatWell verdient; und dass sie in ihrer Portfolio-Phase die Hälfte ihres letzten Gehalts bei der Personalberatungsfirma verdient. Wir gehen daher von Altersbezügen in Höhe von 50 Prozent ihrer Einkünfte während der Portfolio-Phase aus.

6. Lebensphasen: Neue Bausteine

1 Nachmanovitch, S., *Free Play. Kreativität geschehen lassen*, aus dem Englischen von Dan Richter (O.W. Barth, 2013), S. 195 (Übersetzung leicht verändert).

2 Zur historischen Entwicklung der Kindheit siehe Ariès, P., *Geschichte der Kindheit*, aus dem Französischen von Caroline Neubaur und Karin Kersten (Hanser, 1975); Cunningham, H., *Die Geschichte des Kindes in der* Neuzeit, aus dem Englischen von Harald Ehrhardt (Artemis & Winkler, 2006); Heywood, C., *A History of Childhood* (Polity Press, 2001).

3 Zum Konzept des »Teenagers« und zu seiner Geschichte siehe Palladino, G., *Teenagers: An American History* (Basic Books, 1996); Savage, J., *Teenage: The Creation of Youth 1875–1945* (Pimlico Press, 2007).

4 Erstaunlicherweise ist die Zahl der wirtschaftswissenschaftlichen und soziologischen Veröffentlichungen zum Phänomen des Ruhestands relativ gering, vielleicht, weil das Interesse an dieser dritten Lebensphase gering ist. Zur Geschichte des Ruhestands siehe Graebner, W., *A History of Retirement: The Meaning and Function of an American Institution 1885–1978* (Yale University Press, 1980); Costa, D., *The Evolution of Retirement: An Economic History 1880–1990* (University of Chicago Press, 2000).

5 Faulkner, W., *Wilde Palmen*, aus dem Englischen von Helmut M. Braem und Elisabeth Kaiser (Suhrkamp, 1970), S. 48.

6 Harrison, R.P., *Ewige Jugend. Eine Kulturgeschichte des Alterns*, aus dem Englischen von Horst Brühmann (Hanser, 2015).

7 Hagestad, G., und Uhlenberg, P., »The Social Separation of Old and Young: A Root of Ageism«, *Journal of Social Issues* 61, 2 (2005), S. 343–360.

8 Miller, S., »Ends, Means and Galumphing«, in *American Anthropologist* (1973). Der Begriff »galumphing«, »Galumphieren«, stammt aus dem Gedicht »Jabberwocky« in Lewis Carrolls *Alice hinter den Spiegeln* (1871).

9 Nachmanovitch, *Free Play*, S. 60 (Übersetzung leicht verändert).

10 Rainwater, J., *Therapie in eigener Verantwortung. Übungsprogramme zur Selbsthilfe*, aus dem Amerikanischen von Matthias Schossig (Hugendubel, 1993), S. 17.

11 Giddens, A., *Modernity and Self-Identity* (Stanford University Press, 1991).

12 Scharmer, C. O., *Theorie U. Von der Zukunft her führen* (Carl-Auer-Verlag, 2009).

13 Bennis, W., und Thomas, R., »Crucibles of Leadership«, *Harvard Business Review* 80, 9 (2002), S. 39–46.

14 Mirvis, P., »Executive Development Through Consciousness-raising Experiences«, *Academy of Management Learning & Education* 7, 2 (2008), S. 173–188.

15 Deal, J., und Levenson, A., *What Millennials Want from Work: How to Maximize Engagement in Today's Workforce* (Center for Creative Leadership; McGraw-Hill, 2016).

16 Scharmer, *Theorie U.*

17 *The Makers* von Cory Doctorow handelt von dieser Art freier Produktion, auch wenn sie in dem Roman als Umsturz bestehender Organisationsformen dargestellt wird.

18 http://www.kauff man.org/~/media/kauff man_org/research%20reports%20and%20covers/2015/05/kauff man_index_startup_activity_national_trends_2015.pdf

19 Enrico Moretti untersucht dieses Thema in *The New Economic Geography of Jobs* (Houghton Mifflin Harcourt, 2012); Glaeser, E., *Triumph of the City* (Macmillan, 2011), betrachtet die Stadt als einen Katalysator für Innovation und Kreativität durch Vernetzung, Verdichtung und Wettbewerb.

20 http://www.economist.com/news/leaders/21573104-interneteverything-hire-rise-sharing-economy

21 Ibarra, H., *Working Identity: Unconventional Strategies for Reinventing Your Career* (Harvard Business School Press, 2003).

7. Geld: Die Finanzierung eines langen Lebens

1 HSBC, *The Future of Retirement: A Balancing Act* (2014), online unter https://www.hsbc.ca/1/PA_ES_Content_Mgmt/content/canada4/pdfs/personal/for-balancing-act-global-report.pdf

2 Aguair, M., und Hurst, E., »Lifecycle Prices and Production«, *American Economic Review* 97 (5) (2007), S. 1533–1559.

3 Zitiert bei Prelec, G., und Weber, R., »*What, me worry?* A Psychological Perspective on Economic Aspects of Retirement«, in Aaron, H.J. (Hrsg.), *Behavioral Dimensions of Retirement Economics* (Brookings Institution Press, 1999), S. 215–246.

4 Skinner, J., »Are You Sure You're Saving Enough for Retirement?«, *Journal of Economic Perspectives* 21, 3 (2007), S. 59–80.

5 Binswanger, J., und Schunk, D., »What Is an Adequate Standard of Living During Retirement?«, *Journal of Pension Economics and Finance* 11, 2 (2012), S. 203–222.

6 HSBC, *The Future of Retirement.*

7 Mitchell, O., und Lusardi, A. (Hrsg.), *Financial Literacy: Implications for Retirement Security and the Financial Marketplace* (Pension Research Council Series, 2011).

8 Venti, S., und Wise, D., »But They Don't Want to Reduce Housing Equity«, *NBER Working Paper* 2859 (1989).

9 Palumbo, M., »Uncertain Medical Expenses and Precautionary Saving Near the End of the Life Cycle«, *Review of Economic Studies* 66 (1999), S. 395–421.

10 Bei einer historischen Durchschnittsrendite von 3 Prozent muss es für jeden Warren Buffett jemanden geben, dessen Rendite schlechter ist als dieser Durchschnitt. So wichtig es also ist, einen guten Fondsmanager zu finden, so wichtig ist es, nicht an jemanden zu geraten, der unterdurchschnittliche Renditen erzielt. Ob finanzieller Erfolg auf Glück oder auf Know-how beruht, lässt sich nicht immer so einfach sagen.

11 Clark, R., Lusardi, A., und Mitchell, O., »Financial Knowledge and 401(k) Investment Performance«, *NBER Working Paper* 20137 (2014).

12 Hastings, J.S., Madrian, B.C., und Skimmyhorn, W.L., »Financial Literacy, Financial Education and Economic Outcomes«, *NBER Working Paper* 1841 (2012).

13 Allen, S.G., Clark, R.L., Maki, J.A., und Morrill, M.S., »Golden Years or

Financial Fears? Decision Making After Retirement Seminars«, *NBER Working Paper* 19231 (2013).

14 Campbell, J. Y., »Household Finance«, *Journal of Finance* LXI, 4 (2006), S. 1553–1604.

15 Samuelson, L., und Zeckhauser, R., »Status Quo Bias in Decision Making«, *Journal of Risk and Uncertainty* 1 (1988), S. 7–59.

16 So der Nobelpreisträger Robert Merton in »The Crisis in Retirement Planning«, *Harvard Business Review* (2014).

17 Heath, D., und Heath, C., *Switch! Veränderungen wagen und dadurch gewinnen*, aus dem Englischen von Antoinette Gittinger (Fischer Scherz, 2011).

18 O'Donoghue, T., und Rabin, M., »Doing It Now or Later«, *American Economic Review* 89, 1 (1999), S. 103–124.

19 Um den Begriff der Diskontierung richtig zu verstehen, müssen wir über das Niveau des oben abgefragten Finanzwissens einen Schritt hinausgehen. Tatsächlich wird diese Fußnote wahrscheinlich nur von den Finanzprofessoren der London Business School gelesen werden. Beim exponentiellen Diskontieren wird ein in N Jahren stattfindendes Ereignis mit der Rate e-rN diskontiert; dabei ist r der Diskontsatz. Wenn r gleich null ist, haben wir vollkommene Geduld, je höher r ist, desto größer ist unsere Ungeduld. Beim hyperbolischen Diskontieren wird nicht die einfache exponentielle Gleichung e-rN, sondern eine hyperbolische Form 1/(1+rN) verwendet. Der Kern der Sache ist, dass beim Standardmodell des exponentiellen Diskontierens unsere relative Gewichtung der Ergebnisse zu zwei verschiedenen Zeitpunkten stets dieselbe ist, unabhängig davon, wie weit diese Zeitpunkte in der Zukunft liegen. Solange also keine neue Information hinzukommt, entspricht das, was wir heute erklären, zu einem späteren Zeitpunkt tun zu wollen, exakt dem, was wir tatsächlich tun, wenn es so weit ist. Beim hyperbolischen Diskontieren gewichten wir die Dinge anders, wenn der zukünftige Zeitpunkt näher an das Heute heranrückt, und wir folgen nicht unserem vorher angekündigten Plan.

20 Im Eröffnungsmonolog zu »The Glasses«, 5. Staffel, spricht Jerry Seinfeld über das Problem multipler Ichs. »Ich bekomme nie ausreichend Schlaf. Ich bleibe bis spät in der Nacht auf, weil ich ein Nachtmensch bin. Der Nachtmensch möchte lange aufbleiben.« Und warum steht er dann nach fünf Stunden Schlaf auf? »Ah, das ist das Problem des Frühaufstehers, nicht mein Problem. Ich bin der Nachtmensch ... Du

stehst also morgens auf ... bist hundemüde, völlig erledigt. Oh, ich hasse diesen Nachtmenschen! Der Nachtmensch legt den Frühaufsteher immer rein.«

21 Hershfield, H.E., Goldstein, D.G., Sharpe, W.F., Fox, J., Yeykelis, L., Carstensen, L.L., und Bailenson, J.N., »Increasing Saving Behavior Through Age-Progressed Renderings of the Future Self«, *Journal of Marketing Research* 48 (Suppl.) (2011), S. S23–S37.

22 www.acorns.com

23 Thaler, R., und Benartzi, S., »Save More Tomorrow: Using Behavioral Economics to Increase Employee Saving«, *Journal of Political Economy* 112 (Suppl.) (2004), S. S164–S187.

24 Salthouse, T., »Executive Functioning«, in Park, D.C., und Schwarz, N. (Hrsg.), *Cognitive Aging: A Primer*, 2. Auflage (Psychology Press, 2008).

25 Bernheim, D., Shleifer, A., und Summers, L., »The Strategic Bequest Motive«, *Journal of Political Economy* 93 (1985), S. 1045–1076.

26 Allerdings haben, historisch betrachtet, beim Vererben immer auch strategische Überlegungen eine Rolle gespielt; vgl. dazu Hartog, H., *Someday All This Will Be Yours: A History of Inheritance and Old Age* (Harvard University Press, 2012).

8. Zeit: Freizeit als Neuerfindung seiner selbst

1 Ramey, V., und Francis, N., »A Century of Work and Leisure«, *American Economic Journal: Macroeconomics* 1, 2 (2009), S. 189–224.

2 Schor, J., *The Overworked American* (Basic Books, 1993), und *Wahrer Wohlstand. Mit weniger Arbeit besser leben,* aus dem Amerikanischen von Karsten Petersen (Oekom Verlag, 2016).

3 Veblen, T., *The Theory of the Leisure Class: An Economic Study of Institutions* (The Macmillan Company, 1899); deutsch unter dem Titel *Theorie der feinen Leute. Eine ökonomische Untersuchung der Institutionen*, aus dem Amerikanischen von Suzanne Heintz und Peter von Haselberg (S. Fischer, 1986).

4 Costa, D., »The Wage and Length of the Work Day: From the 1890s to 1991«, *Journal of Labor Economics* (1998), S. 133–159.

5 Siehe z.B. Grund, C., und Sliwka, D., »The Impact of Wage Increases on Job Satisfaction – Empirical Evidence and Theoretical Implications«, *IZA Discussion Paper* Nr. 387 (November 2001).

6 Ramey, V. A., und Francis, N., »A Century of Work and Leisure«, *National Bureau of Economic Research*, Nr. 12264 (Mai 2006).
7 Aguiar, M., und Hurst, E., »Measuring Trends in Leisure: The Allocation of Time Over Five Decades«, *Quarterly Journal of Economics* 122, 3 (2007).
8 Becker, G., »Eine Theorie der Allokation der Zeit«, in ders., *Der ökonomische Ansatz zur Erklärung menschlichen Verhaltens*, übersetzt von Monika und Viktor Vanberg (Mohr Siebeck, 1982), S. 97–120; Linder, S., *The Harried Leisure Class* (Columbia University Press, 1970).
9 »Carlos Slim calls for a three-day working week«, *Financial Times*, 18. Juli 2014, abrufbar unter http://www.ft.com/cms/s/0/4899aaf8-0e9f-11e4-ae0e-00144feabdc0.html#axzz3nJ2crVXm
10 Goldin, C., »A Grand Gender Convergence: Its Last Chapter«, *American Economic Review* 104, 4 (2014), S. 1–30.
11 Elsbach, K., und Cable, D. M., »Why Showing Your Face at Work Matters«, *MIT Sloan Management Review* 53 (2012), S. 10–12.
12 Siehe dazu Cross, Gary S., *A Social History of Leisure Since 1600* (Venture Publishing Inc., 1990); Cunningham, H., *Leisure in the Industrial Revolution* (Croom Helm, 1980).
13 Im Vereinigten Königreich zum Beispiel wurden die zeitlich und räumlich ausgedehnten und oft in Gewalttätigkeiten ausartenden Fußballspiele durch Massenspektakel mit einer Spieldauer von 90 Minuten ersetzt; die Spielerzahl wurde reglementiert und ein Schiedsrichter eingesetzt.
14 Marx, K., *Grundrisse der Kritik der politischen Ökonomie* (Rohentwurf, 1857–1858) (Europäische Verlagsanstalt Frankfurt & Europa Verlag Wien, o.J.), S. 599.

9. Beziehungen: Der Wandel des Privatlebens

1 Becker, G., *Treatise on the Family* (Harvard University Press, 1981).
2 Friedman, S., *Baby Bust: New Choices for Men and Women in Work and Family* (Wharton Press, 2013), S. 33.
3 Stevenson, B., und Wolfers, J., »Marriage and Divorce: Changes and Their Driving Forces«, *NBER Working Paper* 12944 (2007).
4 Giddens, A., *Modernity and Self-Identity* (Stanford University Press, 1991).
5 Hite, S., *Frauen und Liebe. Der neue Hite-Report*, aus dem Amerikanischen von Amanda Loewenthal und Charlotte Franke (Bertelsmann, 1988).

6 Stevenson und Wolfers, »Marriage and Divorce«.
7 Giddens, A., *Wandel der Intimität: Sexualität, Liebe und Erotik in modernen Gesellschaften*, aus dem Englischen von Hanna Pelzer (Fischer Taschenbuch, 2016).
8 Giddens, *Modernity and Self-Identity*, S. 93.
9 Wolf, A., *The XX Factor* (Profile Books, 2013).
10 Groysberg, B., und Abrahams, R., »Manage Your Work, Manage Your Life«, *Harvard Business Review* (März 2014).
11 Friedman, *Baby Bust.*
12 Friedman, *Baby Bust.*
13 Friedman, *Baby Bust,* S. 33.
14 Buckles, K., »Understanding the Returns to Delayed Childbearing for Working Women«, *American Economic Review* 98, 2 (2008), S. 403–407.
15 Goldin, C., »A Grand Gender Convergence: Its Last Chapter«, *The American Economic Review* 104, 4 (2014), S. 1–30.
16 Isen, A., und Stevenson, B., »Women's Education and Family Behaviour: Trends in Marriage, Divorce and Fertility«, *NBER Working Paper* 15725 (2010), http://www.nber.org/papers/w15725
17 *Modern Parenthood*, Studie des Pew-Forschungszentrums (2013).
18 *Modern Parenthood* (Studie des Pew-Forschungszentrums). *Doppelkarriere-Paare:* Männer verbringen 11 Stunden pro Woche mehr mit bezahlter Arbeit und haben 4,5 Stunden mehr Freizeit; Frauen kümmern sich mehr um Kindererziehung und Hausarbeit.
19 McKinsey-Forschungsprogramm zur Geschlechterdiversität. Siehe zum Beispiel »Gender diversity in top management: Moving corporate culture, moving boundaries« (McKinsey, 2013); »Unlocking the full potential of women in the U.S. economy« (McKinsey, 2012); *Women Matter. Gender diversity at the top of corporations: Making it happen* (McKinsey, 2010).
20 Bertrand, M., Goldin, C., und Katz, L., »Dynamics of the Gender Gap for Young Professionals in the Financial and Corporate Sectors«, *American Economic Journal: Applied Economics* 2 (2010), S. 228–255.
21 Goldin, »A Grand Gender Convergence: Its Last Chapter«.
22 »Women and the Future of Work«, ILO (Internationale Arbeitsorganisation) (2015), http://www.ilo.org/wcmsp-132/groups/public/@dgreports/@dcomm/documents/briefingnote/wcms_347,950pdf
23 Mit Clearspire in den Vereinigten Staaten und Obelisk im Vereinigten

Königreich gibt es bereits Online-Plattformen, bei denen Anwälte von zu Hause aus flexibler arbeiten können.
24 Coltrance, S., Miller, E., DeHaan, T., und Stewart, L., »Fathers and the Flexibility Stigma«, *Journal of Social Issues* 69, 2 (2013), S. 279–302.
25 Cherlin, A., *Marriage, Divorce, Remarriage* (Harvard University Press, 1981).
26 Buettner, P., The *Blue Zones: lessons for living longer from the people who have lived the longest* (National Geographic, 2008).
27 Ruggles, S., »The Transformation of American Family Structure«, *American Historical Review* 99 (1994), S. 103–128.
28 Giddens, A., *Wandel der Intimität.*
29 Kohli, M., »The World We Forgot: An Historical Review of the Life Course«, in Marshall, V. W. (Hrsg.), *Later Life* (Sage Publications, 1986), S. 271–303.
30 Hagestad, G., und Uhlenberg, P., »The Social Separation of Old and Young: The Root of Ageism«, *Journal of Social Issues* 61, 2 (2005), S. 343–360.
31 Fischer, C. S., *Networks and Places: Social Processes in Informal Places* (Stanford University Press, 1977).
32 Allport, G. W., *The Nature of Prejudice* (Addison-Wesley, 1954).
33 Smith, P., *Old Age is Another Country* (Crossing Press, 1995).

Agenda für den Wandel

1 Parfit, D., *Reasons and Persons* (Clarendon Press, 1984).
2 Archer, M., *The Reflexive Imperative* (Cambridge University Press, 2012).
3 Kahneman, D., *Schnelles Denken, langsames* Denken, aus dem Englischen von Thorsten Schmidt (Siedler, 2012).
4 Heffernan, M., *Willful Blindness: Why We Ignore the Obvious at Our Peril* (Simon & Schuster, 2011).
5 Die ersten Experimente zum Belohnungsaufschub wurden Ende der 1960er/Anfang der 1970er Jahre in Stanford durchgeführt: Mischel, W., *Der Marshmallow-Effekt. Wie Willensstärke unsere Persönlichkeit prägt*, aus dem Englischen von Thorsten Schmidt (Siedler, 2015).
6 Dweck, C., *Selbstbild. Wie unser Denken Erfolge oder Niederlagen bewirkt*, aus dem Englischen von Jürgen Neubauer (Campus, 2007).
7 Zhenghao, C., Alcorn, B., Christensen, C., Eriksson, N., Koller, D., und

Emanuel, E.J., »Who's Benefiting from MOOCs, and Why«, *Harvard Business Review* (September 2015).

8 Sebastian Thrun, ehemaliger Stanford-Professor, Vizepräsident von Google und Gründer der offenen Lernplattform Udacity, drückt es so aus: »Unser Bildungssystem basiert auf Vorgaben des 17. und 18. Jahrhunderts, denen zufolge wir in den ersten fünf Lebensjahren spielen, danach lernen, danach arbeiten, danach ausruhen und danach sterben sollen. Meines Erachtens sollten wir imstande sein, alle diese Dinge gleichzeitig zu tun.« https://www.theguardian.com/education/2013/sep/05/google-glass-creator-testing-regimes-technology

9 Braithwaite, V., »Reducing Ageism«, in Nelson, T.D. (Hrsg.), *Ageism: Stereotyping and Prejudice Against Older Persons* (MIT Press, 2002), S. 311–337.

10 Erickson, T.J., und Gratton, L., »What It Means To Work Here«, *Harvard Business Review* (März 2007).

11 Wir danken Adair Turner für diesen Hinweis auf Giuseppe Tomasi di Lampedusas Roman *Der Leopard,* aus dem Italienischen von Charlotte Birnbaum, Piper, 1984, S. 40.

Reimer Gronemeyer

Soziologe

Foto: Till Roos

Reimer Gronemeyer
Altwerden ist das Schönste und Dümmste, was einem passieren kann

216 Seiten | Gebunden mit Schutzumschlag
Euro 18,– (D)
ISBN 978-3-89684-160-5

Zeit der Befreiung

Die Alten sind die Musterschüler der Leistungsgesellschaft, die umworbene Kundschaft eines verantwortungslosen Marktes. Schonungslos schreibt Reimer Gronemeyer über das Altwerden im Würgegriff von Konsum und Jugendwahn. Sein hoffnungsvolles Gegenbild ist eine neue Kultur der Nachdenklichkeit. Sie entfaltet sich im unermüdlich bewussten Unterwegssein und in der Entscheidung, Verantwortung zu übernehmen. Denn es geht immer um Befreiung. Gronemeyers persönlichstes Buch ist eine Einladung, einen eigenen Umgang mit der großen Aufgabe Alter zu finden.

www.edition-koerber-stiftung.de

Mehr Bäume.
Weniger CO_2.
www.cpibooks.de/klimaneutral

MIX
Papier aus verantwortungsvollen Quellen
FSC® C083411
FSC
www.fsc.org